经济学论丛

政府干预的理论
与政策选择

卫志民 著

The Theories and Policies Choice
of Government Intervene

北京大学出版社
PEKING UNIVERSITY PRESS

图书在版编目(CIP)数据

政府干预的理论与政策选择/卫志民著. —北京:北京大学出版社,2006.3

(经济学论丛)

ISBN 978-7-301-10450-7

Ⅰ.政… Ⅱ.卫… Ⅲ.国家干预-市场经济-研究-中国 Ⅳ.F123.16

中国版本图书馆CIP数据核字(2005)第160563号

北京市社会科学理论著作出版基金资助

书　　　　名:	政府干预的理论与政策选择
著作责任者:	卫志民　著
策 划 编 辑:	张慧卉
责 任 编 辑:	张慧卉　韦燕春
标 准 书 号:	ISBN 978-7-301-10450-7/F·1352
出 版 发 行:	北京大学出版社
地　　　　址:	北京市海淀区成府路205号　100871
网　　　　址:	http://www.pup.cn
电　　　　话:	邮购部 62752015　发行部 62750672　编辑部 62752926 出版部 62754962
电 子 邮 箱:	em@pup.pku.edu.cn
印　　刷　者:	北京汇林印务有限公司
经　　销　者:	新华书店
	650毫米×980毫米　16开本　24.75印张　366千字
	2006年3月第1版　2008年1月第2次印刷
定　　　　价:	49.00元

未经许可,不得以任何方式复制或抄袭本书之部分或全部内容。
版权所有,侵权必究
举报电话:010-62752024　电子邮箱:fd@pup.pku.edu.cn

内容简介

全书共分九章,第一章为导言。第二章着重分析、比较了公共物品的不同提供机制,民营化取向的公共产品政策分析是本章的重点。第三章着重研究了基于外部性引起的市场缺陷的不同政府干预工具的比较与选择问题。第四章重点分析了市场权力的产生基础、社会成本及政府的政策反应。第五章分析了政府保证适度平等的收入分配政策。第六章和第七章集中研究了政府在宏观经济领域的经济增长政策和对外贸易政策的经济理论基础、政治基础和政策实践。第八章对政府干预的后果之一——政府规模的快速增长作了全面的分析,重点分析了政府增长的非政策因素。第九章研究了政府干预过程中存在的政府失灵问题。

作者简介

卫志民，经济学博士，汉族，生于1968年，2004年毕业于南开大学经济学院经济学系，获经济学博士学位，现就职于北京师范大学政治学与国际关系学院比较政治经济研究中心。曾在《国外社会科学》、《财经研究》等核心期刊发表学术论文二十余篇。主要研究领域为政府经济学、国际贸易、宏观经济政策分析等。

目录

第一章　导论　/1

第二章　民营化取向的公共产品政策分析　/16
　第一节　物品和服务的分类　/16
　第二节　公共产品的提供　/23
　第三节　民营化取向的公共产品政策　/28
　第四节　政府提供公共物品的不同机制与民营化的途径　/36
　附录一　美国政府服务承包合同一览表　/42
　附录二　英国的国有化历史　/43

第三章　外部性政策的比较与选择　/47
　第一节　关于外部性　/47
　第二节　基于外部性的政策工具的分析、比较与评价　/50
　第三节　产权、交易成本与政府介入　/55

第四章　市场结构与政府干预方案的选择　/62
　第一节　市场结构分析　/62
　第二节　市场权力　/69
　第三节　市场权力、社会成本与政策反应　/88
　第四节　放松管制　/121
　附录一　美国主要的管制机构　/127
　附录二　美国司法部兼并准则　/128
　附录三　石油输出国组织（OPEC）　/129

第五章　收入分配政策的分析与选择　/131
　第一节　对公平的理解　/131
　第二节　收入差距的来源　/132
　第三节　收入分配领域政府干预政策的分析、设计与选择　/148
　附录　欧洲国家元首收入知多少　/161

第六章　经济增长理论与政策实践分析　/162
　第一节　生产率视角的经济增长解释　/162

第二节　经济增长与技术约束　/172
　　第三节　经济增长与制度性基础设施　/183
　　第四节　经济增长与资本积累政策　/198
　　第五节　传统理论与传统政策反思　/209

第七章　国际贸易领域政府干预政策的分析与比较　/229
　　第一节　贸易政策工具的分析与比较　/229
　　第二节　自由贸易与利益集团　/238
　　第三节　限制性贸易政策批判　/242
　　第四节　政策实践分析　/255
　　第五节　发达国家战略性贸易政策的实践分析　/259
　　附录　协和项目　/272

第八章　政府增长问题研究　/275
　　第一节　政府增长的事实　/275
　　第二节　关于政府增长的理论解释：宏观模型　/290
　　第三节　关于政府增长的理论解释：需求模型　/302
　　第四节　关于政府增长的理论解释：供给模型　/310
　　第五节　财政赤字问题　/320
　　第六节　小结　/326

第九章　政府失灵问题研究　/329
　　第一节　政府干预与寻租竞争　/330
　　第二节　政府失灵的原因　/334
　　第三节　经济政策的不确定性　/342
　　第四节　政府失灵的矫正　/360
　　第五节　小结　/372

参考文献　/374

后记　/388

第一章

导 论

关于政府职能与市场机制关系讨论的简要回顾

在经济思想史上,经济学家们对政府干预市场经济运行的必要性、范围、内容、程度、方式、效果等方面的认识一直存在着巨大分歧,可以说自1688[①]年古典市场经济制度确立以来,迄今为止还远未形成一个一般的、稳定的政府干预与市场调节相结合的经济模式,在理论上也不存在一个普遍认可的关于政府干预和市场调节有机结合的理论体系,这个问题仍然是一个有待理论研究和实践继续探索的问题。

最早的经济思想家要数17和18世纪的重商主义者了,这些学者写了一系列的论著,设计出一套认为能够增强民族国家的军事和经济实力的政府干预政策,这种政策在英国和法国获得了强有力的支持,对外贸易的保护主义政策最终导致了美洲的革命。现代经济学对私人市场的信仰可以追溯到亚当·斯密的《国富论》,1776年亚当·斯密的《国富论》标志着古典经济学的诞生,认为只对个人和家庭利益感兴趣的生产者才是经济增长的基础,个人追求他们自身利益的行为能够极大地促进公共利益,他用"看不见的手"来描述自利行为如何给社会带来财富。[②] 亚当·斯密的"看不

---

① 这一年英国资产阶级革命取得了胜利。
② 在经济学中实际存在两个基本定律,第一定律是指在某些情况下,个人理性会导致集体理性自动产生,如"看不见的手"的原理所揭示的;第二定律是指在许多情况下,如在囚徒困境、搭便车困境等问题中所揭示的,个人追求自己利益的行为无法实现集体利益的最大化,这时只有借助"看得见的手"通过适当的制度安排方能取得集体理性,即集体利益最大化,如一群人冲进瓷器店去抢瓷器的理性行为,会导致许多大家本来可以分到手的瓷器被打破,抢瓷器虽然可以使个别人多拿一些瓷器,但却使整体可供使用的瓷器减少了,这实际上是对"个人理性不是实现集体理性的充分条件"这个命题的形象诠释,而且组成集体的人数越多,越容易导致"集体无理性"或"协调失灵",因为人数越多,越难以建立强迫或诱使个人的行为与集体理性行为保持一致的激励机制,市场机制也就难以成功地协调经济人的行为,从而导致协调失灵。

见的手"学说解释了为什么没有统一指挥的分散决策的市场机制不但没有产生混乱而且其后果看起来是如此有秩序,公共利益和私人利益可以得到良好的相互协调,在斯密所作的经济分析中,最引人注目的就是他认识到市场机制是一种自我调节的自然秩序,价格制度可以用一种自动的方式把人们分散的经济活动组织起来,利己的润滑油会使社会经济活动的齿轮奇迹般地正常运转,尽管斯密还无法证明"看不见的手"原理(他使用的是列举事实的办法),但他提出的"自由放任"思想为新兴的工商阶层要求减少政府干预、保护自由企业制度提供了理论支持①,这种可被翻译成"别管我们"的学说认为政府应当尽可能少地干预经济事务②,把经济决策权留给市场。亚当·斯密提出,"按自然自由的制度,君主只有三个应尽的义务——这三个义务虽很重要,但都是一般人所能理解的。第一,保护社会……第二,尽可能保护社会上各个人……第三,建立并维持某些公共事业及某些公共设施……"③"一切特惠或限制的制度,一经完全废除,最明白最单纯的自然自由制度便树立起来,每一个人,在他不违反正义的法律时,都应任其自由,让他采用自己的方法去追求自己的利益,以其劳动和资本与任何其他人或其他阶级相竞争,这样君主们就被完全解除了监督私人产业、指导私人产业使之最适合于社会利益的义务","要履行这种义务,君主们极易陷于错误"。④ 直至今天,斯密的思想仍然具有难以动摇的影响力。

这种学说之所以用"别管我们"来标明自己的主张,就是因为这种古典经济理论是在资本主义与封建主义、主张市场调节与以重商主义为指导思想的政府干预政策的斗争中形成的,因此其理论研究的出发点就是反对

---

① 但这并不意味着斯密服务于工商阶层,事实是他对工商阶层始终保持着足够的警惕,尤其是对垄断的担忧,斯密在他的巨著《国富论》中写道:"同一行业的人很少相聚,即使是为了寻欢作乐,其谈话也往往以相互勾结起来反对社会和抬高价格而告终。"
② 由于亚当·斯密强调市场,坚持有限政府,常使人误解为反对所有形式的政府干预,实际上详细阅读他的《国富论》,可以得出一种平衡得多的观点,虽然斯密没有使用现代的"市场失灵"或"市场缺陷"等术语,但他已经认识到了市场经济的许多局限性,并且主张政府在市场经济中扮演重要角色,如提供公共产品,提供法律框架和司法系统,弥补市场失灵如反垄断以促进竞争,提供国防、治安等公共服务。
③ 亚当·斯密:《国民财富的性质和原因的研究》(下卷),商务印书馆1991年版,第252页。
④ 同上书,第253页。

国家干预,倡导自由主义。① 在市场经济制度早期的形成阶段②,虽然资产阶级取得了胜利,但一些旧的政策法令,如税收制度、行会制度、货币制度以及对外贸易中的重商主义式的关税保护政策等仍在继续发挥作用,国家管制仍然在束缚着市场经济的成熟与发展,"这些旧经济秩序的标志,虽然在大革命后经过一些演进有所改变,但仍保存着累世旧习所延续下来的影响,18世纪末期的国家管制,像条例、税则、禁令……比今天更加严密地把全国的经济生活包罗在他们带有密密网眼的网中。"③"离那些主流派经济学家所规定的贸易自由还很远,离商品和劳动力自然走向最大利润和最高工资所号召的那个地方去的这种完全流动性还很远。"④

当时在国家干预和自由放任问题上的斗争突出体现在对谷物法的存废和货币改革上。根据谷物法,只有当英国国内市场谷价超过规定的限价时,才允许谷物输入,从18世纪70年代到19世纪的前十年英国土地贵族利用其在议会的优势不断提高限价,利用作为保护关税一部分的谷物法来维持和提高地租收入,限制谷物的自由贸易,这一方面提高了地租,另一方面提高了名义工资,增加了工业成本,损害了工业资产阶级的利益,成为当时工业资产阶级和土地贵族之间斗争的焦点之一;在货币制度问题上,出于拿破仑战争时期财政的需要,英国政府大量发行不兑换纸币,造成货币贬值和通货膨胀,对于工业资产阶级对外贸易的开展极为不利,是否保留政府对货币发行的直接干预和控制成为他们之间斗争的另一焦点。在工业革命的过程中,维护和取消国家干预(其实将其描述为对私人经济的限制更为准确)的斗争一直在进行之中,工业革命的完成,大大改变了这一局面,工业革命带来的现代民主政治制度的基本确立摧毁了土地贵族凭借国

---

① 马克思同样观察到了经济发展和国家干预之间的关系,认识到市场经济的早期发展是离不开对国家干预的依赖的(在存在国际贸易的条件下,国内自由经济的早期发展是与国家干预同时存在的,在封闭的环境中,国内自由经济的早期发展是离不开对国家管制的解除的——作者),马克思指出,在"资本统治"的建立和发展过程中,"只要资本的力量还薄弱,它本身就还要在以往的或随着资本的出现而正在消逝的生产方式中寻求拐杖,而一旦资本感到自己强大起来,它就会抛开这种拐杖,按它自己的规律运动。"见马克思:《经济学手稿(1857—1858)》,载《马克思恩格斯全集》第46卷,下册,第160页。
② 这一阶段以英国工业革命的完成为终结。
③ 〔法〕保尔·芒图:《十八世纪产业革命——英国近代大工业初期的概况》,商务印书馆1991年版,第61页。
④ 同上书,第203页。

家政权对经济活动进行直接干预的基础,市场机制作为基础性的资源配置方式得以确立,英国经济进入了自由竞争资本主义阶段。欧洲大陆其他主要资本主义国家,也经历了类似的过程。

在建立市场经济制度的过程中,美国是一个例外,它没有悠久的历史,没有封建制度和自然经济的基础,因而也没有经历一个长期的资本主义制度与封建主义制度、政府干预与自由主义的斗争过程。在1775年独立战争之前,"美洲殖民地在英帝国的统治下——其实殖民地可以自行其是——已经发展和繁荣起来"①,1783年独立战争胜利后,在政治上建立了以《独立宣言》为基础的宪法和资本主义议会制度,在经济上,拆除各州之间的贸易壁垒,建立了全国统一的市场,使美国很快进入资本主义自由竞争时期。19世纪的美国,是一个十分接近于纯粹的自由放任的社会,这种经济制度曾被英国历史学家托马斯·卡莱尔称为"无政府主义加警察",这种哲学允许人民有极大的个人自由去追求和实现其经济(当然还有政治)抱负,带来了长达一个世纪的迅速的物质进步。这样,欧美主要资本主义国家经过资产阶级革命和工业革命以后纷纷走上自由放任的资本主义轨道,自由企业的或竞争的市场经济在西方19世纪的自由放任(Laissez-faire)年代达到了顶峰。

"无政府主义加警察"式的自由主义市场经济在带来了长达一个世纪的迅速的物质进步的同时,这个时代所表现出的经济危机、环境污染、极端的贫困和不平等、种族歧视也同样给人留下了深刻印象,所以在达到完全自由放任之前,历史的潮流转向了另一边。从19世纪后期开始,几乎在北美和欧洲的所有国家中,逐渐远离了"管得最少的政府是最好的政府"的信条,政府控制经济的边界在不断向外推进,政府的职能开始稳步扩张,一些国家向福利国家发展,政府部分地取代了市场、家庭和私人企业,一些国家则更为彻底,实行了社会主义,政府完全或大部分取代了市场。这种转变一个重要的方面②是因为经过一个世纪的自由竞争市场经济的实践和理论家的思考以后,人们认识到斯密学说存在一个适用范围和现实局限性

---

① 杰拉尔德·冈德森:《美国经济史新编》,商务印书馆1994年版,第148页。
② 前苏联的计划经济和工业化经验是另外一个重要的原因。

的问题,微观层次的市场失灵的情况远比斯密所认识到的更多、更严重[①];在宏观层次上,许多经济学家虽然相信在长期市场经济具有使经济活动最终恢复到充分就业状态的内在力量,但一般认为即使是这样,等待经济自行纠正的成本就所放弃的产出和人类所遭受的痛苦而言是相当大的,因而在今天,几乎所有的政府都把试图避免经济活动发生剧烈波动[②]当做自己的责任。市场经济自工业革命以来就一直遭受收入分配不公和经济萧条的折磨,每次危机来临之时,便有人预言市场经济模式将要被命令经济所取代,并有人列出了时间表。[③]

在这个过程中,公共部门和私人部门[④]之间的适当平衡始终是一个争论不休的问题,不同的国家有不同的选择。从世界范围来看,瑞士的公共部门很小,政府的活动范围受到严格的限制,在中国,政府截至目前仍拥有强大的国有经济部门并对其他经济部门的经济活动拥有强有力的影响力(尽管这可能是下一步改革的对象),而像英国这样的欧洲国家却长期对许多行业实行价格管制或直接经营,如在铁路、航空、煤炭、钢铁和公用事业部门。

这种趋势直到20世纪80年代才突然中止,潮流再次转向,在全世界实行各种政治制度和经济制度的国家几乎都重新发现了市场作为资源配

---

① 虽然市场具有效率的特征,但人们对市场的抱怨却相当普遍,这些对市场结果的不满并不都是名副其实的市场失灵,如对某些商品或服务高昂价格的抱怨,如果不是由垄断造成的话,较高的价格不过是稀缺性的反映而已,那些要求政府进行价格管制而使穷人也能得到这些物品或服务的建议只会导致所有人都得不到或得到更少的东西;另一类对市场的常见抱怨是对收入分配的不满足,这并不是市场失灵,但大多数经济学家普遍接受政府应在收入再分配上发挥作用,经济学家们的分歧在于两点,一点是什么是可接受的收入不平等的程度,另一点是什么是达到这个目标的最佳手段,经济学家通过比较各种再分配政策的整体成本—收益分析来寻找答案,而政治家更加关注人民建立在个体收益—成本分析基础上的反应,问题的复杂性还在于再分配政策还会因削弱经济激励而使经济的生产率和总规模降低,从而有可能使穷人的生活反而更加恶化了。

② 这里所说的波动指经济活动在衰退和过热两种状态之间的不断变换。当经济资源包括劳动力和物质资本出现大规模的闲置时,该经济就处于其生产可能性曲线之下;即使经济处于充分就业状态,资源仍然可能会因为存在垄断、外部性、信息不充分、公共物品等原因而没有得到有效配置,这些都会引起经济增长的减缓,在美国,如果GDP连续六个月出现下降,就认为发生了衰退。而经济过热一般表现为通货膨胀。

③ 但二战以后,西方市场经济国家的飞速发展又让市场经济的批评者陷入迷惘之中,历史并未遵循他们所绘制的航线前进。

④ 在西方民主社会中,区分私人机构和公共机构主要依据的特征之一是负责公共机构运转的人是选举出来的或由选举出来的人任命的,这个人拥有的权力的合法性来自于其是直接或间接地从选举过程中派生出来的。

置工具的巨大力量,几乎同时在社会主义国家和资本主义国家中发生了"市场再发现"(Reemergence of The Market),这些国家的政府相信只有通过市场来决定价格、产量和收入,人民才会有投资和努力工作的动机。在现代市场经济中的政府普遍实行了具有保守主义色彩的经济政策,不同程度地减少了政府对经济的控制;社会主义国家则采取了快速的或渐进的方式放弃了中央计划经济体制,走向了各具特色的市场经济。①

从20世纪80年代中期在西方工业化国家开始的私有化运动说明,至少在实践上或作为一种暂时性观点来看,发达国家的政府已经对竞争性国有企业和在旧的国有经济部门管理体制和旧的公共产品的确认与生产的模式下的非竞争性国有企业失去了信心,政治家、经济学家和选民都对竞争性国有企业实现其目标的能力的看法发生了变化,这些变化直接地与发达国家因国有企业而带来的财政危机和预算压力以及宏观经济衰退有关,更为深层次的原因是对国有企业的控制问题无法得到有效解决,即所谓的激励约束问题,当然我们也不能完全否认经济思想和政策的"钟摆"会受到意识形态和政治势力"时尚"的冲击。②

政府职能的演变

在早期的市场经济中,市场主体只有作为生产者的企业和作为消费者的家庭和个人,政府仅充当"守夜人"和"警察"的角色,政府的经济职能是有限的,即使有限的政府职能对于市场经济来说也是限制性的或压制性的而不是保护性的,政府还没有成为经济运行的主体,经济运行主要依靠建立在自由竞争基础上的市场机制。究其原因,可能与以下几点有关:在早期的市场经济中,生产的社会化程度不高,经济主体之间还未形成广泛、复杂的经济关系,在客观上没有要求政府调节经济运行过程的需求;在自由竞争阶段,由于市场规模较小,供需双方比较稳定,比较容易全面、准确地了解市场信息;存在相对较多的市场机会,市场竞争还不是很激烈;在经济发展水平较低的时期,产业结构和产品结构都比较简单,企业经济活动的

---

① 这些特色之中最突出的一个特点就是形成一个不成熟的、有待完善而又难以得到强有力的法律和司法体系支撑的市场经济,缺乏一个与市场经济体制相容并为之提供有序运作的制度环境的政治制度。

② 如"撒切尔主义"和"里根主义"。

外部性尚不明显,再加上国家间的经济交往也十分有限,这一切客观经济条件,都决定了政府的功能只是局限在一定范围之内,而没有必要扩展到社会经济活动的各个领域。在理论上,经济学家在那个时代的主要任务是反对政府的干预而不是研究政府应该如何干预,在早期的市场经济中,封建君主政府对市场经济的发展来说,主要是一种限制和阻碍的力量,所以市场主体在那个阶段关注的主要是摆脱和冲破封建制度的束缚,因而要求政府不要干预市场,以便于展开自由竞争,这个阶段所说的"干预"的含义主要是限制的意义;随着市场经济制度的确立再加上垄断的形成以及市场失灵的不断加剧,逐渐需要引入政府干预,这时干预的意义主要是保护市场机制和弥补市场缺陷以及稳定宏观经济运行,进行收入再分配和地区间平衡发展。

随着市场经济的发展,分工的深化导致了生产的社会化、专业化水平不断提高,整个国民经济的规模扩大了,经济主体之间、社会再生产的各个环节之间的相互联系更加密切、更为复杂了,整个社会生产过程形成了一个密不可分的相互制约、互相依存的有机体,这时每一个单个经济主体都不可能单独存在。第一,社会经济运行的复杂化使市场主体之间的经济关系不再是一目了然、可以直接把握的,这时单靠市场机制就难以有效地调节经济的运行,宏观经济的波动幅度及其后果都变得越来越明显了,需要政府采取宏观政策进行调节。第二,市场拓展空间受到限制,导致市场竞争更加激烈,企业活动的外部性突出地表现出来,同时,企业规模的扩大导致垄断的形成,从而抑制了市场配置资源的作用,市场失灵开始表现出来。第三,经济的发展和社会的进步使社会对公共产品的需求增大。第四,社会分工和专业化发展到一定阶段将冲破国家界限,形成国际分工和专业化生产,在开放的经济系统中,一国的经济运行过程更加复杂化了,这也要求政府在开放的经济运行中发挥作用。第五,市场机制具有协调供求、刺激技术与创新、财富分配三大基本功能,但市场机制要发挥这些功能,需要一个能够保证市场机制有效运行的制度系统为基础,而这些基础性的公共产品只有政府才能够提供、不断调整并维持下去。这个制度系统首先需要一个产权明确的企业制度,不同的产权界定会导致不同的资源配置效率;其次需要一个完备的市场竞争制度,确立竞争规则,制止垄断、不正当竞争;

再次，需要一个相对独立的、运转灵活的货币银行体系，在市场机制进行资源配置的过程中，主要依靠价格信号来进行，在通货膨胀情况下，价格信号就会失真，难以反映产品的真实稀缺状况，所以，市场机制有效地发挥作用，是以币值的相对稳定为前提的，而币值的稳定是建立在独立灵活的货币银行体系和有效的货币政策基础之上的。

虽然市场失灵导致政府干预成为必要，但政府的作用在于弥补市场功能缺陷，而不应理解为替代市场机制，因为也有"政府失灵"的问题，而且"失灵"也不应理解为完全失去作用，而仅是指一种协调机制相对于另一种协调机制在某一方面缺乏效率而已。例如，由政府提供公共产品或准公共产品，并不意味着须由政府生产这些公共产品，政府即可以通过建立企业直接生产这些公共产品，也可以将公共产品委托给非政府企业进行间接生产，以避免由国有企业和政府垄断经营所造成的缺乏竞争、效率低下、官僚主义等问题。

现代市场经济：资源配置的三种方式

人类社会的每一个阶段，无论是在当今时代还是在人类文明的开端，都必须面对几个基本的相互关联的问题。只要物品是稀缺的，不同的社会均面临着一个如何选择不同的经济制度去满足不断变化的需求的问题，每一个社会都必须决定应当生产什么、生产多少、如何生产和为谁生产这些物品，研究配置稀缺资源的不同机制是经济学一个重要的研究领域。不同的社会在解决这些问题时采用了不同的方法，这些方法可以大体认为是两种经济组织方式，即命令经济和市场经济的某种程度的混合，现代社会的经济制度则是这两种经济制度的某种程度的混合。

市场经济和命令经济是两种有着深远历史根源的经济制度，我们首先来讨论一下纯粹的或自由放任[①]的市场经济是如何运作的，尽管这种自由放任的市场经济从来没有存在过[②]，但为我们认识现代市场经济制度提供了一种研究的基准和起点，在这种纯粹模式的基础上不断修改将使我们的

---

① 自由放任我认为可以理解为一种消极的政府干预，即尽可能少地进行直接干预，政府主要是提供公平的游戏规则等以法律体系形式存在的制度性基础设施和公共交通等物质性基础设施，提供司法、执法、国防、公共教育和公共医疗等公共产品和公共服务。

② 也许19世纪的英国很接近于纯粹的自由放任的市场经济。

理论描述更加符合现代市场经济的实际情况。

市场经济是一种主要由个人或私有企业作出关于生产和消费的主要决策的经济,以竞争、契约、选择的自由为特色,消费者自由购买他们所选择的物品,企业自由生产并销售他们选择的产品,要素的所有者自由地将其所拥有的生产要素投入到他们自己选择的领域去,包括人力资本,这是市场经济的第一个特点;其第二个特点是,在市场经济中,资本、自然资源和知识产权一般为个人或私有企业所拥有①,这种财产私有制度为人们创造物质财富和精神财富提供了强烈的激励,如果财产及运用这些财产所获得的收益可以被其他人或政府随意拿去,人们便失去了积累和创造财富的积极性;财产权的另一个重要功能是促进交换,有了财产权人们就可以把时间、精力和资源消耗在生产更多的产品和服务上,而不是消耗在重新分配和保护已有的财富上。与财产私有密切相关的是企业的自由和选择的自由,企业的自由指私有企业可以通过自愿基础上达成的契约自由获取经济资源,并运用这些经济资源自由地组织经济活动生产自己自由选择的产品和服务,在自己自由选择的市场中予以出售,不存在来自政府的进入管制;选择的自由指劳动者可以自由择业,消费者可以自由消费,所有者可以自由处置其拥有的经济资源。市场经济的第三个特点是经济发展的动力是对自身利益的追求,市场经济假定自身利益是各种不同经济主体作出自由选择时的主要依据,生产者追求利润最大化,消费者追求效用最大化。②市场经济的第四个特点是完全竞争,读者都很熟悉,在此不进行详细讨论,其第五个特点是有限的政府,纯粹的市场经济是自我管理和自我调节的,在这种理想的、完全竞争的市场经济中,在市场机制作用下,经济主体按完全竞争市场价格进行货币与物品的自由、自愿交换的决策将会使社会可利用的经济资源得到最有效率的运用,生产出最大数量的符合需求的物品和服务,政府除了对个体的选择行为和私有财产的使用施以广义的法律限制外,没有进行大量经济干预活动的需要,政府的主要作用是提供制度性基础设施和弥补市场缺陷。

---

① 实际上,资本的私人所有正是资本主义这一名称的来源。
② 追求自身利益最大化与自私不要混为一谈,一个追求利润最大化的企业家很可能同时是一个慈善家。

命令经济（Command Economy）或中央计划经济（Centrally Planned Economy），是由政府作出所有或大部分关于生产和分配方面的决策的一种经济制度。在这种经济制度中，政府拥有大部分的生产资料，如土地和资本，也拥有大多数的企业，并指导它们生产经营，政府成为大多数工人的雇主，并通过政府确定工资标准或直接配给来决定社会产出的分配问题，总之，在一个命令经济中，由政府通过它的资源所有权和实施经济决策的权力，回答生产什么、如何生产、为谁生产和生产多少的问题。与之相对照，市场经济则主要由生产者和消费者之间的自由交换来决定这几个问题，具体来说，生产什么和生产多少由供给和需求之间的相互作用来决定，如何生产由厂商之间的竞争来决定，为谁生产由经济中的收入分配来决定，这些收入又由劳动的供求和资本的供求来决定，分别决定了个人工资和人们从储蓄中获得的收益的比例。

前苏联为理解命令经济的运作过程提供了一个理想的标本，国家几乎拥有了所有的生产手段，工厂、设备和土地，关于生产什么、生产多少、如何生产的决策都由政府机构作出，国家也颁布了工资标准和大部分价格水平，使市场得以出清，但由于计划者常常低估消费品的价格，所以，对于许多商品来说，其价格就不能使市场出清，这就需用票证或排长队的办法来解决，这时的价格仅仅是一种核算价格，并不具备配置资源的作用，资源的配置依靠计划部门作出的不同层次的计划来进行。命令经济与市场经济的最重要区别就在于前者是由国家进行集中决策而不是由消费者和企业进行分散决策。许多经济学家曾预言命令经济无法运转[①]，而前苏联的经验则证明，命令经济不仅可以运转而且可以持续增长很长时间，但这种增长是在巨大的资源消耗、政治压制、人性压抑的情况下取得的昂贵的增长与发展，这显然不是不可避免、无可选择的。

现实经济生活中还存在不同形式的配给制（Rationed），这也是资源配置的一种方式，这些配给制在命令经济和市场经济中都广泛存在。在市场经济中，价格体系只是配置资源的一种方法，当价格受到限制，对一种商品或服务的供给少于需求时，就要实行配给制，不同的配给方案在决定由谁

---

① 当然也有许多西方的观察家认为前苏联赶上并赢得经济竞争的胜利只是时间问题。

获得社会稀缺资源的方式上是不同的,一个社会可以将稀缺资源提供给那些最愿意排队等候的人,这种制度被称为排队配给制(Rationing by Queues),在市场经济国家中,像电影票、体育比赛的门票、音乐会门票、明星演唱会门票的价格,不论排的队伍有多长,票价都不会改变①,倒票者的高价说明了人们实际愿意支付的价格比现行的票价高得多。许多人认为排队配给制比价格机制配置资源要好,为什么有钱人可以看演唱会而穷人就不能看呢?事实上低收入者的确得到了更多比市场均衡价格低的固定价格的商品或服务,但这不是由于票价低,而是由于低收入者的时间价值更低,低收入者排队的机会成本较低,他们更愿意等候,因此会得到更大比例的固定价格服务或商品。一般而言,排队是一种低效率的资源配置方式,因为排队所花费的时间也是一种被浪费的资源,在价格机制作用下,价格会激励企业家将更多的资源配置到严重供给不足的地方,更多的产品和服务被提供,价格自然就会下降,富人、穷人都能从中受益。

用随机的方式分配产品或服务,即抽签法(Lotteries)也是配置资源的一种方式,如在大学中如果选某门课的人太多的话,往往就会采用抽签法,大学宿舍中的床位分配在西方也大都采用这种办法,一般认为这种办法是公平的,人人都拥有相同的机会,缺点同样是缺乏效率,因为稀缺资源没有被那些愿意而且能够支付最高价格(对这种资源估价最高)的人获得。

票证配给制(Coupon Rationing),不仅在社会主义国家,在大多数西方市场经济国家中的政府在战争期间也普遍采用这种分配制度去分配汽油、糖、面粉或其他生活必需品,票证和政府管制的固定价格结合在一起发挥作用,钱和票证结合在一起才能买到东西,票证配给的理由是保证穷人也能买到东西。一般情况下,政府会宣布买卖票证为非法,当票证不能合法地存在时,建立黑市(Black Market)就存在很强的激励,这会改善资源的配置效率,资源会流动到出价最高的人手中。

在现代社会的经济制度中,没有一个经济制度是其中的一种纯粹形

---

① 音乐会排队并不是为了让钱少的顾客也能够欣赏到精彩的演出,而是看到了长长的购票队伍和拥挤的 fans 所具有的新闻价值及其所具有的潜在的广告效应。

式,所有的社会都是三者在市场经济基础上的某种程度的混合①,属于混合经济(Mixed Economy),在这种经济系统中,市场决定了大多数物品的价格和产量,政府则运用税收政策、支出政策和通过影响货币供给量并进而影响利率和对利率敏感的变量的货币政策来调控经济总量,以实行收入再分配、稳定、增长等方面的目标,对于一个健康运行的经济来说,市场和政府这两个部分都是必不可少的。

市场失灵的分类

自从弗朗西斯·M.巴托(F. M. Bator)在其《市场失灵的分析》②一文中首次使用了"市场失灵"一词并对市场失灵的主要原因作出分析以来,许多中外学者都依据市场失灵的原因来概括市场失灵的类型。查尔斯·沃尔夫认为市场失灵源于外部性与公共物品、报酬递增、市场的不完全、分配的不平等。③ 弗雷德里克·L.普瑞尔认为"根据时间因素的相对重要性,可以将市场失灵的原因分为两组",一组是与时间考虑无关的因素,包括外部性、公共物品、垄断成分、缺乏充分就业等;一组是同时间考虑有关的因素,包括蛛网和其他收敛困难的问题。④ 高鸿业先生将市场失灵分为四种情况,即垄断、外部影响,公共物品和不完全信息。黄泰岩提出根据市场作用的约束条件来分析市场失灵,将其划分为三类:一是理想条件下的市场失灵,即完全竞争条件下发生的市场失灵,如因公共产品和外部性导致的市场失灵,日本学者野尻武敏也认为,"即使市场机制完全地发挥作用,也解决不了全部问题,这叫市场局限";二是不完全竞争条件下发生的市场失灵,即所谓正常偏离,是指这种偏离属于现实中市场条件的正常状态,如由于信息的不完全、产品的差别化、资产的专用性而使现实的市场条件偏离了资源自由流动的假定,现实的市场条件对理想的市场条件的正常偏离在

---

① 虽然还存在几个计划经济国家和经济上的集权国家,但其在世界经济总规模中的比例很小,且多数都在探索它们自己所能接受的某种混合经济的新模式,都在加大市场的作用,所以,我们对此不作重点研究。
② 见美国《经济学季刊》,1958年8月第3期,转引自卫兴华主编:《市场功能与政府功能组合论》,经济科学出版社1999年版,第178页。
③ 见查尔斯·沃尔夫:《市场或政府》,中国发展出版社1994年版,第18页。
④ 见弗雷德里克·L.普瑞尔:《东西方经济体制比较——研究指南》,中国经济出版社1989年版,第184页。

现代市场经济中具有不可避免性,这必然使市场机制在一定程度上和一定范围内发生失灵;三是非正常偏离理想条件下的市场失灵,即由于市场自身的不完善造成的市场条件对理想状态的严重偏离,正常偏离与非正常偏离的根本区别在于它是否能够通过完善市场机制得到克服,或是否是由于政府的不恰当干预而造成的市场失灵。

笔者认为,从理论上讲,存在三种类型的市场失灵。第一类市场失灵是由市场机制本身所固有的缺陷造成的,是一种不论市场机制发育成熟的程度如何都必然存在的功能缺陷。一般来说,这类市场失灵表现为市场不能充分、有效地提供公共产品;市场不能完全解决外部性问题;市场机制无法有效地制约因自然垄断性质而导致的市场权力问题,市场机制难以完全解决因信息问题所带来的道德风险和逆向选择问题;市场机制难以解决的收入分配均等化问题;市场机制难以实现短期宏观经济均衡的问题;对于转型国家而言,市场机制难以完全解决经济体制转轨问题,政府在打破原有利益格局和权力结构,建立新的制度体系方面具有不可替代的作用。

第二类市场失灵是指由于市场机制发育不完善而出现的功能失灵。对于这类市场失灵政府应通过为市场机制的完善创造条件的办法来促进市场机制的发育、成熟,以此来消除由于市场机制发育不成熟而引起的市场失灵,政府不应试图替代市场直接去配置资源,否则不成熟的市场机制可能永远难以有机会成熟起来,政府的直接干预也必然引发盘根错节的行政性扭曲,政府在市场发育不成熟时不得不承担的在成熟的市场经济中本应由市场承担的职能应随市场发育程度的不断提高而逐渐由市场承担起来。

第三类市场失灵是指由于政府的不当干预所引起的市场机制功能障碍。消除这类市场失灵不是靠不断加强政府干预去解决,而是靠减少政府的不恰当干预去解决。

本书的研究立意

在经济学学术思想史上,自重商主义开始,关于政府和市场在社会经济活动中的角色就是一个争论不休的问题,并且成为经济理论演变的一个主要线索,作为经济理论体系中的一个重要的研究领域,政府干预理论也是一个不断取得理论突破、富有理论创新潜力的领域,在这样一个学术领域展开学术活动是富有学术意义的。

从目前国内学术界与国际经济理论界及政府经济学家们在理论研究与政策分析方面的对比来看,存在着较大的差距。作为一个国内学术界的热点理论研究领域,从局部来看,经济学基础理论近三十年所取得的进展在国内介绍性的论文和著作中有所体现,但对这些理论进展的学习、认识、思考和运用是简单、粗略、零散的,是注重结论而不注重分析方法和理论创新过程的,尚未建立起一个相对完整的、能反映近三十年来学术界在这个领域所取得的理论进展的分析政府干预与政策设计的理论框架。本书所反映的研究工作就是试图做这样一项工作,如果能取得一定的进展,为这个极富实践指导意义的领域的其他研究人员提供一个进一步研究的基础的话,无疑将是很有意义的,其意义不仅在于对经济学界近几十年来所取得的理论创新进行梳理、总结,而且在于这样一项工作有利于弥补国内学术界和国外理论界在这一领域中的差距,只有完成了这样的工作,我们才可能在这个框架内或针对这个框架本身进行真正的、学术意义上的、能经得起时间和理论批评考验的理论创新。

从我国改革开放实践的需要来说,我国是一个既具有长期封建集权统治又具有长期计划经济实践的国家,同时也是一个既具有短暂的市场经济发展时期又正在经历向社会主义市场经济制度转轨的国家,这决定了政府干预和市场调节的冲突与统一构成了研究与观察我国改革开放实践的最为清晰的一条主线。

一方面,由于历史文化因素、意识形态、既得利益集团的现实存在和试图降低改革成本的策略性安排等原因,政府职能的转变一直滞后于建立一个规范的、具有制度基础的和具有内在统一协调性的市场经济制度的要求;另一方面,由于国内学术界对基础理论的漠视和缺乏对现代经济理论框架的理解与掌握,缺乏对规范的经济学研究方法和分析工具的掌握,对中国改革实践问题的分析大多数属于时事评论性的,缺乏经济学理论的支持,经济政策的提出也基本没有依据初步的成本—收益法进行分析,基本上是建立在直觉、中外历史经验和试验性实践经验的基础上,建立在理论分析基础上的实践成本一般要比建立在直觉和想象基础上的实践成本要小得多,所以说对这一问题展开研究也是完善社会主义市场经济体制和改革开放伟大实践的内在要求。作者作为经济理论研究队伍中的普通一员,不仅对这一问题长期以来一直抱有浓厚的学术兴趣,而且也期望能够通过这样的一项研究活动对我国的改革实践起到一点有益的作用。

从我国经济改革和政府活动面临的外部环境看,在这样一个全球经济一体化和信息化的时代,政府活动的外部环境正在发生急剧的变化,公共部门正在面临着前所未有的竞争压力,中国作为一个正处于不断改革和开放阶段的发展中国家,在加入WTO和实行更大范围和程度的经济开放以后,如何转变政府职能、增强政府行政能力和提高政府行政效率,如何建设性地使公共部门和民营部门保持一种富有生气的关系成为我国政府面临的一项紧迫任务。

发展中国家的政府往往不能提供关键性的公共产品和公共服务,却过多地提供了可以通过市场由民营经济部门提供的商品和服务;发展中国家政府的行政能力比效率较发达国家弱,但其活动范围却比发达国家政府的活动范围要广泛得多;发展中国家的市场发育程度低,但政府干预却往往侧重于对市场的管制而不是促进方面,侧重于取代市场而不是培育市场。中国作为一个发展中大国,同样存在上述的特点,所以研究发展中国家政府在经济增长与经济发展中的作用问题对于我国的经济增长与经济发展具有重要的现实意义。

总之,本书的选题不仅在理论上具有重大的研究价值,而且对转变政府职能、建立现代市场经济制度和提高资源配置效率具有重要的现实意义。

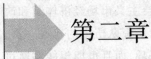

第二章

民营化取向的公共产品政策分析

第一节 物品和服务的分类

两个标准

人类需要许多不同种类的物品和服务,既包括空气、水、食品、衣服、房屋,也包括教育、国防、法律司法制度以及社会保障制度,还包括美容院、娱乐设施和歌星等,其中一部分属自然资源,可以直接加以利用,如空气和阳光;一部分要由政府通过预算来提供,如司法制度、社会保障、国防、警察等;还有一部分由私人经济部门来提供。政府通过预算提供的产品和服务的范围和类型,在一个国家的不同历史时期和一个时期的不同国家之间均存在区别,有时区别还相当大,这就促使我们思考一些问题:政府和非政府部门在这些物品和服务的提供中各自应扮演一个什么样的角色?也就是说政府通过预算应提供哪些物品和服务?为什么这些产品或服务通过公共部门预算而不是通过市场机制来提供?是因为这些产品和服务有什么特殊的特点吗?

的确,我们需要的产品和服务之间具有许多不同的特征,我们可以通过两个特征来对它们进行有利于我们回答上述问题的分类:排他性和消费上的竞争性。排他性是指如果某种物品和服务的潜在使用者没有达到潜在供给者提出的条件,就将他们排除在该物品的使用者之外;消费上的竞争性是依靠增加一个人消费某产品的边际成本是否为零来决定的,如果为零则说对这件产品的消费具有非竞争性。

总的来说,并不存在完全的排他性,排他性的实质是一个成本问题,是否具有排他性依赖于执行成本的相对高低,只有排他成本超过了排他得到的收益,排他才具有可行性。执行成本的高低取决于技术的因素,技术的变化可以使排他变得更为困难或容易,从而改变一种物品的排他性,因此,排他存在不同的可行性程度,如有线电视系统使对电视节目收费成为可能。

当然,我们必须认识到根据排他性对某些物品进行清晰的分类也存在困难,如对燃放的烟花,可以对现场座位征收入场费的形式实施排他,但场外的人仍可看到,这时我们应该认为烟花具有了一定的排他性呢,还是烟花被分为具有排他性的美丽的烟花和不具有排他性的不那么美丽的烟花呢?

非竞争性产生于产品的不可分割性,当这些产品可以被消费者共同和同时使用时,增加一个或多个消费者(直到容量约束线)并不影响其他人消费的数量和质量,也不影响生产这些产品的可变成本,因此,同样不会影响其边际成本,在共同消费者超过该物品的承受能力时,消费者所能享受到的物品的数量和质量都会减少或降低,产生所谓的拥挤问题,因此,很少有物品是纯粹的共同消费品,具有完全的非竞争性,大多数的物品都落在纯粹的个人消费品和纯粹的共同消费品构成的连续区间内的某一点上,就如同大多数的物品都落在完全排他性和非排他性构成的连续区间的某一点上一样。

我们可以根据不同物品和服务的排他性和消费上的竞争性来对其进行分类,见图 1.1.1。通过确立各自在图中的位置将所有物品划分为四类:私人物品(Private Goods)、可收费物品(Tool Goods)、共同资源(Commonpool Goods)和公共物品(Public Goods)。对物品分类的最重要的意义就在于物品本身的特性决定着物品供给的方式,决定了消费者的支付意

图 1.1.1 产品的分类

注:点 O 为完全不具有排他性和完全没有消费的可竞争性。

愿,同时也决定了私人生产者的提供意愿,当然也就决定了政府干预是否必要。

私人物品

私人物品应该由市场来提供,明确的和可执行的产权、可履行的自由契约和自由市场就是提供私人物品所应具备的全部条件,企业确认需求并生产物品然后买卖双方通过市场达成交易,政府在私人产品领域的主要任务就是解决由于信息不充分、外部不经济、市场不完全竞争而带来的市场失灵,以及为市场经济确立法律框架并严格执行,亦即制定并实施进行市场经济活动的游戏规则,包括产权的界定,"合同法与破产法、劳动者与管理者的相互义务以及各种约束社会不同成员相互作用方式的法律和规范"。①

可收费物品或俱乐部物品

对于具有排他性的可收费物品或俱乐部物品,如游泳池、网球场等,对它们的消费超过一定点后会产生竞争性,导致其他消费者效用的下降(主要是该俱乐部产品的质量下降了),这类物品的提供可以通过收费或由相对较小的社区或俱乐部的方式来提供。

可收费物品由于能够实现排他,所以可以像私人物品一样由市场来提供,然而实际中许多可收费物品却由政府来提供,一个原因是对这些物品的生产具有正的外部性,从而导致如果完全由私人经济部门来提供就会导致供给不足,如基础教育;另一个原因是属于所谓边际成本下降的自然垄断物品,如有线电视、天然气、自来水和下水道服务等,这些物品由一个供应者来提供最为经济,为了防止所有者利用其垄断权牟取暴利通常由政府来经营,但越来越多的经济学家已经在理论上和舆论上说服了政治家和消费者,使他们相信如果垄断真是"自然的"话,就根本不需要通过立法来保护它,这些行业的垄断实质上多数属于行政性垄断。

---

① 〔美〕保罗·A.萨缪尔森、威廉·O.诺德豪斯:《经济学》(第十四版),胡代光、吴珠华、余文武、汪洪、张军扩、母正育、何振华译,北京经济学院出版社 1996 年版,第 552 页。

共用资源

　　共用资源,是那些任何人都可以自由得到的资源,如空气、水、鱼、动物、矿物等①,共有资源最容易导致过度利用,这些物品的产权难以分配给任何个人,一个群体的人们对于该物品的所有利益有着不受限制的权利,而且由于该类物品的利益对于所有成员都是平等的,所以,任何个人都不能把他对于该财产的权利出卖给其他成员,从逻辑上讲,这种交换不存在,因为每个人都拥有同样的权利,任何人都可以免费享用该类物品带来的利益,只要消费这些物品的成本不超过这些物品的价值,它们就会被消费或挥霍直至枯竭,这就是大卫·休谟在18世纪提出的"公地悲剧"的问题。

　　"公地悲剧"是追求效用最大化的个人不受管制的行为所导致的稀缺性共用资源的质量恶化或数量枯竭,如过度打猎、过度捕捞、过度开采以及交通拥挤。公地悲剧产生的原因,一是共用资源的稀缺性,共用资源如果不是稀缺品,则不会产生公地悲剧,如对公民权的消费;二是由于共用资源产权不明确或产权具有不可分性;三是由于消费群体的规模。对于稀缺的共用资源,如果人人都合作的话,市场就可以实现共同利益最大化,如果这个消费群体的规模较小,他们可以就共用资源的使用强度或保护计划达成一致,但如果群体太大,由于搭便车的问题,取得和保证合作都将涉及极高的交易成本,导致群体难以达成协议,在这种情况下,每个人都会隐瞒其偏好而希望借此不付费(如用于保护自然资源的税收)就能享受到共用资源的利益,每个消费者都具有不给或给出虚假信息的动机,搭便车的存在使达成协议的交易成本极高,因此,在通过市场交换无法形成一套自愿协定时,政府机构将使用强制性的手段将共用资源的产权进行分割并在各个消费者之间配置,或由国家代表所有消费者行使所有权,从而使群体中的所有成员走出囚徒困境,使群体中所有成员的共同利益达到最大化。

　　当一种共用资源被转化为私人物品并被拥有时,对它的维护和有效管理就变得可行了,例如在美国,有人建议对近海捕鱼建立配额制度,配额内的捕鱼指标能够被拍卖,这样,通过创造可交换的产权使共同资源变为私

---

　　① 这些物品都具有消费上的竞争性和非排他性,如大湖或海洋,你捕的鱼越多,别人可得到的(而不是实际得到的)就越少,同样几个人合吃一条大鱼也是竞争性的,尽管可能吃不完。

人物品,从而解决了过度捕捞的问题。① 为什么象牙的商业价值威胁到大象的生存,而牛肉的商业价值却成了黄牛的护身符呢?就是因为大象是共用资源,而黄牛是私人物品,私有产权的魅力由此可见一斑。纳米比亚通过允许人们捕杀自己饲养的大象而使大象数量增加,而肯尼亚宣布猎杀大象为非法,但大象数量却在不断减少,因为这些措施很难得到实施。人们每月或每周甚至每天都要消费猪肉、牛肉或鸡肉,但绝大多数人并不担心有一天猪、牛或鸡会灭绝,人们很少能吃到蛇肉、熊掌或鲸鱼肉,但这些动物却濒临灭绝,原因同样在于农民或农场主拥有被饲养的牛、猪、鸡的产权,因此农场主有增加家畜供给的激励,但没有一个人拥有野生动物的产权,这些动物被一个国家的所有人甚至全世界的人所共同拥有,每个人只有开发它的经济激励,而没有保护、饲养、增加野生动物数量的激励。

遗憾的是大多数共有资源都很庞大,如大气、海洋、石油矿藏、地下水、野生动物、海洋生物和河流等,实行单个人的所有权可能不可行,这样就可能需要政府充当所有者或由政府直接进行管制,以防止滥用,如拍卖捕捞配额,设立自然保护区,禁止虎皮、鳄鱼皮、象牙、犀牛角或其他濒危物种制品在市场销售,制定环保法律和建立风景保护区等管制措施。当然这样的建议也面临着技术上的复杂性问题,为设计政策的经济学家们提出了诸多挑战,如捕捞量如何确定?捕捞配额是拍卖,还是按非经济标准(非价格因素)选择生产者并对其免费分配?生产者的数量以及每个生产者的生产数量是否应当受到限制?

公共物品

公共物品,指同时具有消费的非竞争性和非排他性的物品。非竞争性导致增加一个消费者,生产某产品或提供某服务的边际成本为零,公共物品的成本一般是固定的,如消防员大部分时间都在等待火灾的发生,因此这种服务具有非竞争性,多保护一所住宅的额外成本微不足道,一座灯塔的修建成本和运营成本也不随它为船只提供的服务量而变化,这实际上是规模收益递增的一个例子。

---

① 见〔美〕E.S.萨瓦斯:《民营化与公私部门的伙伴关系》,周志忍等译,中国人民大学出版社 2002 年版,第 55 页。

因为在竞争性的市场经济中,物品的价格等于其边际成本,对于纯公共物品来说,边际成本为零或接近于零,这将导致由生产者支付全部公共物品的生产成本,这会使生产这种公共物品的动机减弱或完全消除,在这种情况下,追求利润最大化的生产者是不愿提供这种物品的,每个主体都倾向于搭便车,等着别人来生产该种物品。非排他性或排他的困难使搭便车问题和市场的不可行性变得更为严重,如果可以排除他人对公共物品的消费,那么公共物品的提供者获得的收益就等于自身从对该物品本身的消费中所获得的直接收益,再加上他人为获得许可消费该物品而支付的费用,反之,如果不可能排除他人的使用,那么收益就只有来自对该物品直接使用的部分。非排他性使生产公共物品的预期收益降低或为负,从而使私人主体提供的公共物品不足或为零,每个人在这种情况下都存在搭便车的动机,并且随着可以从该物品获益的主体数目的增加,这种可能性也会增加。

公共物品的性质可以用以下公式表达:

$$x_i \leq X, \quad i = 1, 2, \cdots, n$$

X 表示该物品的产出或可能消费量,x_i 为第 i 个人对该物品的消费。私人物品则可表述为:

$$\sum_{i=1}^{n} x_i \leq X, \quad i = 1, 2, \cdots, n$$

前式表示每个人可以消费全部生产出来的公共物品,只是随着排他性的增加才会逐渐减少消费或停止消费,后式表示个人消费的总量受到该物品供给量的限制。

我们可以用"囚徒困境"这个简单的博弈模型来说明公共物品的供给问题,假设有两家航运公司都在考虑是自己建灯塔还是和另一家公司合作建灯塔,下面的矩阵表示两家公司可以采用的两种策略的四种组合及各自的净收益。可以看出,如果二者采取合作性策略,他们将分担成本并且获得较高的净收益,但在私有制下这不是一个均衡①解,因为每个企业都希望在一个非合作性策略中获得更多的收益,因此,二者都发现不修建灯塔

---

① 这个概念将在本书中反复出现,因此清楚地理解这一概念十分重要,均衡描述的是这样一种状态,在这种状态下不存在变动的力量,而且没有人有动力改变这种状态。

更有利,因此,合作性行为只能由第三方的干预来强制(或鼓励)实现,第三方即政府,它的目标是追求整个社会的福利最大化,其所需成本来源于税收而不是收益,这就给政府为公共用品的融资或生产提供了依据。

	修建	不修建
修建	10,10	5,15
不修建	15,5	6,6

当然,也存在这样一种情况,在无政府的环境下,这两个人的独立选择导致都不修建灯塔这一超优策略是对一次博弈而言的,但即使在博弈者之间缺乏真正沟通的情况下,相同的博弈者之间的重复博弈也可能会导致合作解的出现,合作解的出现,取决于参与人的数量、博弈的次数以及相对于采取非合作策略的损益而言采取合作策略的得益之大小。当人数很多时,一个人或少数人很容易采用非合作策略且不易被察觉和惩罚,且参与人之间进行交流沟通达成一致的交易成本也太高,所以,在大型社会中依赖于私人协议的方式会导致公共用品的供给不足或无供给,而且由于要经过多次博弈才能达成合作解,也意味着需要较长时间和较高的交易成本。

我们通过上面的分析将所有的产品和服务分为四类,值得一提的是这种分类,或者说某一产品或服务属于哪一类,并不是那么确定无疑的,一个原因是由于技术的因素或环境的变化导致了排他性或消费上的竞争性发生了变化,从而使物品的性质发生了变化,如城市化使消防由私人物品变成了公共物品,同样城市化也使垃圾收集由私人物品变成公共物品,有线电视技术使电视节目由公共物品变成私人物品。此外,人们还可使用公共物品来代替私人物品;相反的情况同样存在,一些公共物品至少部分地被私人物品所取代,如锁、家庭警报系统、武术课程、私人保镖、家庭灭火器等私人物品正部分地代替消防和警察这类公共物品。

由上可知,由于非排他性和非竞争性使得在公共用品的提供上市场失灵,那么一个社会怎样才能提供这些物品呢?可以通过自愿或强制性的捐款,也就是说通过志愿行动、私人的自愿协定或公共预算由政府来提供。

第二节 公共产品的提供

单纯的志愿行动

存在着许多公共产品由私人供应的例子,单纯的志愿行动一般通过捐款来支付其成本①或依赖志愿者直接提供消防或救护车等服务来进行,如由慈善团体提供公园,由地方商人提供路灯、街道清洁或巡逻保卫,对饥荒的救济、私人资助的医学研究等。②

2004年全球最慷慨的人是比尔·盖茨,在这一年里他和他的妻子梅琳达·盖茨捐款超过30亿美元,名列《商业周刊》公布的年度慈善家排行榜榜首,在这一年里他将他们30亿美元的微软公司股票分红捐赠给了比尔·盖茨夫妇基金会,这是世界上迄今为止由在世捐款人实施的最大一笔捐赠。在2000—2004年,他们已经为慈善事业和非营利活动捐赠了100.5亿美元。排在第二位的是美国英特尔公司的联合创建人戈登·摩尔和他的妻子贝蒂·摩尔,在2004年他们"仅仅"捐献了2.75亿美元,但他们在五年之内累计捐献了70.46亿美元。排名第三位的是美国银行家沃伦·巴菲特,他在近五年的时间里捐了27.21亿美元(见《参考消息》2004年12月23日,第6版,墨通社纽约2004年12月21日电)。

【一个案例】

几个世纪以来,一种能使人变瞎的蟠尾线虫病一直折磨着赤道地区的人们,这是一种人体寄生虫引起的疾病,在28个非洲国家里,有超过2000万的人携带这种寄生虫。1975年美国的默克公司(Merch & Co.)③发明了

---

① 约翰·D.洛克菲勒,在其有生之年共捐赠了5.5亿美元,并设立了洛克菲勒基金,以"改善全人类的生活";安德鲁·卡耐基在他的一生中也捐赠了3.5亿美元,创建了2811个图书馆,向教堂捐赠了7689架钢琴。见〔美〕乔治·斯蒂纳、约翰·斯蒂纳:《企业、政府与社会》,张志强、王春香译,华夏出版社、麦克劳—希尔教育出版集团2002年版,第128页。
② 利他主义是解释由私人捐助供应公共产品的一种方法,利他主义概念使我们在分析问题时,不再局限于以私利为动机的行为,许多人出于责任感而行动,所以要解释纯粹的效用最大化或自私模型以外的实际行为,有必要求助于利他主义观点。
③ 总部位于美国新泽西州的一家制药企业。

一种化合物可以杀死动物身上的这种寄生虫,默克公司的科学家们意识到这种药物有可能同样能够杀死寄生在人身上的寄生虫,这时该公司面临着一个艰难的选择,开发这种新药品推向市场要花费 2.3 亿美元,随后的生产还要花费更多的成本,而得这种病的人是世界上最穷的人,默克公司是否要开发这种永远也赚不到钱的药品呢?

在人道主义和科学精神的鼓舞下,该公司决定继续向前走,国际基金的资助和政府的捐款解决了大部分的研发费用,从 1981 年开始这种被称为"ivermectin"的药品开始在非洲国家进行临床检验,人体试验表明,这种药物的效果非常稳定,可以在拥有最少的医疗监管条件下的地区推广使用。从 1989 年起,默克公司宣布将自行生产该药品并无偿赠送给需要它的人,而且需要多长时间就生产多长时间。①

私人经济部门

由私人投资提供公共产品的另外一个可能性是一个人或一小部分人从公共物品中的受益大大超过了他们所支付的成本,因而即使其他人不愿支付任何成本,他或他们也愿承担全部成本,比如灯塔的例子,灯塔被建造在特殊的地方如为了让过往的船只避开有暗礁的水域,在西方经济学中,许多学者如约翰·斯图亚特·穆勒在其《政治经济学原理》中,庇古在其《福利经济学》中,保罗·萨谬尔森在其《经济学》中均引用过灯塔的例子,来证明灯塔是典型的公共物品,一般认为,由于在其灯光所及的范围具有非排他性,使搭便车成为可能,从而市场在提供灯塔服务上肯定失灵,只能由政府来提供。但在一些情况下,灯塔也可以接近于私人物品,科斯于 1974 年发表了一篇题为《经济学中的灯塔》②的著名论文,通过对英国灯塔制度形成、发展和演变历程的考证,证明了英国灯塔的建造和管理在最初

---

① 在《企业、政府与社会》一书的第五章"公司的社会责任"中对此案例有详细的描述和评论,感兴趣的读者可以自行阅读。见〔美〕乔治·斯蒂纳、约翰·斯蒂纳:《企业、政府与社会》,张志强、王春香译,华夏出版社、麦克劳—希尔教育出版集团 2002 年版。

② 英文原始文献见: R. H. Coase, The lighthouse in economics, *Journal of Law and Economy*, 17(2), 1974, pp. 357–376, 中文文献见〔英〕C. V. 布朗、P. M. 杰克逊:《公共部门经济学》(第四版),张馨译,中国人民大学出版社 2000 年版,第 42 页。讨论灯塔问题的中文文献读者可参见〔美〕罗纳德·哈里·科斯:《论生产的制度结构》,上海三联书店 1994 年版,第 215–234 页,以及李晓:《东亚奇迹与"强政府"——东亚模式的制度分析》,经济科学出版社 1996 年版,第 67 页。

的相当长时期内是由私人或私人组织来提供的(并由此说明了产权制度的形成、发展及其重要性),而并不是由公共投资兴建的。如在19世纪的英国,许多灯塔由私人提供,灯塔的所有者并不向船长收费,而是根据船货和该船进入附近港口的次数,向附近港口的所有者收费,如果港口所有者不付费就关灯,船只也不会到这个港口了,也有些灯塔是由船主出于自愿而捐资兴建的,灯塔的所有者对于无法收费的路过的船只则允许其成为搭便车者,或者灯塔的所有者只考虑自己建灯塔的成本和自己的收益,只要存在净收益灯塔就会建起来,反之则不会去建,而不会将小船主的收益考虑进去,尽管如果将所有船主的收益都考虑进去的话存在一个净收益,这时政府在解决灯塔这样的准公共用品时具有优势。由于消费的非竞争性和高排他成本,私人市场通常不能提供船长所需要的全部灯塔,要由政府来经营以弥补不足,从而解决私人市场对准公共用品的供给不足问题。[1]

关于 NGO

公共产品和服务的一个重要的提供者就是 NGO 或 NPO,我们在这里简单介绍一下。NGO(Non-governmental Organizations)或 NPO(Non-profits Organizations),是从西方引入的概念,一般被译作"非政府组织"或"非营利组织",指政府与企业以外的社会组织,涵盖了范围很大、层面很多的一些组织。除了 NGO 或 NPO 以外,还有一些类似的表示方式,在广义层面上常常相互通用,如"慈善组织"(Philanthropic Organizations)、"志愿组织"(Voluntary Organizations)、"民间团体"(Civil Groups)、"公民社会"(Civil Society)、"第三部门"(The Third Sector)[2]等,在我国台湾还常用"公益团体"、"邻里组织"(Neighborhood Organizations)、"社区组织"(Community Organizations)、"非商业组织"(Non-commercial Organizations)、"独立部门"(Independent Sector)、"第三力量"(The Third Force)等来描述。严格说来,

---

[1] 基础研究(Basic Research)是一种有可能被广泛应用的基础性探索,厂商从其可能从事的任何基础研究中所获得的个人收益与其社会收益(Social Benefit)相比都是微不足道的,在没有政府干预的情况下,是这种个人收益决定了在基础研究方面的投入数量,这无疑将导致基础研究投入非常不足,正是由于从基础研究中产生的外部性如此之大,基础研究一般被看做是一种公共物品(Public Good)。

[2] 1973年,美国学者T.列维特首次使用第三部门作为对这类部门的社会定位,即独立于政府部门与企业部门之间的社会部门。

这些词汇依各自所表达的侧重点的不同而有着不同的含义,使得对这一领域组织的界定较为模糊。① 霍普金斯大学的萨拉蒙(Salamon)教授依据NGO的特征给出一种"结构—运作性"定义,即这些部门必须符合下列特征:组织性(Formal Organizations)、非政府性(Non-governmental)、非营利性(Nonprofit-distributing)、自治性(Self-governing)和志愿性(Voluntary),这些特征反映了NGO的根本特征②:与政府机构相比,它是一种独立的社会组织,其组织形式不同于政府机构自上而下的官僚体系,它的组织运作也不是按照行政指令机制,而是扎根于社区的、独立运作的组织;与企业组织相比,它又具有非营利性;同时,与政府机构和企业组织的组建也不相同,非营利组织的构建具有较强的志愿性,是自发形成、志愿参与的。NGO的根本特征决定了它在公共管理与公共产品的生产和提供中与政府部门和企业部门不同的角色和地位,国际著名的管理学大师彼得·德鲁克曾在1994年提出"知识社会必然是由三大部门组成的社会:公共部门,即政府部门;私人部门,即企业;社会部门"。③

在我国大陆地区,很难找到严格符合这一定义的非政府组织,但在社会经济的转型阶段,又的确存在并不断发生着一些与政府、企业所不同的"第三领域"的组织,从而被普遍采用的一种简洁可行的做法是按照在民政部门注册登记所获得的法律地位来界定这个群体,即主要包括依《社会团体登记管理条例》注册登记的"社会团体"和依《民办非企业单位登记管理暂行条例》注册登记的"民办非企业单位"两种形式,将它们统称为"中国NGO"。④

私人合作制

此外,在追求利润最大化的生产者因为无法排除他人对该产品的消费

---

① 参见王名教授和清华大学博士后贾西津,《两岸NGO发展与现状比较》一文中对NGO不同概念的整理,见清华大学公共管理学院网页。
② 在霍普金斯大学的萨拉蒙教授所主持的基于26个国家的非营利部门国际比较项目的研究中,最初还有非政治性(Nonpolitical)和非宗教性(Nonreligious),共七个属性,见贾西津的《治理结构转型与NGO的角色》,载清华大学网站。
③ 见中国社会科学院社会学所的杨团撰写的《关于NGO部门》,载中国扶贫开发服务中心网站。
④ 关于NGP或NPO方面的研究,感兴趣的读者可以浏览清华大学"NGO研究所"的网页。

和对他人收费而无法单独供应公共物品的情况下,想要消费这种公共物品的人们可以形成一种私人合作制,他们可以达成协议共同承担生产公共物品所需的成本。①

由政府预算来提供

私人协定对于小群体是可行的,但随着消费群体的扩大,个人成为搭便车者的可能性也提高了,因而私人协定就无法再起作用了,对于一个大的群体来说,公共物品主要是通过预算由政府来提供的,这时,搭便车者就变成了一个被强制的搭车者,如通过法律强制实行的义务兵役制和税收制度,以保证能够克服公共物品因单凭私人协议或纯粹的志愿行动提供而导致的供给不充分。

当然,政府必须负责确定最佳产量并为这种生产融资,并不意味着政府必须自己生产公共物品,私人部门也许能更有效率地进行公共用品的生产,也就是说由谁生产的问题可以单独决定,所以,由政府通过预算来提供公共产品具体包括三种形式:政府生产、私人生产政府(管制与)购买和私人生产政府(管制与)补贴,政府补贴又包括两种形式:对消费者补贴和对生产者补贴。

如果政府只限于提供公共物品,那么公共部门就不会成为产品和服务的主要供给者,因为纯公共物品的情况是少而又少的,排他性和非竞争性只是个程度问题,但各国的政府实际上都不仅提供公共物品,还提供私人用品和可收费用品。因此,政府在提供产品或服务上一定还有其他的理由。

确定政府应该起作用的领域只是第一步,政府还应决定提供哪些物品、提供多少、如何提供的问题。为了作出这样的决策,必须对每一个公共项目进行成本—收益分析(Cost-benefit Analysis),它的目标是估算该项目对作为一个整体的社会所带来的总成本和总收益。因为不存在公共物品的市场价格,所以无法确切知道人们从中获得的真实收益,如果消费者不

---

① 如19世纪存在的私营消防公司,仅仅向预先缴费的个人提供消防服务,这些人的房屋有明显的标记,后来才随环境的变化(如密集建筑群和高层建筑的发展)使市区消防转到了公共物品的行列。想对此作详细了解的读者请阅读〔美〕E. S. 萨瓦斯:《民营化与公私部门的伙伴关系》,周志忍等译,中国人民大学出版社2002年版,第50页。

愿在市场上披露其对公共物品的真正需求,那么我们如何才能决定公共物品的最优供给呢?政府不得不通过调查或公众投票来估计需求。用问卷调查的办法得到的结果很难用于定量分析,如对于是否修建一条高速道路的公共项目来说,经常长途旅行的人或建筑商会夸大他们得到的利益,而从不乘车旅行的人会夸大修路的成本(社会成本),如破坏环境、噪音、车祸等①,因此,公共项目的成本—收益分析是一项艰难的工作,有效率地提供公共物品在本质上比有效率地提供私人物品更困难,因此,关于公共项目的成本与收益的分析结论充其量仅是近似而已,这种成本与收益的分析太容易受到政治力量和既得利益集团的左右了。一旦我们确定了要由政府来提供某种公共物品,并不意味着必然由公共部门来生产,公共部门可以直接生产这种物品,也可以把生产该物品的合同承包给私人企业由其来生产,通过征税安排预算为这种物品的生产提供资金,这种现象现在越来越普遍,本书将在稍后的部分更为详细地讨论这个问题。

第三节 民营化取向的公共产品政策

世界范围的公共产品政策的转变

长期以来,政府企业或包括地方政府拥有的并非严格意义上的国有企业,一直被欧洲国家和许多发展中国家认为是实现一系列特定目标如充分就业、区域平衡发展、行业结构调整、配置效率、一般性经济发展等以及提高企业行为与政策目标一致性的有效工具②,而在日本和美国,国有企业在传统上被赋予了较少的任务。

民营化是一个动态的概念,指的是政府更多地依靠私人(民营)机构和市场机制来提供物品或服务,更少地依赖政府部门来满足公众的需求,民营化意味着以政府高度介入为特征的某种制度安排向较少政府介入的

---

① "当某人打电话问你时,这并不是真正的钱",指你口头表示的愿意支付的钱,和你真正支付的钱肯定不一样。见〔美〕曼昆:《经济学原理》(第二版),三联书店、北京大学出版社 2002 年版,第 239 页。

② 因为可使用直接调控来实现政策目标,而不需要用间接调控的手段。

另一种制度安排的转变过程,民营化改革的主要目的就是抑制政府对企业决策的直接干预,提高全社会的资源配置效率,同时通过所有权改革造就能够对政府部门施加压力的私有部门,以促使政府进行加强财产安全、保障契约执行、改善企业经营环境的进一步改革。民营化的结果是由公共机构和私营机构共同参与生产并提供物品和服务的任何制度安排或完全由私人机构通过市场来提供,此外还包括志愿服务或自我服务。

叔本华曾经说过:"所有伟大的思想都要经历三个发展阶段:第一个阶段被视为异端邪说受到嘲笑,第二个阶段遭到激烈的反对,第三个阶段成为不言自明的真理。"萨瓦斯在他的《民营化与公私部门的伙伴关系》一书的序言中曾引用叔本华的这句话来说明公共机构市场化目前已被人们广泛接受的事实,在西方市场经济国家中公共产品市场化改革的思想正处于叔本华所说的第三个阶段。

一些国家的政府尤其是发展中国家的政府不能提供关键性的公共产品和公共服务,却过多地提供了私人市场可以提供的商品和服务,对于这些国家来说需要将国家的作用集中在保证真正的公共产品和公共服务供给的方面上,政府应着重培养市场而不是代替市场,由私人经济部门去生产和提供私人产品,对于公共产品和公共服务也要采取措施利用市场,吸引私人部门和非政府组织的加入。

由于发展中国家广泛存在的政府悖论问题,发展中国家民营化任务较之发达国家更加艰巨和繁重,是一项刚刚开始的艰难历程。这里所谓的政府悖论,是指一方面发展中国家政府的活动范围要比发达国家政府的活动范围大得多;另一方面,发展中国家政府的行政能力却不如发达国家政府强,这是在世界范围内广泛存在的一个现象。发展中国家需要比发达国家更多的、更好的政府活动,而得到的却是不符合需求的、质量更差、效率更低的政府活动,所以,如果不考虑政府的行政能力和效率,抽象地考虑一个政府应该行使什么样的职能很容易使经济落后国家的政府承担更多的职能,实际上,让它们承担力所能及的职能比让它们承担范围过于宽泛的职能要好得多。

民营化的原因

人们对政府机构的抱怨是一个世界范围内的现象,政府机构的主要问题有:效率低下、成本高昂、亏损严重、冗员问题、提供的产品和服务质量低下。

尽管并不是所有的政府企业均以收支平衡或盈利为目标,但即使在营利性的政府企业中,亏损也是常见的而非例外的情况①,这是世界范围内民营化最重要的推动力。公共部门缺乏追求良好绩效的动力,形成这种现象的主要原因是政府企业面临的软预算约束,私营机构只有在满足了顾客需求的情况下才能获得发展,而垄断性的公共机构即使在消费者不满意的情况下也能兴旺发达,公共机构中存在一种悖论,预算会随着消费者不满程度的增长而增长,政府企业通常可以利用政治压力获取更多的补贴。②在美国,政府曾向联合铁路运输公司注入70亿美元,1987年以公众认股的形式出售该公司时,联邦政府仅获得16.5亿美元,在实行民营化后,10年之后该公司就以近100亿美元卖出。

对公共需求非常迟钝。在阿根廷国家电信公司民营化之前,装一部电话平均要等待17年的时间。③

政府企业存在过度的垂直一体化。政府企业尤其是在发展中国家的政府企业往往要为雇员提供住房、医疗、学校、娱乐设施、食品等服务,在巴基斯坦国际航空公司有一个为其提供空中食品的家禽养殖场,人们非常怀疑飞行和养鸡之间存在着管理或技术上的可转移性。

管理者难以对人力资源和物质资本实施有效的控制。与人们想象的相反,政府管理机构对其所主管的政府企业的实际控制权很少,一个政府机构影响私人组织的行为要比影响另一个政府机构的行为要容易得多。

当然,不论在公共部门还是在私人部门都会存在浪费、低效率、官僚主义、委托代理问题、激励约束问题、决策失误问题,这不是关键,关键在于与公共部门相比,在私人部门里实施的规避错误的激励约束机制更为有力,人们在私人部门里决策失误的后果由自愿性成员如股东、工人、管理层承

---

① 纽约市有一家经营赛马的市属公司,设立的目的是为公立学校筹集资金,但该公司从未营利,据说是世界上唯一不盈利的赛马经营公司。

② Ann E. Kaplan, Off-track Betting in New York City, in *Privatization for New York: Competing for a Better Future*, ed. E. S. Savas, Report of the New York State Senate Advisory Commission on Privatization, 1992, pp. 266–287.

③ 见〔美〕E. S. 萨瓦斯:《民营化与公私部门的伙伴关系》,周志忍等译,中国人民大学出版社2002年版,第118页。

担,而在公共部门则由每个纳税人承担。

民营化改革与政府治理质量

我们过去更多地关注的是民营化对企业绩效的影响,而对民营化与政府治理质量的关系研究较少,民营化并不是改进治理质量的充分条件,民营化对治理质量的影响还取决于政府被控的程度,所以,将民营化政策单独作为改善政府治理的手段存在一定的局限性,这种局限性与政府被控程度有关。

对转轨国家的研究表明,民营化程度与治理质量高低在政府被控程度较低的国家有一个非偶然性的、积极的关系;在政府被高度控制的国家里,民营化程度与政府治理质量之间的关系是消极的,具有偶然性。当政府高度被控时,政府改善治理质量的动力和能力就会受到削弱,在这种情况下,众多中小企业因交易费用的原因而难以采取有效的集体行动,而既得利益集团因从政策扭曲中获利颇丰而有动力和实力去抵制改革,在这种情况下,民营化就变成了利益集团化,民营化的过程就变成了从政府垄断向特殊利益集团垄断的过程。

对民营化的反对意见

抵制变化也许是人类的天性,正如西方谚语所说的,"只有尿湿的婴儿才喜欢换尿布",对市场化、民营化取向的公共产品政策的批评主要集中在以下几个方面:

认为民营化是反政府的。

国有经济机构代表的是公众的利益。

国有经济机构是非营利性质的。

国有经济机构可以同时执行多个经济或非经济目标,而不是单一的盈利目标。

国有经济机构面临的问题如约束激励问题和内部人问题对民营企业来说同样是个问题。

公共部门与私人部门？垄断与竞争？

实际上,思考民营化问题的核心应该放在竞争与垄断的选择上,任何民营化努力的首要目标就是将市场和竞争引入公共机构中,民营化意味着在公共服务的提供中取消垄断,引进竞争,所以,问题的实质不是要公营还是要私营的问题,不是要不要削弱政府作用的问题,而在于要垄断还是要竞争,从根本上说是要不要坚持一个在全社会范围内衡量的效率标准的问题,许多政府活动被毫无必要地以垄断的方式组织和运营,我们一直在强烈地抨击私人垄断,却常常不假思索地、热情地接受政府垄断,这正是我们意识形态之中一个持久不衰的自相矛盾。

众所周知,如果缺乏竞争和自由选择,公共利益就会受到损害,这就是我们为什么在反对私营部门的垄断上能够取得一致的原因,但对于公共部门的垄断,我们却往往持有相反的看法,我们依赖公共垄断机构来为我们提供公共服务和物品①,我们创造和维持这些垄断机构所依据的只是一种天真的假设,认为如果垄断者是公共机构而不是私营机构,它就会自然而然地为公共利益服务。

但是实际上,公共机构垄断者和私营垄断者的行为不会有什么区别,在相同的环境中他们会作出相同或相似的反应,垄断机构,不论是公共机构还是私营机构无例外地具有低效、无能和反应迟缓的天然倾向。由于上述这个基本假设没有得到彻底的反思,所以在进行提高公共机构效率的改革时,人们往往停留在改善内部管理的层面上,这些改善当然有效,但人们没有意识到垄断才是这一问题的关键所在,如果认识到这一点,人们就不会一味追求新的管理技术,就不会热衷于道德呼吁和指责个别领导者,而会尽可能地借助于市场的力量,打破公共部门有意或无意建立起来的垄断机制。

竞争之所以是重要的,主要是竞争为进行比较提供了基础,如果没有竞争,要判断一家企业是否富有效率是困难的,一项服务或一件商品的售价应该是多少,唯一有能力回答这一问题的人只能是这些企业的经营者,如果某一行业中只有一家企业的话,它就会说它的经营是富有效率的,而消费者无从作出判断,在存在竞争的情况下,消费者无需深入了解更多的专业知识,只需比较替代品之间价格的大小即可作出判断,这有助于激励企业更有效率地进行生产经营活动以降低成本,也有助于更快地对需求作

---

① 实际上这些物品中的多数并不属于纯公共物品,尽管它们常常被当成公共物品来看待,公共部门存在的领域在绝大多数情况下也不属于自然垄断行业,否则就不需要严厉的进入管制了。

出反应,更快地进行创新以避开来自替代品的竞争。

对于由政府实施的垄断而言,原则上应该取消,如果政府部门是富有效率的,那么就自然存在来自效率优势的进入障碍,政府也就没有必要用立法的特权去强化这一点,所以,进入限制本质上就是缺乏效率的一种反映或反应,而非宣称的防止重复建设、防止沉没成本,因为企业家不会比官员更缺乏经营上的战略眼光。在自由竞争的条件下如果出现重复生产和沉没成本的现象,只能说明重复生产和竞争导致的沉没成本与由竞争和潜在竞争带来的收益相比要小得多,实际上我们观察到的重复生产和因过度进入所导致的巨大沉没成本多是发生在存在严格审批的国有经济部门或由国有金融部门扶植起来的民营经济部门,如中国的房地产业。

打破公共部门建立起的垄断机制需要采取一系列的战略措施,创造消费者自由选择的机会,完善竞争环境。自由选择机会是非常重要的,完全依赖单一的供应者,不管它是政府部门或私人部门,都是很危险的,如果消费者对政府提供的服务和产品没有自由选择权,即把选择变成强制,那么公民和政府公务员的关系就会发生根本的转变,公务员将不再是公仆了,国有经济部门将不会再以公众利益为导向进行决策了。

民营化与社会公平

那种认为民营化就是政府简单的退却、社会将退到达尔文式的适者生存状态、任凭贫穷与弱者自生自灭、将人民置于贪婪商人的剥削之下的观点,实际上是对民营化的误解。在真正的私有产品和服务的生产领域,竞争将会剥夺掉企业的大部分市场权力,使消费者免于贪婪商人的剥削,没有政府的支持或不作为,贪婪商人除了竭尽全力地降低成本与市场价格或进行产品创新以外别无选择,实际上管理不善的、非营利的政府企业的产品或服务往往比营利性的私人部门成本更高或质量更差。在公共产品领域,并不存在政府的简单退却问题,而是如何更好地利用市场机制的问题。

效率、利润与预算成本

反对民营化的一个最常见的也是最严重的错误认识是认为政府提供服务或产品的成本低,因为它不以盈利为目的,这一论点的错误之处在于没有认识到正是对利润的追求导致了高效率,公众从中获得的收益要远高于经营者的利润,大量的实践证明营利性的民营企业通过外包合同提供的公共服务和产品的成本要低于非营利性的政府机构的预算成本。美国的民营化实践显示公共服务的合同外包使政府在保持服务水平和服务质量不变的情况下,即使将管理和监督合同实施的成本计算在内,也平均节省了25%的费用。①

公共部门缺乏效率一般被认为是因软预算约束、多重代理关系、信息不对称问题而产生的缺乏有效的激励和约束机制而造成的,但对于那些赞成用积极的态度将国有企业作为经济政策工具的人来说,他们通常认为国有企业和私人部门企业在这些问题上的差异似乎只是程度上而不是类型上的,但程度上的差别不正是我们在进行政府干预方案的选择上所依赖的根据吗?既然私人企业也存在激励与约束问题(如利润分享计划就是用来限制私人企业经理所拥有的那一部分决策权,使其与利润最大化目标相统一),我们为什么不能用同样或类似的方案来激励国有企业的经理人员呢?如设定他们的工资是利润的直接函数,是价格的反函数。② 这些人也许没有注意到政府管制机构不同于私人投资者的一个重要区别是,管制机构不是自然人,管制机构的公务员不是所有者而是代理人,代理人之间可能或非常容易出现勾结问题,而我们却难以设想所有者和经理人员之间发生勾结的情况。

正如民营化的批评者所认为的,在竞争性领域的私人经济部门中也存在公司内部人控制问题,尤其在股权分散的大型公司中,往往面临着严重的控制问题,因为在这种情况下没有一个投资者有足够大的经济激励去关心公司的管理,再加上委托人与代理人之间的信息不对称,使这一问题更难以解决。代理人往往可以随心所欲地进行相机处置,但在发达的市场经济国家,强有力的法律系统保证了这种相机处置权③难以被广泛滥

---

① E. S. Savas ed., *Privatization for New York: Competing for a Better Future*, Report of the New York State Senate Advisory Commission on Privatization, January, 1992, pp. 4 – 7.

② 英文文献请参阅 Finsinger, J. and Vogelsang, *Strategic Management Behavior Under Reward Structures in a Planned Economy*, Quarterly Cooperation, Chicago: University of Chicago press, 1985。中文文献请查阅〔意〕尼古拉·阿克塞拉:《经济政策原理:价值与技术》,郭庆旺、刘茜译,中国人民大学出版社2001年版,第244页。

③ 主要包括日常管理决策权和部分重大事务决策权。

用①,例如,管理者也许会给自己支付高薪水,但这种高收入必须是公开的和确定的。在中国这样的转型国家中,法律还不能得到有力的执行,使国有企业中的控制问题缺乏最基本的约束,代理人的相机决策权基本没有受到有效的限制和监督,国有企业为全体人民所有,这意味着没有一个人或个人团体拥有真正的所有权,只能由政府职能部门作为全体人民的委托人去行使所有者的权力,但政府部门与企业的距离十分遥远,对企业内的事务几乎一无所知,这样尽管成立了国有资产的管理机构作为国有资产的所有者,但一个机构所有者和一个企业家所有者是完全不一样的,这个作为所有者委托人的机构归根到底还是属于代理人性质的,即使不考虑信息问题,作为一个委托人能受到多大的激励去监督约束代理人呢?存在着腐败的、低效率的司法系统和尚不完善的法律体系使这一问题更加严重。

作为经济政策工具的国有企业

国有企业的众多优点中的一个被认为是国有企业可以承担起多个社会目标,正如我们前边提到的那些,诸如地区发展平衡、调整产业结构、提高就业率等,但这些人往往忽视了重要的两点,一是运用国有企业这种政策工具较之运用市场机制去实现上述目标往往成本较高,二是当国有企业同时追求多个一般性目标时,由于这些一般性目标所具有的模糊性,在一般情况下会使国有企业的经理人员有更大的相机决策权去追求其个人利益。

虽然国有企业因公共产权所带来的激励约束问题在世界各国都广泛存在,但在不同的文化和社会背景下,相同产业领域内的国有企业所表现出来的激励问题却不完全相同。公共经理人员的激励问题从来就不只是经济上的,法律因素、传统文化、声誉和舆论监督的有效性等因素均会对其产生影响,在一些法律严明、具有良好社会文化风尚的社会中激励问题就不如在有法不依、腐败严重、追求财富而不择手段的权力社会国家中那么严重,对于后者,国有企业更应只赋予其精确的、有限的目标,而不应赋予过多的、一般性的目标。

---

① 严厉的法律条文和专业的审计活动即使可以防止内部人盗窃,也往往使企业束缚在繁杂的事务里而无法对市场信号作出反应。在20世纪八九十年代,人们渐渐把国有企业的私有化看做解决产权问题的一个基本方法。

制度优势领域的判断与结论的不确定性

还有专家认为比较私人企业和国有企业的效率问题的研究只能得出一个模糊的结论,在一些情况下认为国有企业没有效率的流行观点是正确的,而在另一些情况下国有企业和私人企业之间并没有显著差别,这种观点的错误之处在于没有正确地区分国有企业的分布领域。在国有企业的制度优势领域,二者区别不大或私人企业不会进入与之竞争;反之,在国有企业的非制度优势领域,国有企业应主动退出或根本就不应该进入,即使对公共企业的激励和约束问题可能得到一定程度的解决或缓解。除非在其制度优势领域,否则应使用更为有效的干预工具如法律约束而不应使用国有企业这种干预工具,因为法律不会带来激励和约束问题①,以反托拉斯法和价格管制形式存在的法律和来自市场的潜在竞争压力在发达的市场经济国家就有效地防止了垄断性私人公司攫取垄断利润。

第四节 政府提供公共物品的不同机制与民营化的途径

在由政府提供物品或服务的活动中,有三个基本的参与者:消费者、生产者和提供者(或安排者),政府部门可以同时充当提供者和生产者,也可以仅仅充当提供者。根据生产者和提供者的区别,我们可以确定公共服务的不同制度安排。

政府可以通过安排预算支出进行垄断性生产并提供给消费者使用,政府在这种情况下同时扮演了生产者和提供者的角色;政府可以建立营利性的机构生产物品和服务,与私人企业进行竞争,在这种情况下,政府充当生产者,但消费者是安排者,而前一种方式下,政府强行为提供这种物品或服务征税,并强制消费者消费;政府也可以同民营企业、非营利组织(NPO或NGO)签订关于某种物品或服务的生产合同,在这种情况下,民营机构或

---

① 反对者认为法律也存在激励问题,负责监管的管制机构人员在某种程度上也可能会像国有企业的经理人员一样追求自身的利益,读者可以想一想俘房理论和寻租理论的思想。

NPO是生产者,政府是提供者,政府安排预算支出付给生产者,在这种合同安排中,政府的角色是多重的,政府是公共物品和服务的确认者、购买者、检查者、评估者,以及因此而发生的税赋的征收者。在西方发达市场经济国家,政府自身使用的和提供的绝大多数有形资产包括军事装备都是由私人供给商生产并提供的,除物质产品外,地方政府还和民营机构或NPO签订直接面向公众的关于提供服务的合同和面向政府部门的提供辅助性服务的合同,前者如垃圾收集、救护车服务、路灯维修、道路维修等方面的合同,其中大多数社会服务是由非营利组织提供的,后者如秘书工作、政府机构建筑物的维护清洁工作、洗衣工作、政府机构车辆维护、打印、申请的处理、摄影摄像工作等,美国造币厂甚至将部分硬币的铸造业务外包出去,美国军方在冷战期间也曾雇用一家私营公司从事西奈半岛埃以停火线的监测和侦查工作,在英国,1988年通过的《地方政府法》要求六种基本的市政服务必须经过竞争性的招标工作来完成,包括生活垃圾收集、街道清洁、公共建筑清扫、车辆维修、地面维修和饮食服务等,在瑞典,2/3的居民从私人承包商那里获得消防服务。

一种服务往往可分细分为若干组成部分,如警察服务可分为内部通讯、预防性巡逻、交通控制、停车场管理、拖走违章停放的车辆、拘留所的管理、训练课程的讲授、警车保养维修等,这些细分的服务可以使用不同的方式来提供,如政府通过预算支出直接提供的方式、政府购买而由私人机构提供的方式、志愿服务的方式等。

民营化的具体方式

民营化可以通过多种方式来实现,委托授权是民营化最常用的方式,在这种情况下政府将实际生产活动委托给民营部门,而由政府决定提供什么、提供多少,委托授权通常通过合同承包、特许、补贴等形式出现。

1. 合同承包。政府可以通过与营利或非营利性的民营机构签订承包合同的形式实现某一活动的民营化。在美国,最常见的64项市政服务中,平均有23%以合同的方式外包给私营机构,州政府业务中,平均有14%通过合同外包给私营机构。① 政府提供的物品或服务是否可以采取合同承包的方式由私人机构来生产或提供,取决于这种物品或服务是否具备以下几个条件:工作任务是否可以清楚地界定;是否存在几个潜在的竞争者;是否存在或可以创造出并维持一种竞争气氛;政府是否能够监测承包商提供的物品和服务的质量。② 如果把政府垄断看做是永久垄断,把自由市场安排看做是持续竞争的话,合同承包则属于具有阶段性竞争特点的临时性垄断。

公共服务合同承包的一种特殊形式是政府保留服务设施的所有权而让私人企业去经营,如政府拥有供水系统、废水处理厂、垃圾填埋厂、停车场、飞机场、体育场馆、会议中心等基础设施的所有权而让私人机构去经营这些基础设施,这和租赁不同,因为私人企业不能将所租用的资产用于自己的其他业务,而只能代表政府从事内容固定的经营并只能从政府获得相应报酬。在承包合同的招标中,有的是向政府索取报酬,有的则是向政府支付费用以获得提供某项服务的权利,如在西方许多城市中的废弃汽车回收工作就属于这种情况。世界各国的政府都在或多或少地使用合同承包来安排公共服务,根据萨瓦斯的统计,美国至少有 200 种服务是由承包商向政府提供的,详细信息见本章附录一。③

2. 特许经营。特许经营是指政府将在特定领域提供特定服务的垄断性特权授予某一私营企业的一种提供服务或产品的制度安排,通常是在政府机构的价格和质量管制下进行的。管制者可以建立一种特许权竞争制度,这样管制者就无需对费率进行直接的控制,就能够实现比较满意的定价水平。政府将服务设施、建筑物或土地租赁给私营企业从事商业活动可以视为特许经营的一种形式。特许经营与合同外包的区别在于支付方式不同,在合同外包安排下,政府通过安排预算向生产者支付费用,而在特许经营安排下消费者直接向生产者支付费用。特许经营特别适合于可

---

① 见〔美〕E. S. 萨瓦斯:《民营化与公私部门的伙伴关系》,周志忍等译,中国人民大学出版社 2002 年版,第 129 页。

② 读者可以思考一下,在政府机构难以监测民营机构所提供的物品或服务质量的情况下,是否能够有效地监控政府企业的产品或服务质量。

③ 见〔美〕E. S. 萨瓦斯:《民营化与公私部门的伙伴关系》,周志忍等译,中国人民大学出版社 2002 年版,第 75 页。

收费物品的提供,如电力、天然气、自来水、污水处理、电信服务、飞机场、港口、道路、桥梁、公共汽车等。

3. 补贴。政府为了鼓励消费或围绕特定物品和服务鼓励特定人群消费可以通过补贴的方式来提供。补贴一般有两种形式,一是政府给予私人生产者以补贴,补贴的形式可能是税收优惠、低息或无息贷款、贷款担保等,补贴降低了特定服务或物品对符合补贴资格的消费者的价格,在这种情况下,由消费者和政府共同向私人生产者支付费用;二是向特定的消费群体进行补贴,使消费者在市场上自由选择服务和物品的生产者。如果将补贴给予生产者的话,消费者就失去了这种自由选择权,政府则家长式地把消费者的选择权限定在接受政府补贴的生产者上。对消费者的补贴由于有特定的目标群体,因此,比起对生产者的补贴来说更为经济,在西方发达国家以凭单制形式存在的对消费者的补贴被广泛运用于食品、住房、教育、医疗服务、运输、幼儿保健等方面。

4. 出售、关闭或赠与政府企业。政府企业可以作为一个继续经营的实体被出售或赠与他人。以出售方式实现撤资有五种具体方法:建立合资企业;将企业出售给私人机构;将股份卖给社会公众;将企业出售给管理者或雇员;将企业或资产出售给使用者或消费者,如将国有土地出售给牧民或林场工人、农民,将农村供水设施出售给村民合作社,将专为某企业服务的铁路专线出售给客户团体。

政府企业可以完全出售也可以不完全出售而建立合资企业,但与私营公司相比,混合公司与国有公司的绩效同样糟糕,私人控制而不仅仅是私人投资才是绩效良好的关键,所以无论政府保留还是放弃多数股份的所有权,政府都必须放弃对企业的控制权,否则出售部分国有企业的股份只能被理解为一种集资行为而非真正的民营化[①],难以带来绩效的明显改善。

无偿赠与也是民营化的一种方式,可以将政府企业无偿赠送给雇员、使用者或消费者、公众、原所有者或其他符合条件的特定群体,将某政府企业的股票无偿发放给特定的群体或全体成员。

政府也可以采取清算的方式关闭经营不善的政府企业并出售剩余资

[①] 为了防止私人机构侵害公众利益,政府最好出售大部分的股份,以使私人机构获得无可争议的控制权。

产的途径来实现民营化,这样的政府企业往往是作为一个继续经营的实体难以找到买主或扭亏无望,所以对其进行清盘并出售剩余资产。

5. 解除行政性进入管制。解除行政性进入管制也是政府实行民营化的一种方式,这种方式往往与上述几种民营化的方式交织在一起,但仅仅实行取消或放松进入管制也会实现民营化,而且是一种可以有效地减少政治争论和冲突的不易觉察的民营化方式。在公共机构与私营机构的市场竞争中公共机构逐渐地被私营部门所取代,如在美国,由于警察提供的保护无法满足公众的需要,私人保安的规模不断扩大,民营公交公司也在世界各国包括中国发展起来,由私人公司递送的快件和包裹量,在美国也急剧增加,在危地马拉,大约60%—80%的信件是由250家左右的私人邮政公司投递的。①

在世界各国实际运作的哪怕是最简单的民营化案例都是综合运用多种民营化方式的结果,例如,公共汽车服务系统的民营化方案就包括以下内容:解除国有公交公司对某些汽车线路的排他性经营权,取消进入管制;对亏损的或所有的国有公交公司进行清产核资,实施破产或整体出售或部分出售;通过招标方式把特定线路的排他性特许经营权授予某一公司,同时实施价格和服务质量的双重管制;通过招标将偏远区域且人口稀疏的线路经营权以补贴的方式授予某一私营公司;政府实施包括驾驶员资格审查、车况检查和强制性保险等方面的安全管制;以月票或乘车证的形式对符合条件的特定群体如学生、年长者提供补贴。

争议

在关于民营化的所有方式中,围绕是否应通过合同承包的方式进行民营化改革的争论最为激烈,支持者认为通过短期或中期合同承包可以给缺乏效率的生产者施加市场竞争压力,同时也摆脱了政治因素的不恰当干预和影响,提高了企业的管理水平;通过与私人机构签订合同可以使政府获得一些政府雇员所缺乏的专门技能,并可突破公务员条例在薪酬方面对政府雇员所作的限制;合同承包也有助于对新的社会需求及时作出反应;合

---

① President's Commission on Privatization, *Privitization: Toward More Effective Government*, University of Illinois Press, 1988.

同承包可以避免大量资本的一次性支出；合同承包还有助于实现规模经济，突破政府机构规模大小的预算约束，一个私营机构可以为不同地域的不同层次的地方政府服务；将同类物品或服务的一部分承包出去，可以为成本比较提供基准，将通常模糊不清的政府服务成本以承包价格的形式显性化、明确化，因而有助于强化预算管理；在居民可以自由迁移的情况下，有些地区会因其可以低成本地提供优质的公共服务而吸引移居者，增加该地区的固定资产价值，从而形成不同地区之间公共产品和公共服务之间的竞争；不仅如此，合同承包还有助于培育公共产品和公共服务的多样性以满足不同的需求，为公共管理的变革创新提供了动力，使公共管理能适应人们的偏好和技术的变化；合同承包限制了政府雇员的规模膨胀；合同承包为产品和服务的不断创新提供了动力。总之，人们普遍认为只要条件具备，合同外包要比政府"内部生产"更优越，造成这一差别的原因并不在于公共部门雇员不如私人部门雇员优秀，不在于是公营还是私营，而在于是通过垄断还是竞争的方式提供产品或服务。

反对者主要是政府机构的雇员，他们认为合同承包的方式归根到底可能更为昂贵，因为在承包权授予上可能存在腐败行为；承包者为营利性的机构而政府是非营利性的机构；因承包而导致的政府雇员失业所带来的成本在进行民营化项目的成本—收益分析时往往没有被考虑进去；因承包而导致的管理合同和监控承包商的成本不一定小于在产品或服务的提供方面所节约的成本；在政府退出后如果竞争不足，会使政府部门在后续合同中完全受承包商的摆布；合同承包使政府部门失去了如果需要可以再次承担起提供公共产品或公共服务的责任所需具备的专门技能，削弱了政府能力[1]，降低了政府应对紧急情况的灵活性；合同承包会形成对承包商的过分依赖，承包企业的破产或罢工会使公众利益受损[2]；合同承包制可能会导致一个地区内有几家私人机构共同提供某种服务或物品的格局，限制了实现规模经济的机会[3]；合同承包制提高了私人企业的政治权力，这种力量创造了一股游说力量，可能会推动政府开支的增长。

---

[1] 实际上增加了民营部门的能力。
[2] 实际上可以通过立法禁止提供关键性公共服务或产品的部门罢工、怠工来解决。
[3] 实际上一家私营机构可以同时为几个地区提供连锁式的服务。

附录一

美国政府服务承包合同一览表

戒毒戒酒、收养服务、空气污染治理、飞机场管理、飞机场火灾和撞机事件处理、飞机场服务、预警系统的维护、戒酒服务、救护车服务、动物控制、建筑、会堂管理、审核

海滩管理、使用费的核算和收取、桥梁管理(建造、检查和维修)、建筑物的拆除、建筑物的修复、建筑物和地面管理(看守、维护和保安)、建筑物和机械的检查、消除贫困、公交系统的管理和运作、公共汽车修车亭的维护

自助食堂和饭馆的管理、污水沟的清理、公墓管理、儿童服务费的收集、民防通讯、牧师管理、通讯设备维修、通讯中心管理、堆肥处理、计算机管理、咨询服务、会议中心管理、形侦实验室、犯罪预防和巡逻、监护服务

数据录入、数据处理、日托、收债、文件起草、吸毒者和酗酒者治疗项目

经济发展、选举管理、选举监督、电力、电梯检查、应急维修、急救医疗服务、环保服务、家庭心理咨询服务、财务服务、火警服务、消防栓维修、火灾预防和控制、食物控制计划、孤儿院管理

高尔夫课程管理和运作、形象服务、保安服务

健康检查、保健服务、家庭照顾服务、无家可归者收容所的运营、医院管理、医疗服务、住房巡查和有关执法活动、住房供应管理

工业发展、灭虫灭鼠、制度维护、保险管理、灌溉

监禁和拘留、看守服务、少年犯罪防治项目

劳工关系、试验室、景观美化、洗衣店、草坪维修、树叶收集、法律事务、法律援助、图书馆管理、颁发许可证、彩票操作

管理咨询、绘图服务、码头服务、公路分界岛的维护、消灭蚊蝇、搬运和储存、博物馆和文化设施

噪声控制、护理服务、营养配给管理

办公设备维修、民意调查

辅助交通系统的管理、公园管理和维修、对停车规定的执法、停车场和修车站管理、计时停车管理、停车票据处理、巡查、工资管理、人事服务、照相服务、医师服务、计划编制、管道检查、警备通讯、港口和海港管理、印刷、囚犯运送、监外执行囚犯管理、财产获取、公共行政服务、公共卫生服务、公共关系和信息、公共建设工程

纪录保持、娱乐服务、回收、修复、资源回收、风险管理

校车服务、文秘服务、安全服务、污水处理、下水道维修、人行道修补、雪后服务(清扫、清理、铺沙)、社会服务、土壤保持、固体废物处理(收集、搬运、处置)、街道服务(修建、维修、重铺路面、清扫)、街道照明服务(安装和维修)、测量服务

征税(税级评定、税单处理、征缴)、网球场维修、测试记分、拖拉服务、交通管制(标记和信号的安装和维护)、政府雇员的培训、过境管理、老年人和残疾人交通、出纳服务、树木服务(栽种、修剪和移动)

公用事业费核征、电表、水表、气表读数

车队管理、车辆维修、车辆拖拉和存放、选民登记

污水处理、水表阅读和维修、水污染治理、水供给和分配、清除杂草、福利管理、雇员赔偿请求

区域划分和分区控制、动物园管理

附录二

英国的国有化历史[①]

英国国有经济的起源可以追溯到 17 世纪,1657 年,英国政府成立邮政总局并将其作为中央政府的一个部门,由政府直接经营,此后,又陆续创建了由地方政府拥有的水、电、燃气等公共事业部门,但从总体上看直至一战前,英国国有经济比重不大,英国政府基本上实行以马歇尔为代表的剑桥学派的自由放任的政策主张。在两次世界大战期间,虽然为了适应战争需要而新设了一些军工企业并将一些重要的企业暂时收归国家经营,如 1926 年组建了中央电力局,1927 年组建了英国广播公司,以国有化为重要目标的工党虽于 1924 和 1929 年两次组阁,但都是少数派政府,所以无法大规模推行国有化。[②] 1945 年英国工党提出《让我们面向未来》的竞选纲领,该纲领提出将英国经济的主要部分——英格兰银行、燃料工业、电力工业、钢铁工业和运输业国有化,并借此赢得了大选,工党领袖艾德礼接替丘吉尔出任战后第一届内阁首相,于是国有化政策同时以工党的"社会主义"措施和促进英国经济复兴的经济措施的双重面目出现。1945—1951 年间,英国进入第一次国有化高潮时期,艾德礼政府先后提出并在议会上通过了 8 个重要的国有化法令,分别是:《英格兰银行法》(1945 年 10 月通过),将英格兰银行收归国有,并取得中央银行地位;《煤业国有法》(1945 年 10 月通过,大约 1 500 个矿井和煤加工企业、制砖厂收归国有);《民国航空法》(1946 年 8 月通过,全部民航飞机和机场收归国有,成立了三家国营航空公司,分别是英国海外、欧洲和南美航空公司);《电报和无线电通讯业国有法令》(1947 年 1 月通过,成立了有线电报和无线电报公司);《国内运输法》(1947 年 8 月通过,铁路、公路、内河和航空运输业收归国有);《电力法》(1947 年 8 月通过,成立中央电力管理局,管辖 500 多个发电厂和输电系统);《煤气法》(1948 年 7 月通过,煤气厂和煤气输送企业全部收

[①] 陈建:《政府与市场——美、英、法、德、日市场经济模式》,经济管理出版社 1995 年版,第 77 页。

[②] 1908 年英国工党成立之初便将国有化作为该党的重要目标,从 1918 年到 1934 年英国经过七次大选,工党在每次竞选宣言中都提出过将英格兰银行、土地和最重要的工业、运输业国有化的主张。

归国有);《钢铁国有化法令》(1949年11月通过,1951年2月15日生效,约70家钢铁企业收归国有)。艾德礼政府推行的大规模国有化运动,使英国国民经济中的国有化程度有了根本性的提高,经过这次国有化运动,国有企业职工人数占全国就业人口比重由1938年的4.9%(95万人)上升到1955年的14.7%(350万人),产值占到整个英国工业的20%。[1]

自1951年10月丘吉尔政府重新上台至1964年10月,是保守党连续执政的时期,先后将大部分钢铁业和部分汽车运输业实行非国有化。1964年10月工党威尔逊政府上台后,对非国有化的钢铁业和部分汽车运输业重新国有化,1974年3月威尔逊工党政府再次上台,掀起了英国战后第二次国有化高潮。1979年4月卡拉汉工党政府上台后继续推行国有化政策,主要通过三种途径推行其国有化政策,一是将原属政府部门的管理机构改组为工业公司,以增加国有部门的灵活性和独立性,如1969年将隶属于政府的邮政总局改组为邮政公司;二是政府直接投资建立国营企业,如1976年建立了英国国家石油公司;三是采用赎买的手段将私营企业收归国有,如政府将4家国内年销售额在40亿英镑以上的飞机公司收归国有,并于1977年4月成立了英国航空空间公司,将国内最大的19家造船公司收归国有,并于1977年7月成立英国造船公司。经过两次大规模的国有化运动,国有企业的产值占到GDP的11.1%,固定资产投资占到国内固定资产投资总额的20%,就业人数占到全国就业人数的8.1%[2],国有经济部门垄断了全国电力、煤炭、铁路、邮政和电信,控制了造船、飞机制造和钢铁业的大部分,在汽车制造和石油生产中大约占到2/5和1/4的份额,使英国在非金融领域的国有化程度在西方世界仅次于奥地利而位居第二。

英国战后将国有化理论付诸实施之后,其效果与原来想象的出入很大,国有化企业的弊端不断暴露,国有化问题不仅是工党和保守党的两党之争,同时也成为工党内部争论的一个焦点,工党所信奉的"社会民主主义"理论无法自圆其说,实践上又处处碰壁,英国经济每况愈下,保守党认为这主要是国家过分干预和国有化政策的结果。1979年5月英国保守党

---

[1] 陈健:《政府与市场——美、英、法、德、日市场经济模式》,经济管理出版社1995年版,第79页。

[2] 同上书,第81页。

撒切尔夫人组阁,开始了英国历史上规模最大的私有化运动,被英国官方称为"1945年以来英国经济和工业结构最激进的改革之一"。撒切尔夫人反对以国有化政策为表现形式的国家对经济生活的过度干预,强调市场调节和自由经济的内在活力,她认为国有化所带来的公有制毫无效益可言,"如果一个盈利的企业变为公有,那么利润就会很快消失,……国家的鹅是不大会下蛋的","千真万确的是,作为个人的人是富有创造性的,而作为集体的人,他就会成为败家子"。[①] 基于这样一种思想,撒切尔夫人在其执政的十余年里,推行了一种所谓的"民众资本主义",发起比以往任何一届保守党政府更为坚决、彻底的私有化运动。

撒切尔政府的私有化运动,由工业贸易部统一负责具体实施,具体方式有:1. 将整个国有企业出售给某一私营公司,如英国造船公司、国家公共汽车公司、皇家军械厂就采取这种私有化方式;2. 将国有企业的股票分散出售给本企业的雇员和经理,从全国范围看,1979年开始推行私有化的时候,只有300万人拥有各大公司的股票,至1989年底,至少有900万人拥有股票,就是说占英国成年人1/5的人口成为股东;3. 在股票市场采取招标的方式公开出售国有企业,一般是向银行招标,由投标银行提出方案进行竞争,最后中标银行同企业签订合同,股票正式在股票市场上发行。到1991年底,英国只保留了5个国有化企业,包括英国煤炭公司、邮局、英国铁路公司、伦敦市内公共交通公司和英格兰银行。继英国之外,大部分西欧国家也陆续对国有企业实行了私有化改革,私有化运动几乎波及欧洲所有国家和所有部门。

法国的国有经济

法国国有经济的组织形式是公营企业(entreprises publiques),这一法律概念包含两方面的含义,一方面它们为销售而生产商品或提供劳务;另一方面,其财产的全部或部分为公共政权(中央或地方政府)所持有,其中

---

① 彼得·詹金斯:《撒切尔夫人的革命》,原文载《经济学家》1990年11月,第20页,本文转引自陈健:《政府与市场——美、英、法、德、日市场经济模式》,经济管理出版社1995年版,第84页。

政府持有30%以上资本的企业就可称为公营企业。①

　　法国公营企业的形成途径有三种,一是由中央政府直接建立公营企业,主要采取两种办法,一种是赋予国有的非企业性的专卖局或管理局以法人资格而建立公营企业,如将火药局变成国营火药公司,第二种是政府直接投资兴建公营企业;二是由中央政府授权地方政府建立地方公营企业;三是通过对私营企业的国有化而实现企业所有权的转移,这是主要途径。

---

　　①　陈健:《政府与市场——美、英、法、德、日市场经济模式》,经济管理出版社1995年版,第145页。

第三章

外部性政策的比较与选择

即使存在着比较充分的竞争,由市场提供的某些物品也可能太少或太多,其中一个原因就是存在外部性,如果个人或厂商的生产或消费活动直接影响到他人,对另一人或企业的效用可能性曲线或生产可能性曲线产生了一定的影响,成为其生产函数或效用函数的一个变量,而产生这类影响的行为主体又没有负担相应责任给予支付或没有获得应有的报酬,就出现了外部性。[①]

第一节 关于外部性

外部性的分类

对外部性进行分类的标准有很多[②],通过考察外部性产生的后果对于承受者而言是有益还是有害的,我们可以将外部性分为外部经济和外部不经济;以外部性是单向的还是双向的标准可将外部性划分为单向外部性和双向外部性;也可以按照外部性所涉及的团体来进行划分[③],将外部性划

---

① 见〔美〕鲍德威·威迪逊:《公共部门经济学》,中国人民大学出版社2001年版,第75页。
② 布朗与杰克逊在其著作中对外部性作了一个区分:技术的外部性和金钱的外部性,前者指一个人或一群人的消费或生产活动对其他人或厂商的生产或消费水平产生了影响而未得到支付或支付补偿;后者指生产者或消费者的行为对市场中的一组价格产生影响,从而使其他生产者或消费者的预算约束线发生改变,从而使他们的福利受到影响,例如,一个产业扩大产出导致某种生产要素价格上涨,使其他某些部门的成本提高。我们主要讨论前一种外部性。
③ 关于这种分类的详细的说明和数学形式的描述,有兴趣的读者可以阅读鲍德威·威迪逊:《公共部门经济学》,中国人民大学出版社,第22—86页。

分为生产者—生产者外部性①,生产者—消费者外部性②,消费者—消费者外部性。③ 生产的外部性使得私人成本不等于社会成本,或者说边际私人成本不等于边际社会成本,当存在外部经济时,边际私人成本比边际社会成本高,从而导致供给量较完全竞争市场状态下所愿意提供的产品数量为少,跨国公司的投资经营活动常常会给东道国带来先进的技术、管理模式,这种扩散就是一种生产的外部经济性④;相反,一个厂商的经济行为导致对他人的、不能补偿的成本时就称为生产的外部不经济,外部不经济则会使边际社会成本大于边际私人成本,外部性的存在使产生外部性的行为主体在其行为过程中常常无效或低效率地使用资源,使该种产品或服务过度供给。

对于消费的外部性,同样可以使用边际私人效用或边际社会效用之间的差异来说明,当一个人粉刷他的屋子的外墙、穿了一件漂亮的外衣或教育自己的子女成为守法的有责任感的公民时,就会产生正的外部性(也可能是负的,如对于受嫉妒的人来说),他的邻居或行人因这一活动而受益,但这个人在决策时并不会将这些受益考虑在内。当一个消费者的消费行为导致对他人的不能得到补偿的损失时就产生了消费的外部不经济,如一个一直对开一辆夏利轿车很满意的人在搬到富人区以后便对开夏利感到很不愉快甚至成了一种痛苦,富人的汽车消费行为对这个人产生了强烈的外部性。

产生外部性的原因

产生外部性的原因可以从三个方面来思考。

一是因为个人对某些物品缺乏明确界定的产权或产权虽然得到明确的界定但产权的执行和交易存在着巨大的交易成本。产权是描述人们或

---

① 生产者—生产者外部性是指一个厂商的某一生产行为对另一厂商或另外许多厂商的生产可能性曲线产生了有益或有害的影响。

② 生产者—消费者外部性指厂商行为对那些并不包含在其生产函数中的个人效用产生的外部影响。

③ 消费者—消费者外部性是指消费者的消费行为或对要素的提供有可能不通过价格机制而对其他消费者的效用水平产生直接的影响,如我买了一件漂亮的外衣引起某人的嫉妒(精神上的外部性)。

④ 类似的例子还有厂商培训工人可能会为别的厂商工作而没有得到补偿,对单个企业来说也许得不偿失,但从全社会角度来看,社会福利却获得了帕累托改进,飞机制造业的扩张使铝的生产企业从规模收益中受益,并使其他金属加工企业可以买到更便宜的铝。

厂商可以如何支配他们的财产的法律规则①,某些物品(如共同资源)的产权难以分割,使其小到单个消费者能够购买的规模,正是由于这些共同资源私有产权界定的不可行性导致了单个使用者对其过度使用,降低了共同资源的质量或数量。

在交易成本非常大的情况下,与私人契约的解决方式相比,通过政府管制消除外部性的成本要低得多,如石油开采中的"公共矿床"问题,西方市场经济国家法律均赋予土地所有者拥有开采其土地上原油的权力,建立在土地产权基础之上的矿权界定是清晰、完整和排他的,然而由于一个油田或矿床的面积往往很大,再加上油田中的石油是可以移动的,大量土地所有者同时拥有一块油田和他们之间高昂谈判成本的存在意味着存在外部性,一个开采者可能会开采属于其邻居地下的石油,这会引起在开采上的相互竞争,导致采油设备和原油生产成本的增加,油井的开采量超过最优开采量后,过度抽采必然造成油井压力下降,油是通过水或天然气的压力驱向地表的,但通过人工注入水或天然气的办法会使其邻居因此而受益,所以原油所有者不一定会这样做,从而导致资源的利用率下降,在这种情况下,政府管制下的资源利用可能就会产生更高的效率。②

二是因为生产或消费的联合性。联合消费引起的外部不经济或负外部性(消费外在性)的典型例子是一个人大声听音乐而给其邻居造成噪音污染、驾驶汽车造成的空气污染、在拥挤的车厢里吸烟或旁若无人的大声交谈;人们最常提到的正的消费外部性的例子有接受教育、注射疫苗、美化私人花园、购买私人消防服务、购买家庭定时收集垃圾服务等。果农和养蜂人之间的故事是关于生产联合性的最为著名的例子。显然,在公共产品

---

① 见〔美〕平狄克、鲁宾费尔德:《微观经济学》(第四版),张军等译,中国人民大学出版社2000年版。

② 关于公共油床的讨论有几篇重要的文献可供读者参考, Wiggins, S. N. and G. D. Libecap, Oil Field Unitization, *American Economic Review*, 75, 1985, June, pp. 368 – 385; Libecap, G. D. and S. N. Wiggins, Contractual Responses to the Common Pool: Prorationing of Crude Oil Production, *American Economic Review*, 74, March, 1984, pp. 87 – 98; Libecap, G. O. and S. N. Wiggins, The Influence of Private Contractual Failure on Regulation: The Case of Oil Field Unitization, *Journal of Political Economy*, 93, August, 1985, pp. 690 – 714. 本文转引自〔美〕丹尼尔·F. 史普博:《管制与市场》,余晖等译,上海人民出版社、上海三联书店1999年版,第82页。

和外部性两个概念之间,存在很强的相关性①,具有正外部性的物品具有公共产品的特点,具有外部性的产品在消费时其外部经济效果具有非排他性和非竞争性,外部性产品的存在和公共产品一样,是市场失灵的一个例子。

三是外部经济效果的非排他性。非排他性使产生外部经济效果的生产者或消费者无法就这种外部性进行明确的产权界定,从而无法将这些外部利益或正的外部性出售给其受益者,从受益者那里得到补偿,这就意味着外部性的发出方不愿意最优化自己的生产行为或消费行为(从社会角度看的最优化)。如对于R&D活动,如果研发活动带来的创新很难得到保护,那么市场对这项或这类活动提供的资金就会不足,这就是政府为什么要资助基础科学而不是让其完全依赖私人企业资助的原因。如果一个私人厂商取得了一项科学成就,他不可能指望获得它所创造的知识的全部价值,而往往只能占有一少部分利益②,他也不可能垄断性地从事可以应用这种知识的全部活动。实际上基本的科学发现如自然规律是不能获得专利的,正是由于基础研究的私人收益和社会收益之间可能存在的差别,因此一个完全竞争的经济配置到基础研究领域的资源可能会少于社会所需的最优资源。同样,生产者和消费者也无法拒绝负外部性对他的不利影响,所以个人无法通过交易的方式把外部性内部化。

因为外部性影响人们的行为,导致生产过度或生产不足、消费不足或消费过度,使市场配置的结果与完全竞争市场所产生的结果不同,导致了具有非帕累托效率状态的结果,从而出现了市场失灵,进而引出政府干预的问题。

第二节 基于外部性的政策工具的分析、比较与评价

政府干预的思路是一方面通过法律制度或公共管制在界定产权或削

---

① 见〔英〕C.V.布朗、P.M.杰克逊:《公共部门经济学》(第四版),张馨译,中国人民大学出版社2000年版,第32页。

② 甚至许多研究成果在目前根本就没有商业开发价值,这种情况下,这些基础研究属于公共产品,要由政府来提供。

减交易成本方面发挥作用,在存在产权难以明确界定或交易成本难以降低的情况下,政府管制就具有了某种合理性,例如,与制造品不同,自然环境和许多自然资源无法分割到适应于私有制的状态,因此,为了达到产权的完整与明晰,政府就自然被视为环境资源的拥有者,按公共利益的要求去管理这些资源,这样政府就拥有了对大气、海洋、河流和其他自然资源的管制责任,由此会派生出许多管制机构来作为贯彻公共资源管制政策的手段。政府干预思路的另一方面是通过使企业或个人的行为给社会造成的成本或收益内部化,使社会成本等于私人成本,政府可以通过多种方式来消除边际私人成本和边际社会成本以及边际私人效用与边际社会效用之间的差异,使最初行为主体的社会成本或社会收益内部化:可以对造成外部不经济的企业征收"庇古税";产权重组;提供消除外部不经济的激励措施;可转让的产生外部不经济的权利(许可证);制定法规来阻止外部不经济的产生。这些措施主要是针对外部不经济的,但多数讨论同样可以用来解决外部经济问题,如将征税变为补贴。

征税或补贴

　　解决外部性的传统方法有两种,一是征税或补贴;二是产权重组。庇古早期提出的一种办法是对污染者收税,使企业承担的税后边际私人成本等于边际社会成本,从而使企业根据后者进行生产决策,使之减少供给,同理,如果企业的生产活动产生正的外部性,则应给予补贴,使之增加产量[1],如对购买环保设备的支出进行税收抵免,就是一种常见的补贴办法。在补贴条件下,企业仅需支付部分成本,其余成本由政府承担,从而使产量高于管制条件下[2]的产量,显而易见,与纳税相比,企业更偏爱补贴。政府通过征税或提供补贴的方式来纠正外部性是对政府干预的一种传统解释,在这个方案中,有一个隐含的前提,就是假设政府知道外部性带来的社会成本,拥有与决定帕累托最优资源配置相关的所有信息,并可依此计算出最优的税率和补贴,但政府从哪里去获得这些信息呢?"庇古税"的提出,

---

　　[1] 对于存在外部性的消费活动,政府可以给消费者以补贴,以增加消费,如在美国,政府向新生儿母亲发放疫苗折扣券就是基于这个理由。各国政府往往强制或鼓励消费"公益品",也是因政府相信对它们的消费有着某种外部性。

　　[2] 即取得相同的产量水平而成本要全部由企业承担。

还有一个隐含的前提是人人都认为清洁的环境是无可替代的和最重要的，然而获得清洁的环境却会产生巨大的机会成本，即损失与负外部性相关的外在利益，所以，征税的目的不应该是零污染或零排放，而是使企业达到污染的边际社会成本等于污染的边际社会收益时的污染水平。

产权重组

产权重组这种解决外部性的办法要求合并后的企业规模足够大，例如，在养蜂场和苹果园的例子中，只有当苹果园的规模足够大，一只蜜群只生活在一个苹果园内，外部性才能内部化。

直接管制

取代税收的另一种做法就是直接管制，即直接的控制措施，一般是对经济主体进行某些约束或限制。对于几乎所有的污染，以及健康和安全方面的外部经济效果，政府主要依靠各种各样的直接控制措施进行管制，如规定汽车的尾气排放标准、规定发电厂的二氧化硫排放含量和规定废水的排放标准，政府管制部门一般并不会具体指导企业应如何具体去达到标准，但有时也会要求企业使用减少污染的设备或使用某些生产技术。管制和征税相比有一个特点就是征税的结果不确定但治理成本比较确定，而管制的结果比较确定而治理成本不确定。① 在一个无管制的世界中，企业会按污染的边际私人损害与消除污染的边际成本相等的标准来决定对企业来说最有效率、能够保证利润最大化的污染水平，这样的污染水平将会高于有管制存在时、对社会来说最优的污染水平。对社会来说，一个有效率的污染水平是按照边际社会损害等于厂商消除污染的边际成本的标准来确定的，这一最优污染水平出现在降低污染的边际私人成本恰好等于社会从污染的减少中获得的边际收益，如果再进一步降低污染水平的话，社会从中获得的好处将不足于弥补企业为此付出的代价，从而使社会总收益减少。成本—收益分析显示，极端环境主义者的"零排放"的立场是浪费性的，把污染降到零的水平一般会引起天文数字般的消除成本，甚至有时需

---

① 详细的说明可参阅〔美〕平狄克·鲁宾费尔德：《微观经济学》（第四版），张军等译，中国人民大学出版社 2000 年版，第 567—568 页的内容。

要关掉整个行业或禁止所有汽车通行,经济效率要求人们以一种妥协和折中的态度来对待污染,对待外部不经济问题,所以,问题不是该不该允许污染,事实上清除全部污染是不可能的,而且也非常缺乏效率,其成本会大大超过收益,真正富有挑战性的是确定"有效率的"或"适当的"污染水平,那么控制标准的制定依据应该是什么呢? 应该使控制的边际成本等于减少污染的社会边际收益,但是具体制定这一标准,不仅存在计量技术上的问题,而且存在价值判断的问题,使熊猫不至灭绝的价值到底有多大呢?

政府直接管制的办法最常遇到的批评就是实现同样的管制水平往往存在着比制定详细而明确的规制条例的成本低得多的措施,这部分地是因为在信息不完全情况下的管理成本的问题。与管制相比较,征税的一个好处就是政府管制机构所需的信息比直接管制要少,这时政府需要做的就是监测厂商或家庭的污染量并照章收费(其实这也是不容易的),而在管制的情况下,政府不仅要监测各个厂商或家庭的污染量,还要根据厂商的地理分布制定出对全社会来说有效率的区别性的污染管制水平,由于信息成本问题,管制往往要求每个厂商都要达到相同的标准,但不同的厂商由于技术上的特点使他们减少污染的边际成本相差很大,对于减轻污染的边际私人成本大于因此而获得的边际社会收益的那些企业来说,显然引起了低效率的资源配置,如果征税的话,则每个企业都要进行减轻污染的边际成本与边际税收的权衡,从全社会角度看能实现资源的最优配置。实际上庇古税规定了污染权的价格,正如市场将商品分配给出价最高的人或对商品评价最高的人一样,庇古税把污染权分配给哪些减少污染成本最高的工厂,所以,管制没有庇古税好。

直接管制更为严重的一个后果是这种办法有时会减弱开发新的环保技术所受的激励,如强制企业使用某种环保设备以减轻污染,企业一旦达标便失去了进一步开发环保技术以进一步降低污染水平的激励。此外,规制条例的制定不可避免地会受到政治因素的影响,过高的环保标准常被作为一种非关税贸易壁垒来使用。

管制还有一个缺点是其措施只会对那些与确立的标准不符的企业才会有效,而征税与补贴和下文将要讨论的可转让污染许可证则会刺激所有的企业减少污染以降低由于征税和购买权利所带来的成本。多数经济学家认为征税与补贴即大棒和胡萝卜的方法要优于管制的方法,因为后者极不灵活,对于那些低于管制标准(也许是低于一点点)的企业无能为力,而对污染量进行征税却使任何污染企业都有激励去尽可能减轻污染而不是使污染水平刚好低于法定标准。

激励措施

消除外部不经济的激励措施。消除外部不经济的激励措施与征税或对使用净化技术进行补贴不同,它是对减少产量进行补贴或采取其他激励措施,即每减少一个单位的产量给予一定数量的补贴,从而使企业的产量达到从社会来看最优的水平,与之相比,通过补贴来激励净化技术的利用,的确会减少外部不经济,但其产量仍会高于从社会角度来看的最优水平,因为补贴使生产成本下降了。

可转让的许可证

可转让的产生外部不经济的许可证。可转让的污染物排放许可证出现于20世纪80年代的美国,政府首先要确定给定技术条件下的不同行业的最佳外部不经济水平,然后根据这一水平对"污染权"进行分配,可以出售的许可证(Marketable Permits)可由政府出售或授予,每张许可证可允许排放一定数量的污染物,政府出售一般通过拍卖分配,所有企业和环保组织都可以参与竞拍,拍到的权利可以自己使用,也可以在停止或减轻污染后(如使用了一项适当的技术)将多余的污染许可证卖给其他人。

虽然许可证的办法直接管制可以达到同样的污染水平,但和征税一样,污染许可证的市场可以引诱企业对降低污染的技术进行投资,刺激了最佳环保技术的开发,而不是仅仅将污染水平控制在政府设定的标准之下,因为在这种情况下控制污染变得十分昂贵。出售许可证可能比实行庇古税更好,实行庇古税的一个难题是政府往往无法确定实行多高税率才能达到某一污染水平,而在转让许可证制度下,政府可简单地拍卖这一水平(如1000吨二氧化硫)的许可证,这些许可证的拍卖价格就是适当的庇古税规模。出售许可证的另一个优点是它和税收一样可以增加政府收入,而不是像补贴那样需要增加预算规模。从对污染水平的作用力来看,污染许可证下的污染水平比税收约束下的污染水平更容易预测,因为实行污染权许可证制度时,污染水平是事先确定好的,而如果征税的话,控制效果或污染水平是预测出来的,由于信息问题,这样的预测精确度一般情况下都较低。此外,按照统一标准进行征税、补贴或进行管制,而不考虑企业的规模、分布区域是在乡村还是城市,使政府减少相同的污染水平的代价比运用许可证的办法要大得多,因为,不同企业的外部性的大小是不一样的。

对一些存在正的外部性的产品或服务,政府可以通过补贴的方式来达到鼓励生产者提供这些产品的目的,也可以通过提供预算资金向私人部门购买的办法或直接生产的办法来解决单纯依靠私人部门来提供而导致的供给不足的问题,如教育和保健服务。在一些情况下,还存在许多种其他私人解决的方法,有时可以用道德规范和社会约束的办法来解决,如"请不要乱丢垃圾"的牌子,再如依赖慈善行为(如自发成立环保俱乐部,成立私立大学和校友会,公司向大学捐款)的部分原因是教育对社会有正外部性,还有就是通过相关各方自愿协商签订契约的方式来解决,科斯定理是最为著名的一个结论。

第三节 产权、交易成本与政府介入

政府介入的选择

所有的外部性都需要政府进行干预吗?罗纳德·科斯在1960年发表的一篇经典性论文中对经济学关于解决外部性的传统智慧提出了挑战,提出了解决外部性的另一种思路。

科斯认为征收庇古税的传统方法的错误之处在于认为每种形式的外部性都要求政府干预,实际上,与某一给定活动相连的外部效应的存在并不必然要求政府介入,政府介入的方式也不限于税收或补贴的形式,产生这种错误的原因在于两个方面。

科斯认为,一方面,征收庇古税的传统方法没有考虑到外部性的相互性,没有从社会总效用最大化的角度去看待外部性问题,只看到产生外部性的企业给其他企业造成的影响,而没有注意到限制产生外部性的企业同样减少了产生外部性企业的效用,所以,思考外部性的正确方法应该是使当事人各方的净损失尽可能小,而不能局限于某一方的社会成本与私人成本的比较。他在论文中写到,"当经济学家在比较不同的社会安排时,适当的做法是比较这些不同的安排所产生的社会总产品,而对私人产品与社会产品所作的一般比较则没有什么意义","必须决定的真正问题,是允许甲损害乙,还是允许乙损害甲? 关键在于避免较严重的损害"。①

另一方面,庇古观点的错误还在于忽略了产权的界定和交易成本与发生外部性之间的关系,如果产权是明晰的,产权可以自由交易,交易成本为零或很低,涉及的利益相关者人数不多,那么相关各方私人间的自愿谈判就能解决外部性问题,而且不论产权(Property Rights)②的初始安排如何(如不论是上游厂商被赋予向河中排放污水的权利,还是下游鱼厂被赋予获得特定质量的水的权利),都会导致产权的自由交易并最终使资源得到最优配置,使社会总产出或社会总效用最大,并且这一结果独立于最初的财产权配置状态。

科斯举例来阐述他的论点,既没有陈述也没有证明任何定理,但这篇论文的主要结论通常被称为科斯定理,可以表述为:在不存在交易成本的条件下,受外部性影响的各方将会就资源配置达成一致,使资源配置实现帕累托最优,而且这种结果独立于事先的产权安排。科斯以四个来自实践的案例阐述了他的定理,科斯定理提供了可以替代政府在外部性发生时采取的传统行动的一种逻辑上和经验上的相关选择方案。

政府介入方式的选择顺序

如果交易费用不为零,产权的初始界定对资源配置效率就会产生影

---

① 〔美〕R. 科斯、A. 阿尔钦、D. 诺斯等著:《财产权利与制度变迁——产权学派与新制度学派译文集》,胡庄君译,上海人民出版社 1994 年版,第 4 页、第 40—41 页。

② 包括所有者按他认为合适的方式使用其财产,包括出售它的权利。在任何时候,如果社会不能界定资源的所有者并且不让出价高的人使用它们,必然导致低效率,资源会被浪费或会不以生产率最高的方式加以使用。当然,在现实中产权并不总是意味着你拥有全部的所有权或控制权(如没有"产权"只有居住权的房屋),这些限制的和局部的产权往往会导致多种形式的低效率,如只有居住权的房屋如果不能合法出售的话在维修方面的激励就很有限。

响。当存在外部性时,产权交易能否发生,要取决于产权调整的成本与收益,政府要做的首先是进行合理的产权分配、清晰的产权界定和严格的执行,其次是降低产权交易的成本。

对于那些产权没有得到明确的界定且交易成本比较低的原因所引起的外部性来说,可以通过产权的界定来解决。对于那些产权可以得到明确的界定但由于交易成本较高的原因所引起的外部性来说,如果这种交易成本可以通过法律制度的创新得到有效降低的话,政府可以通过界定产权和降低交易成本的办法来解决。所以在实践中,科斯定理的适用范围仅限于满足交易成本很低、产权能够得到明确的界定、不存在搭便车现象等条件的情况下。[1]

遗憾的是,很多外部性问题涉及众多的相关方,由于高额的谈判成本[2]和共同资源,如河流和空气的所有权难以界定给个人等原因,因此通过私人谈判来解决外部性问题的途径无效,如受酸雨影响的成千上万的人无法通过独立谈判来克服这一问题,这时政府作为一种实现帕累托最优资源配置的机构,由其来进行某种形式的干预将是解决外部性的可行方法,但这并不一定意味着政府除了通过直接提供[3]、管制、征税、补贴或发放许可证的办法来解决因为外部性问题而产生的市场失灵问题外别无他法,实际上,政府除了以上方法以外,对于那些产权可以得到明确的界定但由于交易成本巨大而引起的外部性还可以通过建立在对外部性的相互性充分理解的基础上的损害赔偿制度的法律手段来解决。

如前所述,产权明确界定基础上的自愿协商办法由于交易成本的原因难以解决大部分外部性问题,政府通过建立界定私有产权并保护个人不受他人侵犯的法律框架,以及建立规定外部不经济效果的制造者需要对给他人造成的损害承担法律责任的法律制度,即损害赔偿制度,使可能受到外部性影响的一方可诉诸法律来寻求补偿的途径,从而解决外部性问题。所

---

[1] 即使科斯的办法对满足上述条件的外部性问题行之有效,受影响各方之间的自愿谈判会带来有效率的结果,但从分配的角度来看,科斯的办法却可能并不合理,不同的初始产权安排会导致不同的分配结果,尽管可能不影响资源的配置效率。

[2] 谈判过程中,大体包含两类成本,谈判活动本身消耗的成本,包括收集信息的成本、设计完全契约的成本、讨价还价的机会成本。

[3] 当某一产品的外部经济效果极大时,政府就可能会决定将其作为公共物品来提供,如向儿童免费接种。

以,在私人谈判的办法难以实施的情况下,还有法律解决的办法,而不局限于依赖管制或征税等办法,如法律赋予受害的一方有起诉产生外部性的一方的法定权利,如果起诉成功受害者可以得到与他受到的伤害相等的货币补偿,则通过法律制度的形式就消除了外部性,潜在的法律诉讼会导致有效率的结果。对损害的诉讼与征税不同,因为得到支付的是受害者而不是政府。这种办法的主要缺点是进行损害诉讼的费用大、时间长且结果不确定,例如,你的肺病到底和隔壁的工厂有关,还是和门前马路上的汽车尾气有关?

制度的选择与交易成本

在存在交易成本的情况下,我们假定交易成本完全由没有产权的人承担,对社会来说取得最有效率资源配置的可能性将取决于产权如何安排,也就是说产权安排的方式不仅与财富分配有关,而且与资源配置效率有关,对于那些不拥有产权的人来说,如果交易成本超过了潜在的净收益,则能够改善资源配置效率的阻止损害的协议或方案就不会被提出来。

如果不考虑交易成本,不论初始产权如何配置,经过讨价还价的市场交易,最终资源总是能够配置到能使总产出或总效用最大化的一方,不同的产权安排只会影响财富的分配格局,而不会影响资源的配置效率,社会总产品总是处于帕累托最优状态。例如,吸烟者和不吸烟者常因是否允许在房间内吸烟而争论,原因就是房间内空气的使用权没有得到界定,如果将空气使用权授予一个人,这个人将有权决定是否允许在室内吸烟,在交易成本为零的情况下,无论将空气使用权授予谁,空气使用权最终必定配置给能从中获得较大收益的那个人,从而使总效用最大化,也就是说房间里是否允许吸烟应当只取决于吸烟者的吸烟价值是大于还是小于新鲜空气对不吸烟者的价值。

但是如果我们考虑到现实世界的交易费用总是大于零,则不同的产权安排不仅影响财富分配而且影响资源配置效率,因为,产权初始界定的合法性决定了产权的交易是否发生、产权能否得到有效的保护或产权得到有效保护的成本有多大,以及因谈判、保证契约的执行等行为所产生的交易成本的大小。如果把产权在一开始就分配给能保证社会总效用或社会总收益最大化的一方,则可减少因自愿谈判和政府执行保障这些初始安排的法律体系和保证一个符合公正原则的财富分配格局引起的交易成本,从而也会降低维护这种财产的法律执行成本,如在空气污染的案例中,从全社会角度来看,从源头(产权的初始界定)来解决这个问题要比在下游解决这个问题(如戴口罩)成本更低,所以应该将产权分配给居民而不是企业。

一个更深入的问题涉及产权安排方式所产生的影响,前面我们提到过,在不存在交易成本的前提下,产权安排只对分配产生影响,当存在交易成本时,产权安排对分配和效率均会产生影响,这样就提出一个重要的政策问题:产权安排是否要同时考虑分配和效率两个目标。

因此,在科斯看来,一个社会面临的真正问题是制度的选择,即产权的归属问题,在他看来,必须设计出各种制度,以保证可能的最大效率的实现。科斯定理指出,一旦产权安排设计合适的话,市场就可能在没有政府直接干预的情况下解决外部性问题,在许多情况下,政府要做的就是界定产权并保障其得以实施,如在美国,政府把作为共同资源的小湖的捕捞权出售给个人,有效地消除了外部性,拥有捕捞权的人就不会仅考虑短期利益,而且会考虑长期利益,如果是个大湖,这个人就会分割并出售捕捞权,并对捕捞量进行控制以防止过度捕捞,当然政府宣布该湖的捕捞权归自己时上述办法也适用,但是私人能做好的事情政府是否有必要以较高成本去完成呢?这样的例子很多,例如,政府将公共土地租给农民往往会产生过度使用、导致水土流失之类的环境破坏,从而对土地的未来使用者产生外部性,如果改变产权,将土地的所有权卖给私人,就可以解决外部性问题。

科斯的启示

科斯的研究成果有两个重要意义,一是他强调了一个事实,即对外部不经济的庇古分析方式和所提出的政策(如征税)隐含地假定了一种具体的或特定的产权安排,而没有考察是否存在可以提高资源配置效率的其他形式的产权安排,政府对外部性不同形式的直接干预都会有一个前提假定,即一部分社会成员拥有某种权利而另外一部分成员没有,如企业没有污染空气的权利,而人民有呼吸清洁空气的权利,对于污染造成的外部性,现在的产权安排没有什么争议,但对于其他形式的外部性则可能存在争议;二是指出并不是所有的由外部性导致的市场失灵都需要政府的直接干预,缩小了政府干预的范围。科斯定理的重要价值在于明确界定的、可以进行交易的产权可能有助于促进经济效率,科斯以后涉及制度问题的理论的研究都是以科斯的研究为基础的,从科斯以后交易成本就成为了比较制度的一个基本标准。

当然,对科斯的研究成果也存在大量批评意见,这些批评主要集中在斯蒂格勒对科斯思想所作的被命名为"科斯定理1"的阐述上。一种批评认为该定理是同义反复,因为我们分析的前提假定中包含了经济主体是理性人这样一个假定,在不存在交易成本或法律障碍时,双方的自愿交易必定是帕累托改进式的,所以,科斯定理与理性人假设同义反复。第二种批评认为,要求政府仅仅界定产权和保障产权的实施是远远不够的,如果没有权威机构迫使个人进行协商,那么他们可能会像霍布斯所说的那样采取报复性的敌对态度而不是合作行为,社会成员之间的合作行为并不仅仅取决于其获得经济收益的可能性,许多非经济性因素往往起着决定性的作用,这样,即使涉及的有关各方数量很少,也存在一个对双方都有利的方案,但这并不意味着这些协议一定能达成。如果参与谈判的一方或双方都不想得到一个合理的方案,单方或双方都想得到更大的额外补偿或少支付或不支付赔偿,他们就可能选择不合作,协议也可能永远达不成①,看一看人类战争史就会明白,"断言存在着有效率而节省费用的谈判机会并不意味着总能达成交易——正如战争史、劳资纠纷以及博弈论所充分证明的那样"。② 还有一种批评认为科斯定理否定了政府的干预,这种批评可能错误地理解了科斯的思想,实际上科斯认为即使没有交易成本,也需要政府来界定产权、保障协议的执行,科斯定理的魅力在于它将政府的作用限定在一个较小范围内,反对的只是将外部性和政府干预简单地联系在一起。

---

① 比如甲从养狗中获益100个单位,但其要得到200个单位才肯放弃养狗,乙从狗吠中承受250个单位的痛苦,但乙仅愿出价150个单元来使甲放弃养狗。
② 〔美〕保罗·A.萨缪尔森、威廉·O.诺德豪斯:《经济学》(第十四版),胡代光、吴珠华、余文武、汪洪、张军扩、母正育、何振华译,北京经济学院出版社1996年版,第577页。

实际上,应用该定理的范围非常有限,交易成本很高是人们已经形成一种共识,虽然明确界定产权(或分配产权)可以解决某些外部性,但是对于大多数外部性,特别是与环境有关的外部性问题,还需要政府进行多种形式的直接干预,包括我们已经或将要讨论的规制、征税或补贴、可出售的许可证等方式。

第四章

市场结构与政府干预方案的选择

第一节 市场结构分析

经济学家将众多的行业划分为四种不同的市场结构,包括完全竞争、完全垄断、垄断性竞争和寡头垄断,这种划分基本上是依据在某一具体行业中提供某种产品的厂商数量的多寡来确定的。

完全竞争与资源配置有效性

经济学家所谓的完全竞争(Perfect Competition)由四个条件来定义。1. 产品无差别。这意味着各厂商提供的产品对彼此来说是完全替代品,只要价格相同,消费者并不介意向哪个厂商购买,厂商之间不存在非价格竞争。2. 存在大量独立行动的厂商。这意味着每个厂商都只拥有市场份额的微小部分,每个厂商对市场价格都不具有控制力,都是价格的接受者,只能适应而不能改变市场价格。3. 全部资源具有完全的流动性。这意味着每一个厂商都能自由地进入或退出完全竞争性行业,不存在来自法律、技术、财务或其他方面的制约因素阻碍新企业生产并销售其产品,每一个工人都能自由地在地区和职业间转移,每种资源都极易从一种用途转向另一种用途。① 4. 消费者、厂商或资源所有者拥有完全充分的信息。消费者对偏好、收入水平、产品的价格和质量拥有完全的信息,厂商对其成本、价格和技术也拥有完全的信息,不仅对过去和现在而且对将来的情况都能够

---

① 实际上专利权、巨额投资要求以及规模经济效应、行政垄断、市场准入制度的存在使得经济资源很难具有完全流动性。

作出精确的预期。

显而易见,没有一个行业是完全竞争的,某些市场如小麦、玉米市场、外汇(美元、欧元、日元)市场、某超级大盘股市场等最为接近于完全竞争市场。尽管如此,这并不意味着对有关完全竞争市场的研究毫无用处,一个模型的有效性在于其得出的结论而不在于其苛刻的假设前提条件,从完全竞争模型中得出的结论对于我们理解与预测现实世界提供了标准或规范,构成我们研究现实世界的最简单、清晰的出发点。

经济学家一般认为在完全竞争市场中,能实现消费者效用最大化的产品组合能实现产品和服务的成本最小化,即在长期,完全竞争能使得企业在最低平均总成本水平下进行生产。完全竞争市场的一个更深远的属性是它能够在受到干扰后自动恢复效率,例如,消费者偏好、资源供给或技术的变化都可能引起资源的重新配置,直至价格再次与边际成本相等为止,这样,市场就会自动修复最初经济因素的变化所造成的暂时性资源配置低效率。完全竞争之所以能够产生资源配置的高效率,是因为企业和资源拥有者都是自身利益的自由追求者,自由竞争、自由决策不仅使单个企业利润最大化,同时也实现了能够进行自由选择的消费者的效用最大化。

但下列原因会导致完全竞争市场的资源配置的有效性受到限制:公共产品、信息问题和外部性问题的存在;规模经济效应的存在,规模经济效应的存在使某些行业只需数量很少的厂商才能实现以最低成本进行生产;技术进步因素,许多经济学家认为完全竞争的市场难以实现技术进步,因为此时厂商从事研发活动的动机很小,即便是存在技术进步带来的利润,也会由于行业的容易进入而昙花一现,此外厂商的小规模和长期经营中盈亏平衡也使企业难以为研发活动融资;消费者选择范围问题,产品无差别意味着该市场不能为消费者提供一个在型号、款式以及质量水平上都存在一个足够大的选择范围的产品,无法全面地满足消费者的偏好;政府干预尤其是不恰当干预的因素,因为政府可能关注的是社会公平这样的目标而不仅仅是资源配置效率,所以,即使市场是完全竞争的,也不意味着不需要政府干预。

如果一个厂商能够明显地影响其产品的市场价格,则该厂商就会被称为不完全竞争者,当一个行业中的某个或某些厂商能够在一定程度上控制该行业产品的价格时,该行业就处于不完全竞争状态之中。① 不完全竞争的存在并不一定排除竞争,不完全竞争者之间时常进行从力图移动自己的需求曲线的广告宣传到开发新的产品等各种形式的竞争。依据不完全竞争的程度,我们可以将市场划分为完全垄断②、垄断竞争、寡头垄断三种。

完全垄断与替代优势

我们首先来看一下完全垄断的几个特点:一个行业只存在一家企业,这家企业是某种产品或服务的唯一供应商;从消费者角度看该产品是独一无二的,没有替代品;垄断厂商是价格的制定者③;面对向下倾斜的需求曲线,它可以通过改变供给量来影响价格;存在阻止潜在竞争者进入的进入壁垒④,使完全垄断厂商在短期内不会有竞争者,这些壁垒可能是经济的、技术的、法律的或其他形式的;垄断厂商一般不需开展制造差异性的广告宣传,但对于非生活必需品如钻石也会开展扩大需求的广告宣传。

当然,对垄断厂商来说,只是盈利的可能性比竞争性企业高而已,只要进入壁垒存在,垄断厂商就可以获得垄断利润,但这并不意味着完全垄断一定会获得垄断利润。完全垄断不能使垄断者完全把自己和其他经济组织所采取的行动隔离开来,所有的产品或服务都在竞争有限的消费者的支付能力,所有的厂商都在竞争有限的稀缺经济资源的控制权,服装在某种意义上是和食品或旅游相竞争。另外,替代程度不同的产品和服务也会对垄断厂商构成不同程度的竞争压力,如在油灯和电灯、铝材和钢材、信件和电话之间。所以垄断厂商不可能不受消费者偏好变化的影响,也不可能不受资源价格变化的影响,疲软的需求和高昂的成本足以让一个完全垄断厂商遭受短期亏损。

在微观经济学领域,和完全竞争一样,完全垄断也是一个有用的模型,

---

① 但这并不意味着一个追求利润最大化的厂商可以任意确定价格,而只是说它对价格具有一定的控制力,厂商不大可能将一桶可乐的价格定在 100 元以上。

② "垄断者"这个词来源于希腊语中的"单个"和"卖者"两个词。

③ 垄断厂商是价格的制定者,这常常会使人们误解为垄断厂商肯定会制定出最高价格,实际上垄断厂商追求的是最大利润而不是最高价格,垄断厂商会根据需求弹性来制定出一个保证利润最大化的价格。

④ 对于什么是进入壁垒,本文采用斯蒂格勒的定义,见 Stigler, G. J., *The Organization of Industry*, Homewood, IL: Irwin, 1968,指一种已进入某领域的企业不用承担而由新进入者承担的生产成本,主要指沉没成本。

有两个理由,一个理由是有相当数量的产品和服务是由垄断组织提供的。在许多城市里由政府所有和受政府管制[①]的公共事业公司基本上是完全垄断企业,如煤气公司、自来水公司、有线电视公司,不受管制的私营垄断企业的经典例子是南非 De Beers 联合采矿公司,它是世界上最大、历史最悠久的垄断企业,支配着世界钻石市场长达 60 年,生产世界毛坯钻石的 50%[②],还经销其他矿山所生产的钻石,世界上 70% 的钻石是经过它销售给钻石切割商或交易商的,但在制造业中,垄断企业很少见,即使偶尔发生,也很短暂,竞争者很快就会出现打破完全垄断的局面,我们在世界上很难观察到完全或接近于完全垄断的竞争性非政府企业,当然区域性的垄断是存在的,如一个山村小镇只有一家饭馆或一家电影院。另一个理由是研究完全垄断将有助于我们理解垄断竞争或寡头垄断的市场结构。

垄断竞争与经济利润

前一部分我们讨论了完全竞争和完全垄断的问题,但在实际经济活动中大部分的市场包含了这两种情况的成分。现实市场中的厂商都面临某种程度的竞争,但竞争并没有激烈到使企业完全成为一个价格接受者,一般企业也具有某种程度的市场力量,但它的市场力量还没有大到使企业成为价格和产量的决定者,也就是说,在我们的现实经济世界中,典型的市场结构是不完全竞争市场,包括两种类型,寡头垄断和垄断竞争市场。这部分我们先来讨论垄断竞争理论,下一部分我们再讨论寡头垄断理论,届时,我们将把重点放在博弈论和策略的制定上。

垄断竞争(Monopolistic Competition)的市场结构中既包含垄断因素,又包含竞争因素。一个垄断竞争的市场在其他厂商进入不受限制的意义上,与一个完全竞争市场是相似的,它与完全竞争市场的不同之处在于产品是有差别的,即存在产品差异(Product Differentiation)。各个厂商都努力使消费者能够把自己提供的商品和其替代品区分开来,这种差别可以来源于调整产品的物质结构、改进服务方式、改进产品的质量和外观,也可能是基于

[①] 根据美国行政管理预算办公室的定义,管制就是指政府行政机构根据法律制定并执行规章的行为。

[②] De Beers 公司的钻石开采量仅占全球开采量的 15%。

商标、声誉、企业的形象塑造等,每个厂商都是它自己品牌的唯一生产者,厂商具有的垄断力量取决于它将自己的产品与其他与之竞争的替代品区分开来的能力。①

具体来说垄断竞争市场的特征有如下几点。

1. 相对大量的厂商。每个厂商仅拥有相对较小的市场份额,不存在价格和产量的协调行为。每个厂商都独立地作出决策,即作决策时都可以不考虑对手的可能反应,因为每一位厂商决策的影响都分散在众多的厂商之间,几乎感觉不到,其竞争对手自然没有理由对这种决策行为作出反应。

2. 产品差别化。与完全竞争市场不同,垄断竞争市场在产品特性,如外形和质量、顾客服务、地理位置、品牌、包装上存在细微的差别,这种差别既可能是实际的,也可能是想象的,产品之间会因此存在高度可替代性又不是完全可替代的,即需求的交叉弹性较大但不是无穷大。佳洁士牙膏也许可以做到比中华牙膏贵 2 块钱,但很难使消费者为之多付 10 块钱。除了牙膏以外,袋装咖啡②、洗发水、肥皂、洗衣粉、自行车、非处方药、低压电器开关等都是在垄断竞争的市场中销售的。零售服务市场也是典型的垄断竞争市场,零售商通过地段、营业时间、营业员的知识、提供的服务内容、商品的价格水平和声誉来将自己的服务和其他商店的服务区别开来,相互竞争,市场进入也相当容易,一个好的地段往往会因高利润率而吸引许多商家进入。

垄断竞争的市场中,由于产品差别化的存在,产品的成本和价格要高于完全竞争市场,而产量要低于完全竞争市场,这会使消费者剩余减少,那么是否我们可以说垄断竞争就是一种对社会来说应该加以管制起来的市场结构呢?答案是否定的,一个原因是在大多数垄断竞争市场中垄断力量并不强大,厂商的数量足够多,产品的替代性足够强,每个厂商面临的需求曲线也是相当富有弹性的,产品的产量和价格也相当接近于完全竞争市场,造成的无谓损失不大;二是垄断竞争促成了产品的多样性(Product Di-

---

① 哈佛大学的爱德华·张伯伦率先创立了垄断竞争理论,并试图建立一个旨在讨论介于完全竞争和完全垄断之间的现实世界的理论模型,这就是人们在经济学教科书中提到他的主要原因。

② 你可能对雀巢咖啡情有独钟,但这种忠诚是极其有限的,若雀巢咖啡提高 50% 或 30% 的价格,你很可能转而购买麦氏咖啡了。

versity)①,从产品多样化中得到的消费者效用的增加大大超过了垄断竞争造成的消费者剩余的减少。

也有人认为如果产品差异化程度过高的话,会使作出决策的成本增加。如果消费者面临太多的相似产品,他们常常感到困惑,转而用价格作为唯一的选择目标,认为价格就是质量的尺度,这样用于制造产品差异化的资源就被浪费了。而且有些产品的差异,是并不提高消费品效用的肤浅的改进,如仅仅更换一种包装,这类开发引起的费用从社会角度看是一种浪费,尽管从一个企业角度看是符合利润最大化原则的。

3. 容易进入或退出。自由进入之所以很重要是因为来自投资、技术或沉没成本、法律方面的进入壁垒是造成垄断的重要原因,如果存在较强的进入壁垒,如在汽车市场,尽管其产品之间和牙膏之间一样存在着产品差异,但其生产者极少,属于典型的寡头垄断市场。

4. 大量的广告支出。具有垄断竞争特征的行业一般都投入巨额广告费用,以便使厂商所面临的需求曲线右移,且价格弹性降低,各种商业媒体均依赖垄断竞争市场中的企业所支付的广告支出而生存与发展。

垄断竞争与经济利润

一个垄断竞争厂商在短期内由于其产品与竞争者有差别,厂商会赚到一个经济利润(或高于平均利润率的利润),但在长期中,这个超额利润将诱使其他厂商加入,导致其面对的需求曲线向下移动,其他厂商的进入和竞争使它的经济利润为零。我们的上述讨论是在各厂商的成本是相同的这个前提假设下进行的,然而在现实世界中,这种情况并不总是会发生,这是因为某种产品的某些差异性很难被潜在的进入者所克服,如因独特的地理位置而产生的服务或产品的差异所造成的进入壁垒,在一座名胜古迹旁开设一家餐馆或旅馆,或由专利法所造成的进入壁垒就很难克服。各厂商的成本差异和产品的不完全替代性会使各厂商产品的价格不同或在相同的价格水平下因成本不同而存在经济利润。在长期中,垄断竞争市场中的

---

① 原始文献请参阅 A. Dixit And J. Stiglitz, Monopolistic Competition and Optimum Product Diversity, *American Economic Review*, June 1977; M. Spence, Product Selection, Fixed Cost, and Monopolistic Competition, *Review of Economic Studies*, June 1976. 中文文献请阅读〔美〕曼斯费尔德:《微观经济学》(第九版),黄险峰等译,中国人民大学出版社1999年版,第329—330页。

厂商还可以通过广告等非价格竞争方式来实现经济利润。这个市场中的每个厂商都不会任由新进入者或潜在进入者通过或试图通过模仿其产品或服务和广告来侵蚀自己的市场份额,它会通过对该产品或服务的继续开发和改进来进一步提高其差异化程度,也会通过更大的广告预算去强调产品的实际差异或创造出感觉上的差异等手段来巩固和扩大自己的竞争优势。①

寡头垄断、经济利润与合作行为

寡头垄断市场是一个由少数几个相互依赖的、生产同质或差异化产品的大生产者所支配的市场,许多工业产品如铝、锌、铜、钢、铅、水泥、工业酒精等基本上是由寡头企业所生产的标准化产品,而与此相对照,许多消费品行业如汽车、轮胎、香烟等是由寡头生产的差异化产品。寡头垄断行业中包含的厂商数目如此之少,以至于每个寡头垄断厂商制定决策时,都必须考虑到决策对其竞争对手的影响,及其竞争对手可能会作出何种反应。寡头垄断厂商之间存在着真实和可信的高度依存关系,正是由于这种相互依存性,寡头垄断厂商的最佳决策取决于其他厂商将如何决策。

寡头垄断市场是一个存在进入壁垒的市场。在许多寡头垄断行业中,规模经济是一个很重要的进入壁垒,如飞机制造、橡胶和水泥工业,对于一国市场甚至世界市场来说,这些行业通常只能容纳3—4家,如飞机主要由波音、通用动力、洛克希德、联合工艺、欧洲的空中客车公司等少数几家公司提供。另一个与寡头垄断相联系的进入壁垒是进入行业所需的大量投资,如在汽车、炼油、喷气发动机等行业,世界汽车业就仅由为数不多的几家制造商组成,如通用、福特、克莱斯勒、丰田、本田、日产、大众等汽车公司。此外,对原材料、技术或信息的控制,先发制人的限制性定价、掠夺性定价或广告策略,也构成了进入壁垒。寡头厂商也不一定是大厂商,在泰山半山腰的两处小餐馆虽小,但也是寡头厂商。寡头厂商要么通过内部成长而形成,要么通过竞争对手间的兼并或合并而形成,如波音和麦道公司的合并。

---

① 以这种方式,可能会防止长期经济利润的消失,但广告支出和研发支出的增加均会提高成本,关键在于权衡需求上升带来的经济利润是否可以抵消成本的增加。

寡头垄断的市场结构是否一定会导致较高的价格水平呢？不一定，如果现有企业的成本优势（规模经济效应）是主要的进入壁垒，价格领导者就不会选择使行业短期利润最大化的价格，因为如果定价过高，那些规模较小、效率较低的企业就可以生存下来并得到发展，所以，为了阻止新竞争者进入，保持行业现有的寡头垄断市场结构，价格就必须保持在短期利润最大化价格水平之下，这就是所谓的"限制性价格"战略。

第二节 市场权力

市场权力的来源

垄断可能由于技术上由于单一或少数企业提供效率最高而产生，也可能由于政府的管制和厂商之间的勾结而产生，在长期中垄断主要由后两种原因导致。具体来讲，垄断可能产生于下列原因：

1. 垄断资源

自然资源。垄断产生的最简单的方法是一个企业拥有一种关键的自然资源的全部或大部分，这种情况下，私人财产能够被垄断企业用作阻挡潜在竞争对手的产生。如美国铝业公司（Alcoa）曾一度控制了美国铝矾土的所有来源，从而得以建立起垄断地位，加拿大的镍公司也曾一度控制全世界已探明镍矿储量的 90%，还有前文提到的南非 De Beers 公司。但是尽管关键资源的排他性所有权是产生垄断的一个原因，但实际上垄断很少产生于这种原因，因为经济资源的分布和数量都很广、很大，而且各类资源很少没有替代品的，这就是为什么 De Beers 公司每年都要投入大量的广告来和翡翠、红宝石、蓝宝石竞争的原因。

信息资源。厂商如果拥有超过其竞争对手的技术优势，即使没有专利保护，它们掌握的知识扩散到其竞争对手也需要时间，尤其是那些需要在"干中学"的知识。此外，行业之外的厂商不知道该行业的商业秘密这一事实也成为一种重要的进入壁垒，如可口可乐公司就通过对其配方严加保密的途径来保持它在软饮料市场上的垄断地位。

2. 范围经济与规模经济

垄断的另一个来源是范围经济(Economics of Scope),即将不同的产品放在一起生产比单独生产更有效率,因为生产这些不同的产品可以共享某些专门知识和设备。范围经济包括"关联经济"(Economics of Sequence)的情况,即联合生产投入品和产出品可以取得节约成本的效果。

垄断还有一个来源是规模经济,在一些行业,如在炼油、汽车生产等行业中存在着明显的规模经济效应,如石油冶炼最小的有效率的工厂也需投资10亿美元,汽车业最低的有效率的生产规模也要年产30万辆[1],在这种情况下,规模经济效应成为保护该垄断企业不受竞争威胁的一个进入壁垒,试图以较小生产规模进入该行业的新企业不可能实现垄断企业所具有的较低成本,也就不可能获得生存或发展所需要的利润,当然,新企业也可能在一开始就以大规模生产来取得规模经济效果,但购置大量生产设备所需的巨额投资和缺乏经营管理经验所带来的巨大风险,使这种策略在大多数情况下不可行,这就是为什么很少有企业试图进入成熟的汽车、飞机等行业。当存在如此强大的规模经济或范围经济以致只有一个厂商能生存时,就会产生自然垄断。

3. 来自法律方面的进入壁垒

政府可以通过专利和许可证的授予而制造垄断,专利权是指发明人所享有的使用或允许他人使用其发明的独占权,这样的法律为发明人提供了在专利有效期内的垄断地位[2],这是一种由政府创设的特殊的进入壁垒,归属专利拥有者的垄断租金为发明创造提供了激励,自然不需政府施行价格干预进行消除。专利法和版权法是政府为公共利益创造垄断的一个例子,这样的法律所带来的利益是对创造性活动的激励,当然在很大程度上被其代价——垄断性定价所抵消。

一个厂商也可以凭借政府机构向其颁发的经营许可证而成为垄断者,进入这些行业或职业往往会受到政府的限制,如政府往往控制出租车的牌照数量为出租车公司和司机创造利润。在某些情况下,政府也"许可"自

---

[1] 见〔美〕保罗·A.萨缪尔森、威廉·O.诺德豪斯:《经济学》(第十四版),胡代光、吴珠华、余文武、汪洪、张军扩、母正育、何振华译,北京经济学院出版社1996年版,第331页。
[2] 自1995年后,世界各国统一将专利有效期改为20年。

已提供某种产品和服务,从而形成"公共垄断",如酒专卖、烟草专卖、彩票专营等。

4. 战略性壁垒

有些厂商的垄断地位很难用法律因素、自然垄断、信息等原因来理解,如柯达公司的例子,这些厂商最初的垄断地位可能是基于某种技术创新或专利,但在专利保护失效以后,仍然能够保持其垄断地位,主要就是通过采用能够遏制其他厂商进入该市场的市场策略来保持其主导地位的。

有三种市场策略可以用来阻止潜在的进入者进入市场:掠夺性定价,过剩的生产能力和限制性定价,它们统称为进入遏制措施(Entry-deterring)。

为了将新进入者赶出市场和阻止未来的进入者,现有的厂商可能会故意将市场价格降到新进入者的生产成本之下,同时大幅度增加广告支出或采取其他战略性措施来使对手的成功进入变得困难,现有厂商可能会因此而遭受一定的损失,但它希望在将新进入者赶出市场或使潜在进入者打消念头之后再将价格提高到垄断水平,以弥补这些损失,这种措施称为掠夺性定价(Predatory Pricing)。

市场经济国家虽然在法律上将掠夺性定价策略定为一种违法的商业行为,但由于技术和市场需求的频繁变动,司法部门要想真正确定一个厂商是为了适应竞争的需要或是由于成本因素而降价还是在从事掠夺性定价往往非常困难,降价的厂商往往声称是他们的竞争对手"迫使"他们这样做的,所以掠夺性定价在反托拉斯法律中是一个相对模糊的、情绪性的名词。由于没有客观的标准来定义掠夺性定价,"低于成本"的定价难以得到有效的证实,而意在驱逐或吓阻对手的"动机"又难以得到书面文件的证实,掠夺性定价常常成为描述同一行为时在修辞上的不同选择的结果而已。我们知道除非有书面文件显示反竞争市场计划的存在,否则法律的实施就不应建立在对动机的揣测上。更有说服力的也许是,掠夺性定价是与经济学上"理性"经济人的前提假设相矛盾的。经济学分析认为,一个企业收购其竞争对手总比以低于对手的价格销售产品所付出的代价要低①，所以掠夺性定价只能是低效率的企业为反对高效率的竞争对手而采取的措施，而高效率的企业则没有必要实施掠夺性定价的策略，因为效率的原因，它的成本本来就低于低效率企业，低效率企业实施掠夺性定价在实际上只不过是实施了自我惩罚而已。由此可见，掠夺性定价不会构成可信的威胁，此外并没有产生市场失灵，自然也就没有了管制的基础。②

即使有证据显示降价的动机是高效率企业驱逐对手的一种市场策略，对这种行为的评价还必须根据这种降价是否会排除一个同样有效率的对手而进行判断，如果通过这种手段排除掉一个不如优势企业有效率的企业，则这种竞争和"正常的"市场竞争的结果是一致的。尽管任何企业的倒闭对于所涉及的雇员和投资者来说都有痛苦的后果，不过从一个更广的范围来看，缺乏效率情况的消除正是竞争的主要好处，所以我们立法的着眼点应放在保护竞争本身而不是保护竞争者上。

况且暂时性地将价格降至边际成本水平或平均成本之下除了是驱逐对手或对潜在进入的一种策略性反应以外，还有可能是出于应急性业务的需要，如由创新出现所引起的对老产品需求的突然下降、消费者偏好的转移或对市场需求预测失败引起的库存增加等情况均可能引起价格的下降。

过剩的生产能力(Excess Capacity)。现有的厂商可以采取的另一种措施是有目的地建立起超过市场需求过剩的生产设施，从而对潜在进入者构成一种威慑，以便在新企业试图进入时可以立即通过产量的扩大并降价来挤垮对方，向潜在进入者发出一个现有厂商有能力轻而易举地从事激烈价格竞争的信号。这种市场策略将使潜在进入者相信，即使市场中的厂商现在的利润水平较高，如果新厂商进入市场的话，这些利润也将会迅速消失，这就会促使潜在的进入者不仅需要对这家厂商现有的利润水平进行估计，而且必须对自己进入之后市场的利润水平进行估计。杜邦公司在20世纪七八十年代就曾被认为故意建造了过剩的二氧化钛生产能力以阻止对手

---

① 见〔美〕奥利弗·E. 威廉姆森：《反托拉斯经济学》，张群群、黄涛译，经济科学出版社1999年版，第282—283页。

② 当然，不管收购还是低价策略，过大的市场集中度在西方市场经济国家都可能面临反垄断司法调查。

的进入。①

二氧化钛是一种用于油漆、纸张和其他产品的漂白剂。在20世纪70年代的早期,杜邦(Du Pont)公司的产品占据美国同类市场的1/3,1972年杜邦公司预计将来市场对二氧化钛的需求会有一个可观的增长;同时政府颁布了新的环保条例,而杜邦公司所在的地区处理废料的成本要比它的竞争对手低得多,因此,杜邦公司预计它的竞争对手将不得不关闭部分工厂,然后重新建立新工厂;此外,用于生产二氧化钛的原材料价格正在上涨,而杜邦公司所使用的技术与它的竞争对手所使用的技术比起来,对投入品的价格变化不敏感。基于上述三点原因,杜邦采取了投资4亿美元增加生产能力以扩大市场份额、阻止对手重新进入市场的策略。这一策略开始很有效,但到了1975年,需求的增长比原来预期的要慢得多,出现了大量的生产能力过剩,环保条例执行的也不是很有力,杜邦的竞争者并没有像预计的那样关闭大量的生产设备,而且杜邦公司故意制造过剩生产能力的做法也引起了联邦贸易委员会的反托拉斯调查,由于法院难以确定杜邦公司出现过剩的生产能力是由于预测失败而导致的结果还是一种故意选择的经营战略,且不说这种资产闲置所带来的资源浪费造成的损失是否能够弥补由此造成的高价所带来的益处,所以虽然杜邦公司最终赢了这场官司,但市场需求的下降使它的胜利没有什么实质性的意义,市场已经对它实施了惩罚。

限制性定价策略(Limit Pricing)。限制性定价就是厂商采取低于正常水平的垄断价格,因为现有的厂商担心比较高的价格会吸引潜在的进入者进入市场。

5. 寡头垄断厂商之间在价格或产量上的合作行为

卡特尔就是生产相似产品的独立企业联合起来提高价格或限制产量的一种组织。斯密在《国富论》中曾写道:"只要是同一行业的人在一起聚会,即使只是娱乐和消遣,聚会也是以反对公众的阴谋或某种提高价格的

---

① 请参阅〔美〕坎贝尔·麦克康耐尔、斯坦利·布鲁伊:《经济学——原理、问题和政策》(第十四版),陈晓等译,北京大学出版社、科文(香港)出版有限公司2000年版,第616页。

计谋而告终。"①斯密的结论毫无疑问有些夸张和悲观,但价格或产量方面的协调行为却是当今经济生活中的一个现实问题。

寡头垄断企业间某项有关产量或价格达成的协议称为"勾结"(Collus-lon),如果协议是在公开和正式的场合下达成的,以一致方式行事的企业集团就被称为卡特尔(Cartel)。卡特尔的一个任务是为某一特定(同质)产品制定统一价格,即制定垄断价格,追求卡特尔成员总利润最大化,这实际上是一个选择能够实现利润最大化的总产量问题,MC = MR 决定一个利润最大化的产量 Q,Q 与全行业的产品需求曲线一起决定一个保证利润最大化的价格水平。卡特尔的另一项重大任务是在卡特尔成员之间分配行业的总销售额,因为产量的分配通常决定了卡特尔的利润分配,因此,分配决策往往是具有不同利益和生产能力的成员厂商之间谈判的结果,是一个政治过程,在实践中,销售额的分配常常依据某一厂商过去的销售水平或其生产能力的大小,也有按区域位置划分市场的。②

由于公司间的勾结在大多数国家中都是一种非法行为,公开的卡特尔协议面临着法律和道德上的不利环境,所以希望从市场权力中获得利益的寡头垄断厂商一般采取暗中勾结或默契式勾结(Tacit Collusion)的办法,而不是通过达成书面明确协议进行协调。关于暗中勾结的寡头垄断厂商之间的价格协调行为有几个模型来描述,其中的一个就是价格领袖模型(Price Leader Model),这种行为模式在垄断行业中似乎很常见,由一个或几个厂商先行确定或调整价格,其余的厂商跟随定价,在这种顺序下,要证明存在勾结或串谋行为非常困难,它们会声称这只不过是在对相同的市场力量作出相同的反应而已。价格领导者因为要承担对手不跟随其行动的风险,所以并不会对细小的成本和需求变化作出反应,不会经常进行调整,只有当成本和需求情况在全行业范围内发生重大变化时,价格领导者才会

---

① 本文转引自〔美〕保罗·A.萨缪尔森、威廉·O.诺德豪斯:《经济学》(第十四版),胡代光、吴珠华、余文武、汪洪、张军扩、母正育、何振华译,北京经济学院出版社 1996 年版,第 334 页。1961 年美国电器设备制造业中的几家主要公司如西屋公司(Westinghouse)和通用公司的经理们串谋提高市场价格,他们就像电影里的间谍一样掩藏他们的行踪,在密林中聚会,用公共电话通话,使用化名,这些经理最终因违反《反托拉斯法》而入狱,这些公司的最高领导虽未参与,但由于对其经理人员施加了过大的销售压力,间接导致了这种违法行为的产生。

② 见〔美〕曼斯费尔德:《微观经济学》(第九版),黄险峰等译,中国人民大学出版社 1999 年版,第 345 页。

改变价格,这时价格领导者通常会通过演讲、接受专业杂志记者访问等方式把即将进行的价格调整通知全行业,以寻求竞争者就提价达成共识。另一种串谋的办法是至少由寡头垄断中的某些成员(往往通过广告)承诺其索价不高于任何竞争对手,对消费者来说,这似乎是件好事,却在实际上导致了更高的价格,因为在这种情况下,它的竞争对手便会知道如果它降价,它不会得到更多的市场份额,因为竞争对手已经向潜在的消费者保证会跟随降价,这只会使它或它们得到更少的利润,所以削价是不划算的,这种做法表面上是竞争性的,实际上促成了一种勾结或得到了和勾结一样的结果。

不论是公开签署关于产量、价格和市场销售区域的正式书面协议如OPEC,还是签署秘密协定,或是更难被发现的默契(君子协定),我们发现这种协调行动很难持久,存在着几个重要的共谋障碍。

我们来考察一下加入卡特尔的厂商之间的合作所面临的困难。

(1)囚徒困境。最近几十年里,寡头理论最吸引人的发展就是博弈论的引入,博弈论主要研究在既存在冲突又存在合作的情况下的决策行为。我们知道寡头垄断的一个基本特征就是每个厂商都要考虑其竞争对手对它的决策可能作出的反应,寡头之间存在着相互依赖性。我们可以用一个简单的博弈论模型来分析寡头之间的定价行为,正如我们在"囚徒困境"中看到的,相互依赖的两个寡头之间(每个寡头的利润不仅取决于自己的策略,而且取决于竞争对手的策略)的独立行动会导致最不利的结果,导致价格和利润的下降,那么寡头们如何避免这种最差结果的发生呢?通过共谋来决定价格,而不是独立行动,所以,寡头之间存在着共谋的可能性。[1]如果厂商能够并且愿意勾结,那么它们常常可以增进其利润,寡头垄断行业的状况一般有助于促成勾结,因为厂商的数目很少,而且厂商之间相互依赖,厂商勾结的好处似乎显而易见,如有利于增加利润、降低不确定性以及更有可能设置起有效的进入壁垒。

寡头垄断厂商之间的合作能够给双方都带来较高的利润,但在现实的市场中,寡头垄断厂商常常发现自己处于一种囚徒困境之中,它们必须决

---

[1] 当然,寡头之间也存在欺骗动机,纳什均衡就是一种厂商不合作或不勾结的均衡,不论对手选择什么样的策略,背叛、坦白、违约的策略总是比选择忠诚或遵守协议的策略要好一些。

定是采取攻击性的竞争策略,试图以竞争对手的损失为代价夺取更大的市场份额,还是采取"合作"的策略较温和地竞争,与竞争者共存并安于现在市场份额分配的现状。寡头厂商大都倾向于选择不合作策略,因为竞争者都不知道竞争对手是否会违约,但不论对手选择什么样的策略,欺骗、违约或采取不合作的战略都是最好的策略,因此每个厂商都有进行欺骗的激励和强烈动机。即使达成某项协议,任一厂商成员都可能通过背弃约定而获利(至少在短期内),勾结协议存在着的这种破裂的倾向会随卡特尔成员数量的增多而增加,只要某一成员退出卡特尔、秘密从事价格折扣活动或私自增加产量,而其他成员仍维持协议价格和产量,则这一厂商就会面临一个极富弹性的需求曲线,只要该厂商稍微降低价格,它就可以显著扩大其销售量和利润量,当然前提是其他成员不用同一招术,并且卡特尔难以采取某种方式对其进行惩罚,一旦其他厂商效仿这一厂商,卡特尔即告终结,因为卡特尔不受法律的保护,所以,卡特尔成员之间存在着欺诈动机,而遭到报复却可以求助于法律的保护,所以现实世界中的卡特尔均难以持久维持,充满了欺骗和背叛。① 如果没有政府的支持与保护的话,只需一个或几个"骗子"就会使卡特尔组织土崩瓦解,因此这种私人卡特尔也许会不断出现,但它们几乎都是不稳定的、暂时的。

那么是不是囚徒困境注定寡头垄断厂商必定是竞争激烈的、产品是低价格的、所获得的是低利润呢? 并不一定,囚徒困境表明合作是困难的,寡头之间有相互欺骗的倾向,但合作也是可能的。虽然违约具有获利潜力,但会遇到其竞争对手的报复,在欺诈可以轻而易举地被发现并能有效地处罚违约者的地方,共谋就有可能获得成功。我们上述的分析只是假设厂商只有一次博弈的机会,但大多数厂商却要在市场上不断地进行一次又一次的决策,参与者解开所面临的囚徒困境的最经常的原因是他们的博弈不是一次性的而是多次的。由于寡头之间的竞争不是一次性的,而是重复博弈,如果一方采取欺骗策略的话,短期可带来利润的增加,但从长期看,如果对手采取"针锋相对"策略,即一个局中人本轮博弈中所采取的策略是

---

① 囚徒困境说明了即使合作使每个博弈者的状况变好,要维持合作也是困难的,这种不合作从社会角度看则没有标准答案。在某些情况下,非合作均衡对社会和参与者都是不好的,如军备控制博弈,在寡头厂商为了维持垄断利润的博弈中,不合作对社会有益,合作则对寡头有益,对社会无益,两个嫌疑犯之间的不合作也是对社会有益的。

另一局中人在上轮博弈中所做的,则在较长时期中采取欺骗战略带来的只是双方利润的损失。只要参与者都非常关心未来的利润,他们就可能会选择放弃欺骗的一次性好处,所以在有些时候,在有些行业中会出现合作和勾结的行为。但不幸的是或万幸的是,这种合作通常是短命的,因为各个厂商成本不同,面对的市场需求也不同,且随时在变化,"公平合理"的协调价格或产量要么很难达成,要么很快就变得不公平、不合理了,另外,这种协议一般是非法的、不受法律的保护,而卡特尔成员如果遭到对手报复却可以求助于法律的保护。

（2）卡特尔面临的另外一个问题是确定公平的价格和产量的划分非常困难,并不存在什么简单的原则。那些认为分配给自己的产量份额不公平的厂商就有强烈的动机去欺骗违约,尤其是每个厂商所面临的经济环境都不一样,只要有一个或少数几个"骗子"——他们实际上还是公众的"恩人"——就足以破坏整个卡特尔协议了,如果没有政府的帮助,这些"骗子"的阴谋几乎肯定可以得逞。

（3）如何阻止潜在竞争者进入的问题。竞争者之间的垄断协议一般都不稳定且持续时间都不长,即使我们不顾真实情况而硬要假定串谋的协议坚不可摧,参与者们都忠实地遵守约定而不违约,我们也无法忽视新进入者的作用,建立卡特尔使局外人进入该行业更加有利可图,新进入者当然可以加入卡特尔,但这意味着原来的利润要由更多的人来分享。此外,卡特尔的参与者越多,达成协议的交易成本就越高,协议被违反的可能性也就越大,卡特尔的执行成本也就越高。要想使卡特尔的地位坚不可摧的唯一办法就是政府颁布法令宣布在某领域竞争为非法,实行进入管制,而这常常是假托保护消费者利益的名义进行的。

卡特尔成员所享受的高利润会吸引其成员或非成员厂商增加产量和吸引潜在的进入者进入,美国普林斯顿大学的威廉·鲍莫尔(William Baumol)认为,只要进入和退出壁垒足够低,潜在的进入威胁就足以使这个市场中的寡头垄断厂商保持一个和垄断竞争市场相似的价格水平,这个市场就是一个可竞争的寡头垄断市场。所以真正有害的不是市场占有率意义上的垄断而是对竞争妨碍意义上的垄断,尤其是依赖于政府进入管制的垄断,建立在效率基础上的垄断无可厚非,即使这样的垄断者所定的价格能使他获得高额利润,但仍然低得使其他竞争者或潜在竞争者无法成功地与其竞争。

但在现实世界中的进入和退出成本并不总是很低,潜在的进入者会认识到进入某一市场存在相当大的成本,尤其是在学习曲线比较陡峭的领域,并且一旦它们进入这个市场,价格可能就会下降,而且退出时在资产的产权交易过程中还会遇到由资产专用性和信息不对称问题所引起的沉没成本问题,这就是为什么许多寡头垄断行业长期为几个寡头所控制的原因,这些行业基本没有新进入者,就是尝试进入的也很少见,如胶卷行业、香烟行业、汽车行业。

(4) 各个厂商面对的市场需求曲线和成本曲线不同,使它们很难在价格上达成一致,这在产品存在差异并且变换频繁的行业尤其如此。即使是生产高度标准化的同质寡头,也不可能面临相同的需求和成本曲线,生产和经营效率也不相同。不管哪种情况,成本和需求的差别意味着不同企业的利润最大化的价格不同,在寡头之间不存在可以被所有企业都愿意接受的单一价格,这种情况下,共谋只能取决于妥协和让步,而这是很难做到的。

(5) 在经济衰退期间,市场需求的缩小使每个市场都存在大量的过剩生产能力,成本上升,利润下降,厂商在这种情况下就具有强烈的动机通过降价增加销量,以牺牲竞争对手的利益为代价来避免损失。

6. 产品的差别化

产品差异会产生垄断租金,但这些租金会刺激新产品的发明,产品差异在使先进入者获得一种市场力量的同时,也使后进入者即它的竞争者因同样的原因获得一种市场力量,从而可能抵消掉先进入者的垄断力量,所以,产品差异可能会使进入变得更加容易,因为一个进入者可以通过广告、标签等手段将自己的产品和其他厂商的产品区别开来,也可以通过改进产品的质量、耐久性、安全性、性价比或其他特征与先进入者展开竞争。

7. 建立信誉也构成了一种重要的市场进入壁垒

信誉限制了这些行业中的竞争程度,消费者在具有良好的市场信誉的现有厂商的产品和尚未建立信誉的新进入者的产品之间作出选择的时候,在价格相同的条件下常常选择前者,这就解释了为什么在有些情况下新进入者为了建立自己的信誉几乎以赠送的方式来推销其产品。

8. 广告活动

广告活动是市场权力的一个重要来源,广告的预算规模与商品的需求广告弹性和产品的差别化有重要的关系。我们重点来分析一下弹性、广告支出密度与市场权力的关系。

大多数有市场权力的厂商需要作的一个重要决策是花多少钱作广告,即如何作出利润最大化的广告决策。就一个追求利润最大化的特定厂商而言,其产品的销售量是价格和广告支出水平的函数,我们特别假定广告支出的边际收益是递减的,这时追求利润最大化的厂商应将其广告支出保持在边际广告支出成本等于边际广告支出带来的总利润增加值的水平上,这时边际广告支出带来的净利润为零,即销售收入增量 – 总成本的增量 – 广告支出的增量为零,厂商的利润总额达到了最大值。否则,如果边际广告支出净利润不为零或边际广告支出的成本小于边际广告支出的收益(即带来的总利润的增量),则应扩大广告支出,因为这将提高净利润的总额,所以正确的决策是不断增加广告支出直至广告支出的边际收益等于广告支出所带来的全部边际成本,这个全部边际成本是直接花在广告上的一块钱与广告带来的因销量增加所引起的边际生产成本之和。这一原则在实践中应用是非常困难的,经济学家提出一个决定合理广告预算的简单法则:

$$A/PQ = -(E_A/E_P)$$

A 为广告支出,PQ 为厂商的销售额(年、月),E_A 为对产品的需求广告弹性,即广告支出每增长 1%,对产品的需求或销售量就增长 $E_A\%$,E_P 为对产品的需求价格弹性,即产品需求对价格的敏感程度。

$-(E_A/E_P)$ 就是能保证利润最大化的广告支出密度,这个法则具有很直观的意义,它说明当需求对广告非常敏感或需求缺乏价格弹性时厂商应大作广告,如洗发水的需求广告弹性很大,导致广告密度很大,有时会超过30%,药品的需求广告弹性也很高,往往导致 15%—30% 的广告密度。[①]

除了弹性以外,产品的差别化也与广告预算规模存在着显著的相关关

---

① 〔美〕平狄克、鲁宾费尔德:《微观经济学》(第四版),张军等译,中国人民大学出版社 2000 年版。

系。我们发现各种产品之间广告支出的比例差别很大,销售略有差别的产品的企业,广告密度一般较大,如非处方药、香水、饮料、面包、牛奶、矿泉水等行业,常常把销售收入的 10%—20% 用于广告,而生产同质产品的厂商几乎从来不作广告,如小麦、玉米、花生、原油、生铁等,如果产品没有差别,任何一个厂商承担成本去花钱作广告,只会将该产品的总需求曲线向外移动,使总需求增加,而该厂商在整个市场中所占比重很小,所以扩大总需求只会对其产生微弱的影响。所以在实际经济世界中,很少能看到小麦或玉米的广告,但如果所有无差别商品的生产者联合起来作广告的话,是能避免搭便车情况的。如在美国,许多行业协会正是这样去做的。如果不同厂商之间的产品具有差别的话,单个厂商作广告就能增加对该产品的需求,消除外部性和搭便车的行为,所以,广告既是差别化的结果,也是差别化的原因。广告通过制造产品差别的印象来改变需求曲线的位置,使之外移,但这是我们假定其他厂商广告支出水平保持不变时的结论,一旦考虑到同行业其他厂商的反应,广告对行业和具体厂商的影响就变得错综复杂了。也许相互抵消后,广告可能对各自的需求曲线位置均无明显影响,对价格和产量都无影响,只是由于广告方面的支出利润反而降低了,在这里我们又看到一个"囚徒困境"的例子,如果厂商能够合作,都不进一步增加广告支出,他们的处境会更好,而如果没有这种合作,无论竞争对手是否作广告,作广告都是一个最优策略,当然都完全不做广告,也可能都从中受害,因为市场萎缩,整个行业的需求曲线整体向内侧移动了。就整个经济而言,发达国家的广告支出占企业总销售收入的 2% 左右。

广告活动的经济后果

关于用于广告的资源是不是一种社会浪费,或者说广告是否服务于有价值的目的这个问题,有不同的回答。有些批评者认为企业的广告支出主要是为了操纵消费者的偏好,许多广告是说服性、心理性的,而不是信息性的,这些广告通过制造差异和促进对品牌的忠诚,使消费者感到的产品差异大于实际存在的产品差异,使厂商面对的需求曲线缺乏弹性,使每个消费者为消费一单位的产品付出比在完全竞争条件下多得多的代价,这些广告还创造了一种本来不存在的欲望,一种常见的情况是具有品牌的企业花的广告费更多,而产品收取的价格也高,消费者对有品牌的物品所支付的更大代价被认为是广告所引起的无理性的一种形式,垄断竞争理论的创始人张伯伦(Edward Chamberlin)就同意这一观点,主张政府应禁止企业使用排他性的商标,这是一种最极端的主张。

广告的辩护者认为广告的支出的确可能会增强厂商的垄断力量,使其获得更高的利润和更高的价格。研究发现,广告密度与行业的利润率存在正相关关系①,但这只是问题的一个方面;另一方面,从消费者角度看,广告也有积极的效应,广告在加强垄断力量的同时,也为市场竞争者提供了一种强有力的竞争手段,市场竞争性的提高会降低生产成本,如果广告支出会扩大某一厂商产品的市场占有率的话,该厂商就可能会享受到规模经济效果,平均成本和边际成本会因规模扩大而下降,节约的生产成本就可能超过广告支出,使生产者和消费者都能够享受到规模经济效应带来的好处。② 广告的另一个积极后果是能够起到节约交易成本的作用,正如斯蒂格勒和尼尔森的研究所指出的③,由于存在信息不充分和信息不对称问题,广告支出可以有效地降低消费者的信息搜寻成本,消费者的效用水平会因此而提高④,广告向消费者低成本地提供了关于价格、性能、零售店位置、新产品的存在等信息,可以节省消费者自行搜寻信息的成本,提高了市场配置资源的能力,如在 20 世纪 60 年代的美国,各州政府对配镜师和零售商能否作广告有极为不同的规定,允许眼镜经销商作广告的州眼镜价格不但没有因广告支出而增加,反而低于法律禁止眼镜经销商作广告的州的价格,在那些禁止作广告的州里,配一付眼镜支付的平均价格为 33 美元⑤,而在那些不限制作广告的各州里,平均价格为 26 美元,广告使平均价格下降了 20%,原因就在于广告克服了由于信息搜寻成本高而造成的交易困

---

① 感兴趣的读者可以阅读一本专门讨论这个问题的专著:W. Comanor and T. Wilson, *Advertising and Monopoly Power*, Cambridge, Mass: Harvard University Press, 1974。

② 详细介绍见〔美〕格里高利·曼昆:《经济学原理》,梁小民译,三联书店、北京大学出版社 1999 年版,第 396 页的案例研究。

③ 原始文献请见 G. Stigler, The Economics of information, *Journal of Political Economy*, June 1961 和 P. Nelson, The Economic Consequences of Advertising, *Journal of Business*, April 1975。中文文献可见〔美〕曼斯费尔德:《微观经济学》(第九版),黄险峰等译,中国人民大学出版社 1999 年版,第 335 页。

④ 如果广告支出小于信息搜寻成本的话。

⑤ 1963 年的价格。

难,交易费用的降低扩大了市场规模,产生了规模经济效应,反而降低了成本。说服性广告也能给消费者提供在购买前不易判断质量的产品的质量信息,广告也许并没有传递什么质量信息,但作广告本身或作昂贵的广告①本身就是一种重要的高品质的信息,而且巨额的广告投入为厂商提供了保证产品高质量的激励,因为信誉非常昂贵且可以给厂商带来巨大的产品差异性和利润。

在一些情况下广告支出会影响整个行业的市场规模,从而可能会由于规模经济效应的原因对其成本产生影响,但在另外一些情况下广告支出仅仅影响整个行业的成本而对行业产品的整体市场没有显著的影响,因为一个厂商增加广告支出会引致其他厂商也增加广告支出,个别厂商之间的广告效应会相互抵消,这类似于囚徒困境,增加广告支出成为一个纳什均衡,所以在许多寡头垄断行业中,厂商往往使用广告和改变产品特征的非价格竞争形式而不愿使用价格竞争形式,但我们很难由此得出结论说在这种情况下广告支出就是一种浪费,因为由巨额的广告支出维持的规模、信誉与品牌对于实现低成本、优质服务至关重要。

从以上讨论中我们可以看出,广告具有正面和负面的经济或社会效应,以低成本的方式提供产品信息是好的,以欺诈性的广告来误导消费者或增强市场力量、降低产品的需求价格弹性是不好的。总的来说,在广告方面使用一些资源无疑是值得的,因为广告可以提供大量信息,节约交易成本,而且产品的多样化也给了消费者更大的选择余地,但广告费用以多少为合适,只存在我们在上面讨论过的一般性的原则,具体问题需要我们在严格的成本—收益分析基础上进行具体分析,如果我们具备进行这种成本—收益分析的技术和数据的话。

市场权力的测度

1. 市场结构、厂商面对的需求弹性和市场权力

我们首先讨论完全垄断情况下厂商市场权力的问题,在完全垄断市场中厂商所面临的需求曲线就是市场的需求曲线。完全垄断可以分为买方

---

① 如请著名演员作广告。

垄断和卖方垄断,如不特别声明,我们在本书中讨论的完全垄断指卖方垄断。作为一种产品或服务的唯一生产者,垄断者拥有决定市场价格的市场权力①,但这并不意味着垄断者能随心所欲地确定价格,至少在它的经营目标是利润最大化时,它无法在价格上随心所欲。我们知道在完全竞争条件下,市场价格是等于边际成本的,而在垄断市场中,垄断者所索取的价格则超过边际成本,超过的幅度反向取决于需求弹性,即

$$P = MC/[1 + (1/E_d)]$$

该关系式②也可表达成$(P - MC)/P = -1/E_d$,这个关系式为定价提供了一个简单法则,等式左边$(P - MC)/P$为在边际成本基础上的加价占价格的百分比。我们现在可以肯定的是,如果需求特别有弹性,E_d的绝对值非常大,则完全垄断市场的价格非常接近于边际成本,从而一个垄断市场看起来会非常类似于一个完全竞争市场,也就是说,当需求非常有弹性时,做一个垄断者并没有多大的好处。

完全垄断是相对罕见的,新技术、新替代产品的出现都会破坏现有的垄断力量,可以毫不夸张地说,如果没有政府的保护,长时间的非行政性的独家完全垄断的现象根本就不会发生,所以,更为常见的是寡头垄断市场。由于存在产品的差别化,每个厂商都具有索取高于边际成本的市场价格的垄断权力,这就提出一个问题,我们如何来测定垄断权力呢?

从前文中我们已经明白完全竞争与完全垄断市场的一个重要区别,对于前者,其产品市场价格等于边际成本;对于后者,市场价格大于边际成本,因此,我们可用保证利润最大化的价格超过边际成本的程度来测定垄断权力,这一方法由阿巴·勒纳(Abba Lerner)1934年首先使用,被称为勒纳的垄断权力度(Lerner's Degree of Monopoly Power),可表示为

$$L = (P - MC)/P = |-1/E_d|$$

勒纳指数的值在 0—1 之间,L 越大,表示厂商的垄断权力越大;而且需求弹性越小,垄断权力越大。

在完全垄断、寡头垄断和垄断竞争的市场结构中,厂商都具有一定的

---

① 市场权力指的是由一个卖方或一个买方掌握的能影响一种物品价格的能力,如果仅用来描述卖方垄断者所拥有的市场权力,在西方一些文献中,也常用"垄断权力"来表示。

② 该关系式的推导过程可见〔美〕平狄克、鲁宾费尔德:《微观经济学》(第四版),张军等译,中国人民大学出版社 2000 年版,第 289 页,恕不转录。

垄断权力,其大小取决于厂商所面临的厂商需求曲线的弹性而不是市场需求曲线的弹性。① 但不同的厂商为什么会面临不同的需求弹性呢？决定厂商需求弹性的因素有三个,首先是市场的需求弹性,市场需求弹性限制了垄断权力的潜力②,对大部分商品的需求都富有弹性,这就是为什么大部分卡特尔组织提价的企图都失败了的原因③；二是厂商的数量,如果其他情况都相同,厂商数目增加时,各厂商的需求弹性会加大,从而导致厂商的垄断权力也会下降,当然主要影响厂商需求弹性的是"大厂商",而不是厂商总数,如果三个厂商的市场集中度(Concentration Ratio)是 95%④,而其余 30%或更多的厂商只拥有 5%的市场份额,那么这少数几家厂商就拥有强有力的市场垄断权力；三是厂商间的相互作用,在一个市场集中度较高的市场中,一种情况是厂商之间的竞争会非常激烈,使价格接近于完全竞争水平,它们实际没有或仅有很小的垄断权力,另一种情况是厂商之间可能采取某种协调行为,共同限制产量或提高价格,相互合作使它们具有较强的垄断权力。

2. 市场占有率与市场权力之间的关系

一般认为一个行业中的厂商数量越少,企业的市场占有率就越高,这个市场中的企业就越容易获得市场权力。人们通常认为寡头垄断者所获得的利润一般要比完全竞争或垄断竞争厂商所获利润要高。1959 年乔治·贝恩提出了"市场集中度—利润率"假说,并有统计资料佐证,但对这些统计结果的解释一直存在很大的争议。许多人认为从更长的时期来看,寡头垄断者所获得的利润率与完全竞争或垄断竞争厂商所获得的利润水平相比并无明显的差异,个别部门的高利润率可能不是市场权力的产物,

---

① 厂商产品(Firm's Product)的需求弹性不同于行业产品(Industry's Product)的需求弹性,它是厂商价格变动 1%而使其产品需求量增加的百分比。
② 如果是完全垄断,垄断者的需求曲线就是市场的需求曲线,该厂商的勒纳指数取决于市场需求弹性。
③ 在垄断竞争或寡头垄断市场中,单个厂商的需求弹性不会低于市场的需求弹性,因为各厂商的有差别化的产品之间的替代性。
④ 如 2000 年的中国微波炉市场。

而是寡头垄断厂商的高效率所导致的。①

美国的统计数字显示,在高集中度市场中寡头厂商的利润率只是略高于中、低集中度市场中的厂商,而研发费用和广告支出却明显高于后者,见下表。

表 4.2.1　各种市场结构的相关参数比较

市场结构	1982 年市场集中度	1960—1979 的利润率	*	广告密度
高度集中	79%	13	2.7	2.3
中度集中	42%	12	2.1	2.2
低度集中	26%	11	0.6	1.3

* 1980—1982 年研发支出占销售额的百分比。
资料来源:〔美〕保罗·A.萨缪尔森、威廉·O.诺德豪斯:《经济学》(第 14 版),胡代光、吴珠华、余文武、汪洪、张军扩、母正育、何振华译,北京经济学院出版社 1996 年版,第 330 页表 11-1。

20 世纪 80 年代可竞争市场理论(Theory of Contestable Markets)的出现对市场集中度与市场权力之间关系的解释非常具有说服力,为放松政府管制提供了理论基础。美国经济学家鲍莫尔在 1981 年 12 月 29 日就职美国经济学会主席的演讲中首次阐述了可竞争市场理论②,此后,他又与帕恩查(Panzar)、韦利格(Willig)合著出版了《可竞争市场与产业结构理论》一书,使该理论系统化了,从而为我们研究具有进入壁垒的市场提供了一个新的基准。③ 该理论认为,所谓可竞争市场是指满足下列条件的市场:(1)企业进入或退出是完全自由的;(2)潜在的进入者可以根据现有企业的价格水平评价进入市场的盈利性;(3)潜在的进入者可以采取"打了就跑"的策略(Hit and Run),不存在沉没成本;(4)生产技术是可知的,可以自由获得。竞争发生于已进入者和潜在进入者之间,所以,在可竞争市场

---

① 这构成产业组织理论的芝加哥学派和哈佛学派的一个重要分歧,差不多所有国内或国外关于产业组织理论或产业经济学的著作中有关"SCP 分析框架"的内容都要提到。英文原始文献可以参阅:J. Bain, Relation of Profit Rate to Industry Concentration: American Manufacturing 1936 - 1940, *Quarterly Journal of Economics*, August, 1951; H. Demsetz, Industry Structure, Market Rivalry, and Public Policy, *Journal of Law and Economics*, April, 1973。

② 英文文献参见 Baumol, W. J., Contestable Markets: An Uprising in the Theory of Industry Structure, *American Economic Review*, 1982, 72, pp. 1 – 15。

③ 英文文献参见 Baumol, W. J., Panzar and R. D. Willig, *Contestable Markets and the Theory of Industry Structure*, New York: Harcourt Brace Jovanovich, 1982。

上,不存在超额利润,因为任何超额利润都会吸引潜在进入者进入,因此垄断者只能制定超额利润为零的"可维持价格"①(Sustainable Price)以防止潜在进入者与之发生竞争,即垄断并不阻碍市场的竞争性。潜在的竞争可能性决定了垄断企业的定价原则会从制定垄断高价原则转化为制定维持性定价原则。同样,在可竞争市场上,从长期来看,潜在的进入者会迫使现有企业消除生产和经营管理上的 X 低效率(X-inefficiency)。所以,一个行业中的厂商数量并不是表明行业竞争程度的一个良好指示器。在不完全市场中企业市场权力的大小主要与这个市场是否具有可竞争性有关,即新的厂商是否可能会在一个厂商已经处于市场中的情况下以同样的成本进入。一个不存在由资产专用性而导致沉没成本的市场就是一个可竞争市场,在这种市场上,只要没有政府管制,可以进出自由,那么即使这个市场仅包括少数几个厂商,其行为也酷似在完全竞争市场中的行为,厂商只能获得可维持价格,使垄断者收支平衡,垄断利润也难以形成,潜在的竞争压力和现实的竞争压力一样能使厂商以最低成本生产,其价格不会超过边际成本。可竞争市场理论反映了一种把完全竞争的定义延伸到可适用于规模经济与自然垄断的尝试。

可竞争市场理论问世至今仅二十多年,也备受争议,批评主要来自于对无沉没成本的假设,现实中广泛存在的进入壁垒会使先进入者避开了潜在进入者进行"打了就跑"式的市场进入的尝试。但是,正如我们多次提到的,基于简化假定的模型并不一定意味着结果的错误,可以肯定的是,可竞争性理论显著改变了人们对待垄断的态度,将人们从政府管制引向了如何降低进入壁垒和沉没成本以提高可竞争性,有反对政府实施直接管制尤其是进入管制的政策含义。

那么,在垄断或寡头垄断的情况下,如何获得市场的潜在竞争性呢? (1) 政府可以通过降低产权市场交易成本的办法来减少沉没成本,除了沉没成本因素外我们还应该将消除不完全市场中企业市场权力的着眼点放在消除行政性进入壁垒上。从一个较长时期来看,能够长时间存在的市场权力只能是依赖于行政性保护和行政不作为的,政府可以通过消除进入和

---

① 指即能使厂商获得非负盈利(Nonnegative Profits),又不鼓励新企业进入的一组市场均衡价格。

退出的政府管制和控制企业的协调行为来提高可竞争性,包括消除阻碍自由贸易和资本自由流动的政府管制。(2)在一些国家如美国,政府曾经尝试通过分解大型非自然垄断企业的做法来人为地创造竞争,但这种方法并不可取。现在一般认为规模大并不是罪恶,关键要看其是否存在反竞争的市场行为,即是否采取法律行为要看其市场规模的形成基础。(3)对于自然垄断行业,由于规模经济效应的存在意味着仅存在一个企业,政府管制部门可以通过拍卖进入市场权力的办法来促进有效竞争,使垄断企业在与需求相一致的最低平均成本上进行生产。政府通过把生产这种物品的权力拍卖给潜在进入者中出价最高者,从而将这家企业的垄断利润全部拿走,在这种情况下该部门产品的市场价格将较高,因为包括了归政府所有的垄断利润。政府管制部门也可以将进入市场的权力给予在系统的质量标准下的出价最低者。现实中还存在一种替代拍卖的方法,政府可以通过价格管制来强迫企业将其价格定为平均成本,但政府往往并不能保证这一管制价格是公平的,或政府给予的补贴不是超额的,而拍卖却可以保证政府即使不经详细核算也能保证将市场进入权配置给索要补贴或管制价格的最低者。我们需要指出的是在某些情况下,拍卖市场进入权力的机制可以达到预设的目标,但大多数行业的特点使垄断权的竞争不可能实现,一是因为规模经济效应的原因使参与拍卖的企业数量不会很多,从而存在参与拍卖的企业相互勾结的风险,参与拍卖中的企业数目越少,这种风险就越大;再一个是容易形成循环效应,场内在位企业因其在经验等方面的优势而使其在垄断权竞争中处于有利地位,它甚至可能会劝说潜在进入者放弃竞争。[1]

由于提高潜在竞争压力、创造有效竞争和将垄断权力拍卖面临的有限性,所以,除了上面的方式外,政府还需对现实存在的垄断厂商进行管制或由政府直接兴办的公共企业来经营自然垄断行业。

---

[1] 原始文献可查阅 Vickers, J. and G. Yarrow, *Privatization, An Economic Analysis*, Cambridge, Mass.: MIT Press, 1988。中文文献请参阅〔意〕尼古拉·阿克塞拉:《经济政策原理:价值与技术》,郭庆旺、刘茜译,中国人民大学出版社 2001 年版,第 238—239 页。

第三节 市场权力、社会成本与政策反应

市场权力与社会成本

在完全竞争市场中,价格等于边际成本;在不完全竞争市场中,虽然垄断厂商也要通过生产消费者需要的各种商品和服务来获取利润,但垄断厂商可以用竞争厂商无法做到的方式来获利,如通过限制产量来提高价格,它无疑会使生产者受益和消费者受损。但若我们将消费者的福利和生产者的利益看成是一样重要的话,那么作为一个总体,垄断权力是使他们受益还是受损呢?如果垄断者得到的正好是消费者失去的,垄断利润并不代表经济蛋糕的规模缩小,除非由于某种理由你以为垄断者的福利没有消费者的福利重要,否则垄断并不是一个社会问题。至于是生产者还是消费者更重要,这种判断超出了经济效率的范围,不是一个经济学家应该思考的问题。不完全竞争所引起的真正问题在于其引起了无谓损失(Deadweight Loss)[①],从而导致资源配置偏离社会总剩余最大化的水平。除了无谓损失,垄断厂商往往还为了寻求或保住其垄断租金而进行游说活动,用于寻租活动的经济资源被用于赢得仅对厂商自己有利的游戏规则而不是用于生产商品或服务,从而引起寻租成本,是一种无谓损失之外的损失,而寻租活动的社会成本远大于厂商为此付出的直接代价,在一个低效率的游戏规则下,社会经济活动的整体效率将会因此而降低。

我们可以通过一个竞争性行业生产一种产品时的消费者和生产者剩余与由一个垄断者供应整个市场产品时的消费者和生产者剩余之间的比较来回答这个问题。[②] 通过图形分析我们发现,在生产者剩余的增加和消费者剩余的减少之间存在一个净损失,这就是垄断权力造成的无谓损失,

---

① 生产者剩余和消费者剩余之和为总剩余(Total Surplus),它衡量的是消费者和生产者两者所得净利益的总额,完全竞争使消费者和生产者剩余总和即总剩余最大化。无谓损失,即总剩余的减少量,经济学家用无谓损失(也译作浪费损失 Deadweight Loss)来衡量缺乏效率造成的经济损失,如由于垄断、关税、配额、税收或其他破坏所引起的消费者和生产者剩余的损失。

② 见〔美〕平狄克、鲁宾费尔德:《微观经济学》(第四版),张军等译,中国人民大学出版社 2000 年版,第 301—302 页图形说明。

这意味着即使垄断者的垄断利润通过税收被征掉,并被分配给其产品的消费者,仍然存在一定的非效率,这个无谓损失就是垄断造成的社会成本的一部分。经济学家并不满足于纯理论的分析,他们展开了对实际经济活动中不完全竞争造成的无谓损失的规模进行衡量的研究,这类研究主要以美国作为研究对象。最初的研究①表明由垄断所引起的福利损失仅占 GNP 的 0.1%,一位经济学家曾经嘲笑说让经济学家去灭火和消灭白蚁也比试图抑制垄断对社会作出的贡献要大,后来的研究对此不断修正,现在经济学家普遍接受的一个概括性结论是,在美国由垄断引起的福利损失大约占 GNP 的 0.5%—2%。② 对这一结论最大的批评是认为该方法忽视了市场结构对技术创新和"动态效率"的影响,从创新中获得的收益可能远远大于较高的价格和较小的产量所造成的效率损失。

垄断还会引起管理松懈(Managerial Slack)的问题。在缺乏竞争的情况下,垄断厂商往往缺乏使成本最小化的动力,导致效率低下。在完全竞争条件下,厂商面临的是生存与死亡的竞争,而在垄断尤其是寡头垄断、完全垄断的市场环境下,厂商面临的只是利润高低的选择。在缺乏竞争者的情况下,要评判管理者的效率是非常困难的,最有经验的工程师也难以断定中国电信市话业务的最低可能成本应该是多少。

垄断有可能阻碍技术进步。虽然并不是所有的垄断者都故步自封,如人们经常爱举的 AT&T 公司的研究机构贝尔实验室是许多重要发明的发源地的例子,但是 AT&T 公司的服务价格是由政府根据其包括研发投入在内的成本估算的,从这个角度讲,这个垄断厂商在发明方面的贡献很大程度上应归功于政府的管制政策而不应归功于垄断本身,也就是说这些研发活动是在政府不计成本的慷慨资助下完成的。与贝尔实验室相反,人们经常批评备受保护的美国汽车和钢铁工业由于技术进步迟缓而落后于外国竞争对手,失去了很大一块市场份额。③

除此之外,还存在由垄断权力造成的其他形式的社会成本。在不完全竞争条件下,厂商还会在遏制进入、削弱竞争力量和提高价格上花费许多

---

① 指由哈伯根 Arnold Harberger 进行的研究。
② 见〔美〕保罗·A. 萨缪尔森、威廉·O. 诺德豪斯:《经济学》(第十四版),胡代光、吴珠华、余文武、汪洪、张军扩、母正育、何振华译,北京经济学院出版社 1996 年版,第 353 页。
③ 这当然有工资成本的因素,但不是全部原因。

资源,如厂商会以一种非生产性的方式如广告、游说,或用合法的方式去避免政府管制,或使用故意保留闲置的生产能力等方式去获取、保持或实施它的垄断权力,或通过剥夺竞争对手使用现有的销售设施而使竞争对手的成本上升,垄断厂商也往往花费大量的资源在非信息性的说服性广告上。[1] 由此看来,从消费者转移到厂商的利益越大,垄断的社会成本越高。

前边讨论的主要是卖方垄断,实际上,如果购买者数量较少,他们同样也能拥有市场权力,即买方垄断权力,用来影响他们为产品所支付的价格,使买方能够以低于完全竞争市场价格的价格买到货物。例如,在美国的汽车市场,三家主要的汽车生产商通用、福特和克莱斯勒相对于其零部件供应商来说,尤其是标准化零部件的供应商来说,具有相当的买方垄断权力,各供应商在销售中必须与 5—10 家其他供应商竞争,而最多只能卖给三家生产厂商,供应商通常只有很少或根本没有垄断权力。

买方垄断权力取决于相似的三个因素,市场供给弹性,市场中买方的数目和买方之间的相互作用。买方垄断厂商所具有的市场垄断权力,首先取决于买方所面临的供给弹性,如果供给是高度弹性的,作为唯一或少数的几个买主,其垄断权力就很小,和在竞争性市场中的厂商相比,只能享有较少的好处;反之,如果买方所面临的供给弹性越小,则买方就具有相当大的买方垄断权力。

至于买方垄断权力造成的社会成本,我们同样假设买方的福利和卖方的福利具有同等的价值,那么,买方垄断对社会总福利有何影响呢?研究发现,买方的得益要小于生产者的损失,即存在一个净剩余损失,这就是买方垄断的"无谓损失",即使通过税收将买方的得益再分配给生产者,由于买方垄断条件下的产量低于竞争产量,所以仍然存在一种资源配置效率的损失。

当市场上只有一个卖主和一个买主时,就构成双边垄断(Bilateral Monopoly)。预测这种市场结构中的价格或销量非常困难,买卖双方都处于一种讨价还价的地位,不存在一种简单的办法来预测到底哪一方将在讨价

---

[1] 寡头厂商的市场份额主要是通过产品开发和广告来实现的。寡头们倾向于避免使用价格战的策略,因为和降价相比,产品开发和广告较不容易被对手所模仿,它们往往能够使市场份额持续增加;而对于降价,竞争对手却可以轻而易举地跟随,从而可能会迅速消除这一策略所带来的潜在利益。

还价中更有利。但一般而言,买方垄断权力和卖方垄断权力倾向于相互抵消。

市场权力、技术进步与政策分析

在强调创新对市场经济的重要作用的经济学家中,最著名的要数奥地利经济学家约瑟夫·熊彼特(1883—1950)。熊彼特指出,虽然不完全竞争厂商的边际成本低于市场价格,产量又低于完全竞争产量,确实造成了效率损失,但不完全竞争市场存在着创新的源泉,大厂商产生的创新所带来的好处大大抵消了因较高的价格和较低的产量所造成的损失。

大企业之所以更有利于技术创新,首先是因为研发投入属于固定成本,一项发明的成本并不随使用次数的增加而增加,这种成本随厂商规模的扩大而降低,所以,当需要较大的研发投入的话,大厂商的平均成本要低于小厂商的平均成本,从而具有竞争优势。所以,相对于市场规模来说,所需的研发投入越多,市场的集中度一般也较高,或市场集中度越高,研发投入的所占的比例也明显偏高;其次是因为企业的研发活动存在巨大的外部性,创新者并不能独得其发明的全部商业价值,只能获得通过专利权出售的方式得到的很少一部分商业回报,爱德华·曼斯菲尔德(Edwin Mansfield)的研究表明[1],创新带来的社会收益(全部生产者和消费者获得的收益)大约是创新者得到的金钱回报的三倍,创新的巨大外部性说明了为什么大厂商更愿意从事研发活动(因为大厂商的市场份额大,可以较大份额地享受到创新带来的好处);第三是因为融资问题[2],银行一般不愿为研发项目融资,这类项目风险太大并且是不能投保的,银行也往往难以判断研发项目的前景,项目设计者总是对其构想保持乐观态度,此外,无论对银行还是其他潜在投资者,发明家可能都不愿意披露其全部细节,唯恐被人剽窃,因此新厂商和小厂商筹集资本十分困难,而大企业则可以利用其利润来支付研发费用,这就是(就整体而言)大多数研发活动都出现在大企业的原因,从这一角度来看,许多行业中的大厂商具有自我延续的良性循环,

---

[1] 见〔美〕保罗·A.萨缪尔森、威廉·O.诺德豪斯:《经济学》(第十四版),胡代光、吴珠华、余文武、汪洪、张军扩、母正育、何振华译,北京经济学院出版社1996年版,第34页。

[2] 尽管有许多发现几乎是偶然的,如弗莱明(Fleming)偶然发现了青霜素,但是在现代经济中,大多数技术进步都是将资源配置到计划周密的研究与开发项目上的产物。

较高的利润意味着更多的研发投入,更多的研发投入又意味着更多的利润。例如,由于开发新型飞机需要耗费数十亿美元,这使得飞机制造业在某种程度上接近于一种世界范围内的自然垄断,目前只有两家企业积极设计大型喷气客机——美国的波音公司(Boeing)和欧洲的空中客车(Airbus)。

在这方面最经典的例子是美国的贝尔电话实验室,该实验室得到垄断厂商AT&T(美国电报电话公司)的资助,在AT&T解体前的40年中,该实验室对晶体管、半导体、光纤、卫星技术的进步都作出了重要贡献,20世纪70年代,美国全部工业基础研究的10%是在该实验室进行的。杜邦公司、通用公司(GM)、IBM公司也都是世界闻名的研发中心,"公众生活的现代水平是在相对不受约束的'大企业'时代演化出来的……进步的速度看来不是小于而是大于有史以来任何时代的进步速度……只要我们……深入事情的细节,追踪进步最惊人的个别项目的进步由来,……都分明会追踪到大企业门前,……我们不免要吃惊地怀疑,大企业也许和创造这种生活标准而不是和降低这种生活标准有更多的联系"。[1]

J. K. 加尔布雷斯(John Kenneth Galbraith)则表现出更大的热情,"由少数大企业组成的现代工业成为引起技术变革的近乎完美的工具……没有哪一种虚构比这种虚构更有趣了,即认为技术创新是受竞争压迫的小人物运用他优于邻人的智慧的、具有无比独创性的产物,可惜这只是一个虚构"。

这一假说在学术市场上的生存情况如何呢?大多数职业经济学家都接受熊彼特假说的基本观点。在承认了很小的企业同样很少比例地去从事研发活动的基本事实后,我们同样要承认,许多小企业也从事相当丰富和成功的研发项目。尽管大厂商的研究与开发部门可能帮助企业赢得优势,但也存在一些管理问题,一些有才华的创新者在大公司的官僚环境中往往会感到压抑,他们常常会认为自己的努力没有得到相应的回报,许多人会选择离开大企业独立创业,因此,就创新而言,大公司与小公司都各有

---

[1] 中译本可阅读熊彼特《资本主义、社会主义和民主》一书,本文转引自〔美〕保罗·A. 萨缪尔森、威廉·O. 诺德豪斯:《经济学》(第十四版),胡代光、吴珠华、余文武、汪洪、张军扩、母正育、何振华译,北京经济学院出版社1996年版,第348页。

优缺点,苹果电脑、柯达胶片、宝丽莱相机均是由小企业发明的,并逐渐发展成为大公司。新厂商、小厂商的研发项目在西方发达国家通常由风险资本公司资助,作为对承担风险的补偿,风险资本公司经常要求占有新企业的较大份额,并对其资本使用严加监管,它们往往只对某一特定领域进行投资,风险资本也同样不喜欢风险,不愿为高风险项目投资。

总之,市场权力和创新之间或竞争与技术创新之间的关系是复杂的,竞争会刺激研发活动,因为一项创新可以使厂商享受利润,而且没有创新的厂商将难以生存,但同样竞争也可能阻碍研发活动,因为竞争减少了研发活动所需的费用,竞争对手的模仿可能也会减弱创新者的积极性;反过来,一方面,创新会刺激竞争,因为研发本身就是一种重要的竞争手段,另一方面,研发活动也可能阻碍竞争,专利的法律保护、研发活动所需的大量投入、干中学使最先进入者享有的成本优势、资本市场对研发活动的限制都会使大厂商或先行者处于有利地位,从而事实上降低了潜在的竞争力量。鉴于大公司对技术进步的贡献,我们至少应该小心对待"大的就是坏的"这种断言,当然,这并不意味着"小的就是坏的"或"小的就是美好的",对于复杂问题,不要总想得出一个简单的一般性的结论,由于经验证据是相互矛盾的,所以我们应避免对垄断与创新、效率的一般性关系作出判断,而只对具体情况下影响创新的因素作出评价。

促进技术进步的政府政策:

1. 保护知识产权。

2. 资助基础性的研发活动,如建立各种国家科学基金,建立国立大学或研究所。

3. 补贴。政府鼓励创新的一种方法是补贴,这主要针对应用型研究[①],对研发的补贴已成为产业政策的一个重要内容。[②] 这种方法受到怀疑的理由是政府是否有能力先于私人部门或私人投资者选择正确的、有市场潜力的补贴对象,一般认为政府没有这个能力,最常提到的失败的例子是协和式飞机(Concorde),这种由英法两国政府资助开发的超音速飞机一直未能盈利,还有一个大家熟悉的例子是美国政府在复合燃料的开发上花

[①] 对基础性研究主要通过国有研究部门进行,或与私营研究部门合作进行。
[②] 产业改革就是指旨在支持经济系统中的特定部门的政策。

费了数十亿美元而一无所获。至于研发投入税收抵免这种不需要政府选择特殊项目的广义上的补贴,也由于政府会因此而增加的预算规模过于庞大而备受批评。对应用型研究项目的补贴同时也加剧了国际市场上的不公平竞争,得到政府补贴的产品在出口时往往被课征反倾销税以抵消这种补贴给厂商带来的收益,因此,国际间的谈判正在试图缩小补贴的范围。

4. 保护。不发达国家的厂商通常认为来自政府的、为免除受到外国同行竞争的保护,有利于其建立起在国际市场上进行有效竞争所必需的知识基础,这就是幼稚产业保护论(Infant industry Argument for Protection),现代的职业经济学家均对此持怀疑态度。在他们看来,这种主张在过去是在经济学发展的幼年时期由于经济学家对经济学原理认识的局限性而提出的,在现代则多是动机不良的寻租者和普通民众凭借直觉提出来的,这些厂商想方设法寻求政府庇护来避免竞争压力,从而在发展民族产业的诱人借口下获得国内市场的垄断地位。培养竞争能力的最好方法就是进行竞争,而不是孤立于竞争之外,即使私人厂商需要某种帮助,使用补贴也要优于使用关税或配额等方式要好,因为补贴是显性的,而贸易壁垒的成本是隐性的、分散的。

政府的决策者会以下列五种方式之一对垄断问题作出反应:(1)防止私人垄断形成或努力使垄断行业更具有竞争性。(2)对垄断者的行为进行管制。(3)将私人垄断变为政府垄断。(4)解除来自法律或行政方面的进入管制,消除行政性垄断。(5)无所作为。

经济管制与社会管制

由于管制在经济学、法学和政治学中均得到广泛研究,不同领域的文献中对管制从不同的角度下过不同的定义,直至今日,寻求一个综合性的关于管制的定义的努力尚未结束,本书不准备对这些定义一一列举[①],本书采用米尼克的定义,即"管制是针对私人行为的公共行政政策,它是从公

---

① 美国学者丹尼尔·F. 史普博在其著作《管制与市场》的第一章"管制与经济效率"中有一个综述,感兴趣的读者可从该书的第 26—39 页的内容中获得一个较为全面的了解,见〔美〕丹尼尔·F. 史普博:《管制与市场》,余晖等译,上海人民出版社、上海三联书店 1999 年版。

共利益出发而制定的规则"①,需要指出的是,这里提到的"公共利益"常常是特殊利益的一种托辞。这个定义与史普博的定义很接近,史普博的定义是"管制是由行政机构制定并执行的直接干预市场机制或间接改变企业、消费者供需决策的一般性规则或特殊行为"。

经济管制。经济管制赋予政府的专门管理机构管制被管制行业的价格、产量、产品或服务质量以及企业的进入和退出条件以削弱不完全竞争或完全垄断厂商的市场权力,这种管制是产业导向的。经济学家对管制的研究在早期集中于考察某些特殊产业如公共事业(电力、管道运输)、通讯、交通(公路、铁路、航空)与金融(银行、保险、证券)等部门的经济管制上,到了20世纪70年代以后,管制研究的重心才开始转向环境质量、产品安全及工作场所的安全标准方面,即社会管制方面。

社会管制。为了迎合公众对产品质量和工作场所安全日益殷切的关注,产品和劳动市场的政府管制在安全和健康领域得到了极大的加强,这种管制是社会导向的,经济学家将对产品质量、工作场所安全和环境方面的管制称为"社会的"管制,并经常将它视为一个独立的系统,因为这类管制通常是跨行业地发挥作用,它们几乎渗透到消费者和厂商所采取的每次购买、雇用或投资决策中,结果是在行业管制日益放松或解除的同时,社会管制迅速发展起来。

引入社会管制或是因为信息问题,或是因为时间偏好问题②,这种管制主要关心的是产品和服务的生产条件、生产对社会的影响和产品本身的质量,其管制的对象遍及所有行业,而且与行业管制相比,社会管制对经济活动的影响也要大得多,如在美国先后成立了食品和药品管理局③(1960)、平等就业机会委员会④(1964)、职业安全与健康管制局(1971)、环境保护局(1972)、消费品安全委员会(1972)等。尽管经济学家们对社会管制的必要性并无异议,但对何为合理的管制水平却存在不同的看法,辩论的双方都认为管制活动不应扩大到使边际社会成本大于边际社会收益

---

① Mitnick, B. M., *The Political Economy of Regulation*, New York: Columbia University Press, 1980.
② 如人们对某些自然资源的消费具有强烈的时间偏好,他们没有充分考虑后代的利益。
③ 主要负责食品、药品和化妆品的安全性和有效性。
④ 主要负责雇用、提升和解雇过程中的平等问题。

的程度,问题的关键在于社会管制的成本与收益难以进行精确计量。社会管制的批评人士认为许多社会管制立法不清晰,许多社会管制是建立在信息不充分的基础之上的,如在不清楚二氧化碳与全球变暖确切关系的情况下,就建立起代价高昂的控制温室气体的社会管制;管制机构往往缺乏进行成本—收益分析的知识和意识,如错误地认为所有的污染都应该被消灭[1];对市场怀有过多的敌意而过分热衷于管制,管制机构过分的热心与负责可能会造成政府机构膨胀;过度的社会管制也会对创新产生不利影响,如对新建工厂能否满足环保标准的担心和对新药品能否通过食品医药局批准的担心可能会减少研发资金的投入;社会管制也常常使小企业的处境处于较大企业更为不利的地位,因为社会管制成本是一种固定成本,所以分摊到单位产品中的成本随生产规模的不同而不同;社会管制以两种形式提高了产品或服务价格,一种是社会管制的遵从成本,它区别于社会管制的行政成本即管制机构运营的成本,指的是企业和地方政府为满足管制要求而发生的成本,一种是因资源配置的改变所带来的生产效率下降所造成的成本,如果资源被用来购买防污设备,就难以购买效率更高的生产设备。

美国政府的管制机构由国会立法建立,数量相当庞大,大体分为两类:经济管制机构和社会管制机构。经济管制机构管制特定行业的市场进入、价格和产品服务质量等;社会管制机构管制所有行业的某一方面,如环境保护、职工的劳动保护等。详见本章附录一。

限制市场权力的生成:市场经济条件下反垄断法的实践——以美国为例

我们从上述分析中已经看到,不管是卖方还是买方垄断都会导致无谓损失,即社会总体福利水平的下降,虽然在理论上卖方垄断者的超额利润能够通过征税的方式再分配给其产品的购买者,但这种再分配常常是不现

---

[1] 在1979年为满足牛饲料中不得含有DES(一种致癌物)的要求,美国企业为减少死亡支付的成本是每人1.32亿美元,环保局的二氧化物和溶剂倾倒禁令,使美国企业为每减少一例死亡付出35亿美元的成本,基于以上信息,你是否赞成这些社会管制措施?再比如1990年美国国会曾就是否在飞机上安装一种特殊设计的儿童专用座位举行听证会,据联邦航空管理局估计,这种座位每10年可挽救一名儿童的生命(在失事时),但携带小孩子的父母要因此多花185美元,这些额外成本将会使20%现在带小孩子进行飞机旅行的家庭放弃旅行或开车旅行,这将会导致9人死亡、52人重伤、2 300人轻伤,这样即使那些认为生命是无价的人,也不再同意这项建议了。

实的,我们事实上难以确定厂商利润的多大比例应归因于垄断权力,同样也难以找到所有的购买者并根据他们的购买量按比例退还给他们,那么我们如何防止形成过度的市场权力呢？鉴于垄断权力所造成的社会成本,需要政府介入使用价格管制(Price Regulation)或反垄断法来防止或限制厂商形成垄断权力,对于一个自然垄断行业,可以实行直接的价格管制,对于不完全市场中的非自然垄断企业来说,政府管制机构管制的重点应放在防止厂商获得过度的市场权力方面,世界各国主要采取反托拉斯法(Antitrust Laws)或反不正当竞争法来禁止那些限制或看起来会限制竞争的行为。

一般来说,契约自由是市场经济的一个重要特征,但也存在例外,几百年来,市场经济发达国家一直拒绝保护竞争者之间协调产量、价格和销售市场的协议,认为这种协议违背了公共利益,因此普遍宣布其为违法行为,反托拉斯法律就是禁止某些行为或禁止控制市场结构的法律,对于那些由市场机制这只看不见的手而非由政府管制的大多数行业来说,政府主要使用反托拉斯法来对付抑制竞争的市场权力的滥用。

用反垄断法(或反托拉斯法)来规范私人部门企业的市场权力至少存在三个目标:(1)保证经济自由,即自由开办企业、自由进入和自由竞争。(2)提高全社会资源配置效率。(3)控制与经济集中有关的市场权力和政治权力,以防止这些权力以各种方式被利用,破坏政治民主和经济自由。

在19世纪七八十年代以前,美国一直信奉经济自由主义,主张政府要尽可能少地干预经济活动,但在美国南北战争结束后,交通、通讯、能源、机械设备和公司制度等方面的迅速发展和不断成熟,使美国市场由地方性的市场迅速扩大成为全国性的市场,并在石油、钢铁、铁路、糖业、烟草、烈性酒、肉类加工等行业形成了巨型的垄断组织——托拉斯。[①] 在19世纪后半叶至20世纪初的美国形成了许多著名的托拉斯,如洛克菲勒(John Davi-

---

① 托拉斯(Trusts)是由若干厂商形成的控制某一市场的组织,某个人在一家企业拥有控股权,而这家企业又对本行业的其他企业拥有控股权,被控制的企业又控制着其他企业,这样一来,相对较小的股权就可以具有巨大的经济权力。

son Rockefeller)石油工业托拉斯①,20世纪初的安德鲁·卡内基(Andrew Carnegie)和J. P.摩根(J. P. Morgan)兼并了许多小型钢铁公司,形成了美国钢铁公司(U. S. Steel)②,托拉斯企业依靠被认为是不道德的策略③垄断了这些行业,并运用因此而拥有的市场权力来压制与之做生意的其他企业,大托拉斯组织通过各种腐败行为操纵着政治家和立法机构④,美国人尤其是消费者和农民、小企业主不再相信自由竞争的市场经济了,他们要求政府进行干预。对于自然垄断行业,美国政府成立了公共管制机构来控制垄断者的经济行为,对于非自然垄断行业,政府颁布了反托拉斯法以防止或消除垄断的形成与发展。反托拉斯法给予了政府促进竞争的各种方法,如阻止影响行业竞争性的企业合并,将垄断企业强行分解,禁止公司以使市场竞争性减弱的方式进行相互之间的协调,正如美国最高法院曾经说过的,反托拉斯法是"最全面的经济自由宪章,其目的在于维护作为贸易规则的自由和不受干预的竞争"。

在美国,反托拉斯法由《谢尔曼法》(1890)、《克莱顿法》⑤、《联邦贸易委员会法》⑥组成。对19世纪后半期形成的这些托拉斯组织的批评直接导致了1890年《谢尔曼法》的通过,《谢尔曼法》的第一条就禁止限制交易的合同、联合或共谋,如价格或产量协调的公开协议,对于以平行定价

---

① 洛克菲勒及其合伙人在1870—1898年最终控制了美国90%的石油销售量,在《企业、政府与社会》一书的第281—292页有关于约翰·D.洛克菲勒和标准石油托拉斯的详细介绍,感兴趣的读者可自行阅读。

② 在其全盛时期,该公司的销售量占全美国钢铁售量的65%,见〔美〕乔治·斯蒂纳、约翰·斯蒂纳:《企业、政府与社会》,张志强、王春香译,华夏出版社、麦克劳—希尔教育出版集团2002年版。

③ 当时还没有反垄断法,也就说不上违法了。

④ 但没有传闻中所描述得那么严重,这些谣言常常表达了公众对大公司所拥有的过大影响力的一种不安情绪,而不是对实际发生的事实的反映,人们发现谣言(指那些经口头传播没有得到证实的故事)在传播过程中,人们会慢慢地用大公司的名字代替一开始较小公司的名字,就是存在所谓的"巨人效应"(Goliatheffect),因为大公司更容易引起大众的怀疑和恐惧。在《企业、政府与社会》,第四章"对企业的批评",第81—108页的内容表达了同样的看法。

⑤ 1914年制定,1936年修订。

⑥ 1914年开始实施,1938年、1973年、1975年修订,该法案是由根据该法通过而授权成立的联邦贸易委员会负责执行,该委员会是一个由经济专家和法律专家组成的机构,它的职责范围是搜集和整理情报资料,对商业组织和商业活动进行调查,并对不正当的商业活动发布命令,它的主要职责是防止企业在商业活动中采取不正当的竞争方法。

(Parallel Pricing)形式表现的隐蔽的协调行为①,只要这些厂商的行为与没有串通的情况下预计的不一样②也会被认定是违法。《谢尔曼法》通过后很快就付诸实施了,基于该法的两项重要判决是 1911 年分割标准石油公司③和美国烟草公司。1890 年的《谢尔曼法》似乎为政府的反商业垄断行为提供了坚实基础,但由于该法的条款含义模糊、过于笼统,因此难以真正付诸实施,再加上美国最高法院的不力判决,如在 1895 年对 Knight 公司的判决中,尽管该制糖公司控制了 98% 的市场份额,但法院裁定并不违法,当然也存在与之相反的判例,如在标准石油公司案和美利坚烟草公司案件中④,人们因此对《谢尔曼法》产生了强烈的不满,要求对垄断行为作出更为精确的规定。因此,出台一部更能清晰表达政府反托拉斯立场的法案就变得十分紧迫,国会对此作出了反应,对《谢尔曼法》的澄清于 1914 年以《克莱顿法》的形式出台,几乎所有《谢尔曼法》中的内容在《克莱顿法》中均被提到,前者主要针对已存在的垄断行为,而后者则更强调防止垄断的形成。《克莱顿法》对《谢尔曼法》的补充内容包括禁止限制性契约、连锁董事会、价格歧视和排他性经营,具体来说,该法宣布削弱竞争的同行业兼并和兼任相互竞争厂商之间的连锁董事是非法的;该法还为工会特别提供了反托拉斯豁免⑤;该法规定要求一商品的买方不从竞争对手那里购买是非法的;它同时规定进行掠夺性定价(Predatory Pricing),即旨在将竞争者赶走或吓退新进入者的定价为非法;此外,《克莱顿法》还禁止"减少了竞争"或"倾向于造成一个垄断"的合并或购并。《联邦贸易委员会法》主要通过禁止不正当竞争方式如欺骗性广告、同零售商之间签订关于排斥竞争

---

① 平行定价指实行价格领袖制,在没有事先串通的情况下,一直跟随某一厂商的价格进行定价。

② 如在需求下降或在供给过剩的情况下反而提价。

③ 1911 年,美国最高法院认为美国标准石油公司(Standard Oil Company)控制了全国炼油业 91% 的市场份额,并采用了低于成本的价格进行销售的办法来迫使竞争对手倒闭或为了清偿债务而将自己的股票出售给它,以获得更大的垄断利润,据此,法院强制标准石油公司分割为若干独立的公司。参见 Kenneth, W. Clarkson, Roger Leroy Miller, *Industrial Organization*: *Theory*, *Evidence*, *and Public Policy*, Mcgraw-Hill Book Company, 1982, pp. 412 – 413。

④ 〔美〕乔治·斯蒂纳、约翰·斯蒂纳:《企业、政府与社会》,张志强、王春香译,华夏出版社、麦克劳—希尔教育出版集团 2002 年版,第 299 页。

⑤ 反托拉斯法的内容可参考〔美〕乔治·斯蒂纳、约翰·斯蒂纳:《企业、政府与社会》,张志强、王春香译,华夏出版社、麦克劳—希尔教育出版集团 2002 年版,第 10 章"政府监管体制的改革"中的"反托拉斯法模式变化"一节。

对手的协定等来促进竞争,该法案的第一句话就是"特此宣布,不公平商业竞争手段为非法",美国的威尔逊总统曾将这一委员会的使命归结为"为沉默的消费者作辩护"。在美国,反托拉斯法是通过司法部反托拉斯处、联邦贸易委员会(FTC)和各级法院来实施的。

立法的结构导向与行为导向:一个重要转变

反托拉斯法到底应注重垄断行为还是市场结构?前者认为仅仅规模大并不能算违法,后者则认为仅仅是拥有垄断力量,无需观察其行为就可以证明其违反了反托拉斯法。双方分歧的关键在于市场结构与企业行为、市场绩效之间是否存在密切的关系。

在早期,反托拉斯法的制定与实施更多地考虑的是控制经济和政治权力的集中,而不是经济效率,主要关注的对象是企业规模而不是企业行为。美国铝业公司案(1945)就代表了反托拉斯法对规模控制的最远边界,美国铝业公司曾经占据了美国90%的原生铝市场,但就它达到这一规模的手段本身而言并不是违法的,它只是估计到需求的增长,提前购置了设备,并保持低价以防止潜在竞争者进入,它主要通过使进入该行业无利可图来维持它的市场份额,而不是从事反竞争的活动,但法院认为,即使是合法地获得市场权力,这种市场权力也会引起经济效率的下降[①],也应认定为非法。

但从那以后,不论是司法界还是经济理论界均逐渐从这种对市场结构的过分关注向后撤退。在美国铝业公司案之后,在美国只有 AT&T 和 IBM 两家公司因规模问题而受到起诉,正如 IBM 公司为自己的辩解中所说的,政府的所作所为是对预见到计算机革命的巨大潜力并通过它的高超技术和预见力而统治了该行业的企业进行惩罚,是对成功者的惩罚,政府鼓励竞争,却不能接受成功者。这一案件一拖再拖,直至里根政府时期才被撤销,后来 IBM 公司在计算机市场份额的急剧缩小说明了即使像 IBM 这样的规模,在长期也难以构成对竞争与创新的抑制。

对 IBM 案的撤销标志着美国理论界和司法界反托拉斯政策的转变,

---

① 如果真是这样的话,就会有新的资本流入,市场此时并没有失灵,也就不需要政府介入了。

自行终止了自己在1945年美国铝业公司案件的判决书中所声明的任务，"制止资本的大量集聚，因为在资本的大量集聚面前，消费者是无能为力的"。①

现在，不论是经济理论界还是司法界都不再关注企业的绝对规模，依据当前可观察到的法院的判例，我们发现经济学家和法学家普遍取得的共识是厂商的绝对规模大本身并不是罪恶，并不意味着拥有了市场权力，而相对较小的企业也许有较强的垄断力量，这取决于企业在其所在市场中的地位，对于多角化经营企业，尽管规模宏大，很可能并不在任何市场占支配地位；厂商的相对规模大也不一定意味着拥有了市场垄断力量，还要看进入壁垒的大小及其是否来源于政府的进入管制；厂商的市场权力本身并不是罪恶，只有市场权力被证明来自于对竞争的限制或市场权力被用于从事反竞争的活动时，厂商才会被证明有罪，如一家公司收购竞争对手或与另外一个竞争对手合并之前，它必须使法院或管制机关相信这种收购不会影响竞争水平。因此，我们必须小心不要混淆了大与垄断力量之间的关系。

是什么引起这种对市场结构与市场绩效之间联系的看法的转变呢？部分地是由于经济学实证研究的成果，这些成果确凿无疑地表明不存在把市场结构和经济绩效联系起来的铁一般的定理②，在市场集中度较高和较低的行业中都存在生产率和创新方面表现出色的行业，甚至在高度集中的行业中比在集中度较低的行业中市场价格下降更快。所以现在的经济学家普遍认为，应改变过去对厂商规模本身的关心，在无管制的行业中政府应将反托拉斯法主要集中于对付勾结性的行为上，只要不存在协调行为和行政性进入管制，即使是高度集中的行业中，也会存在激烈的竞争或巨大的潜在竞争压力来制约企业可能拥有的市场权利，如我们在民用客机市场上看到的情况。

政策讨论

关于兼并控制政策。目前关于反托拉斯问题的争论，主要集中在两个

---

① 转引自〔美〕保罗·A.萨缪尔森、威廉·O.诺德豪斯：《经济学》（第十四版），胡代光、吴珠华、余文武、汪洪、张军扩、母正育、何振华译，北京经济学院出版社1996年版，第643页。

② 读者可以阅读本文前面讨论过的"市场集中度与市场权力"一节。

问题上,一是对企业兼并的管制应该控制在一个什么样的标准上,主张宽松原则的人士认为并不是所有提高市场集中度的合并都会减弱市场的竞争性,有些是为了提高效率,反托拉斯法的制定和实施不应过分注意国内市场的市场集中度,在全球一体化的时代,国内企业不仅面临着来自国内国外同行业企业的竞争、生产替代品的企业的竞争,现有厂商还面临着来自潜在进入者的竞争,这些现实的竞争压力和潜在的竞争压力足以保证低价和高效率。一个厂商至多只会在短期内具有垄断地位,过于注重国内市场集中度,会打击成功的高效率的企业,对本国企业的国际竞争力不利。我们真正应该关注的应该是行业集中的形成手段是否合法,而不应看结果。如果厂商形成规模是通过竞争性的手段,那么高的市场占有率不过是效率的体现而已。对市场集中度过分关注的经济学家将竞争概念理解得过于狭隘,厂商数量少并不意味着一定缺乏竞争,不完全替代品之间还存在着行业间的竞争,如钢材与铝材、木材之间的竞争。例如,由于美国的反托拉斯法比其他大多数国家更严格和广泛,许多美国企业家就因此认为该法损害了美国制造业的国际竞争力,应对美国部分产业的国际竞争力下降负部分责任,一些职业经济学家也将美国在20世纪七八十年代的巨额国际贸易逆差尤其是日美之间的巨额贸易逆差归咎于美国政府严格执行的反托拉斯法,美国学者罗伯特·索洛在一篇文献中写道:"(反托拉斯法)控诉过美国铝业公司、杜邦公司、联合制鞋公司,以及一度统治世界市场的美国电影业、国际商用机器公司和美国电话电报公司,永远是把下金蛋的鹅托到反托拉斯的切肉墩子上去。"①

上述意见的反对者认为,虽然存在国际竞争的市场确实比没有国际竞争的市场更具竞争性,但不应过分依赖于国际竞争,国内竞争同样能够有效地促进效率的提高,不应夸大规模经济和范围经济的效果。许多成功的出口商规模并不大,而且行业集中通常并不是取得规模经济和技术进步所必需的。他们认为,在大多数行业中,获得最低平均成本所需的市场占有率一般不会高于5%。就实行严格的反托拉斯法是否不利于一国产业的国际竞争力这个问题,应该坚持两个判断的标准,一是要判断企业市场

---

① 原始文献见罗伯特·索洛:《美国的反托拉斯政策和产业政策》,载美国的《经济问题杂志》,1984年9月号,本文转引自杨沐:《产业政策研究》,上海三联书店1989年版,第261页。

权力的来源,是否来源于行政或法律保护,是否来源于企业不正当的竞争行为(主要指企业间的协调行为);二是不能仅从目标产业对反垄断法律进行评价,以美国为例,从具体行业来讲,该法也许制约了美国的企业,使美国的某个行业的厂商在某种情况下处于国际竞争中的不利地位,但不能孤立地看待这个问题,而应当将一个国家的经济系统作为整体去考察反对垄断和保护竞争的利与弊,是否利大于弊,而不应该仅仅从一个行业的层次上思考问题,我们必须明白是竞争而不是垄断才是经济效率、创新和增长的根本基础。

对企业兼并的管制应该控制在一个什么样的标准上的问题与划定市场的范围紧密相关。我们在讨论一个厂商的市场权力有多大时,经常争论不休的问题是市场有多大,即如何界定市场从而界定市场权力的问题。界定市场要注意市场的宽度和广度,对这个问题的思考一方面要和一国国内市场的开放度联系起来,如果国内市场是开放的,其竞争程度或市场结构就要以全球的视角去评价,以世界市场为基础考虑市场集中度,在美国尽管民用客运航空器仅由波音公司来提供,但从全球市场来看,同欧洲的空中客车公司仍然存在着相当激烈的竞争;另一方面在确定一个市场的占有率时,若不同厂商的产品是不完全替代品,即存在明显的产品差别时,市场的定义就变得更为困难,如果市场被广泛定义为包含许多不完全替代品的市场的话,则会大大降低市场占有率,正如我们在杜邦公司垄断案中看到的。[①] 今天的法官和经济学家主要依据两个标准来界定市场和市场权力,首先是看两个产品的交叉弹性,如果存在较大的交叉弹性,就认定两个产品属于同一个市场;其次,如果某厂商的产品需求价格弹性小于1,比如为-0.3,我们就可以认为这个厂商拥有较强的市场权力。

如果反托拉斯法的真正目的是为了增进社会福利的话,政府就应该具体衡量每一项合并带来的利益和所导致的因竞争性减弱而带来的社会成

[①] 在20世纪50年代美国杜邦公司在玻璃纸生产领域处于垄断地位,1956年该公司为反驳对它的垄断指控,宣称它只是包装材料市场的一部分,牛皮纸是玻璃纸的不完全替代品,在这个市场中杜邦公司只占18%的份额,法庭最终采取了杜邦公司提出的相关市场的定义,认为尽管杜邦公司及其一个许可生产商垄断了100%的玻璃纸市场,但只占有20%的"轻便包装材料"市场(包括蜡纸、铝箔、牛皮纸等包装材料),并没有构成垄断,而法庭在Alcoa一案中却使用了狭隘的市场定义——铝锭市场。见〔美〕坎贝尔·麦克康耐尔、斯坦利·布鲁伊:《经济学——原理、问题和政策》(第十四版),陈晓等译,北京大学出版社、科文(香港)出版有限公司2000年版,第837页。

本,但经济学家常常怀疑政府是否具有进行准确的成本—收益分析的能力和意愿。对反托拉斯法的批评还有这些法律通常措辞很模糊,这是因为事先很难知道什么行为会是对竞争的一种阻碍,这往往需要将这种行为放在具体的市场环境中来具体分析。

就西方的司法实践来看,在运用反垄断法限制横向兼并时,同时考虑了赫芬达尔指数、成本节约、国内市场开放程度和行业进入的难易程度等因素,如果合并后指数上扬比如超过200点,那么政府就有可能质疑横向合并的合法性,但如果某一合并涉及一家正在经历持续亏损的企业,法庭通常会允许这类横向兼并发生,如波音兼并长期亏损的麦道公司。大多数纵向兼并并不受反托拉斯法的约束,因为这类合并不会显著削弱竞争,但在高集中度的市场中大企业间的纵向合并有时也会受到干预,如1949年的一个案例,杜邦公司控股通用汽车公司,但法庭认为杜邦公司会因此而将其他油漆公司和纤维制品供应商赶出通用公司,违反了反垄断法,最终法庭强迫杜邦公司卖掉了通用汽车的股份。总之,从西方各国的实践看,反托拉斯法对由公司内部扩张所生成的垄断或寡头缺乏约束力,但在阻止反竞争性的合并和市场协调、搭售等不正当竞争行为方面相当有效。关于美国司法部的兼并准则读者可阅读本章的附录二。

第二个问题是应当假定限制竞争的做法,如生产商和经销商之间的排他性合同、搭售、地区独占[①]等契约安排是合法的还是非法的,曾任教于芝加哥大学的联邦法官理查德·波斯纳(Richard Posner)认为这类契约带来的效率收益大于削弱竞争带来的损失,应作合法推断,证明其非法的责任就落在了指控它的、宣称受到伤害的厂商身上;另一些人则认为厂商的典型动机是限制竞争的,应当假定厂商的此类契约是限制竞争的,证明因此带来的效率收益大于削弱竞争引起的损失的责任就落在实施限制竞争契约的厂商身上。

限制市场权力:价格管制

价格管制常用于自然垄断行业或被管制部门认为是自然垄断行业的

---

① 一个地区的独家代理所形成的区域性垄断。

部门。政府应为自然垄断者制定多高的价格呢?答案可能是一个合理、公平的价格,但什么是一个公道的价格呢?这个问题并不像看起来那么简单。一些人的结论是应当使管制价格等于垄断者的边际成本,如果价格等于边际成本,消费者就可以购买到使社会总剩余最大化的垄断者产量,但使用边际成本定价作为一种管制制度有两个现实问题,一个是由于自然垄断行业的边际成本递减导致边际成本小于平均总成本,若管制价格等于边际成本的话,价格就将低于企业的平均成本,企业将亏损,这个厂商就会退出该行业。当然,政府可以通过税收方式筹集资金来对按边际成本定价的垄断厂商进行补贴,但这又会导致其他厂商成本的增加,况且政府也难以确定实际所需的补贴数额,自然垄断厂商会夸大他们对政府所要求的补贴数,增税还会引起无谓损失,即增加的税收小于消费者剩余因增税而减少的量。我们是否可以用征税的办法而不是用直接的价格管制将垄断厂商所取得的垄断利润转移给消费者呢?通过对垄断者征税,政府可以减少垄断者的利润,但垄断至少可以将部分税收负担转移到消费者身上,征税可能将垄断者进一步推离有效率的产量水平,即可能导致更高的价格水平和更低的产量。

价格管制的有效性在很大程度上取决于是否可以解决信息不完全和信息不对称问题。在具有完全信息的情况下,价格管制可能会提高效率,但在管制者和被管制企业之间存在不对称信息时,价格管制就可能遇到困难,因为信息问题将使企业有了采取策略性行为的余地,因此,为了使管制有效,就要尽可能地降低管制者在企业生产成本信息上的劣势,但在企业的经营信息方面,管制者要依赖于被管制者提供信息,所以很难解决信息不对称问题;即使管制者可以获得被管制企业的真实会计账簿(这一假设是多么不现实),管制活动本身也是有成本的,这时我们需要比较成本与收益才能够得出正确的结论;另外,在价格调整期间被管制企业可能通过改变其生产成本来对付管制;价格管制遇到的另一个问题是它不能激励垄断者降低成本,一个不受管制的企业会竭尽全力地降低成本,每个企业降低成本就意味着这个企业可能会以三种形式的某种组合受益:高利润率或较高的利润量或较高的市场占有率。但一个受管制的企业只被允许获得一个正常利润而不论成本高低,所以一个受管制的垄断者知道,如果成本降低,管制者就会随之降低管制价格使它难以从中受益,厂商的创新动力将会因此而减弱,所以,被管制企业不仅没有降低成本的动力,而且还可能会给工人制定优惠的待遇,为管理层创建优良的工作条件,行业管制因此会培植出相当大的 X 无效率,管制者解决这一问题的办法是允许垄断者从降低成本中以更高的利润形式得到一些利益[①],有时管制滞后在无意中做到了这一点。

在实践中,对垄断的价格管制常常基于它的资本回报率,管制价格将保证垄断者的资本回报率接近于"公平的"、"竞争的"或"合理的"回报率,这被称为"回报率管制"(Rate of Return Regulation),但作为确定厂商公平回报率的决定因素,厂商的实际成本和折旧率对于管制者来说实际上是难以估算的,常常导致管制对成本和其他导致成本变化的市场条件的变化反应迟缓,往往在市场条件发生变化后的一两年才能发现问题,再经过漫长的管制政策制定过程,如反复举行管制听证[②],其结果是出现管制滞后(Regulatory Lag)的问题。管制滞后有时有利于厂商,如由于技术的飞速进步所导致的成本下降或由于企业规模的扩大而带来的规模经济效应,使得这些厂商至少在一段时间内,享受高于现行价格管制下的"公平"回报率的实际回报率,但在有些情况下如在通货膨胀时期,由于成本的增加,管制滞后可能造成被管制的垄断行业的回报率大大低于它们的名义回报率。

保护性价格管制

支配价格波动的供求定律可能会产生某些个人或集团不满意的分配结果[③],如因供给减少而引起的石油均衡价格上涨和非典时期短暂的口罩价格上涨、对非熟练工人需求的不足或供给的过剩所导致的低工资水平,在这种情况下,那些对市场运行结果不满意的人便会施加压力使政府采取

---

① 最近几年,美国政府已注意到这一问题,并允许私营公用事业至少在几年内保留从改进效率中获得的大部分利润。
② 主要得益者是律师、会计师等人。
③ 在竞争性的经济中,实际价格趋向于均衡价格,即供求相等的价格,这一规律并不意味着市场价格每时每刻都处于均衡的位置,而是指当市场价格偏离均衡时,存在着改变这种状态的力量,经济学家在均衡状态是什么样的这个问题上往往不存在分歧,但对于促使市场回到均衡状态力量的强弱以及(进而)经济系统一般是处于均衡还是非均衡的状态却常常存在严重分歧。供求定律在经济学中的地位是如此重要,以至于在西方有一种说法:把供求定律教给鹦鹉,它也会成为一个经济学家。

行动,对价格进行管制,如设置最高限价(Price Ceilings)或最低限价(Price Floors)①,这种借助政府干预价格的动机很好理解,但却难以获得经济学理论的支持。一种常见的干预依据是将价格向上或向下的波动归咎于某个人或某个集团的贪婪,事实上在非自然垄断领域,较高的价格不过是反映了供给减少的事实或对供给减少的预期而已,除非存在像OPEC协调价格那样的情况,政府就不应干预市场竞争的结果,即使有也应是短期的、有具体针对性的,因为暂时存在的垄断问题或短期市场供求的急剧变动而实行全面的价格管制,为了制止几个垄断者就将整个经济置于价格管制之下,"就像为了消灭几个害虫而毁坏整个花园一样"。② 第二个常见的错误是认为政府拥有强大的力量可以解决因价格问题而带来的低工资问题、燃料或房租价格太贵等问题,实际上,正如再强大、再集权的政府也不能像消除万有引力一样消灭供求定律,除非政府改变供给或需求,否则即使冻结价格,也必然存在超额供给或超额需求,在绝大多数情况下是短缺或过剩产生了价格问题,而不是贪婪的商人,这种管制方法是一种效率极差的工具,会使市场机制失灵。

所以,基本的事实是,在竞争性的市场中价格的变动在绝大多数情况下不过是供求规律作用的结果,而非人力所为,如果控制价格的变动,就会存在短缺和过剩,政府对价格的控制有害无益,但这并不是说我们只需要一个冷酷无情的政府,而是说政府应采取利用市场力量的办法,而不是与之对抗,如政府可以向雇用非熟练工人的厂商支付补贴或用预算支出提供更多的培训,向穷人提供住房补贴或直接提供廉租房(次优办法),这些经济手段当然也会产生一些其他的负作用,但与政府无视供求规律的政策的负作用相比少多了。

政府对竞争性产品或服务价格的干预主要体现为政府政策有时力求

---

① 最高限价的例子,读者可以想一想美国纽约对房租的控制所导致的后果,政府的良好动机人为地制造了短缺。在长期,公寓房的数量不是增加而是减少了,许多公寓因为自然原因而被拆除,一些公寓因人不敷出而被迫出售从而退出出租房市场,新的公寓楼没有人有积极性去投资开发建设,唯一受益者就是现在的房客,而因出租房短缺而造成无房可租的正是政府准备帮助的穷人;最低限价可思考一下最低工资制、西方政府对农产品的保护价以及中国政府对电信价格的保护价等情况。

② 〔美〕保罗·A.萨缪尔森、威廉·O.诺德豪斯:《经济学》(第十四版),胡代光、吴珠华、余文武、汪洪、张军扩、母正育、何振华译,北京经济学院出版社1996年版,第355页。

把价格提高到市场出清水平之上而非其下,也就是要求某种商品的价格高于而不是低于均衡价格,实行最低限价而不是最高限价。提价的方法之一是直接规定低于某一最低水平的价格为非法,如最低工资法规,再如各种农业保护政策,对航空服务的价格管制[①],此外,大部分的许可证制度、进口配额和关税、非关税贸易壁垒也有这种倾向。政府实行最低价格管制,会使一部分消费者退出市场,使剩下的消费者支付更高的价格,从而使消费者剩余总量减少,对生产者来说,价格提高使销量下降和一部分产品因滞销而无法弥补成本,在一些情况下甚至会完全抵消掉因涨价而给生产者带来的剩余的增加。

【美国航空业的管制】[②]

在美国 1981 年航空业管制取消以前,机票价格和线路都是由 1938 年成立的民航委员会(CAB)严格规定的,CAB 所定的票价大大高于自由市场的竞争性价格,进入也受到严格的限制,许多航线仅供一两家航空公司专用,CAB 从 1978 年开始逐步取消了票价管制,1978 年后允许航空公司自由选择航线,直至 1981 年完全取消管制。当时许多公司经理认为将价格保留在市场出清水平之上,会使他们的利润比在竞争性市场丰厚,担心解除管制会导致航空公司利润锐减和大量破产,从而带来行业混乱,毕竟 CAB 的初衷是保证"稳定",但事实正如职业经济学家所一贯认为的:取消管制并不会让航空业陷入混乱,是有一些公司被兼并或破产。但许多新的航空公司同样相继成立,尽管票价大幅下降,但利润并未锐减,因为管制带来了高票价的同时,也带来了低效率和高成本,总利润并未大幅上升,由于管制价格大大高于市场出清价格,导致航空公司的供给量大大高于需求量,结果航空公司的满座率和利润率均很低。总的看来,取消航空管制由于新公司的进入和票价下跌,消费者剩余得到了增加,航空公司变得更具

[①] 中国政府一开始禁止机票打折,在消费者和航空公司的反对下又设定了最底折扣价,航空公司又推出"红眼航班"与之应对,航空管制部门又发文件禁止,理由是防止飞行员夜间疲劳驾驶,但在 2003 年"十一"黄金周期间为了刺激旅游市场,又逐步放开夜间航班,实际上夜间航班与疲劳驾驶并无因果关系,国内机场的导航设施和着陆系统能够保证飞机在任意时段安全起降,夜航飞机只要按照正常程序进行检修,不进行超长时间连续运转,安全系数与正常航班是一样的,政府真正的目的是削弱国有公司间的竞争。

[②] 关于美国航空业案例详细资料可以阅读〔美〕平狄克、鲁宾费尔德:《微观经济学》(第四版),张军等译,中国人民大学出版社 2000 年版,第 260 页的案例。

效率优势,获得的生产者剩余也得到增加,社会总剩余的变化为正,并且相当大。①

【农产品的价格支持与生产配额】

美国的农业政策就大多建立在价格支持制度上,由于农产品的保护价格高于市场出清价格,对农产品的保护价格使美国国内的粮食生产供大于求,政府不得不购买并储存大量的剩余农产品,在高峰期如 1986 年,美国政府执行这项政策的成本高达 250 亿美元,政府的干预使自己陷入许多麻烦之中,为降低政府不得不购买的数量,价格支持政策往往要与产量管制和出口补贴相配合。为出口进行补贴,引起大量的国际贸易摩擦,显然这是一种不公平竞争的手段;产量管制措施常采用对生产农产品的播种面积实行配额的形式,不仅分配这些配额很费脑筋,而且配额也大大限制了市场机制的资源配置作用,因为配额是基于过去的生产确定的,这意味着小麦的农场主必须坚持种小麦,否则会失去配额,从而无法实行轮种或根据市场灵活调整种植计划。尽管实行了这些政策,消费者的损失却大于生产者的收益,社会总剩余是下降的,除非完全由市场来决定价格与产量(种植面积)。② 在美国,价格支持制度的原始目的在于提高玉米、花生、奶制品、烟草等农产品的价格,以使这些物品生产者的收入增加,在看到生产者剩余增加的同时,我们也应看到消费者剩余的减少和政府干预的成本③,这一政策将导致社会总福利的损失。④ 即使先将政府干预是否能够达到它想达到的目的这个问题放在一边,在提高农民收入的各种政府干预方案中,也存在更为有效的办法来改善农民的处境,显而易见,农产品的生产者从这类方案中的获益要大于农产品消费者的损失,因此,许多经济学家建

---

① 对原始文献感兴趣的读者可查阅 John M. Trapani and C. V, olson, An Analysis of the Impact of Open Entry on Price and the Quality of Service in the Airline Industry, *Review of Economics and Statistics* Feb. 1982 (64), pp.118 – 138; David R. Graham, Daniel P. Kaplan, and David S. Sibley, Efficiency and Competition in the Airline Industry, *Bell Journal of Economics*, Spring, 1983, pp. 118 – 138。

② 图形分析可见〔美〕曼斯费尔德:《微观经济学》(第九版),黄险峰等译,中国人民大学出版社 1999 年版,第 278 页。

③ 即政府为支持农产品价格而购买的农产品所引起的支付和政府干预活动本身所引起的行政机构运行的费用,这部分费用由税收支付,所以最终还是转嫁给了消费者。

④ 如果政府将其购买的农产品"倾销"到国外,无疑可以降低政府成本,但却会损害农民在国际市场的销售能力,而这项政策正是为了保护国内生产者的利益的。所以,政府不能这样做。

议,采用直接支付而不是求助于价格支持的方式,消费者将与增加的生产者剩余等值的货币额直接转让给生产者,同时取消支持价格,生产者的收益增加量与在价格支持下没有变化,而消费者的剩余减少量则有所好转,这样,从全社会角度看成本要低得多,这些结论并不是什么了不起的新发现,该项政策的成本—收益分析也不是让人多么难以理解,那么为什么政府不停止这种政策或直接发钱给农民来改善农民的收入水平呢?主要是因为农场主的政治力量使得废除这项政策非常困难,而价格支持制度是一种隐形馈赠,故而在政治上比直接的转移支付更具欺骗性和吸引力,不过我们看到从1996年起美国政府已经开始逐步削减农产品的价格支持。

政府除了进入市场买断产出从而增加总需求、控制价格以外,还可通过分配生产配额的办法直接规定每一个厂商所能生产的配额以减少产出,使物品价格上升到某一水平,如在中国,政府规定出租车需持有许可证或营业执照方可投入运营,然后通过限制发放执照总数来限制总供给,再如美国的农业政策,除采取价格支持政策外,还采取激励机制与生产配额制度相结合的政策来削减产量,这种限耕方案以直接的收入转移支付方式鼓励农民将部分耕地闲置。

许多国家利用进口配额和关税、非关税贸易壁垒的方法来维持一个高于世界水平的国内产品价格,关税或配额导致进口减少,国内生产者产量和售价将会因此而增加,生产者剩余增加的同时,消费者会因价格上涨而多支付货币或干脆放弃消费而导致消费者剩余减少,同时政府也可获得关税收入。[1] 总的社会福利变化为进口管制带来的无谓损失包括两部分:因消费减少而带来的消费者剩余减少,以及因国内生产过剩而带来的生产者剩余的减少。当然,在这里我们没有考虑因管制而造成的寻租活动所带来的总福利水平的下降。[2]

限制市场权力:对价格行为的管制

在完全竞争的市场中,厂商只需考虑企业运行的成本因素,选择边际

---

[1] 在政府运用配额管制的情况下,政府将失去与之对应的关税收入,这部分货币被外国生产者以更高利润的形式拿走了,因此与关税政策相比,一国的整体情况会恶化。

[2] 读者有兴趣的话,可阅读〔美〕平狄克·鲁宾费尔德:《微观经济学》(第四版),张军等译,中国人民大学出版社2000年版,第268页的内容。

成本与市场价格相等的产量即可,但一个具有垄断权力的厂商必须同时考虑成本和需求弹性,然后根据需求弹性去制定一个利润最大化的价格与产量,拥有垄断权力的厂商可能会使用价格歧视、双重收费、搭售等定价策略,侵占消费者剩余并将它转化为厂商的额外利润。

需求弹性差异、价格歧视与管制

价格歧视就是对不同的顾客制定不同的价格,有时是对完全相同的产品,有时是对有微小差异的产品。在完全竞争市场上进行价格歧视是不可能的,因为由于厂商众多而且产品无差别,任何一个企业计划索取高价的努力,都会使顾客转向另一个企业购买同类无差别的产品。而在不完全市场上,只要垄断者能将拥有不同需求曲线的潜在购买者区分开,厂商就可以实行价格歧视。价格歧视可以增进垄断厂商的剩余,否则垄断厂商就会选择对所有顾客收取同样的价格了,至于对社会总剩余的影响,则没有一个唯一的回答,可能增加或减少,也可能不变。禁止价格歧视主要是为了保护没有能力进行大量购买的小买主。

价格歧视有三种广义的形式,我们可称之为一级、二级、三级的价格歧视。如果厂商能够向每个购买者索取其愿意为所购买的每单位商品支付的最高价格,我们就称这种情况为存在完全的一级价格歧视(First-degree Price Discrimination),购买者愿意为其购买的每单位商品支付的最高价格,也被称为"保留价格",在一级价格歧视定价的策略下,所有的消费者剩余都被厂商侵占了。在实践中,完全的一级价格歧视几乎是不可能的,首先,向每一买主都索要一个不同的价格通常是不现实的,除非只有很少几个顾客;其次,厂商通常并不知道各个顾客的保留价格,但是,有时厂商可以通过索取几个基于对顾客保留价格的估计的不同价格而实行不完全歧视,如我们去小商店买东西,零售商往往对不同的顾客给予不同的折扣,大学对不同家庭收入和财富的学生往往也收取不同的净学费。[①]

在某些市场中,厂商可以通过对相同货物或服务的不同消费量或"区段"索取不同的价格来实施价格歧视,这被称为二级价格歧视(Second-de-

---

① 通常采取以奖学金和补贴贷款的形式。

gree Price Discrimination),如对水和煤气的使用超过多少会收取一个较高的价格,对不同时间或不同数量的电能消费收取不同的价格。三级价格歧视(Third-degree Price Discrimination)是最常使用的价格歧视形式,指对同样的或仅有微小差别①的商品或服务以不同的价格出售给不同的消费者,如铁路上按照运送货物的价值来制定单位运价,运送 10 吨矿石要比运送 10 吨手工艺品收费高得多,学生车票半价、教师机票六折、精装与简装衬衣,生产商或零售商也经常在报纸、杂志或通过邮寄散发一些折扣券,用这些折扣券来区分消费者,实行三级价格歧视。② 厂商之所以能够实行三级价格歧视的定价策略,是因为具有不同特征的消费者对同样的商品具有不同的需求弹性,具有较低需求弹性的消费者将被索要较高的价格;反之,具有较高需求价格弹性的消费者则被要求支付较低的价格,如对飞机经济舱和头等舱的③座位收取不同的票价,需求弹性不同的旅客会分别购买不同的座位,商务旅行的人对旅行时间几乎没有选择余地,需求弹性较低,对价格也不敏感,所以在经济舱没有座位的情况下,他们会选择头等舱。因此,只要潜在消费者之间的需求弹性差距较大,就可以想办法将消费者分组,然后实施三级价格歧视。④

不同时期的价格歧视(Intertemporal Price Discrimination)是一种与三级价格歧视密切相关的被广泛使用的定价策略,它通过对不同消费时期制定不同的价格而把消费者分成具有不同需求函数的不同组别,如新产品刚上市时总是制定较高的价格,电影首轮放映总是票价较高,一年以后再降低价格,书刚出版时总是先出精装本然后在一年后再发行平装本。⑤ 高峰价格(Peak-load Pricing)是另一种形式的时期间价格歧视,如在交通高峰

---

① 如标签或牌子不同。
② 厂商为什么不直接降低价格从而节省印刷、邮寄或广告费呢?研究表明,只有 20%—30% 的消费者会使用优惠折扣券,可参见〔美〕平狄克、鲁宾费尔德:《微观经济学》(第四版),张军等译,中国人民大学出版社 2000 年版,第 330 页。
③ 尽管提供的服务的确不一样,但其服务上的差距明显低于价格上的差距。
④ 如对同一件商品钉上不同的商标或不同的包装风格就是为了区分具有不同需求弹性的潜在消费者,对头等舱、普通舱、周末航班、红眼航班的区分也是为了区分具有不同需求弹性的消费者。
⑤ 许多人认为平装本价格低是因为成本低的原因,其实一旦一本书编辑和排版完成以后,不论是平装还是精装多印一本的边际成本是相当低的,平装本低价主要不是印刷费用的问题,而是因为消费者需求弹性的问题。

时期收取更高的通行费用,夜场电影或周末的游乐场、节假日的旅游价格一般也较高。

拥有垄断权力的厂商可以使用的另一种定价技术是双重收费(Two-part Tariff),它要求消费者不仅要为获得产品购买权交付初始费用,而且要为他购买的每单位产品支付使用费,如使用电信服务需先支付月租费再支付通话费,进公园先购买大门票,再为进入公园的某一部分或消费的某一项目支付费用①,这样的例子很多,再如先购买宝来相机,然后消费专用胶片。实行双重收费的厂商的利润

$$\pi = P_1 Q_1 + P_2 Q_2 - C_1(Q_1) - C_2(Q_2)$$

C_1和C_2比较容易获得,厂商现在面临的问题是如何确定初始费用和使用费,是收取较高的初始费用和较低的使用费,还是相反。②

拥有垄断权力的厂商有时采用捆绑销售(Bundling)的策略,这时它如何定价呢?捆绑销售也叫搭售,指厂商要求客户购买其某种产品的同时也必须购买它的另一种产品,是企业利用其在某一产品市场上的市场力量来影响另一种产品的市场竞争程度,排斥其他企业进入第二种产品市场的行为,如购买手机,零售商往往搭售一块电池;假日旅游往往也搭售三餐、机票、住宿等服务;麦当劳的特许经营者必须从麦当劳公司购买全部材料和用具如包装纸和纸杯等等。再如1864年至1870年美国国会授予了北太平洋铁路公司4 000万英亩土地特许权以用于修筑铁路,这些土地分布在铁路两侧各20英里的范围内,到了20世纪,这些土地大部分被铁路公司出租,大部分土地的出租条件是土地上出产的全部产品必须通过该铁路公司运输,1949年美国政府控告该公司的出租条款属于搭配销售,1958年法院判决该公司违法。为什么捆绑销售比分别销售商品有利可图呢?是因为不同的消费者对被捆绑在一起的商品的评价是相反的,当不同的顾客对不同种商品的偏好不同时,捆绑销售就有意义了。比方说对甲、乙两种商品,不同消费者如A、B对甲、乙的偏好不同,如果对于甲,A消费者更偏好消费,对于乙,B消费者更偏好消费,则将甲、乙捆绑在一起将能获得更大

---

① 对这种定价方式的另一种解释是将一个完整的产品或服务进行分解然后单独出售。
② 详细的讨论请阅读〔美〕平狄克、鲁宾费尔德:《微观经济学》(第四版),张军等译,中国人民大学出版社2000年版,第335—338页。

的收益;反之,如果对于甲、乙两商品,A、B均是偏好甲胜于偏好乙,则捆绑销售与分开单独销售没有区别。①

有市场权力的厂商通常用这种力量将市场价格提高到竞争价格水平之上,那么对于有市场权力的厂商将价格定在竞争价格水平之下,政府应该对它进行处罚吗?这实际上涉及反托拉斯法如何看待掠夺性定价的问题。在现实中,掠夺性定价是罕见的,而且掠夺者的损失要远远大于被掠夺者的损失或潜在进入者的预期收益,经济学家一直在争论反垄断法是否要制止这种罕见的使消费者受益的定价策略,况且,真正将竞争性的降价和掠夺性的降价区分开也是一个极具挑战性的难题。

针对自然垄断的政策选择

现代工业技术使许多行业中厂商的长期平均成本曲线在很大的产量范围内随产量的增加而持续下降,给定市场需求的情况下,规模经济往往使一个行业只剩下少数几个甚至一个厂商,各个行业的与最低平均成本对应的产量水平占全行业产量的比例从50%到10%、1%都有。一个产业的自然垄断结构能否成立,取决于该产业内部厂商的平均成本曲线和整个产业的需求曲线之间的关系,取决于最低经济规模或平均成本最小化产量规模②与市场规模的相对大小。如果使平均成本达到最低的厂商产量水平相对于市场规模而言较大,则该产业就具备了自然垄断的技术基础,这时市场需求曲线与长期平均总成本曲线相交于平均总成本仍在下降的地方,即其平均成本最低点处的产量足以满足整个市场的需要,市场上只存在一家企业,这种情况叫自然垄断;如果需求足够大,垄断厂商将在平均成本曲线上升的部分运行,垄断厂商就可能受到新进入者低价的威胁,因此,如果有足够大的需求,该行业就不再是自然垄断的,而可能是寡头垄断的。

规模经济所导致的自然垄断常被当做政府干预市场的一种理由,当某

---

① 见〔美〕平狄克、鲁宾费尔德:《微观经济学》(第四版),张军等译,中国人民大学出版社2000年版,第340页。

② 利用生态技术来确定厂商的最佳规模(成本最小化规模)比其他办法都更为简便、可靠,因为在竞争中无法生存的企业就很难被称为是最佳规模的。由于生产要素价格和工艺技术的变化,厂商的最低规模是处于不断变动之中的,因为不同厂商拥有的生产要素的数量、质量、管理水平均不相同,所以不存在一个行业统一的最佳规模,最佳规模只有相对于自身拥有资源情况而言才有意义。

种商品的生产存在规模经济效应或范围经济效应,而该商品的市场规模又处于成本下降的范围内时,则需引入政府干预以制约该企业因规模经济和范围经济所获得的市场权力,由政府直接经营或对私人部门实行政府管制。政府管制通常由两部分组成,一是设立行政性的进入管制以防止新企业的过度进入,二是运用价格和质量控制以削减由规模经济或范围经济形成的进入壁垒所造成的垄断租金。

　　为什么我们认为不必过分担心过度进入的问题而反对实行限制性的进入管制呢?我们可以从边际收益递增和沉没成本的角度加以分析。我们首先确定在递增的边际收益条件下是否会出现过度进入的情况,贝恩认为规模收益明显的特征构成了某类行业的一种进入壁垒[1],但鲍莫尔的可竞争市场理论和大量的实证研究均表明,规模经济本身并不是进入的壁垒,如果沉没成本足够小的话,只要市场是开放性的,生产的技术可以由潜在进入者自由利用的话,企业就可以自由进入存在获利机会的新市场,潜在的竞争压力就足以消除垄断租金而无需政府管制,这时由于该领域的先进入者在长期只能获得平均利润率,故不会出现过度进入的情况;如果存在较为明显的沉没成本,则没有理由认为管制机构能认识到这一点而私人投资者却不能认识到它的存在,而且沉淀性资产的产权交易也会克服由沉没成本导致的市场失灵,所以也不需要政府对过度进入问题进行预防性干预;如果生产技术不能被潜在进入者自由利用的话,先进入者在短期所获得的超额利润就是对其所进行的风险投入的回报。所以,沉没成本、规模经济或范围经济效应的存在并不一定要求政府进行预防性的进入管制,政府管制的主要内容应该是价格管制和产品或服务的质量管制。进入限制是一种保护性的管制,它不是中性的,是倾向于保护"在位者"的,在进入管制上我们应该进行的是竞争性进入管制,竞争性进入管制是中性的。

　　当技术因素使自然垄断成为市场自由竞争的自然结果时,这种部门所提供的产品或服务可以通过四种形式来提供:私人垄断政府管制,政府垄断,由私人机构和政府机构合作共同生产,消费者或政府机构与私人厂商

---

　　[1]　原始文献见 Bain, J. S., *Barriers To New Competition*, Cambridge, MA: Harvard University Press, 1956, 本文转引自〔美〕丹尼尔·F. 史普博:《管制与市场》,余晖等译,上海人民出版社、上海三联书店1999年版,第49页。

之间的长期契约。

在沉没成本比较低的情况下，一般并不需要那种保护性、限制性的行政性进入管制，拍卖特许权就可以形成足够的竞争压力，使厂商提供一个平均成本价格，以保证存在规模经济效应市场的有效运作。竞争性的进入管制方案还可使价格管制成为不必要，所以对进入加以中性管制的政策一般并不一定需要与价格管制政策配合使用。德姆塞茨[①]就提出可用拍卖特许权的方法来取代对公共事业的费率管制，这样，就如同在一个非管制的可竞争市场中一样，竞争性进入将产生平均成本定价。

在这种方案中我们应该注意的问题有两个，一个是从长期看，用拍卖特许权的方法来取代对公共事业的费率管制的办法，必须建立在对参与竞争的厂商所提出的不同方案的质量—价格比的评估上，而不是仅仅追求最低的产品或服务价格，因为这不利于产品或服务质量的提高，正如威廉姆森在1976年的一篇论文[②]中提到的，由于质量组合，厂商可能会将成本控制在现在质量标准的最低水平上，而不试图去提高质量和价格水平以达到一个更优的质量—价格比。另一个问题是特许期限的选择，由于并不存在明显的沉没成本，因此这个期限不宜过长，具体的长度要根据不同的产品和服务的特点按不同特许期限进行成本—收益分析的基础上得出。

如果存在沉淀成本，如不可转换的资本投资，仅靠潜在的进入压力和特许权拍卖就不足以保证该市场的有效运行了，市场对沉淀成本及其所带来的风险的反应是建立长期契约，对其所提供的产品和服务进行价格和质量控制，而不是进入管制。长期契约可以鼓励厂商进行专业化的、形成沉淀资本的沉淀性投资活动，这些投资会提高所提供产品或服务的性价比。长期契约一般包含价格、产品特征、违约惩罚、改进效率的奖赏等条款。

虽然沉淀成本要求消费者与厂商之间达成长期契约以降低厂商面临的市场风险和鼓励厂商进行沉淀性投资，但这并不必然导致政府机构一定

---

① 见 Demsetz, H., Why Regulate Utilities? *Journal of Law and Economics*, 11, April, 1968, pp.55－65。中文文献见〔美〕丹尼尔·F. 史普博：《管制与市场》，余晖等译，上海人民出版社、上海三联书店1999年版，第52页。

② 原始文献见 Williamson, O. E., Franchise Bidding for Natural Monopolies in General and With Respect to CATV, *Bell Journal of Economics*, 7, Spring, 1976, pp.73－104。中文文献见〔美〕丹尼尔·F. 史普博：《管制与市场》，余晖等译，上海人民出版社、上海三联书店1999年版，第52页。

要以消费者代理人的身份与厂商进行长期契约的谈判,这要取决于消费者与厂商之间进行谈判的成本,这提醒我们要进行私人契约和公共契约之间的成本—收益分析,在许多情况下,私人契约的公共执行要比直接建立公共契约成本要低。只有在私人契约的公共执行比直接建立公共契约成本高的情况下,政府机构才应该以消费者代理人的身份与厂商进行长期契约的谈判,建立长期公共契约,授予其独家经营权,同时保留对其提供的产品或服务的价格和质量所进行的管制,以防止其滥用政府授予的垄断力量。

长期契约并不一定会变成事实上的无限期契约或类似于行政性的进入管制,因为有很强专用性的资产并不意味着不能进行产权的交易,在合理的价格和质量管制下的长期契约,能够保证在自然垄断行业中的资源最终配置到能够最有效率地利用它的企业家手里。

某个部门所具有的自然垄断性质常常来源于该部门生产产品或提供服务的某个环节。例如,许多公共部门的自然垄断特性都是来源于基础设施网络的资产专用性和规模经济性,在这种情况下,缩短长期契约的期限和在自然垄断部门引入竞争将其变为非垄断部门的一个思路就是将具有自然垄断特性的环节与不具有自然垄断性质的环节进行区分。在不具有自然垄断性质的部门引入竞争,在具有自然垄断性质的部门或由私人经济部门进行垄断性经营而由政府对其进行管制,或由政府通过预算直接建立并直接经营国有企业的形式进行政府垄断,也可由政府通过预算提供资金而由私人经济部门经营,如世界各国在供电部门进行的厂网分离经营模式就属于这种思路。

公有化

政府用来解决垄断问题的第三种思路是实行公有化,这就是说,政府不是选择去管制私人企业的自然垄断,而是选择自己去经营自然垄断企业,如电话电力公司、供水系统或邮政服务。政府可以通过安排预算或发行债券筹资建立政府企业,实行政府垄断。在许多国家,政府直接拥有诸如电力、煤气和自来水等自然或准自然垄断行业。但国有化同样存在许多问题,首先是效率问题,国有公司的经营者通常缺乏足够的降低成本和推进现代化的动力,尤其在政府愿意为国有公司出现亏损时给予补贴时更是如此;国有公司常常宣称自己是以低于成本的价格提供产品或服务的,在国有公司的成本与私人自然垄断企业的成本大体相当的情况下,这种低价政策实际上意味着一种隐性补贴①,其代价仍然是由消费者负担的,但实际的情况是政府企业所谓非盈利的、低于成本的价格水平往往要比私人厂商包含垄断利润的价格水平还要高。

我们知道不论是政府垄断还是私人垄断,只要政府授予其独家经营权,如由其在某个特定的地区垄断性地提供供水、供电、公共交通、电视节目等产品或服务,完全垄断企业都有动机和能力将市场价格制定在远远高于平均总成本的水平上以获得巨大的垄断利润,因此需要管制部门进行相同的价格或质量控制,以防止其滥用政府授予的垄断力量。政府部门公共投资的性质和理论上的非盈利性质并不能保证会必然拥有比私人部门更低的成本、价格和更好的质量,在那些竞争性领域里存在的政府企业里更常见的是更高的价格和较差的质量。

不少经济学家主张将国有自然垄断企业民营化,由私人厂商提供产品或服务而由政府进行管制。只要私人所有者能以某种形式将生产成本降低,他就可能至少在管制滞后期将因此而得到的利润据为己有。私人所有者有成本最小化的激励,企业的管理者如果不能做到这一点,私人所有者就会解雇他们,而国有垄断厂商的经营者是政府,他们没有压低成本的动力,当经营出现困难时,他们会求助于政府部门通过政治程序来解决,从而一般会得到更多的预算或提价经营,投票机制永远不如利润动机可靠,自然垄断行业也不例外。西方市场经济国家在自然垄断领域近二十年出现的国有企业私有化运动,就说明这种思想得到了政策制定者的广泛认同。

在20世纪70年代后期和80年代,西方工业国家政府普遍相信,无论私人垄断多么不好,也比政府直接经营或实行进入管制要好,实行政府进

---

① 当然由于补贴的来源是税收,隐性补贴的另一面是隐性征税,即向企业征税补贴居民,如邮政、自来水、煤气等公共服务,这些服务的主要消费者是居民,而纳税者是居民和企业;或向一部分居民征税补贴另一部分居民,如乡村居民邮寄一封信的成本和城市之间寄信的成本相差极大,但邮资是一样的,并不按路途长短收费。

入管制的垄断总是趋向于成为政府保护的垄断。① 这些国家开始了私有化和放松管制运动,尤其是政府在那些自然垄断行业中不具有自然垄断特征的部门中普遍放松或放弃管制,引入竞争,如对输电、配电继续实行管制或由政府直接经营的同时放松或取消了对发电的政府管制创新。就大多数情况而言,放松或取消管制的好处已得到证实,所以私人垄断优于政府实行进入管制的私人垄断,政府实行进入管制下的私人垄断优于政府垄断。当然反对的声音也一直没有停止,一些来自既得利益集团和有"财政幻觉"的消费者,他们只看到补贴后的低价格而没有意识到他们交纳的税金会因此而增加。

在美国的许多城市,存在着违法的小公共汽车。② 它们之所以违法是因为它们无法得到来自政府的经营许可证,政府之所以不给它们许可证是因为它们所"带来的车祸和交通混乱问题",但政府无法进一步说明为什么有驾照的司机开车仅仅因为无许可证就会比公有的公共汽车更危险和引起更多的混乱。其实他们带来的唯一危险就是对国有公共交通垄断的冲击,因为他们的成本更低、服务更优良。国有垄断部门成功地领导了一场反对小公共汽车运营合法化的运动,这些非法小公共的存在粉碎了两个现代城市的神话:公共交通必定赔钱,以及必须由国家来经营公共交通系统。实际上,在今日的汉城和布宜诺斯艾利斯公共交通系统完全由私人公司来运作。在美国的早期,公共交通服务也是由私人公司来提供的,如最早的电车公司,纽约最早的地铁也由私人以相当于今天不到一美元的低价成功地经营过(尽管是政府贷款修建的)。在 20 世纪 20 年代,政治家拒绝了私人地铁营运公司根据通货膨胀调整票价的请求,而且将因此而亏损的私营公司赶出经营领域并宣称将纽约人从"控制交通垄断"的"奴役"和"独裁"中解放出来,并保证票价不变。但事实上,从政府成为垄断者的那天起,支出就一直在急剧增加,私人公司保持了 70 年的 5 美分收费,而在

---

① 在某些行业存在的管制机构如美国的民用航空委员会(CAB)、州际商务委员会(ICC)、联邦电信委员会(FCC),成立的初衷都是或宣称是保护消费者免受某些垄断企业的损害,但随着时间的推移,这些管制机构逐渐被既得利益集团所控制,他们的首要功能变为保护被管制企业免受竞争压力。

② 这个案例整理自〔美〕格里高利·曼昆:《经济学原理》,梁小民译,三联书店、北京大学出版社 1999 年版,第 345—345 页。

政府经营下,这种收费上升到两美元却仍在亏损,而违法小公共却可以以低得多的价格提供更好的服务而赚钱。政府管制的历史说明了一点,即政府在所谓自然垄断行业的表现并不比在竞争性行业好多少,政府真正应该做的是建立促进竞争的规则,除非终止限制竞争、保护政府企业的进入管制,否则,人民只有违法才能与之竞争。①

对自然垄断行业的认识也是随着市场规模、技术因素的变化、经济理论的推进和理论时尚的变幻而变化。正如前所述,市场规模是一个决定某行业是不是自然垄断行业的重要因素,所以随着经济的发展、市场规模的扩大,该产业就可能逐渐具备多家企业竞争的技术基础,由自然垄断市场逐渐变成寡头垄断或垄断竞争市场,所以不能笼统地将某一产业确定为自然垄断行业,约瑟夫·斯蒂格利茨在中国的一次演讲中在讲到竞争政策时特别强调过这一点。② 技术革新等因素可能改变某些传统理论认定的自然垄断产业中某些环节或部门的垄断基础,如技术因素往往会大大降低最低经济规模,技术因素也会开发出替代品,所以应适时将这些适合于竞争的业务从垄断性业务中分离出来。例如,英国的邮政总局是英国目前最大的按国有企业管理模式运作的企业,是英国仅存的几家大型国有企业之一,该局目前仅经营着邮资低于 1 英镑的所有国内信函的业务,包裹、邮政快递、印刷品邮寄、出口信函、邮资等高于 1 英镑的信函和门市服务均不在其垄断范围之内。③

无所作为

每一种政府干预都不是无成本的,正如斯蒂格勒所说的:"没有一个现实经济完全满足完全竞争的条件,所有现实经济都与理想的市场经济有差距——这种差距称为'市场失灵',但美国经济'市场失灵'的程度远远小

---

① 英文文献原始来源于 *The New York Times Magazine*, August, 10, 1997, p.22。
② 读者可进一步阅读约瑟夫·斯蒂格利茨:《促进规制与竞争政策:以网络产业为例》,载《数量经济技术经济研究》1999 年第 10 期,或参阅金碚:《国有企业根本改革论》,北京出版社 2002 年版,第八章"自然垄断产业中的国有企业"的内容。
③ 见理查德·亚当斯:《英国邮政总局的改革与发展》,载金碚主编:《中英国有企业改革与发展》,经济管理出版社 1999 年版,第 48—58 页。

于因根植于现实政治制度中的经济政策的不完善性所引起的'政治失灵'。"①因此许多经济学家主张在不能明确衡量管制的成本和收益时,政府最好什么也别做。我们将在政府失灵一章中详细讨论这个问题。

第四节 放松管制

市场失灵引起了对政府干预的需求,但市场失灵仅是管制的必要条件而非充分条件,管制可能会引起高昂的行政成本,不仅会产生再分配效果,而且会在市场性调整的路径上设置障碍,所有设置在价格、进入条件、产品质量和投入品组合方面的限制都将会对消费者和厂商进行经济决策方面的调整产生影响,影响资源配置的效率,引起市场失灵。对市场进行管制会引起所有因经济计划所导致的全部问题,所以,即使是出发点很好的公共政策也可能导致对无效率的私人行动的激励,更何况许多管制本身就是寻租、创租的结果。

关于因垄断而引起政府干预的传统经济学观点认为管制主要应用于修正因垄断而造成的市场失灵,尤其是这种垄断发生在需求价格弹性低的必需品生产行业中的时候,以防止垄断厂商滥用市场权力。但是,从长期来看,没有政府保护的垄断很难长期持续下去,所以在许多情况下,面对市场失灵,政府应减少干预而不是加强干预,政府应尽可能鼓励竞争,把阻止竞争的障碍维持在最低的水平,政府要让所有的企业在一个游戏规则下进行平等的自由竞争,尽最大努力提高市场的可竞争性,尤其要消除来自政府部门的不合理、不公平的管制条例,如因关税等对外贸易壁垒而造成的进入壁垒,没有什么比将厂商与它实际的或潜在的竞争者隔离开来这种办法能更快地导致价格上升和产量、质量、创新速度下降的后果了。

在战后以美国为代表的市场经济国家普遍实施了以产业组织哈佛学派的产业组织理论为理论基础的、以反垄断和反不正当竞争为主要内容的管制政策,该理论以市场结构、市场行为和市场绩效的关系作为研究重点,

---

① 这是作者多年前摘录的一段读书笔记,由于疏忽没有记录出处,现在已很难找到出处了,只好暂时这样。

认为三者之间存在因果关系,为了获得理想的市场绩效最重要的是要通过公共政策来调整和直接改善低效率的市场结构。从 20 世纪 70 年代以后,围绕管制政策的放松与否,批判结构主义政策论的芝加哥学派的产业组织理论受到了极大的关注,1968 年斯蒂格勒的著作《产业组织》的问世标志着芝加哥学派的成熟,并因此获得 1982 年的诺贝尔经济学奖。芝加哥学派认为即使在市场中存在着某些垄断权力或不完全竞争,只要不存在政府的进入管制,长期的竞争均衡状态在现实中也是能够成立的,因市场集中产生的高利润率就会因新企业的进入或卡特尔的破裂而消失,如果一个行业持续出现高利润,完全可能是高效率或创新的结果,而不是因为垄断,所以主张放松管制,将管制的重点放到限制价格协调和分配市场等市场行为上,只要不存在人为的进入管制,就没有必要对大企业采取控制兼并和人为分割的办法。20 世纪 80 年代以后,以芝加哥学派的理论为基础的放松管制的政策成为美国产业管制政策的主流,被人们称之为"芝加哥革命","当未来一代经济学家回顾过去 10 年这场横扫美国经济界的巨大反管制浪潮时,一定会认识到乔治·斯蒂格勒对经济理论和公共政策的深远影响,……像哥白尼(Copernicus)一样,斯蒂格勒推翻了一种占统治地位的理论,并从根本上改变了人类探索真理的方式。"①

我们来分析一下美国民航业放松管制的案例。航空公司声称为避免无管制的"恶性"竞争的破坏性后果,强烈要求政府实行进入管制、服务领域管制和票价管制,政府也认为竞争不适合于民航业这种特殊的、具有自然垄断性质的行业,政府成立了民用航空管理委员会对民航业进行管制,在民航业放松管制以前,民用航空管理委员会控制着机票价格、航线分配和行业进入。批评者认为真正的管制要求主要来源于航空公司私下订立的价格卡特尔和服务区域卡特尔不稳定且没有政府的进入管制有效,而由政府管制机构划分航线分配给不同的航空公司并实行价格管制,则可以使卡特尔组织合法化和长期化,另外的原因还有政府对市场的怀疑和政治家

---

① 这是胡佛研究所所长格伦·坎贝尔为纪念斯蒂格勒诞辰 75 周年的论文集所作的序言中对其的评论,见库尔特·勒布、托马斯·G. 穆尔主编:《斯蒂格勒论文精粹》,吴珠华译,商务印书馆 1999 年版,第 1—2 页,英文版见 Kurt R. Leube and Gale Moore Eds., *The Essence of Stigler*, Hoove Institution Press, 1986。

的不甘寂寞,放松管制的核心思想是使航空公司能够自主确定机票价格,自行选择航线并允许新公司进入参与竞争。对政府管制的上述批评导致了西方工业国家在20世纪70年代开始了放松管制的浪潮,七八十年代的放松管制政策成了过去50年来最重要的改革实验之一。一部分反对放松管制的人士预言,放松管制将会导致垄断权力控制市场,另一部分人则预言放松管制将会导致过度竞争①和行业不稳定,并使企业通过降低服务质量来减少成本,还有一些人认为在偏僻地区的消费者将会因此而得不到某些重要服务如邮递服务、交通服务。虽然这些批评一直存在,但放松管制的后果总体上是令人满意的,机票价格在安全性上升的基础上下降了三分之一,原因是竞争同时降低了票价、成本和利润;虽然大公司撤出了小城市之间的服务领域,但提供定期短途往返服务的小航空公司填补了这一空白;航空公司的事故率与死亡率比放松管制前低得多,而且因机票价格下降而使每年公路交通事故死亡人数下降了800人,这是因为便宜机票使更多的人用飞机旅行代替危险得多的汽车旅行。经济学家的研究表明,民航业的放松管制仅在20世纪80年代就产生1 000亿美元的净收益,进入90年代后每年仍在产生200亿美元的净收益②,但也有批评人士指出,放松管制也不能完全消除航空市场的进入管制,如机场容量不足使拥有长期租赁协议的公司可以有效阻止新公司的进入,基于旅行里程累计的票价优惠制度也使新进入者处于不利地位,此外由几家大航空公司建立起的机票预售系统常常把自己的航班放在优先推荐的位置上,但这些进入壁垒与政府的行业管制比起来,可以说是微不足道的。

关于干预的理由,在早期还有一个在现代职业经济学家看来极为可疑的理由,就是需要政府对某些行业进行管制来防止"掐断脖子"的竞争,这一辩护支持对铁路、公路货运、航空、公共交通、农业生产水平进行长期控

---

① 实际上竞争越激烈越好,无所谓过度的问题,我们平时所说的过度竞争有两种情况,一种情况是指不正当竞争,一种情况是缺乏竞争力的竞争者对正常的市场竞争的抱怨。
② 〔美〕坎贝尔·麦克康耐尔、斯坦利·布鲁伊:《经济学——原理、问题和政策》(第十四版),陈晓等译,北京大学出版社、科文(香港)出版有限公司2000年版,第851页有对此案例更为详细的研究,有兴趣的读者可以阅读该部分内容。

制[1],以减少来自沉没成本的损失。例如,美国政府从20世纪30年代建立民用航空局(CAB)开始,就把限制竞争作为自己主要的任务,从1938年到1978年没有允许一家新的航空公司进入国内市场,直至1978年卡特总统任期内国会才通过法律允许自由进入和退出所有的国内航线,航空公司才可以自由地决定自己认为合适的运输价格。当时许多非经济学家担心,没有管制会引起大量的解雇和服务质量上的损失,但实际情况今天已经很清楚了,取消管制后,平均运费逐年大幅度地下降了、飞机的利用率提高了、各航空公司的价格策略变得极富创造性和灵活性,总的来说,运营变得更有效率了。

  关于政府干预的传统经济学观点是规范性的,即主要说明政府干预应该做什么及为什么需要这样做,关于管制的另一种理论是基于管制实际做了什么的实证分析。以斯蒂格勒为代表的芝加哥学派和以布坎南为代表的公共选择学派认为许多管制是由政治力量和受管制的行业经济利益相互作用的结果,如果实行进入管制,限制进入或限制竞争就会提高受管制行业中已有企业的利润,受益厂商的经济利益产生了对限制来自行业外的竞争的管制需求,管制的受益者集中而富有组织性,而受害者分散且缺乏信息,管制机构因此就容易被管制对象所操纵,它保护生产者甚于保护消费者,这就促成了管制的永久化。这一激进的理论得到了对经济管制的大量实证研究的支持,尽管管制的理由是通过管制使价格处于低水平以防止垄断权力的滥用,但结果却使价格处于高水平,如在航空业、保险业、城市出租车业中所表现出来的。这样,在解释为什么会出现公共管制问题上斯蒂格勒提出了管制俘虏理论[2](Captured Theory of Regulation),该理论认为管制机构往往成为被管制对象寻租活动的俘虏,管制在许多情况下是应被管制者的要求而设立的,在实质上变成了对管制对象的保护,尤其是采取进入管制的时候,而且管制机构进行管制所需要的信息往往是依赖于被管制对象提供的,对消费者来说更为不利的消息是管制机构倾向于从被管制

---

  [1] 查阅〔美〕保罗·A.萨缪尔森、威廉·O.诺德豪斯:《经济学》(第十四版),胡代光、吴珠华、余文武、汪洪、张军扩、母正育、何振华译,北京经济学院出版社1996年版,第624页。

  [2] 参见 George J. Stigler, The Theory of Economic Regulation, *Bell Journal of Economics*, Vol.2, Spring, 1971, pp.3–21.

行业中雇用"熟悉"这一行业的工作人员。① 斯蒂格勒首先假设国家的权力或强制力是一种资源或潜在的威胁,利益集团为了使自身利益最大化会设法利用国家权力来为本集团谋取利益,这就产生了对管制的需求,因此,管制在本质上是利益集团利用国家权力将社会资源从其他利益集团向本集团转换的一种工具,"管制作为一种规则被某个行业所获得,它就会按照这个行业的利益要求来设计并运行"。② 管制往往以进入管制的形式出现,提高了这个行业现有企业的价格和利润,所以,从管制中获益的利益集团为了阻止竞争者进入和保持高利润会积极地去游说以求将这种管制保持下去。由于一个利益集团通过寻求国家权力的支持而获得租金时,会损害其他利益集团的利益,因此,其他利益集团为了保护自己的利益也会寻求国家权力的支持来阻止前一个集团的寻租行为,这就出现了寻租竞争。寻租竞争的结果取决于不同利益集团的力量对比。总之,在立法者或管制者被生产者所"俘虏"的情况下实行的限制竞争的管制不会出现增进社会福利的后果。

历史上和现实中政府实行严格管制的范围实际上远远超出了自然垄断的范围,铁路和公路运输、航空、长途电话、城市公共交通、广播电视、石油天然气以及所有的金融市场,这些行业中许多行业接近于完全竞争行业更甚于接近自然垄断,这些行业都具有更适宜于竞争的结构特征,因为它们的市场相对于单个企业的有效率规模来说是很大的。这些具有较低的自然垄断程度的行业的存在③,就为经济管制的利益集团理论提供了支持。这些管制之所以存在,其主要原因就在于管制部门受到了被管制行业中受保护厂商所作的政治支持或政治恐吓;另一种普遍的情况是,管制常常是由政治家的美好愿望开始的,一旦开始便会产生既得利益者,使管制难以解除。

至此我们就不会惊奇对行业管制批评最为集中的是进入管制被大量

---

① 也许是作为回报,管制机关的官员在退休或离开政府部门后也常常在其原来的管制对象那里得到一份好的工作。

② G. J. Stigler, *The Citizen and the State*, Chicago: Chicago University Press, 1975, p.3,转引自方福前:《公共选择理论——政治的经济学》,中国人民大学出版社 2000 年版,第 108 页。

③ 不同行业的自然垄断程度主要是通过比较厂商的最小有效率规模相对于市场规模大小来确定的。在完全竞争行业中,厂商的最小有效率规模相对于市场而言是微不足道的;在自然垄断行业,则是这个行业的整个市场规模仍处于 AC 曲线下降或急剧下降的地方。

用于一些根本不属于自然垄断的行业,在这些行业中如果没有管制,竞争会相当激烈。在这些行业中正是进入管制本身创造了垄断,是一种行政垄断,导致了更高的价格、更低的产量和更差的质量,与管制所宣称的维护公共利益的目标正好相反,管制的真正受益者是管制者、被管制企业与雇员自身,而非消费者和被挡在门外的潜在进入者。这些管制措施常常是应被管制对象的强烈要求或追求效用最大化的官僚为了自身的利益而设立的,如某些职业团体,理发师、装潢设计师、营养师、医师协会就常常呼吁政府为了保护公众不受损害而实行职业许可制度,但真正的原因是限制从业人数,以求获得垄断收入,否则就应定期对已进入者和申请进入者同时进行严格程度相同的政府检测来测量其服务质量而不是仅仅对申请进入者进行审核。

那些强调自由市场优点并主张限制政府权力的人们并不否认如果政府的权力能够得到有效控制的话,政府的直接干预肯定有助于许多问题的解决。但政府权力的扩大在缺少对政府行使权力的严格限制和监督的情况下,不可避免地将会导致政府权力被滥用[1],有政治影响力的特殊利益集团就会利用政府来获取自己的利益而将成本强加于广大公众,这将促使人们通过政治影响来进行财富再分配而不是通过从事生产性的活动来创造新的财富。经济的政治化会导致人民寻求通过相互竞争的利益集团在政治市场上的竞争,而不是独立的市场主体在经济市场上的竞争来解决所面临的经济问题,市场将会因此而失去活力。相比较而言,那些想要直接解决各种具体问题的大政府远不如那些建立制度性框架并让公众依此来解决自己所面临的问题的小政府有效率。有限的政府并不意味着无能的或软弱的政府,足球场上的裁判显然不是球场上积极的参与者,但在执行比赛规则方面却是强有力的。

---

[1] 耶鲁大学政治学和法学系教授 Susan Rose-Ackerman 的研究表明,腐败是红头文件数量的函数,见 Susan Rose-Ackerman:《腐败与发展:腐败与政府职能改革》,载胡鞍钢、王绍光:《政府与市场》,中国计划出版社 2000 年版,第 411 页。

附录一

美国主要的管制机构

机构	成立日期	管辖范围	1985年预算规模（百万美元）
经济管制			
州际商业委员会	1887	州际铁路(1887) 州际卡车运输(1935) 州际电话(1910—1935) 州际石油管道运输(1906—1977)	49.0
联邦电信委员会	1934	州际电话(1934) 广播(1934) 有线电视(1968)	95.4
联邦动力委员会 联邦能源管制委员会	1935 1977	州际电力批发(1935) 州际天然气管道(1938) 石油管道(1977)	97.1
民用航空局	1938	州际民航航线(1938)	5.6
联邦海事委员会	1936	海洋航行(1936)	12.3
联邦能源局 经济管制局	1973 1977	石油价格和分配	/
通货管理局	1864	全国范围的银行(1864)	179.4
联邦储备署	1913	成员银行(1913)	17.3
联邦存款保险公司	1933	参加保险的银行(1933)	142.8
联邦住房贷款银行署	1933	联邦特许储蓄社(1933)	25.8
联邦储蓄贷款保险公司	1934	被保险的储蓄社(1934)	26.4
社会管制			
食品药物管理局	1906	食品、药物安全(1906) 化妆品(1938) 药物有效性(1962)	409.7
动植物健康监督处	1907	肉、禽、罐装植物	242.0
联邦航空局	1958	航空安全	264.4
联邦贸易委员会	1914	假的、引起误解的广告（主要在1938年以后）	31.9
证券和交易委员会	1934	证券发行和交易(1934)	106.4
原子能委员会 核能管制委员会	1947 1975	核能工厂注册(1947)	448.2
国家公路交通安全局	1970	汽车安全(1970) 汽车节油(1975)	58.5
环境保护局	1963	空气、水、噪声污染	661.7
职业安全和健康局	1971	工业安全和健康(1971)	220.8
矿山安全局 矿山安全和健康局	1973 1978	矿山特别是煤矿安全和健康	152.0
消费品安全委员会	1972	消费品安全(1972)	36.0

资料来源：原始文献见 Weiss L. W. and M. W. Klass, *Regulatory Reform: What Actually Happened*, Boston: Little, Brown and Company, 1986。本书转引自成思危：《政府如何管理企业》，民主与建设出版社1998年版，第77—79页。

附录二

美国司法部兼并准则

横向兼并

1. 当四个最大厂商市场销售额达到或超过该产业销售额的 75% 时,占有下述市场份额的两个厂商若兼并,一般将会遇到调查:

主兼厂商		被兼厂商
4% 或以上	与	4% 或以上
10% 或以上	与	2% 或以上
15% 或以上	与	1% 或以上

2. 当四个最大厂商的市场销售额小于该产业销售额的 75%,占有下述市场份额的厂商间的兼并,通常将会遇到调查:

主兼厂商		被兼厂商
5% 或以上	与	5% 或以上
10% 或以上	与	4% 或以上
15% 或以上	与	3% 或以上
20% 或以上	与	2% 或以上
25% 或以上	与	1% 或以上

3. 当市场上存在着巨大的集中趋势时,兼并也很可能会遇到干预。在兼并前,八个最大厂商的市场份额在 10 年间若增长 7% 或更多,集中趋势便被认为存在,这时八个最大厂商中的任何一个若兼并另外一个达到 2% 以上市场份额的厂商通常也就会遇到调查。

纵向兼并

1. 当供给厂商在它的市场上占有 10% 或更多的市场销售额、购买厂商占有该市场购买总量的 6% 或以上时,兼并通常要受到干预。
2. 当购买厂商占市场购买总量 6% 或以上,供给厂商占市场销售额 10% 或以上时,兼并通常会遇到干预。
3. 在有些情况下,上述限制以外的兼并,也可能会受到干预。

混合兼并

1. 当被兼厂商处于下列情形时,兼并通常会受到干预:
(1)占有约 25% 或以上的市场份额;
(2)是市场中两个最大的厂商之一,这两个最大厂商占有 50% 或更大的市场份额;
(3)是市场中四个最大厂商之一,这四大厂商占有的份额达到或超过 75%,而且被兼并厂商占有 10% 的市场份额;
(4)是市场中八个最大厂商之一,而且这八大厂商又占有大约 75% 的综合市场份额。
2. 当存在会导致互惠购买的危险时,兼并通常会受到干预。
3. 当兼并可能会产生进入壁垒或增加主兼厂商的市场力量时,兼并通常会受到干预。

资料来源:华民等著:《不均衡的经济与国家——国家干预经济的目的和方法》,上海远东出版社 1998 年版,第 274—276 页。

附录三

石油输出国组织(OPEC)

石油输出国组织(OPEC)是一个由13个产油国政府组成的卡特尔组织,OPEC在1960年成立时,只有伊朗、伊拉克、科威特、沙特阿拉伯、委内瑞拉五个国家,到了1973年,又有卡塔尔、印度尼西亚、利比亚、阿联酋、阿尔及利亚、尼日利亚、厄瓜多尔、加蓬八个国家加入。OPEC在20世纪70年代在限制石油供应、提高油价方面卓有成效,1973—1974年,该组织在6个月内将油价从2.5美元/桶提高到11.17美元/桶[1],到80年代早期,石油价格攀升至每桶32到34美元/桶。[2] 油价的上涨给该组织的成员带来了极为丰厚的利润,也引起了世界范围内的通货膨胀,使石油进口国出现了严重的贸易赤字。OPEC在20世纪70年代的成功可以归因于以下几个原因:一是控制了世界上绝大部分石油资源;二是石油的短期需求弹性很低,弹性低意味着OPEC一个低水平的产量限制就可使价格有相对较大的提高。

在20世纪70年代取得巨大成就的OPEC在80年代陷入了混乱,油价一度跌破每桶15美元[3],第一个原因是70年代油价的飞涨刺激了对石油新储备的勘探,很快许多非欧佩克国家就成为世界石油产业的一部分,如英国、挪威、墨西哥、俄罗斯很快成为主要的石油供应商,这使欧佩克组织的石油在世界石油市场上的占有率大幅下降;第二个原因是高油价带来的节能技术的开发和替代能源如煤、天然气、核能的广泛使用降低了对石油的需求,非欧佩克国家生产的扩大和世界石油需求的下降严重影响了OPEC国家对石油价格的控制力;第三个原因是在OPEC内成员国之间存在着严重的欺骗问题,尼日利亚和委内瑞拉相对贫穷和人口较多,伊拉克、伊朗和利比亚则有大量的军费开支,这些国家均对美元有急切的需求,它

---

[1] 1973年10月中东战争爆发,为了打击以色列,石油输出国组织全面削减石油出口份额,并有选择地对一些国家实行禁运,使世界油价上涨3倍,油价的提高把世界1.5%的购买力转移到石油输出国组织,导致世界需求下降、物价上涨。以这次石油危机为导火索,引发了战后影响最大、导致资本主义经济政策重新调整的经济危机。

[2] 1981年的价格为35.10美元/桶。

[3] 到1986年又跌回到12.52美元。

们用低于协定价格的价格销售高于协定产量的石油,这些因素均导致 OPEC 陷于混乱。① 到了 90 年代,OPEC 每两年开一次会,但卡特尔不再有效了,成员国主要是相互独立地作出决定,世界石油市场变得相当具有竞争性。到了 1999 年,OPEC 之间的合作又加强了,石油价格又翻了一番,只有时间才能告诉我们这种重新合作会持续多长时间。

---

① 整理自〔美〕坎贝尔·麦克康耐尔、斯坦利·布鲁伊:《经济学——原理、问题和政策》(第十四版),陈晓等译,北京大学出版社、科文(香港)出版有限公司 2000 年版,第 661、663—664 页;〔美〕曼斯费尔德:《微观经济学》(第九版),黄险峰等译,中国人民大学出版社 1999 年版,第 347—348 页。有关 OPEC 的深入分析,读者可以阅读 J. Griffin and H. Steele, *Energy, Economics and Policy*, 2d ed., New York: Academic Press, 1985。

第五章

收入分配政策的分析与选择

贫富差距的不断扩大是非常危险的,因为一个不能为失败者提供希望和援助的体系,很容易被绝望的行动所破坏。[①]

前面我们讨论了因不满足帕累托最优条件而出现的市场失灵及政策选择,但经济效率并不是我们的唯一追求,即使市场是有效的,也可能产生收入分配上的问题,或非经济上的问题如"公益品"和"公害品"问题。下面我们来讨论几种即使在帕累托最优状态下也可能存在并导致市场失灵的几个原因。

第一节 对公平的理解

社会上每个人所处的环境都不一样,每个人的观点都必然取决于自己所处的特殊环境,我们很难在社会成员中就公平的含义取得完全共识,我们很难客观地确定一个公平的社会应该是什么样子。人们对公平的理解有多种含义,我们大体上可以将其区分为能力原则[②]下的公平和需要原则[③]下的公平。自由主义经济学家主张能力原则,强调要有共同统一的规则以确保每个人都有参与的机会,但由于能力或偏好的不同,如更偏好闲暇、日光浴和听音乐而不是货币收入或其他物质财富,每个参与者在财富

---

① 是某位作者在读书笔记中的文字,出处不详。
② 它提倡机会公平或起点公平。
③ 也称再分配原则,追求结果公平。

分配上的结果是不会完全相同的,但这样的结果应该是可接受的。冯·哈耶克(Von Hayek)和诺兹克(Nozick)[①]提出的生产率原则或应得权利理论就属于这种理解。该理论不是从结果,如个人可获得的商品或服务的数量或每个人所享用的效用的角度,而是从程序上来理解分配公平的,认为只要个人的基本权利不存在歧视性差别,就应该认为任何分配结果都是公平合理的,每个人对他的劳动和资本所创造的产品拥有天然的、不可侵犯的权利,因而排除了根据平等的原则对依据竞争性市场的规则和程序所获得的收入进行强制性再分配的必要性,认为唯一可接受的再分配政策是自愿性转让,如馈赠、慈善捐赠、赞助等。这种理论旨在保障权利的平等而不是满足偏好或结果的平等,认为个人效用并不能成为判断是否公平的标准,这种看法是否正确取决于读者自己的价值判断。

另一种观点则强调需要原则,强调社会成员结果平等的优越性,较少考虑规则和程序统一问题和能力问题,追求结果平等的社会公平无疑会导致经济生活的政治化,削弱人们创造财富的积极性。现实中我们的经济政策实际上是这两种思想某种程度混合的反映。

本书只讨论经济方面的公平,说明经济公平的一个指标是收入分配,即使我们只是部分地接受需要原则,也意味着我们必须关注收入分配问题。

第二节 收入差距的来源

收入(Income),指的是个人或家庭在一个给定的时期中(如年、月、周)所得到的现金,包括劳动报酬、财产收入(租金、利息、红利)和政府转移支付,是一个流量。

财富(Wealth),是指在某一时点上所拥有的资产的货币净值,指的是金融资产和有形财产的货币价值减去负债。财富占有上的不平等是收入不平等的一个来源,在西方社会收入方面最大的不平等来自于财富拥有上

[①] 英文原始文献请查阅 Nozick, R., *Anarchy, State and Utopia*, New York: Basic Books, 1974; Hayek, F. A. Von, *The Constitution of Liberty*, Chicago: University of Chicago Press, 1960。中文可阅读〔意〕尼古拉·阿克塞拉:《经济政策原理:价值与技术》,郭庆旺、刘茜译,中国人民大学出版社 2001 年版,第 66—68、254—256 页的内容。

的差别,与财产收入的差别相比,来自工资和个人特征方面的收入差别微不足道。财富拥有上的明显差别刺激着各个时代的激进分子和革命者,前者主张实行严厉的财产收入税、遗产税、赠与税、财富税,后者煽动对大量积累的财产由国家没收。① 继承、储蓄②、风险承担、接受馈赠、企业家精神是财富的主要来源。

在要素收入的总量中劳动报酬一般要占到70%—80%,这样,即使社会成员在财富拥有上不存在任何差别,但收入上的不平等还会保留下来。

如果所有的劳动力都是同质的,所有的劳动力对所有类型的工作都具有同样的偏好,劳动力市场是充分竞争的,那么所有的工人将获得完全相同的工资率,这一结论并不令人惊奇,在某一具体类型的工作中,竞争将使具有同样劳动生产率的工人获得统一的工资水平,这一论述的重要意义在于暗示了工资水平差别的来源。

劳动报酬上的差异来自于许多方面,主要原因是失业因素;此外还取决于人们在各种能力上的差别,工人不是同质的,包括生理上的、精神上的或性格上的,如野心、冒险精神、坚强意志、勤奋、良好的判断力等;收入差异还源于工作强度和偏好的不同,一个永不满足的人和一个信奉知足常乐信条的人所选择的工作强度是完全不一样的,由此产生的收入不平等很难说是不公平的;劳动报酬收入的差异还取决于受教育和接受培训的年限、工作的危险程度、来自政府执业许可的进入管制强度以及种族、性别、年龄、信仰、家庭背景、社会经历③的不同等,劳动力市场的各种缺陷也会引起不同地域之间的工资水平差异。

下面我们具体分析一下劳动收入差距的来源,以便为我们随后的政策分析建立一个讨论的基础。

工作特点

由于各种工作特点相差很大,有的危险、艰苦、枯燥,而有的安全、有

---

① 有趣的是在20世纪80年代以后,市场的再发现减弱了对财富再分配的呼声,尤其在后社会主义国家,私人财富的积累被看做是刺激经济增长的一种途径。

② 如果两个人收入一样多,但一个人比另一个人储蓄多,那么一个人纳的税也比另一个人多,这很难说是公平的,税收制度不应歧视节俭者。

③ 一般来说成长于富裕家庭的孩子比起成长于拥挤、贫穷的家庭和不良社会的孩子更易于获得高收入的工作机会。

趣、轻松,这样对不同工作的不同的供求关系就决定了不同的工资水平,它们之间的差距被经济学家称为补偿性差别(Compensating Differential)或补偿性工资差别(Compensating Wage Differentials)。因此夜班工资要高于同一岗位上白班工人的工资,煤矿工人的工资要高于相同劳动强度的地上工作人员的工资水平,再如由于建筑工人的工作又脏、又累、又危险,还存在季节性和周期性的不稳定性,而营业员则意味着干净的衣服、舒适的空调环境和不用担心受伤,所以,尽管营业员和非熟练建筑工人所需的天赋大体相同,他们的工资却因工作性质的不同而大不相同。除补偿性工资差别外,工资差别还可区分为生产率引致的工资差别(Productivity Wage Differential)和信息引致的工资差别(Information-based Differential),下面我们将逐一谈到。

人力资本的差异

那些按市场经济标准来评价拥有人力资本或天然资源禀赋较少的人,收入一般较低;拥有人力资本越多的人,其收入水平也越高,因为其有较高的、获得市场承认的边际生产率。[①] 人力资本是对人力资源开发投资的积累,开发的主要形式是接受教育和培训,所以受教育时间的长短就可以作为人力资本存量的衡量尺度。以西方发达国家为样本的研究表明,中学教育的投资回报率的估计值在10%—13%,大学教育的回报率在8%—12%之间,一个普遍被接受的估计值是每一年的学校教育大约可使工资水平提

[①] 虽然正规教育能够增加工人的工资是因为教育使其具有更高的生产率的观点被广泛接受,但一些经济学家提出了另外一种理论,他们认为教育并没有真正改变一个人的生产率水平,他们去接受教育是因为他们希望拥有一种表示其具有较高潜在高效率的信号,因为能力强的人比能力差的人更容易得到大学学位,企业也把学位作为区分高效率和低效率工人的一种方法。教育的信号理论与我们在本书中曾谈到过的广告的信号理论有相似的地方。广告的信号理论认为,虽然说服性广告本身并不包含有关商品本身或销售、价格方面的信息,但企业作广告本身就向消费者发出一种高品质的信号,只有高质量的产品才有实力作广告。现在我们有了两种教育理论:人力资本理论和信号理论,根据人力资本理论,教育可以使工人生产率更高;根据信号理论,教育只是反映天赋能力的一种信号。这两种不同的理论对增加教育预算的政策有不同的预期,根据人力资本理论,提高所有人的教育水平,会提高所有人的生产率,提高所有人的工资水平和福利水平;根据信号观点,教育并没有提高生产率,教育只能将具有不同的生产率的人区分开,使受教育时间长的人因为他所具有的较高生产率而得到较高的工资,如果提高所有人的教育水平,并不影响整体的工资水平和福利水平。当然最可能的一种情况是真理位于这两个极端之间的某个位置,教育程度既与生产率提高有关,也是反映生产率水平的一种信号,真正难以解决的只是这两种作用的相对大小。

高8%左右。①

天赋不同、努力程度不同、机遇不同均会造成工资水平的差异

天赋、努力程度和机遇在决定工资的过程中有多重要呢？这很难说，因为它们都难以被准确衡量，经济学家研究收入差距时，常把收入水平与一些可精确度量的变量如接受学校教育和在职培训的年限、工作的年限、年龄、工作性质等因素联系起来，虽然这些因素对收入水平有强烈的影响，但也只能解释不到一半的工资收入变动，由此可以推断出一些被忽略的变量，如能力、努力、机遇应起着重要作用。

美国劳动经济学家丹尼尔·哈莫米斯（Daniel Hamermesh）与杰夫·比德尔（Jeff Biddle）在《美国经济评论》1994年12期上发表了一篇论文，根据他们在美国和加拿大搜集到的个人调查资料专门研究了相貌和工资水平的关系，试图解决工资收入水平在多大程度上取决于相貌，他们的研究表明有吸引力的人比相貌平常的人收入平均高5%，相貌平常的人比相貌低于平均水平的人收入高5%—10%。一种解释是漂亮的外貌本身就会产生提高生产效率的作用，如在演员、推销员、服务员这些行业中②；另一种解释是这是一种歧视的结果，我们会在下面专门谈这个问题。

服务质量的差异与服务效率

虽然服务质量不同会带来收入水平的差距，但为什么在某些行业中，如演艺界、体育界中的收入差距要远远大于学术界、服务界等大多数行业呢？有超级影视巨星、体育巨星，但没有超级教授、超级服务员、超级修理工③，这主要取决于最优秀的提供者能否做到低成本地向尽可能多的需求者提供服务，电影拷贝技术、电视技术、巨型体育场、图书出版社技术、电子网络技术都使某些最优提供者提供的服务或物品能够低成本地同时向许

---

① 数字来源于〔美〕坎贝尔·麦克康耐尔、斯坦利·布鲁伊：《经济学——原理、问题和政策》（第十四版），陈晓等译，北京大学出版社、科文（香港）出版有限公司2000年版，第746页。
② 读者可阅读〔美〕格里高利·曼昆：《经济学原理》，梁小民译，三联书店、北京大学出版社1999年版，第31页的案例研究《人力资本、天赋能力及义务教育》。
③ 在集中管理国家中，政治力量会定期地在不同的行业确立各种政治性的行业明星，但这不在我们的讨论范围。

多喜欢它们的人提供。

最低工资法

上述各种原因都会使某些行业的工资水平处于竞争性的工资水平之上,从而使不同行业之间产生收入上的差距。

大多数职业经济学家反对实行最低工资制,尤其是较高水平的最低工资制。反对实行最低工资保护的人认为,在经济活动中大多数工人并不直接受最低工资法的影响,因为他们的市场均衡工资远高于法定最低工资。例如,在美国,最低工资约为制造业工人平均工资的40%—50%[1],但对于不熟练而又无经验的工人来说,由于法定最低工资高于市场均衡工资而导致市场对这类劳动力需求的减少,如果不将低生产率工人的劳动生产率加以提高的话,劳动力成本的提高会使厂商用其他资源来代替劳动力进行生产,从而对劳动的需求有所下降,结果就会迫使原来获取低于最低工资水平的工人失业、退休或进入非正规部门就业,从而在这一群体产生低就业率,最终会降低总产业规模。最低工资法充其量只能使那些以前的工资稍稍低于最低工资标准的人的收入水平得到提高,但无疑会降低原来那些大大低于该标准的工人的收入水平,这就是最低工资法在收入分配方面的主要作用。

第二种反对意见认为最低工资法的初衷是保护非熟练工人,为其提供"生活工资",将其从贫困中解脱出来。但实际上受最低工资影响的主要是青少年工人,从较长的时间来观察,这些人并不是贫困人口,读者可回忆一下本书曾提到过的收入生命周期曲线。

第三种反对意见认为,最低工资法会导致雇主采取提高劳动生产率的技术,导致更低的劳动力需求水平,当然从另一方面来说也具有促进技术

---

[1] 见〔美〕坎贝尔·麦克康耐尔、斯坦利·布鲁伊:《经济学——原理、问题和政策》(第十四版),陈晓等译,北京大学出版社、科文(香港)出版有限公司2000年版,第243页。在中国国家劳动和社会保障部于2004年3月1日颁布实施的《最低工资规定》中规定最低工资的计算方式是比重法和恩格尔系数法,比重法即根据城镇居民家计调查资料,确定一定比例的最低人均收入户为贫困户,统计出贫困户的人均生活费支出水平,乘以每一就业者的赡养系数,再加上一个调整数。恩格尔系数法即根据国家营养学会提供的年度标准食物谱及标准食物摄取量,结合标准食物的市场价格,计算出最低食物支出标准,除以恩格尔系数,得出最低生活费用标准,再乘以每一就业者的赡养指数,再加上一个调整数。

进步的正面效果。

但这只是问题的一个方面,在另一方面,最低工资法所产生的较高工资不仅会将该群体中就业者的收入水平提高到竞争性市场中的均衡水平之上,而且会提高劳动生产率,减少旷工和跳槽,发挥效率工资的作用,生产率的提高可能将部分或大部分抵消工资水平提高所带来的成本增加;通过扩大在职职工和依靠福利生活的人之间的收入差距提高了对失业者寻找工作的激励;最低工资法在客观上也会起到提高厂商在提高劳动生产率方面进行投资的激励作用。

纵观正反两方面提出的假说,统计分析的结果支持哪一方呢?多数的研究结果显示,最低工资保护确实导致了青少年①的失业。据估计在发达国家,最低工资每上涨10%,青少年的失业率将上升1%—3%,青年人②同样也会受到影响,最低工资每上涨10%,该群体的就业率将下降1%左右。③ 在因此而增加的失业者当中,少数民族、妇女、年老体弱者失业的概率要更大一些,但仍然留在工作岗位上的人的工资水平会因最低工资法的保护而有所提高,因此,最低工资法的全面效果是难以准确衡量的。总体看来,经济学家认为一种最可能的情况是,较低水平的最低工资制对就业的总体影响不大,那些因此而失业的人处境更为不利,那些仍然就业的人会因此而得到较高的工资。

作为一种垄断组织的工会

西方工业国家的工会会员占总就业人口的比例从法国、美国的不到17%到英国、意大利、澳大利亚的40%,再到瑞典的超过80%,差别很大。④ 在美国,大部分的工会组织加入了美国产业组织劳工代表大会联盟⑤这一松散的工会联盟,也有20%的工会会员属于AFL-CIO之外的独立工会,如

---

① 指16—19岁的劳动力。
② 指23—24岁的劳动力。
③ 见〔美〕坎贝尔·麦克康耐尔、斯坦利·布鲁伊:《经济学——原理、问题和政策》(第十四版),陈晓等译,北京大学出版社、科文(香港)出版有限公司2000年版,第244页。
④ 原始来源United Nations, *Human Development Report*, p.29, 转引自〔美〕坎贝尔·麦克康耐尔、斯坦利·布鲁伊:《经济学——原理、问题和政策》(第十四版),陈晓等译,北京大学出版社、科文(香港)出版有限公司2000年版,第919页。
⑤ 简称劳联—产联,AFL-CIO。

全国教育协会、护士协会、矿工协会等。美国的工会坚持一种商业工会主义哲学,即工会只关心提高工资、缩短工作时间、改善工作环境等短期经济目标,不干涉、不参与政治运动。工人加入工会的可能性主要取决于他们所处的行业和职业,工会化率①在政府部门、运输业、建筑业、制造业、矿业中比较高,而在农业、金融、保险、房地产、批发及零售业和服务业中则较低,因为在运输业、建筑业、制造业、矿业这些行业中男性和黑人的比例较高,所以男性和黑人加入工会的比例偏高。在美国,自20世纪50年代中期以来,工会会员的增长就一直落后于劳动力的增长速度。对这种趋势有几种解释,结构变化假说认为,产业结构的变化使就业结构向工会化程度低的服务业转移,减少了工会会员人数,从而造成了工会的衰落。产业结构的这种变化既与国际贸易有关②,也与技术进步有关,即所谓产业结构的高级化,此外还存在一种可能性是工会在劳工合同谈判中所取得的成功,面对工会会员的高工资,雇主可能采取用机器代替工人或将大量工作分包给非工会供应商或干脆到欠发达地区或低工资国家开办新工厂的办法来降低成本,这种情况下,工会所引起的高工资、高成本、高价格就会降低该行业的产出水平和就业水平。

  工会的主要任务是代表工会会员与雇主就劳资合同进行谈判,该合同有的仅两三页,有的则有二三百页,有的仅涉及一个企业,有的则涉及一个行业。集体谈判的协议通常包括这样几个方面:

  1. 如何对待非工会会员的问题。"封闭企业"只允许雇用某一个工会的会员,但按照美国的联邦劳动法,在除运输业和建筑业外的其他行业成立这类工会均为非法。"工会企业"允许雇主自由雇用,但非工会雇员必须在一定期限内(如30天),加入工会。"代理企业"则要求非工会会员将与会费等额的现金或等价物品捐赠给慈善机构。在美国有20个州的法律规定工会企业和代理企业为非法。在开放企业中,雇主可以任意雇用非工会会员,非工会会员也可以不交工会会费而无限期地工作下去。在工会谈判的劳资合同中关于工作报酬、工作时间、工作条件等方面的条款同样适用于非工会会员工人。

---

① 指个人参加工会的百分比。
② 如在新的国际分工体系下从低工资的发展中国家大量进口低技术含量的商品。

2. 资产权力。大多数集体协议都含有资方可单独作哪些决策的条款,这些决策通常包括工人规模、厂址、产品类型、生产设备和原材料的选择等。

3. 工资和工作时间。这是协议的中心内容,工会在谈判中确定工资标准的依据主要有其他行业或本行业其他企业的工资水平、本企业的预期利润水平、通货膨胀指数、劳动生产率变动情况等。

此外集体谈判的协议往往还包括解聘、聘用、晋升、休假、争端解决程序等方面的内容。

上一个工作协议包含了下一个协议的谈判日期,一般在合同期满的两个月前。

尽管在实际的工会活动实践中工会追求的目标很多,但最重要的目标是提高工资率,这一目标可以通过几种方式来实现。工会可以通过改变决定劳动力需求的一个或多个因素来提高对劳动力的需求,如工会可以通过提高对雇主所生产的产品或服务的需求,改变其他投入品的价格,或直接迫使雇主制造工作机会或闲职来扩大对劳动力的需求。例如,工会可以通过广告、政治游说来提高对雇主所生产产品的需求,从而提高他们对劳动力的衍生需求,如工会可以和其雇主一起资助呼吁消费者"购买工会标签"产品的电视广告,以增强对其产品的需求。历史上,国际女式成衣工会和美国通讯工会协会(CWA)曾出资开展这类广告活动以劝说消费者选择工会会员所提供的产品或服务;美国的建筑工会也曾游说建立新的高速公路和城市改建项目;教师工会和协会曾游说政府增加在教育上的公共支出;与航空业相关的工会组织曾要求增加军事和太空探险方面的支出;钢铁业和汽车工业的工会曾积极游说政府采取关税和非关税的贸易壁垒来减少进口车的供给,迫使其价格提高,从而可以提高作为进口车替代品的国产车的需求,最终提高对汽车工人的需求。

至于工会强迫雇主制造工作机会或闲职的案例,大家可以回忆一下本书前边曾提到的铁道工人工会曾强迫雇主在内燃机车上配备一名司炉①的例子。工会可以通过提高替代资源的价格来增加对劳动力的需求。如

---

① 后被法院判为非法。

工会极力支持提高最低工资标准,因为会员工资通常远高于最低工资,通过提高非会员工资,可以有效降低雇主雇用非工会会员的激励,再如美国制造业工会曾积极反对电力或天然气公司价格上升的提议,以阻止制造业成本上升的趋势和对其产品需求下降的趋势。工会还可以通过减少劳动力的供给来提高工资率。劳工组织在西方向来是限制移民、减少童工、强制性退休、缩短工作时间等立法活动的积极支持者,目的就是限制本国劳动力的供给水平,从而提高工资的一般水平。此外,一些类型的工会还通过旨在限制非会员数量的机制,人为地限制劳动力的供给水平,如手工业者工会往往要求很长的学徒期、限制学徒数量,读者可以想一想历史悠久的行会制度;另一种限制某类特定劳动力供给的手段是由政府颁发执业许可。

处于某一职业的在岗者往往给立法部门(而不是消费者)施加压力,要求通过特定的法律强制要求潜在的进入者必须满足一些特定的要求后才能获得执业资格。在西方有理发师、医生、美容师、鸡蛋检验师等执业资格的政府认定,这些要求可能包括受教育程度、工作年限、通过专业考试的成绩等内容,执行许可管理的人员通常由业内人士所担任,结果是这些规定往往背离保护处于信息劣势的消费者、防止无能的执业人员危害消费者利益的初衷。职业经济学家普遍认为,打着"公众利益"的旗号制定出来的严格的执业资格要求往往是通过建立限制性的劳动市场进入壁垒来使少数在职者受益,目的是给予业内人士高于竞争性工资的工资水平,这些管制会迫使遵纪守法的公民转入地下从事"非法"的商业活动。美国现有600种职业要求职业许可[①],许多人发现那些所谓的资格培训和考试的内容与消费者的健康和安全并没有多大的关系,正如弗里德曼所言,"就一个外行看来,谁能获得执业资格与专业能力毫无关系","他们什么也没教给你,事实上也没什么可教的,我认为执业资格与钱和权力更有关","如果取消所有这些阻止人们赚取诚实收入的壁垒和法规,我一个人就能提供

---

① 该处数字来源于〔美〕坎贝尔·麦克康耐尔、斯坦利·布鲁伊:《经济学——原理、问题和政策》(第十四版),陈晓等译,北京大学出版社、科文(香港)出版有限公司2000年版,第740页。

3 000个就业机会"。① 读者可以想一想,各种资格考试及考试培训到底和提高服务质量有多大的联系?应该由市场竞争还是由政府鉴定来决定由谁向消费者提供服务?哪一种效率更高?政府为什么只对潜在进入者进行考核而不对从业人员进行定期的检验来看其服务质量是否随着技术的进步而进步呢?我们发现,当从业人员由技术性很强的工人所组成时,工会就倾向于支持使用执业许可等限制对从业人员实行政府管制;当一个行业的从业人员主要由非技术性工人组成时,工会组织则寻求将尽可能多的从业人员纳入工会,以增强和雇主的谈判能力。

工会这种组织能不能提高工人的工资水平呢?理论研究表明,工会的市场权力能将工会工人的工资水平提高到没有工会存在的水平之上。罢工的威胁使工会工人比从事相似工作的非工会工人的收入水平高出10%—20%②,有的研究人员认为大致为10%—15%。③ 但较高的工会工资只被相对较少的一部分劳动力所享有,而且是以非工会工人的工资水平下降为代价的。工会会员的高工资会导致厂商减少对他们的雇用,失业工人会转到非工会劳动力市场寻找工作岗位,导致非工会劳动力市场的工资水平下降,最终导致平均工资水平并没有发生变化。

至于工会的存在与生产率之间的关系,有正反两方面的观点。有的研究者认为工会可能对生产率有负面影响,工会在历史上曾有许许多多抵制新型机器设备的生动案例,尤其在技术变革时期。如在内燃机取代蒸汽机后,在许多年里内燃机车内仍保留一名司炉工,油漆工工会不但拒绝使用喷枪,而且对工会会员所使用的刷子的宽度都作了限制;在工会晋升规则下,工人的晋升取决于他们被雇用的时间长短而非效率④,导致最有效率的工人得不到最适合他们的工作。另外一些研究人员则认为这只是问题的一个方面,工会在存在消极的影响同时,同样存在着积极的影响。由于

---

① 见《资本主义与自由》,转引自〔美〕坎贝尔·麦克康耐尔、斯坦利·布鲁伊:《经济学——原理、问题和政策》(第十四版),陈晓等译,北京大学出版社、科文(香港)出版有限公司2000年版,第749页。
② 〔美〕格里高利·曼昆:《经济学原理》下册,梁小民译,三联书店、北京大学出版社1999年版,第33页。
③ 见〔美〕坎贝尔·麦克康耐尔、斯坦利·布鲁伊:《经济学——原理、问题和政策》(第十四版),陈晓等译,北京大学出版社、科文(香港)出版有限公司2000年版,第924页。
④ 工会常常要求第一个加入工会的人最后一个被解雇且第一个被晋升。

工会会员的工资高于竞争性的工资水平,厂商有极大的动力采用提高生产率的新技术,他会更多地使用机器和进行技术创新,如果是这样的话,整个经济都会受益于工会工资;此外,工会还能使工人流动率降低,使企业拥有更多的有经验的、生产效率更高的工人,从而使企业的效率提高,低流动率还降低了公司的招聘、筛选和录用成本,低辞职率也使公司更愿意对工人进行培训。总之,目前在工会对生产率的总体影响问题上还没有一个普遍可以接受的一般性的结论。

效率工资

在某些行业中,由于雇员和雇主之间存在着关于雇员努力程度的信息不对称,雇主向雇员支付效率工资,以提高其努力程度和减少工人的流动性,这也会造成各种性质工作之间的收入差距。感兴趣的读者可以参阅本书在对信息不对称和失业问题的研究部分对这一问题的讨论。

歧视性差异

歧视是指相同的人或事被不平等地对待或不同的人与事受到相同的对待的情况。在劳动力市场中存在着具有相同生产能力的劳动者得不到相同的报酬和待遇的现象,这些收入或待遇上的差别是由歧视性和非歧视性因素共同作用的结果。非歧视性因素包括教育程度、行业性质、是否为工会会员、工作城市、工作经历、健康状况、年龄等。如果有两名具有与工作相关的相似特征的工人被区别对待的话,我们就说产生了歧视。例如,当市场向那些仅仅是由于种族、宗教、性别、年龄或其他个人特征不同而其他方面非常相似的个人提供了不同的机会时,我们就说存在歧视问题。

歧视的存在使一部分人在应聘、培训、晋升、收入、改善工作条件等方面得到了较差的待遇,工资收入差别的一个难以忽视的来源就是歧视。劳动力市场上存在的歧视主要有工资歧视、雇用歧视[①]、人力资本歧视。[②]

大多数歧视是以隐蔽的形式出现的,如与普通院校毕业生相比厂商更愿意雇用名牌高校的毕业生,即使二者在工作效率上没有差别,这种歧视

---

① 指女性或少数民族工人在进入一些低薪行业的概率更大。
② 指得不到培训的机会。

在西方文献中被称为统计歧视(Statistical Discrimination)。虽然歧视问题由于存在计量上的困难而常常变成一场情绪化的争论,但经济学家们仍在进行努力力图以客观的态度去研究以便把事实和假象区分开。

非经济学家常常简单地通过观察不同群体的平均工资水平来确定劳动市场上的歧视程度,但这种方法显而易见没有做到将可能存在的歧视和导致工资差异的其他因素,如个人所拥有的人力资本数量、从事工作的性质不同等因素区分开来。实际观察到的工资差别本身并不能对劳动市场上存在多大程度的歧视说明什么,即使在完全没有歧视的劳动市场中也会存在工资收入水平的差异,尤其是由于拥有人力资本数量不同所产生的差异,而人力资本数量差异又直接与受教育的数量(时间长短)、质量和工作经验的多少(这也是获得人力资本的方式)直接相关。除此之外,比较拥有大体相似的人力资本数量的男人和女人,男人更可能选择当司机,女人更可能选择做秘书,所以补偿性工资有时也能说明一部分男女之间的收入差距,而这通常被认为是歧视存在的证据。当然,不同群体之间所拥有的人力资本数量的差异本身可能就是歧视的原因,如政府限制农村居民的孩子到城市优质学校里接受教育,城市里绝大部分行业限制雇用农民身份的工人使他们难以积累起工作经验,但这些歧视是发生在进入劳动市场之前,虽然导致了经济方面的结果(如工资差异),但根源却是政治性的,不是一个经济学者应过多谈论的。

在竞争性的市场经济中,市场竞争机制会自动提供一种矫正歧视的方法,这种方法被经济学家称为利润动机。与实行歧视性的工资政策和雇用政策的厂商相比,只关心利润的厂商具有成本上的优势,不进行歧视的企业将取代进行歧视的企业,直到劳动市场上工资的歧视性差异消失为止。

那么,难道竞争性的劳动市场在中长期就不存在工资方面的歧视性差异吗?存在,虽然利润动机是消除歧视性工资差别的一种强大力量,但也存在对这种矫正力量的限制。我们在这里讨论一下最主要的两种限制因素:顾客或代理人偏好与政府政策。

如果消费者只关心商品和服务的质量和数量,而并不关心是谁生产的或提供的话,实行歧视的厂商将会破产倒闭;但当某些消费者有歧视偏好并愿意为维持这种偏好支付经济代价时①,竞争性企业和歧视性企业就会共存,二者提供的服务或商品的价格和二者支付给其雇员的工资水平都会存在歧视性的差异,两类企业分别为具有和不具有歧视偏好的消费者提供服务。例如,在美国,黑人篮球运动员的售价或收入往往要比拥有同等技巧的白人运动员的售价或收入低 20% 左右②,这就是因为观众的歧视性偏好使黑人运动员给球队老板赚来的钱比白人球员要少,观看白人球员占多数球队比赛的观众要明显多于观看黑人占主体的球队的观众。

代理人常常利用委托人和代理人之间的信息不对称将代理人满足自己歧视偏好的成本转嫁给委托人,经济学家 Laudia Goldin 和 Cecilia Rouse 通过考察主要交响乐团的聘用程序找到了一个检验因代理人歧视偏好引起歧视的独特机会。过去交响乐团招聘时都采用由指挥面试、试听的办法,这种办法可能会产生性别歧视,许多乐团指挥公开暗示女性更缺乏音乐天赋。到了 20 世纪七八十年代,许多交响乐团进行了改革,评委和申请人在不同的房间里进行试听,以隐蔽候选人身份。档案显示,这一方法大大提高了女性乐手的比例。目前美国一流乐团的女性比例为 25%,而在 1970 年以前仅为 5%,其中至少有 25%—40% 的变化源于"盲听"规则的使用。同时通过统计分析证明,在乐团中,性别与流动率、病事假率均无显著关系,由此可以说明性别歧视主要源于指挥的歧视偏好。

竞争性市场中歧视得以维持的另外一个原因是政府歧视性的法律。在国外有种族隔离法,在中国对农民的歧视也是建立在歧视性的法律或制度基础之上的,而绝不仅仅是个观念问题。在美国的南部各州,20 世纪初期在电车上都实行种族隔离政策,白人坐前半部车厢,黑人坐后半部车厢,这种政策是隔离法起作用的结果。电车的经营者们普遍反对这种隔离法律,并不是说公司经营者都是人权主义者,而是他们无论喜欢不喜欢黑人,都不愿意放弃满足这种偏见所必须放弃的利润。座位隔离增加了企业的运营成本,减少了他们的利润,电车常常拖着半截空车厢跑。企业经营者的动机是经济的,引起并维持这种缺乏效率的种族隔离政策的是种族主义

---

① 有偏见的人与歧视对象打交道时,会发生一种主观或心灵成本,即负效用,因此,为避免与不喜欢的某类人打交道,歧视者宁愿付出一定的经济代价。
② 转引自〔美〕格里高利·曼昆:《经济学原理》下册,梁小民译,三联书店、北京大学出版社 1999 年版,第 37—38 页。

者所煽动起来的公众情绪,以及建立于其上的法律和遭受法律惩罚的威胁。

在二战以后的前30年里,在美国尽管有女权主义,有公共工资和就业法的通过,但妇女的工资一直停留在男性平均工资的60%左右,这是因为存在着广泛、顽固和持续的性别歧视吗？恐怕不是。在战后的前30年中,由于妇女离开家庭参加工作的比例日益增长,同时许多妇女在进入劳动市场后又会因生育而长期脱离劳动市场去抚育子女,使她们难以获得连续的工作经验,女性对自己未来的工作收入和工作时间的预期也导致了她们在长期培训方面的投资比男性少得多,因为如上多少年学、在学校学什么专业等许多影响一生的决策就是受这种预期的支配作出的。许多女性,如在20世纪60年代大约为70%,普遍预期自己将在35岁以前退出劳动市场进入家庭工作,她们对未来工作的预期影响了她们早年的准备,她们认为自己的工作年限不值得自己进行过于昂贵的职业培训,这些原因都大大降低了就业妇女群体的平均职业技能水平。这就是战后工资的性别差异存在显著差距的原因。

从20世纪80年代里根执政以来,工资的性别差异又迅速缩小到80%,主要是由于晚婚、低生育率和有孩子的母亲继续工作的趋势使妇女比过去获得了更多年的连续工作经验,使她们在工作经验上更接近于男人,从而使她们的收入更接近于男人,这种收入的变化会影响到新一代年轻女性对未来工作年限和工作收入的预期。这些预期的变化体现在女性高等教育入学率的提高上,她们现在愿意为更多的预期收入和预期工作年限进行更多的投资了(时间和金钱的投入)。总之,在你没将生产率差别、劳动强度、工作性质所导致的工资差异和歧视所导致的工资差异①区别开来之前,就不能断言是政治和示威使性别工资差异缩小,歧视是性别工资差异的主要来源。事实上,对工作经验和生活状况非常相似的男性和女性的收入进行比较研究时,可衡量的差别一般是很小的。据调查资料显示,在27—33岁从未有孩子的人中间,性别工资差异不到2%。②

---

① 如果将前几项所导致的差异去除掉以后还有剩余的话。
② 见 *The Wall Street Journal*, Friday, October, 7, 1994, A10。转引自〔美〕格里高利·曼昆:《经济学原理》下册,梁小民译,三联书店、北京大学出版社1999年版,第39—40页。

总的来说,性别之间的收入差异主要来自于两性在家庭工作和市场工作之间的分工模式方面。在家庭中的角色更为平等之前,两性之间的收入差距将会长期存在。技术创新和社会分工虽然大量减少了家庭工作的数量,但照料孩子和培养子女的许多工作还是很难转移给市场,由商业机构来承担的。经济学家普遍认为,竞争性的市场是决定工资的最好机制,想要客观地衡量决定"公平合理的"工资水平的每一种因素是不可能的,通过同工同酬法律由政府强制提高在职女性职业工资水平会产生一种类似于最低工资法的负效应一样的后果,会导致对低效率劳动需求的减少,造成更多的女性失业,给想要帮助的人带来不利的影响。

反歧视政策

政府可以从多方面去缓解歧视问题。[1] 促进经济的快速增长可以间接地起到缓解歧视的作用,当经济接近于完全就业状态,或当城市劳动力市场出现供求的紧张状态时,农民工就有机会进城并找到工作,有偏见的雇主就不得不放弃偏见,因为大多数雇主与满足自己的歧视偏好比较起来更喜欢得到利润,他们不愿意为满足他们的歧视偏好去支付过高的代价;第二个间接的反歧视政策是政府通过法律或经济手段提高被歧视群体接受教育的时间长度和质量,以消除不同群体之间因人力资本拥有量方面的差异而产生的工资差异;减少歧视的第三个办法是政府通过颁布法律进行直接干预,如颁布同工同酬法,或规定政府雇员中或政府项目中雇用的被歧视群体成员比例不得低于在该地区该群体占全部劳动力的比例等。[2]

劳动力市场的缺陷

工资的长期差异性还来源于几类劳动市场本身所存在的缺陷,这些市场缺陷阻止了工人从当前的工作岗位向高收入工作单位转移。

---

[1] 如果一个国家存在类似的问题的话。
[2] 在美国,政府为了消除歧视,常常要求政府合同承包者采取积极行动主动安排少数民族和妇女就业,通常采取配额的办法,规定一定的比例。对此持反对意见的人认为这种比例也是歧视性的,反歧视的目的就是反对以性别、种族作为选择标准,所以美国法院裁定只有在纠正过去特定的歧视所产生的后果的情况下,才允许使用配额的方法。

首先是缺乏关于就业岗位、就业者、就业环境的信息。由信息问题造成的工资差异我们称之为信息引致的工资差别,例如某个工人之所以接受较低工资的工作可能仅仅是因为他根本就不知道其他地区存在他所能胜任的工作的就业机会和工资水平。寻找不同的工作机会需要花费时间成本,所以,正如一家商店可能以高于另一家商店的价格出售同一种商品一样,一家企业也可能以低于另一家企业的工资雇用到具有同等生产率的工人,从而导致同一职业内不同区域的工资水平不相等。

其次,劳动力从一个城市到另一个城市的流动成本或迁徙成本也会阻碍劳动力的流动,导致劳动力在地域上缺乏流动性,使工资难以统一。劳动力的迁徙成本包括获得关于新的工厂、新的工作和新的环境等方面信息的成本,如运输成本、沉没成本、适应新环境的心理成本、因未来不确定性所带来的可能成本等,在这种情况下,即使工人知道另外某一家厂商对同类岗位会支付较高的工资,他对转换工作地点也会犹豫不决。这会降低工人的流动性,造成了工资水平的区域差别。此外,雇主在知道可以用较低的工资雇用到工人的情况下也会犹豫,因为厂商不知道低工资工人的详细信息,如关于生产率、忠诚度和纪律性方面的信息,在此情况下,厂商会以较高的工资水平保持现有劳动力。

在劳动力市场中,不同人群的流动性是不同的,与年轻人相比,老工人的流动性要差一点,厂商可以利用这一点支付给年老的员工以较低的工资,实行年龄歧视(在年轻人与老年人的生产率一样的情况下)。

再次是由于工会或政府的限制,来自于工会或政府的对劳动力的人为限制可能造成工资的地区性差异。在国外一些行业中,潜在进入者必须加入行业工会①才能获得从业资格,这些工会往往会采取限制工会会员的办法来提高工资水平,这样不同地区之间的工资水平会因排他性工会组织的存在而出现差异。

劳动力市场的分割也是造成收入分配差距的一个重要原因,城市劳动者和农村劳动者、城市正规部门和非正规部门之间会因此而存在巨大的工资水平差异。

---

① 往往宣称是为了更好地实行自我管理。

国际贸易和移民因素

　　国际贸易引起收入差距加大的现象在发展中国家和发达国家都可以观察到。在发达国家,与发展中国家的贸易引起了低工资工作岗位向低收入国家转移的趋势,因此会导致非熟练岗位上的低收入者的收入水平进一步降低。传统的移民概念是他们用自己的劳动提供服务和产品,同时又增加了有效需求,相反的观点则认为移民与国内工人竞争工作机会,降低了低收入者的工资水平,加重了本国社会保障系统的负担。实际上,这两种观点都过于简单,移民对输入国的影响是复杂的,具体影响取决于移民的数量、教育程度和劳动技能,科学家移民和长期靠社会福利生活的移民对一国经济的影响显然不同,非熟练工人的移民使发达国家非熟练工人的工资水平有所下降,同时非熟练移民家庭的增加也增加了低收入家庭的数量,这无疑会使发达国家收入分配差距有加大的趋势。在发展中国家,政府对对外贸易活动的进入许可管制使对外贸易部门的收入水平一般较高。

社会文化因素

　　家庭收入之间的差距扩大与具有同等收入水平的人更容易组成家庭有关,在不同发展水平的国家和拥有不同历史文化传统的国家均可明显观察到具有相同家庭背景、教育背景、收入水平的人更易于组成家庭。

第三节　收入分配领域政府干预政策的分析、设计与选择

　　我们现在来讨论一下政策设计者首先面临的一个问题,政府应不应该对收入不平等做些什么?这并不是一个纯粹的经济学问题,经济学分析只能告诉你如何衡量经济不平等和实际的收入分配状态是什么样的,但不能告诉你收入分配应该是什么样的,因为在这些问题后面存在着关于什么是

好、什么是不好、什么是公平的这样一些规范性的价值判断问题。①

不同见解

各个时代的人们都在讨论平等问题,自由主义者喜欢强调穷人所不能控制的社会和经济条件与穷人的处境密切相关,他们认为如果收入分配所反映的仅仅是个人对工作、努力和储蓄的偏好,那么从收入分配的合理性这个角度看,政府就没有充足的理由介入,但不加干预的收入分配结果并非个人自愿选择的结果,而是那些超出个人控制能力的因素作用的结果,如种族或性别歧视、家庭破裂、缺乏受到良好教育的机会②、成长于不利的社会环境之中等因素,所以,政府(也只有政府)应该担负起减轻贫困和贫富(收入)差距过大的责任,采取有力的政府行动;而保守主义知识分子则强调贫困产生于不良的个人行为,应由穷人自己去矫正这些不负责任的行为和价值观所产生的后果,政府的干预只会造成穷人的依赖性,使他们进一步失去进取心和创新精神,主张政府应削减其福利计划,刺激人民去开发和积累自己的人力资源③;还有一些人基于社会达尔文主义的思想,用一种消极的态度来对待广泛、全面、较高水平的社会保障系统,他们认为人为地保护人类竞赛中失败者的做法是与自然进化过程相违背的,会因此而降低人类的适应能力,违背了自然法则,正如赫伯特·斯宾塞在他 1850 年写的一本畅销书中所表达的思想显示的④,如果不从个体的角度孤立地看

---

① 一个经济学家要做的正是将实证分析和规范性判断清楚地区分开来,经济学家并不是冷血机器人,而是只有尽可能地采取客观的态度,才能尽可能地取得较为精确的实证分析结果。将道德和政治问题与经济分析混在一起,貌似高尚和热心的动机只会使经济分析失去客观性和科学性。当然,我们必须承认,我们只能尽力将实证分析和规范性判断加以区分,但人类从未真正完全地把一个学科的主观方面和客观方面区分开来,经济学家决定研究什么以及从什么角度、使用什么方法加以研究这些选择本身就是基于主观判断基础之上的。经济学不能够告诉我们某种政治观点是对的还是错的,只能告诉我们基于这些观点的政策主张的经济后果可能会是什么样的,即可以作成本—收益分析,但不能作出对与错的判断,经济学家只为政治辩论提供武器,但如何选择和运用理论武器、如何制定政策,是政治家的事情。但由于这个问题是关于经济政策的讨论中的一个争论中心,所以我们在此回顾一下思想史上出现过的几种观点。

② 例如,如果一个国家的教育过于昂贵的话,就会导致教育的高度分层化,从而加剧了而不是纠正了收入差距的扩大。

③ 实际上,政府在政策设计时是很难具体区分开每个人贫困的原因的。

④ 见 Herbert Spencer, *Social Statics*, New York: Robert Schalkenbach Foundation, 1970, p.289, First Published in 1850,转引自〔美〕乔治·斯蒂纳、约翰·斯蒂纳:《企业、政府与社会》,张志强、王春香译,华夏出版社、麦克劳—希尔教育出版集团 2002 年版,第 128—129 页。

待因竞争失败而遭受贫穷的人的遭遇,而是从整个人类的角度看,优胜劣汰将更有益于人类的进化与优化。

以英国哲学家边沁(Jeremy Bentham,1748—1832)为代表的功利主义者(Utilitarianism)从效用的概念出发,认为政府的正确目标应该是使社会总效用最大化。功利主义者根据边际效用递减规律支持实行收入再分配政策,认为随着穷人收入增加和富人收入减少,社会总效用会增加。如果我们作一个简单推理,这种功利主义的观点似乎意味着政府应该一直进行收入再分配直到收入分配完全平等为止。但功利主义并不这样从静态的角度看问题,他们反对收入分配的完全均等化,因为随着收入差距的缩小,人们所受到的激励也会相应减少,社会总收入和总效用同样会相应减小,所以功利主义政策试图做到更大平等的好处与所导致的激励扭曲所带来的损失相平衡。所以,为使效用最大化,不能追求收入完全平等。

20世纪60年代以后,经济学家及自由主义哲学家、政治家又在此基础上提出了经济机会平等的理念,即所有的人不仅是在同样的游戏规则下竞争,而且还应在同一个游戏场上参与游戏(竞争),也就是说所有的人都应进入同样优秀的学校,接受大体相当的训练。他们认为贫困具有一种自我循环的趋势,一个在贫困环境下长大的儿童在成年后很可能因不良教育、不良嗜好、犯罪、早育而陷入贫困之中,没有政府的帮助单凭个人的力量很难打破这种循环。

至于有悠久历史的、追求结果平等的激进主义思想已经失去其影响力,这种思想认为不论勤奋还是懒惰,不论平庸还是杰出,不论有运气还是没运气都应拥有同样的消费水平。人们终于认识到对不同种类的工作如果在报酬上没有差别的话,除了强制以外我们将难以保证那些令人不愉快的工作有足够的人来干。

关心穷人是人类的一种基本价值观,现在对现实福利政策的分析都是建立在这几种观点的某种比例混合的基础上的。现代国家大都接受了政治权力平等和政府应该对初次分配结果进行再分配的原则,如选举权、司法审判权、言论自由、宗教自由及其他宪法自由在拥有上的平等和建立完善的社会保障体系。政府的再分配计划反映了全体人民有责任去照顾穷人的一种信念,尽管这种责任在多大程度上应由政府承担、多大程度上应由自愿的非政府组织或个人的自愿行为来承担尚存争议,但在政府至少应该根除社会发展早期阶段的那种水深火热式的贫穷和导致这种贫困的制度性原因方面则没有什么异议。

贫困问题

收入分配的平等化政策主要表现为反贫困政策。对收入不平等的讨论必然要涉及贫困问题,因为一个国家的贫困既是一个经济发展的水平问题,又是一个分配问题,所以,解决贫困问题,不仅要依赖于经济的增长,而且要依靠对财富和收入进行再分配。① 如果政府要采取措施改善收入不平等状况的话,首先或主要就是要消灭那种水深火热式的"原始型"贫困,然后在此基础上再进一步讨论应将不平等控制在一个什么样的水平上,才能同时拥有较高的效率和较低的不平等。

什么是贫困?贫困是指个人或家庭缺乏必要的手段来满足其对食品、衣物、住房和交通等方面基本需求的一种状态,满足的手段包括当前收入、转移支付、所拥有的财富等,换句话说,贫困就是指处于低于维持最低生活水平所需费用的收入水平的一种生存状态。任何有关贫困的定义其难点都在于确定"最低需要"的含义和满足这些需要所需的货币数量。在美国,政府所采用的方法是首先确定一个最低食物预算的货币成本,然后将这个食物预算乘以3,就构成了不同规模家庭的贫困线(Poverty Line)②,这条贫困线随家庭规模、户主年龄、家庭地址、通货膨胀率的变化而变化。至于什么是最低的、可接受的生活水平,没有一个普遍接受的、确定的标准。在实践中使用的标准是一个包含大量主观性内容的标准,今天的最低生活标准里所包括的某些内容,可能在 20 年前或 50 年前连最富有的人也不曾拥有。

---

① 反对者则认为,对财富和收入进行再分配基本上得不到什么政治上的支持,所以经济增长可能是减少贫困的唯一途径,而且,工业化国家的低增长政策还会限制贫困国家的经济增长,使穷国长久处于贫困状态。

② 20 世纪 60 年代末美国社会保障局的官员莫利·奥尔桑斯基(Molly Orshansky)通过家庭调查研究出一种衡量贫困的方法,即贫困线为不同规模家庭最低食物预算的 3 倍,但近年来的数据显示,家庭用于食物方面的支出比例大大降低,可能仅占 1/4 或 1/5,因此,普遍认为贫困线应提高。有兴趣详细了解的读者请阅读〔美〕斯蒂格利茨:《经济学》(第二版),梁小民、黄险峰译,中国人大大学出版社 2002 年版,第 487—489 页。

贫困问题在中国或在西方工业国家都存在一个问题,那就是统计意义上的贫困与现实的日常生活中可以直接观察到的发展与富裕相矛盾,这主要是因为贫困在很大程度上是看不见的、是隐性的。首先,穷人在政治上是隐性的,他们的消费能力有限,不会被媒体的赞助人即广告的购买者——生产厂商或销售商所关注,进而不会被媒体所关注,没有多少人关心穷人的故事,包括穷人自己,人们更愿意关心富豪的传奇,尤其是穷人,因此我们平时看不到、听不到他们的事情和声音,他们很容易被遗忘;其次,穷人在地理上总是处于偏僻的角落,不论是从一个城市来说,还是从一个国家来说,在繁华的街道两旁和高速公路两旁你都难以轻易发现真正的、作为群体方式存在的穷人①,你需要深入到城市贫民区或遥远的山区才可以见到作为群体方式存在的他们。

减小贫困的做法

1. 最低工资法。这是一项富有争议的政策,支持者认为这是一种既可帮助穷人增加收入、政府又不用增加预算规模的好办法;批评者则认为最低工资法迫使社会平均的工资水平高于竞争性的工资水平,减少了对低工资劳动力的需求,该项政策恰恰损害了它想帮助的人。争论的焦点看来在于对非熟练劳动力的需求价格弹性的估计上,支持最低工资法的人认为对非熟练劳动的需求缺乏弹性,较高的工资水平所减少的就业量微不足道,批评者则认为对不熟练劳动力的需求是富有弹性的。

2. 建立社会保障系统。完善的社会保障包括社会保险、社会救助和社会福利三方面内容。在市场经济发达的国家,商业化保险很发达,非政府的民间社会保险和社会福利机制、慈善机关所从事的社会救助等项目也是社会保障体系的有机组成部分,但政府在社会保障体系中的作用是不可替代的,最主要、最重要的社会保障项目都是由政府兴办或由政府组织的。

政府可以通过福利制度对低收入者进行补贴。针对西方式的福利制度,许多批评者认为许多福利计划在事实上恶化了它原本计划解决的问

---

① 当然,你可以看到乞丐,但人们往往不将他们看成真正的穷人或认为他们之所以贫穷是由于他们不良的行为习惯和低下的道德水准,更何况在那些人民没有完全迁徙自由的国家里,在繁华市区里看到的乞丐要远远少于有迁徙自由的情况下所可以看到的数量。

题。例如,一些福利计划在事实上鼓励了未婚生育、离婚这类行为,因为这种生活状态符合获得补贴的资格,所以人们更容易或更不努力去避免作出这样的决策;再如对奢侈品征收重税的问题,大多数人都不喜欢征税,但有一种税通常会受到大多数人的欢迎,政府也往往将其看做是增加财政收入的一个来源,那就是对奢侈品征税、对富人征税,如对珠宝、私人飞机、游艇和高档轿车征收很高的税率,然而由于奢侈品都具有很高的需求价格弹性,价格上涨会导致销量剧减,增税所带来的财政收入在数量上微不足道,却会造成生产和销售这些奢侈品的工人、生产商和零售商的收入水平下降,增税所带来的财政收入往往难以弥补由此引起的税收损失和征税本身造成的成本,这种税实际上是赔钱的,会造成财政收入的减少。但是这些有争议政策的支持者们常常怀疑问题是否如批评者说的那么严重,他们认为即使享受补贴,符合条件的低收入者也是艰难度日,很难想象若不是迫不得已会有人主动选择这种生活状态,统计资料也不支持随福利津贴下降而单亲家庭减少的假说。

在西方,最大的转移支付项目是为退休人员支付退休金。[①] 有两种方式可供选择来建立和运行社会保障体系中的退休金支付制度,一是向在职人员征税,然后用所缴税款立即向退休人员支付退休金,这种方式叫现收现付制度(Pay-as-you-go);另一种方式是完全基金制度,就是将所收到的相关税款投资于金融资产,当人们退休时支付本息。这两种制度的不同之处在于退休人员从现收现付制度中的所得取决于人口结构(在职人数和退休人数的比例)以及税率的变化,而在完全基金制度中的所得则取决于基金所持有的金融资产的收益率;前者只涉及所缴税款的再分配,而没有投资活动,后者所缴税款被投资了,从而导致了更高的资本存量。大多数现实社会中的社会保障制度介于二者之间。

在社会保障系统运行的最初几十年中退休人员拿到的退休金要大于其所缴纳的税款,因为许多人缴纳的时间不长,或很短以至于根本没缴纳过但却符合社会保障条件。随着时间的推移,由于人口老龄化和出生率下降,使交纳社会保障税的人的增长率越来越低,而领取社会保障金的人的

---

① 如在美国,1996 年的该项支出占 GDP 的 4%,见:*Social Security Reform: Links to Saving, Investment, and Growth*, Federal Reserve Bank of Boston, Conference Series NO. 41, June 1997。

增长率越来越高,纳税人数的增长和税率的增长带来的税收收入的增长率要慢于因寿命增加和退休时间的延长而增加的退休金总量的增长率。在今天的美国,3.3个在职人员供养1个退休人员,预计到2050年会进一步降到2,再加上在西方国家目前现收现支的社会保障金管理体制下,社会保障金管理机构将当年节余的资金投入到一个信托基金中,法律规定只准许将这些资金投入到安全但利率较低的债券市场,这意味着必须采取一些措施来平衡退休金的筹集与发放,出路无非是或提高税率,或降低保障水平,或提高退休年龄,或向完全基金制度转换。

完全基金制度的一个好处是强制提高一国的储蓄率,使该国的资本存量得以增加,产出水平和消费水平也会相应提高。① 但在西方国家,从目前实行的保障制度向完全基金制度转变的真正难题是,现有的制度已向人们作出退休后支付退休金的承诺,一国政府不应改写历史,承诺必须兑现,这意味着在转型期间在职工人将要缴纳两次费用,为自己的将来缴费和为已退休和在一段时间内将要退休的人缴税。

现在还有提高社会保障税率和允许社保资金进入股市的建议,也有人提出将提高工薪税所产生的税收增加部分注入个人账户,由政府在个人退休前拥有和管理账户中的资金,但个人可自行选择投资的方向,当其退休时,个人账户上的余额将被转换成年金,每月支付一次固定金额的货币;此外,提高退休年龄和实行社会保障部分私有化的方案也在讨论之中,部分私有化的方案是将现行工薪税的一部分转入个人账户,由个人拥有和管理。由于社会保障计划涉及一个国家的每一个公民,所以,想达成一致意见非同易事,尤其在民主制度中更是如此。

3. 负所得税(Negative Income Tax)。美国曾经试行这项政策,根据这项政策,每个家庭都应向税务部门报告收入,税务机关利用下列公式计算每个家庭的税收负担:

$$应纳税额 = (实际收入 \div 3) - 10\,000$$

如果应纳税额为负数,则意味着政府将给这个家庭以补贴。这项政策的优点是获得帮助的唯一条件就是收入低,避免了对传统福利津贴制度的批评

---

① 读者回忆一下储蓄的黄金律理论。

中所提到的弊端,但缺点同样是会补贴那些不愿工作的人。

4. 实物转移支付。收入维持计划和福利计划必须解决的一个问题是选择现金转移支付还是实物转移支付。支持实物转移支付的理由很多,在信息不对称的情况下,实物转移可以克服不确定性的影响;另外,现金支付只能给予家庭而不能直接支付给家庭中的各成员,而实物转移支付却能做到这一点,如可以通过学校的免费午餐来直接为孩子提供食物,从而保证家庭内部最贫困的成员有更多的消费;实物转移支付能确保穷人得到他们最需要得到的东西,如果支付现金的话可能会扶植起吸毒、酗酒、吸烟等不良习惯。反对者则认为政府如何能够认为穷人会有统一的偏好呢?给他们现金并允许他们自由选择会更好地提高他们的福利水平。是直接提供物品和服务还是提供现金是一个长期争议的问题,并没有一个一般性的结论。实际上,与其笼统地争论,不如具体讨论某种具体的服务或物品的满足应该用现金支付还是直接提供的办法好,或某种形式的结合,如弗里德曼所主张的"教育券"就好于强制消费无选择权的公立学校的教育服务。

据《羊城晚报》报道,从现在开始到2007年,佛山市南海区将逐步改革政府对义务教育经费的拨款制度,政府的教育经费以有价证券的形式发给学生,学生每年可领取250元至1000元金额不等的教育券,用来交纳书本费和学杂费,并自由择校就读。

实行义务教育券制度后,南海区政府不再直接下拨教育经费,而是将所有教育业务的公用费用,经过计算平摊到每个学生身上,以教育券的形式发放给每位享受义务教育的南海籍学生。小学阶段的学生每年可获得一张面额250元的义务教育券,初中阶段的学生每年可获得一张面额400元的义务教育券,高中为800元,职业高中为1000元。教育券可用来交纳书本费和学杂费,手持教育券的学生可以自由选择不同收费标准的学校就读,不足部分自己支付。

政府将对贫困学生发放助学补助。小学阶段的贫困生每学期可获得200元教育券,初中阶段的贫困生每学期可获得300元教育券。在每年的2月和8月,资助金以"贫困学生助学金教育券"的形式发放给补助对象。

南海区教育局李明伦主任在接受采访时表示,南海区政府将以一个镇、一家民办学校或职业高中作为试点,利用两年时间尝试,积累经验后再在区内全面铺开。

有关人士表示,发放教育券的拨款体制有以下好处:民办学校的学生和公办学校的学生一样享有平等受教育的权利;公办学校和民办学校都有同等的机会获得政府的教育补贴等。

——北京:《京华时报》2004 年 9 月 21 日,A16 版。

5. 政府增加对贫困人口人力资本的投资。舒尔茨在其《对人进行投资》一书中就认为,改进穷人福利的最为关键的因素就是提高人口质量,提高知识水平,对人本身进行投资。①

不平等程度衡量中应注意的几个问题

在讨论收入差距问题时我们所面临的一个问题是应该以一个什么样的时间跨度来衡量收入的绝对数量和相对水平,收入的生命周期理论给我们提供了一个视角。我们在研究时所使用的收入数据有一个很大的限制,就是以年为单位计算收入的会计期间太短、意义不大,体现不出以几年、十年甚至一生为跨度的相对收入水平。例如,如果甲第一年赚了一万元,第二年赚了十万元,而乙正好相反,若以年为单位进行比较,则甲与乙收入差距悬殊,若以两年为单位比较,则甲与乙的收入完全相等。一个人在一生中的收入变动很大,比如在年轻时收入较低,随年龄和经验的增加收入也会逐渐增加,在 45 岁左右达到最高,然后在退休后又大幅减少,这种有规律的变动叫做收入的生命周期。由于一个人在一生中各个阶段的收入明显不同,所以,即使每个人一生中的收入完全相等,在任何一个特定的年份中,收入分布的不均等也会存在,如年轻人和同一年中老年人的收入之间存在的差异。一般而言,收入在较长时间内的分布比较短时间内的分布要更平均一些,所谓"富不过三代",也说明了这一点。简而言之,随着时间的推移,个人和家庭的收入都会发生显著的变化,对多数人而言,收入高低不是永久不变的,时间越长,个人和家庭之间的收入分布就越均等。

这种正常的收入生命周期波动引起的个人年度收入不平等,并不代表一个人生活水平的真正波动,人们可以依靠借款和储蓄来平抑收入水平的

---

① 见舒尔茨在 1979 年诺贝尔奖颁奖大会上的演讲稿,载〔美〕西奥多·舒尔茨:《对人进行投资——人口质量经济学》中的第一节,首都经贸大学出版社 2002 年版,第 4 页。

这种波动,所以一个人在年轻时和退休后收入的减少并不一定会引起生活水平的相应降低。所以,我们不应仅仅依赖年度收入指标来评价实际的生活水平,而应根据一个人一生的收入总量来比较收入差距并在此基础上引入政府干预,仅仅依赖年度收入会将收入差距以及所导致的生活水平差异夸大。

当然我们在制定政策的实践中面临的一个实际问题是由于寿命和未来收入的不确定性,我们无法得到一个人一生收入的准确数据,但我们至少应该考虑到收入的生命周期规律,不要过于武断地仅凭年度收入水平差异就去设计政府的再分配政策。

实物转移支付问题。凭借收入的年度水平来计算基尼系数或生活水平的差异程度还有一个不足,就是忽略了以物品和劳务的形式所给予穷人的转移支付[1],而只考虑了货币收入。由于实物转移支付主要由社会中最穷的成员得到,所以仅以货币收入作为衡量标准大大夸大了贫困率[2],而且这种贫困率的变动有时仅仅反映了公共政策的变动,如对穷人的帮助在现金和实物转移支付之间的转换,而不是反映了实际经济的波动。

代际流动性。市场经济制度不可避免地会出现分配不均的局面,人们在说到富人或穷人时潜意识里常把这两大阶层当成是由固定的家庭或个人组成的群体或阶层,实际上人们在各个收入阶层间是具有较强流动性的,特定的社会群体不会被永远锁定在特定的收入分配格局中。对一个开放的社会而言,收入分配的结果会在一代一代人之间形成循环。经济学家对不同收入阶层的实证研究已经证明了"富不过三代"的谚语是有根据的,他们发现如果父辈比同辈人的平均收入高 20% 的话,他们的儿子仅会比同辈人的平均收入高 8%,他们的孙子和他们之间几乎没有什么关系了。[3] 判断流动性的另一项标准是统计家庭处于贫困线以下的时间,研究同样表明仅有少数家庭是长期(如 5 年或 10 年)处于贫困状态,对于多数

---

[1] 亦称实物转移支付(ln-kind Transfers),如食品券、住房补贴、医疗服务等。
[2] 经济学家的一项研究表明,如果将实物转移支付按市场价格计算包括到收入内的话,在美国贫困率会降低 10% 左右,见〔美〕格里高利·曼昆:《经济学原理》,梁小民译,三联书店、北京大学出版社 1999 年版,第 53 页。
[3] 见〔美〕格里高利·曼昆:《经济学原理》下册,梁小民译,三联书店、北京大学出版社 1999 年版,第 55 页。

处于贫困线附近的家庭来说,贫困仅仅是一个短期问题,而不是一个长期问题,认识到这一点对于反贫困政策的设计有重大意义,政策设计应区分这两类贫困。

我们还应注意区分衡量的绝对标准与相对标准。贫富差距拉大与"富者愈富,穷者愈穷"不同,从绝对量上讲,富人和穷人都变得更富有了,只不过富人的收入增长得更快而已。

政策实践与政策批评

在实践上,从19世纪末由西欧的一些政治领袖如德国的俾斯麦(Bismark)、英国的拉德斯德(Glodstone)和迪斯雷利(Disraeli)等首先在国家治理观念中引入了政府应对一国人民的福利负责的观念,并开始了建立社会保障系统和福利国家以保证人民能够应付偶然的风险和保持最低的生活水平的实践。福利国家的诞生可以追溯到《贝弗里奇报告》[1],该报告的主要内容在英国得到了实施,但福利国家的定义却是十分模糊的,政府的许多活动,包括现金转移支付、保健、教育、食品、住房和其他一些被认为是必要的产品和服务的提供、维持充分就业、促进社会平等、消除贫困等活动,都是在福利国家的名义下进行的。典型的西方式社会保障系统包括公共养老金、意外和伤病保险、失业保险、食品住房计划、家庭补贴以及对特殊人群的收入支持计划等内容,政府可以通过公共支出尤其是转移支付[2]、差别税率[3]和价格管制[4]来进行再分配活动。

在西方的政策实践中,政府保证适度公平的收入分配政策是公共政策中引起争议最多的一个问题,收入的差距既与由此产生的大量社会问题有

---

[1] 英文原始文献可查阅 Beveridge, W., *Social Insurance and Allied Services*, CMND 6404. London: HMSO, 1942.

[2] 如在美国,对个人收入和公司收入要分别开征个人和公司所得税,(大多数州)对不动产如土地和建筑要征收财产税,对遗产和馈赠要征收赠与税和遗产税,对工资收入不仅要征收所得税还要征收工薪税(由雇主、雇员各承担一半),工薪税是社会保障和医疗保障方案的收入来源,对购买的特定产品和服务要征收消费税,如对烟、酒、汽油、香水、豪华汽车、游艇、奢侈品所征收的税,对产品和服务普遍征收的税叫销售税(尽管在美国对种类繁多的产品如食品类是免税的)。联邦收入主要由个人所得税和工薪税、公司所得税构成,而州和地方一级的财政收入主要由销售税、财产税和个人所得税构成。

[3] 如累进制。

[4] 如规定最高、最低价格。

关,又与人类的基本价值观相冲突;而收入平等化又会对经济激励和资源配置效率产生不利影响。大多数经济学家普遍接受政府应在收入再分配上发挥作用的观点,经济学家之间的主要分歧在于两点:一是什么是可接受的收入不平等的程度,二是什么是达到这个目标的最佳政策。经济学家通过比较各种再分配政策的整体成本—收益分析结果来寻找答案,研究集中在平等与效率[①]之间的取舍和降低生活的风险与提供经济激励之间的取舍上,而政治家更加关注人民建立在个体收益—成本分析基础上的对再分配政策的反应。问题的复杂性还在于再分配政策不是仅仅涉及财富的再分配,它还会因降低经济激励而使社会经济活动的效率和总规模降低,从而有可能使增大了份额的穷人的生活反而因为实行再分配政策更加恶化了。所以,当一国的政府采取税收和再分配政策的办法来干预收入的不平等时,一定要认真权衡更大的平等带来的益处和因更少的国民收入而付出的代价,为保证公平的许多政策可能会使可供分配的馅饼变小,以至于使几乎每个人的境况都变得更糟。

对再分配政策的批评主要集中在两个方面:效率下降和漏出量。

早期的古典经济学家认为收入分配的结果是不应该被改变的,试图通过政府干预的办法来减轻贫困的任何企图从中长期来看都是导致整个经济系统效率和产出规模下降的愚蠢努力,经济学家善意的企图将导致较小的国民收入,而这些国民收入很可能仍按原来的格局加以分配,至于试图改变这种社会秩序的暴力和努力只能带来混乱和阶级之间的战争。在财富的再分配过程中,不仅穷人得到的要小于富人所付出的,而且整个经济规模也会因这种政策所引起的效率下降而缩小,从而减少可用来进行分配的国民收入。

再分配政策所造成的效率损失来源于富人对储蓄、工作、创新与冒险的投资动机的减弱,同时,贫困对穷人的负激励也会因此而减弱,这些都会降低总的国民收入规模。虽然收入的均等化可使消费者效用最大化,但这只是问题的一个方面,收入的分配方式是形成可供分配收入的一个重要决定因素,想象一下政府征收100%的所得税然后将税收收入平均分配给所

---

① 即如何分配馅饼与馅饼本身的大小的关系。

有的公民①，高收入者还会努力工作、储蓄、投资和承担风险吗？社会总产出和收入将大大降低，即收入的分配方式改变了可供分配的收入规模，在某种程度上，税收是对努力工作的一种惩罚，而转移支付则是对不努力工作的一种奖赏。经验告诉我们有时政府再分配政策所造成的扭曲是如此之大，以至于本来计划以一个阶层的人付出的代价去帮助另一个阶层的人，结果却使两部分人都受到了损害。如在社会主义国家的早期，政府企图通过剥夺富人财产的方式使收入平等的做法使穷人和富人都长期处于一种低消费水平的状态，与之对照，后来发展企业私人所有制的实践却是既有利于财富所有者，又有利于劳动者，一个看起来只有利于富人的制度，却使所有人都受益了。

至于为什么得到的要少于失去的，除了效率原因外，还有再分配制度的运行成本方面的原因。奥肯用一只漏桶来形容西方式民主国家的税收和转移支付制度的特征。"漏桶效应"认为，再分配的过程就好比是用一只漏桶在富人和穷人之间转移财富，漏损不仅代表了由于收入再分配对工作、储蓄、投资和风险承担产生的不利影响所造成的效率损失而引起的收入或产出的减少，还代表了再分配过程本身所消耗的资源②和被截流到政府机构挪作他用的资源。经济学家 Edgar Browing 和 William Johnsen 的研究认为，在美国低收入者每得到 \$100 的转移支付，高收入者就要付出 \$350 的税款，这还不包括因征税而带来的产出减少而造成的损失。③

当然，公平与效率之间并不只是一个简单的取舍问题，实际上，提高公平在许多情况下可以促进效率，如消除营养不良以及其他形式的损坏身体和限制人力资本积累的贫困、提供免费教育或免费医疗都可在一定范围内使社会产出增加；收入分配过分悬殊所导致的消费行为会产生严重的外部性，表现为各种形式的社会混乱和生产力下降。

---

① 想一想计划经济国家。
② 征税与再分配机构的运行成本。
③ 原始文献可查阅 Robert H, Haveman, New Policy for the New Poverty, *Challenge*, September-October, 1988, p.32。本文转引自〔美〕坎贝尔·麦克康耐尔、斯坦利·布鲁伊：《经济学——原理、问题和政策》(第十四版)，陈晓等译，北京大学出版社、科文(香港)出版有限公司 2000 年版，第 88 页。

附录

欧洲国家元首收入知多少

奥地利总统29.8万欧元,总理26.6万欧元。

希腊总统26.02万欧元。

英国首相25.80万欧元。

德国首相21.36万欧元。

西班牙首相8.496万欧元。

法国总统7.9万欧元(比总理低,总理为16.8万欧元)。

卢森堡(人口仅40万)首相21.6万欧元。

比利时国王的皇家费604.86万欧元,分四次支付,其中67.4%是王室本身的费用,11.8%用于支付房租,5.8%用于国务活动,3.8%用于交通费,2.7%是办公费,5%是公共事业费。

英国女王皇室费1 188万欧元,但要纳税。

荷兰女王2005年皇室费387.9万欧元。

西班牙国王皇室费为720万欧元。

卢森堡大公2005年皇室费为747.06万欧元。

罗马教皇没有工资,每月收入为2 300欧元。

——俄罗斯《论坛报》2004年12月5日,转引自《参考消息》2004年12月13日。

第六章

经济增长理论与政策实践分析

> 在历史的大部分时间里,国家并没有为经济增长提供一个很好的架构,在过去,与其说国家是一个为公众利益服务的机构,还不如说它的性质更像黑手党。
>
> ——道格拉斯·C.诺斯
>
> 知识的发展史告诉我们,当旧的理论明显地被认为是不适用时,对各种新理论总是容易轻信的,就犹如一个快要淹死的人会死死抓住一根稻草一样。
>
> "人类是没有尽头的",人类的未来不是由空间、能源和耕地所决定,而是由人类知识的发展所决定的。①

第一节 生产率视角的经济增长解释

经济增长并不是历史的必然,在人类历史的绝大部分时期里②,经济增长是极其缓慢的,而且人口也以大致相同的比例增加,大多数有工作能力的人都从事农业生产,技术进步很小或基本没有,导致人均产出基本上没有变化。在欧洲,从 1500 年到 1700 年,人均产出才开始变成正增长,约为 0.1%,而且经济增长主要发生在意大利北部的几座城市中,如威尼斯。从 1700 年到 1820 年欧洲人均产出增长率上升到了 0.2%,工业革命后,从 1820 年到 1870 年英国经济高速增长,成为世界经济中心,从 1870 年开始

---

① 出处不详。
② 即使在今天许多国家的经济增长仍然难以实现。

美国处于领导地位,美国从1820年到1950年的人均产出增长率为1.5%,正如奥利维尔·布兰查德所说的:"在人类历史的坐标上,人均产出增长是一个近代才有的现象,根据过去200年左右的增长记录,看起来不同寻常的事情是20世纪50年代和60年代的高增长率,而不是1973年以来的低增长率。"①

GDP与经济福利

定义和度量经济增长有两种方法,某段时期实际GDP②的增长或某段时期内实际人均GDP的增长,在衡量军事潜力或政治实力时前者更为合适,衡量生活水平时后者更为合适。经济增长作为一个值得追求的经济目标,是因为经济的增长能够在不牺牲其他机遇和享受的前提下为个人或家庭提供新的机遇③,意味着生活水平的提高。

可以用三种方法来考察GDP,从产出的一方看,既可以等于一定时期内所生产的最终产品和服务的市场价值总和,也可以等于一定时期内经济中的增加值之和,从收入一方看,GDP等于一定时期内的收入之和,间接税+劳动收入+资本收入。④

GDP是对一国国内经济活动规模比较准确的衡量方法,但它不被也从未试图被用作衡量一国社会总福利的指标,这是因为存在下列一些情况:由于大多数产品在交易市场中出售,所以,通常用交易价格来测度产出品和投入品的市场价值,但在有些情况下,交易价格难以获得或根本不存在,如政府部门的服务、军队、司法系统和政府管理机构所提供的产出,在这种情况下解决的办法只能是利用生产这些服务的成本,这样会低估实际经济活动的规模;GDP也没有将非市场交易活动统计进去,从而造成GDP会严

---

① 见〔美〕奥利维尔·布兰查德:《宏观经济学》(第二版),钟笑寒等译,清华大学出版社2003年版,第233—234页。

② 对没有经过市场交易的产品和服务一般均不计入GDP的统计之中,如家庭劳动,但是由于在发展中国家农民所占的比重太高,对GDP的这种定义严重地限制了农业部门真实规模的反映,所以,按通常的惯例将农民自己消费的农产品以市场价格进行计算计入GDP。

③ 如一次新的旅行,或大学毕业后继续读研究生而不是工作。

④ 以美国为例在1998年三者分别占GDP的65%、27%、8%,且相当稳定,读者可查阅布兰查德,第25页的表2-1,原始数据来源于Economist Report of the President, 1999,表B27和B28。读者可到http://www.bea.doc.gov, http://www.census.gpo.gov/eop/查阅更多的相关数据,其他国家的数据可查阅http://www.oecd.org和http://www.imf.org等国际组织的网站。

重低估实际经济活动的规模;GDP 没有统计由于休闲的增加所带来的好处;GDP 只统计货币收入,而没有统计精神收入①,从而低估了我们实际的福利水平;GDP 没有考虑产品和服务质量的改进,除非这种改进在价格上有所体现,所以,GDP 低估了因质量改进而带来的物质福利的改进;GDP 无法反映产品构成的变化,从而也无法说明产品构成的变化对社会福利的影响,如更多的黄油和更少的大炮对社会总福利是意味着增加、减少还是不变;GDP 忽略了分配问题,分配的更平均对社会福利水平意味着什么?是增加、减少还是不变;GDP 忽略了环境问题,对于有的商品,它的市场价值大于其真实的社会价值,如产生污染的生产活动,该产品的社会价值就应是市场价格减去污染的社会成本,否则就会使以 GDP 表示的社会福利水平高于实际的社会福利水平;GDP 忽略了地下经济部门的活动和地上经济部门的地下经济活动②;汇率因素也使实行管制汇率国家的 GDP 无法用国际货币真实地反映出其规模,汇率尤其是发展中国家的汇率经常是高度扭曲的,所以经济学家常用购买力平价汇率来校正按汇率计算的 GDP,以使不同国家的 GDP 具有可比性。③

联合国和世界银行④把世界各国分为三种类型:低收入国家、高收入国家和中等收入国家。⑤ 低收入国家也叫欠发达国家(Less Developed

---

① 如一个工作机构里良好的工作氛围所提供的效用。
② 地下经济一般指由那些防止和逃避政府管制、税收和监督的经济活动和由此获得的收入构成。地下经济这一概念通常涉及极为广泛的经济活动,包括(但不限于)走私毒品、色情服务、色情用品、色情文化产品、赌博、未注册的就业、临时性工作、逃税的合法活动等。西方国家经济学文献中有不同的术语用来描述地下经济,如洞穴经济、影子经济、非正式经济、隐蔽经济、平行经济、黑市经济、秘密经济、第二经济、家庭经济等等。笔者认为,地下经济理解为"全部未记录收入"(或产品)更好一些,即没有反映在各国 GNP 或 GDP 中的那部分经济活动,"全部未记录收入"可以看做是由三部分组成:被本国法律所禁止的非法的经济活动所提供的产品、服务或收入;通过非市场的方式(如易货贸易)进行的合法经济活动所提供的产品、服务或收入;由那些没有反映在国民经济核算账户上的合法的市场活动所提供的产品、服务或收入。反过来,我们也可以将产生收入的市场活动或非市场活动根据各国法律将其划分为合法活动和非法活动,这样"全部未记录收入"就可以区分为非法的市场活动收入和非市场活动收入。见〔美〕艾德加·法伊格主编:《地下经济学》,郑介甫等译,上海三联书店、上海人民出版社 1994 年版,第 13—20 页。
③ 购买力平价汇率并不能完全解决这个问题,因为购买力平价理论是基于两国所有商品完全同质这样一个假设基础之上的。
④ 世界银行的全称是国际复兴和开发银行,它提供长期贷款,以支持发展中国家修建水坝、道路和对其经济发展有作用的其他实物资本。世界银行这些贷款的资金主要通过发行世界银行债券来筹集,这些债券在发达国家的资本市场上出售。
⑤ 人均 GDP 在 725—8 955 美元之间。

Countries, LDCs)或发展中国家(Developing Countries),高收入国家也被称为发达国家(Developed Counties)或工业化国家(Industrialized Countries)①,世界上有四分之三的人口生活在欠发达国家。一些国家从 LDCs 中进入到中等收入国家行列,这些地区或国家被称为新兴工业化国家(Newly Industrialized Countries, NICS),如韩国、新加坡。低收入国家和高收入国家的绝对收入缺口一直在变大,因为高收入国家的收入基础比低收入国家高许多倍,只有低收入国家的人均收入增长率以同样的倍数快于发达国家增长率的话,绝对收入的差距才能稳定下来,仅仅快几个百分点,只意味着绝对收入差距扩大的速度在减慢而已。

经济增长的生产率解释

经济总量的增长与劳动力数量的增加和劳动生产率的提高两个因素有关。GDP 的增加并不一定意味着生活水平的提高,可能仅是人口增加的结果。一国的生活水平常用人均实际 GDP 即人均拥有的可供消费的物品和服务的数量来表示。一国的生活水平是由其生产效率来决定的,一国只有能够生产大量的物品和劳务,它才能享有较高的生活水平,即一国的生活水平取决于其生产物品和服务的能力。所以,在某种意义上,解释世界各国生活水平差异是非常容易的,可以把这种解释归结为解释生产率,生产率水平的持续提高意味着生活水平(实际收入水平)的相应提高,生产率水平的提高意味着人们拥有更多的产品、服务或更多的闲暇。有四个关键因素引起生产率水平的变化,下面我们就讨论决定生产率的各个因素。

1. 人均物质资本(Physical Capital)或资本。物质资本是指用于生产物品(包括资本品)和服务的设备和建筑物的存量,物质资本的一个重要特征是它是一种生产出来的生产要素,资本既是生产过程的一种投入,也是生产过程的一种产出。我们需要了解的是人均资本拥有量而不是总的资本存量,因为只有前者才会引起劳动生产率的增长。在美国,现在每个工人平均拥有的资本设备(机器和建筑物)约为 9 万美元。②

---

① 因其高收入的基础是高水平的工业化,所以尽管第二产业在 GDP 中所占的比例呈现下降趋势,仍称之为工业化国家,没有第二产业的效率提高就难以有第三产业的发展。

② 见〔美〕坎贝尔·麦克康耐尔、斯坦利·布鲁伊:《经济学——原理、问题和政策》(第十四版),陈晓等译,北京大学出版社、科文(香港)出版有限公司 2000 年版,第 460—461 页。

2. 人力资本(Human Capital)。人力资本指通过对保健、培训和教育等形式的人力资源开发活动进行投资而形成的知识和技能的存量,如通过学校教育、在职培训、自学、在工作中积累经验等方式获得的知识、技能、经验。和物质资本一样,人力资本也是一种生产出来的生产要素,通过投入时间、图书、教师、图书馆来生产未来将用于生产的人力资本。舒尔茨在其《对人进行投资》一书中就认为,改进穷人福利的最为关键性的因素就是提高人口质量、提高知识水平,对人本身进行投资。①

3. 自然资源及地理位置(Natural Resources)。地理位置、自然环境连同自然资源对一个国家的发展潜力影响很大。一国生产物品和服务的效率与其所处的地理位置有明显的关系,如有良好天然海港的国家或地区开展国际贸易活动、参与国际分工要比内陆国家或地区容易一些;自然资源是自然界提供的生产投入,自然资源的差别在一些情况下引起了世界各国生活水平的差别,如沙特和科威特的生活水平就与他们恰好居住在世界上最大油田的上方有直接关系。但自然资源的拥有量并不是一个国家高效率地生产物品和服务的必要条件,自然的遗产对于以生活水平表示的国家财富水平的提高既不是必要条件,也不是充分条件。关于自然资源在发展中国家经济发展中的地位没有一个简单的一般性结论,如果自然资源构成经济增长的一个障碍的话,那将是一个严重障碍,因为物质资本可以积累,人力资本也可以通过教育系统来增加其存量,但自然资源基础是不可更改的,阿根廷和巴西照理应该成为世界上最富有的国家,瑞士应该成为世界上最贫困的国家,韩国、新加坡也理应向拥有丰富资源的坦桑尼亚、津巴布韦、玻利维亚、秘鲁寻求援助,然而事实正相反,国际贸易的存在使缺乏自然资源的国家和地区可以通过大量进口所需的自然资源来克服这一障碍,日本和瑞典均是资源匮乏的国家,但是都成为了世界最富有的国家之一。

4. 技术知识(Technological Knowledge)。技术知识是指用于生产物品和服务的手段和方法;新的技术知识即技术进步通常反映在资本品质量的改善和生产要素投入组合效率的提高上,不仅表现为生产方法的改进②或

---

① 见舒尔茨在1979年诺贝尔奖颁奖大会上的演讲稿,载《对人进行投资》一书的第一节,第4页,见〔美〕西奥多·舒尔茨:《对人进行投资——人口质量经济学》,首都经贸大学出版社2002年版。

② 同样的投入可以带来更多或更优质的产出。

新产品的引进,还表现为新的管理方法和新的企业组织形式。① 技术创新都有一定的倾向性,资本节约型的技术创新有利于劳动,如三班倒工作制度的引进;而劳动节约型的技术创新则降低了对劳动的需要而增加了对资本的需求,有利于提高利润而不利于提高工资水平,工业革命以来的发明多是劳动节约型的。在绝大多数情况下,技术创新是以不引人注目的形式、以大量小的改进来推进的。技术知识和人力资本密切相关,但又存在重要区别,人力资本是指把技术知识传递给劳动力所耗费的时间资源和物质资源,即直接成本加上机会成本。

此外,专业化分工也有利于生产率的提高。为什么专业化水平提高会提高生产率呢?第一,专业化节约了工人从一种工作向另一种工作的转换时间;第二,通过重复同一种工作,会使工人更为熟练,几乎任何一个人只要反复从事某种简单的活动都将比任何不从事这一活动的人效率更高;第三,专业化生产使科技创新的速度更快,当一个人或一群人对某一工作非常了解时,他就很可能对其加以改进,导致进一步的专业化和生产规模的进一步扩大。当然,我们也需明白专业化分工程度会受到市场规模的限制,也会受到生产过程特点的限制,如与小城市相比,大城市的小型服装专卖店较多,画一幅油画很难由多人完成而不降低其艺术价值,重复性的工作往往也会使人厌烦从而导致生产效率下降,单一的专业化工作有时会抑制那些只有从事不同活动时才可能产生出的新见解和新思想。

经济学家常用生产函数来描述用于生产的投入品(生产要素)数量和生产活动的产出量之间的关系:

$$Y = Af(L, K, H, N)$$

Y 为产量,L 为劳动量,K 为物质资本量,H 为人力资本量,N 为自然资源量,A 为反映技术知识进步或积累的系数。我们一般假设生产函数具有规

---

① 读者可以回忆一下本书曾经提到的亨利·福特的故事,福特于1913年在他的位于底特律高地公园工厂安排了一种新型生产线,让正在组装的汽车经过位置固定不动的工人旁边,这样工人就不用在工厂里四处走动了,这一技术进步把一组工人组装一辆汽车主要部件的时间从12.5小时缩减到1.5小时,生产率的提高使得福特公司能够把工人的工资增加到每天5美元,仍然能够大大地降低生产汽车的成本。

模收益不变①的性质,即投入增加一倍产出也增加一倍,规模收益不变的生产函数有一个重要的含义是生产率取决于人均物质资本、人力资本、人均自然资源和技术进步或知识积累。将上式两端乘以系数 $1/L$,可以得到:

$$Y/L = Af(1, K/L, H/L, N/L)$$

在微观层次上,生产函数是想说明一个公司或企业的劳动、资本和自然资源的增加量能引起产出增加的多少;在一国的宏观层次上,生产函数表明一国劳动力、资本存量与 GDP 之间的关系,可以通过系数(资本—产出比率)将变量的增量或变量的变化率联系起来。在其他投入品保持不变的情况下,随着一种投入品的增加,该投入品的边际产品存在递减的趋势;在有多种投入品(生产要素)的情况下,要素之间相对价格的变化将导致厂商使用较便宜的投入品来替代比较昂贵的投入品,当然替代的难易程度是一样的,在某些情况下这种替代十分迅速、容易,在其他情况下,则需要耗费很长时间并十分困难。替代原理对于自然资源或专有技术的垄断者有十分重要的意义,利用自己所拥有的垄断权力可以提高价格。读者可以想一想 OPEC 和美国 20 世纪六七十年代的汽车业工会,这无疑会大大刺激其他厂商加速对其拥有的生产要素的替代,如果厂商难以用廉价的投入品去替代价格上升的投入品,产品的平均成本曲线上移的幅度就会大一些。

分析经济增长使用的最简单、最著名的生产函数就是哈罗德—多马模型,这一模型的基本假设是任何经济部门的产出都取决于向该部门所投入的资本量,产出与资本存量之间存在如下关系 $Y = K/A$,A 表示资本产出比,可将此公式转换为表示产出增长的公式 $\Delta Y = \Delta K/A$,等式两边乘上 $1/Y$,则得到 GDP 增长率 $g = S/A$,S 为储蓄率,该方程的基本观点是资本是经济增长的决定因素。这个方程式曾广泛运用于发展中国家的经济计划的制定上,计划人员只要设法求出本国的资本—产出比率,就可以预先确定计划达到的经济增长率 g,然后根据方程推算出达到这个增长率所需的

---

① 有多种投入品时,当所有投入品成比例地一起增加时,如果产量也以相同的比例增加,那么就说存在规模收益不变规律;反之,则说存在规模收益递增或递减,这决定了长期平均成本曲线是平缓的,还是向上或向下倾斜的,规模收益递减的长期平均成本曲线下降。

储蓄或投资水平,当然,计划工作人员也可以根据已确定的储蓄率计算出预期的经济增长率。

经济增长的资源与人口约束

经济的增长会不会受到不可再生自然资源的限制呢?这正是长久以来经济学家一直在争论的问题。许多经济学家认为如果世界上只有固定数量的不可再生的自然资源的话,人口和生活水平的长期增长有可能受到限制,自然资源(如耕地)的限制使人口增长和生活水平的提高面临一个极限,这也是经济学被称为"忧郁的科学"的一个原因。英国经济学家托马斯·罗伯特·马尔萨斯(1766—1834)提出的人口理论曾预言人口的增长将使任何技术创新所引起的收入(生活水平)的提高都成为一种暂时的现象,只要收入水平超过生存水平,人口就会增长,随着人口的增加,生活水平又会降到仅能维持生存的水平上,只有在维持生存水平的工资下,才可能有稳定的人口均衡,人口将使人类处于永恒的贫困之中,对人口增长的唯一限制就是灾难和罪恶。但马尔萨斯的预言失败了,在过去的二百年里,人口的增长率随技术进步率的上升而大大下降了,医疗保健条件的改善也没有引起人口爆炸,尽管现在还没有完全消除贫困与饥饿,但这通常是收入分配和政治因素、制度因素,而不是粮食生产不足造成的。[①] 马尔萨斯的错误在于没有意识到人类生产效率的增长超过了人口的增长,关于如何生产和生产什么的新思想所引起的财富增加远远超过因人口增长所引起的财富减少,在这个意义上人口增长本身并不是贫困的根源。

多数经济学家并不过分关注不可再生资源对经济增长的限制[②],他们认为市场会提供明智地使用大多数资源的激励,当一种资源因更加稀缺而价格上升时,就会刺激人们去寻求替代品或提高使用效率的技术,如石油价格的上升会促使人们开发更小、更节油的汽车,更隔热的住房或寻找更廉价的能源。历史已经证明,技术创新会极大地缓解不可再生资源的约束,如节能技术的改进、不可再生资源的回收利用、可替代能源的开发、用

---

① 从全球角度看粮食已经处于生产过剩状态,发生饥荒的国家政府往往认为进口武器比进口粮食更重要。
② 他们更关心生存环境对人类福利的影响。

可再生资源来替代不可再生资源(如用乙醇代替石油、用石英制作的光导纤维来替代铜①这种曾被认为需实行配额制的关键自然资源)等等。实际上,几乎所有自然资源的实际价格都是稳定的或下降的,反映稀缺程度的市场价格在一个市场经济中的变化使我们有理由相信自然资源至少到目前尚不构成对经济增长的限制。

人口增长会影响到生产率和生活水平,人口是决定一国劳动力的具有决定性的关键因素。劳动力数量迅速增长了,人均分摊的其他生产要素就少了,尤其是人均资本(生产设备和设施)减少了,这会降低生产率和人均产出水平(人均GDP),如果人口增长的速度低于生产率下降的速度甚至会导致GDP总量的绝对减少。对于人力资本而言也同样如此,高人口增长率普遍会带来低教育水平和低人力资本拥有量。

世界各国的人口自然增长率②差别很大,发达国家较低,发展中国家较高,如美国、西欧约为1%,贫穷的南部非洲约为3%。控制人口的办法有通过法律或行政强制的直接方式,也有通过说服和普及节育技术的间接方式,但不管政府是否干预人口的增长,随人均GDP水平的提高,人口自然增长率均呈现出逐渐下降的趋势,这是人们对经济激励作出的正常反应,因为抚育子女的成本、边际成本和机会成本均比过去提高了,人们会选择少生孩子,用孩子的质量代替数量。人们发现受教育多的妇女一般子女较少,部分原因是她们对人口控制技术了解更多,部分原因是因为抚育孩子的机会成本要大于那些因缺乏职业训练而缺乏就业机会的妇女的机会成本。芝加哥大学的加里·贝克尔的研究认为,父母选择购买孩子这种耐用消费品的数量取决于时间的机会成本和购买常规商品和服务的费用,随收入的提高,虽然显性成本变得更容易承担,但隐性成本却随之增加了,照顾子女往往要牺牲母亲较高收入的工作,所以,许多父母选择购买数量少而质量高的孩子,所以,提高男女接受教育和获得就业机会的平等程度的政策是减少人口增长率的、一个不以牺牲自由选择权利为代价的最有效办

---

① 在20世纪50年代,环保人士曾担心铜被过度使用,铜被认为是生产电线必不可少的关键资源,为了子孙后代也能制造电线,环保人士积极建议实行回收利用和配额使用自然资源,但技术进步使铜变得不那么重要。

② 人口增长率与人口自然增长率不同,要考虑净移民数量,人口的自然增长率 = 出生率 − 死亡率。

法。此外,为了满足较发达社会高技能工作的要求,孩子需要购买时间更长、更昂贵的教育服务。发展中国家由于没有社会保障体系,常把养育子女看成是一种非正式的社会保障体制,父母往往依靠大家庭,以确保年老时有人照顾,孩子越多,年老时得到赡养的可能性就越大。制度化社会保障体系的建立减少了父母对子女的依赖,使父母减少了对儿童的消费,人口出生率就会逐渐下降;高出生率也与儿童的高死亡率和较低的预期寿命有关,当婴儿死亡率下降时,父母就没有必要为防止意外夭折而保持两三个男孩的数目,从而导致出生率下降。

至于人口密度(存量)与经济增长之间的关系实际上比想象的要不确定,人口密度高和人口增长迅速不一定意味着贫穷,我们可以看看日本和中国的香港。许多年以来一直到现在,经济学家尤其是发展经济学家们一直认为人口增长是经济增长与发展的主要障碍因素之一,降低人口增长是提高发展中国家生活水平的关键,"越穷越生"①,世界银行、国际货币基金组织也是在这一假设之下采取行动的,但这一学术观点把人们的注意力从决定一个国家发展的核心因素——经济和政治制度——错误地引开了,人口因素在许多情况下成为了经济增长停滞的替罪羊,现在的国民收入核算体系也在这种思想的引导下存在重要的缺陷,一头小牛的出生代表了生活水平的提高,而一个小孩的出生则被视为生活水平的下降。实际上,人口增长率、人口规模、人口密度与经济增长的关系是不确定的,在发展速度方面几乎不存在可由人口增长来解释的变化。② 就人口因素本身而言,比人口数量更重要的是人口质量,即使在短期,人口的压力也并不是发展中国家贫困的最重要原因,就人口本身的增长率来说,只有在人口增长引起了劳动生产率下降的情况下才会引起生活水平的降低。与人口增长肯定阻碍经济增长的想法相反,在上述三个样本③中市场经济的一侧均有较快的人口增长和较快的生活水平提高。就降低人口出生率而言,只有收入提高以后,人口增长率才能随之下降,不是"越生越穷",而是"越穷越生",就长

---

① 西方也有类似的民间谚语,如"富人要钱,穷人要孩子"。
② 在短期,人口的存量和增量都不会有明显的波动;在长期,经济的增长和发展与人口因素没有关系。
③ 指二战前完全属于芬兰的卡累里亚(Karelian)半岛、统一的朝鲜半岛、统一的德国和战后被分属或分割成不同的社会制度的国家的研究样本。

期来说,人口增长率的下降不但不是什么好事,而且其引起的老龄化问题和社会保障体系的重负已经成为一个严峻的社会与发展问题了。同样,对人口密度与经济增长关系的研究结果也是与常识性的传统思想直接相矛盾的,人口密度对经济增长有正面作用,新加坡、中国的香港就是一个例子。在一国内部,经济发达地区均是人口稠密地区,落后地区则人口密度要相对较低,繁荣总是难以和人口稀少联系在一起而总是与熙熙攘攘联系在一起,人口的集中大大减少了交通成本和库存成本、运输成本、基础设施建设成本。总之,人们对人口增长对经济增长的影响关注和议论得太多,运用科学的理论和方法进行实证研究得太少。

人均产出的增长率与物质资本、人力资本、技术创新、自然资源等因素有关,但即使一个穷国突然之间拥有了和美国一样的人均人力资本和物质资本拥有量,其人均产出可能仍然只是美国的一部分,为什么这些穷国不能有效地利用这些知识和技术呢?我们这时需要将目光转向那些在生产函数中被忽略的因素,如制度因素与历史文化传统因素。

第二节 经济增长与技术约束

技术进步率的决定与政府干预

创新已成为今天的经济与 19 世纪经济之间的一个重大差别了,19 世纪英国伟大的经济学家托马斯·罗伯特·马尔萨斯关于人口增长与贫困的悲观预期所遗漏的正是技术变革,技术的进步和知识的积累大大改善了人类提供产品和服务的能力和控制人口增长的能力。技术进步表现在许多方面:如果资本和劳动的量给定,产出更大;产品质量的提高;新产品的出现;产品种类的增加。如果我们认为消费者并不关心商品本身,而是关心这些商品所能提供的效用,那么上述这几种情况有一个共同之处,就是在每种情况下消费者都得到了更多的效用。这样在考虑了技术进步因素后,经济增长率就等于劳动投入的增长率加上技术进步率,所以,在短期内人均产出水平增长率与储蓄率和技术进步率有关,在长期只与技术进步相关。那么技术进步率又是由什么决定的呢?

技术进步率与基础研究①和应用研究之间的相互作用有关。基础研究本身不会带来技术进步,但却是应用研究活动的基础,想一想晶体管、芯片的发明与计算机的发展,一个重要的发现会带来对潜在应用领域的探索,一个重要发明的商业价值往往要十几年或几十年才能实现,所以单纯依靠私人部门来进行基础研究方面的研究活动是不够的,基础研究成果具有公共产品的性质,需要政府运用预算支出对私人部门的这类活动进行补贴、合作开发或单独进行基础科学方面的研究活动。

对于应用性研究活动,在现代经济中虽然有一部分的技术进步是由非营利性研究机构和偶然性因素促成的,但绝大部分技术进步和知识创新是发生在商业性的公司由有计划的研发活动带来的②,托马斯·爱迪生(Thomas Edison)和亚历山大·格雷厄姆·贝尔(Alexander Grabam Bell)③式的研发个体户④在大多数领域已被这类大规模的、系统的研发活动所取代⑤,现今在西方的大型企业里面差不多要将销售收入的3%左右用于研发活动。技术创新的速度至少部分是内生的,是私人企业(和政府)对研发活动投资的结果,虽然创新是不可预料的,不知道在什么时间、什么领域、由谁引起生产率提高的突破,但至少在长期中用于研发方面的支出越多,创新也会越多。由于几乎所有的技术和知识都具有的不同程度的外部性,所以这类研发活动⑥存在激励不足的问题,需要政府用税收政策对私人部门在研发方面的支出给予激励,如税收减免政策,或运用预算对私人部门的研发活动予以补贴或直接进行合作开发。

技术进步率与技术进步成果所受到的法律保护的程度也有关。只有在极少的情况下产品是依靠商业秘密保护的,因此政府鼓励创新的另一种方式就是运用保护专利的法律制度,通过法律授予发明者在一定年限内排

---

① 基础研究指探求一般性的规律和成果的研究活动。应用研究指如何应用基础研究成果的研究活动。
② 在发达的工业化国家,大约四分之三的研究人员在公司的研发部门工作,美国公司的研发费用平均起来约占投资支出的20%以上,占净投资的60%以上。
③ Bell Labs 现在已从 AT&T 中分立,成为朗讯公司(Lucent)。
④ 指以个人的独立工作或与少数同事共同工作为特征。
⑤ 现代研发活动的典型模式是阿波罗登月计划式的,或是星球大战计划式的,大型试验室、数以千计的研究人员、巨额的研发投入都是其鲜明的特点,当然在一些领域如计算机行业中,小企业或小型研究小组仍在开发新产品、新技术中发挥重要作用。
⑥ 大部分属于应用性研究,少部分属于基础性研究。

他性地使用该项发明的权利,使之由公共物品变为私人物品,以提高个人和企业投资研究开发活动的激励。政府应如何设计专利法呢?一方面,保护条款要有利于激励公司进行研发活动,防止其新产品中所包含的知识被没有限制地应用,过少的保护必然会带来过少的研发投入和过低的技术进步;另一方面,过多的保护又会导致其他研发人员很难在已有研发成果的基础上进行新的研究与开发活动,同样会导致研发投入的减少,阻碍技术进步。所以专利法必须努力去实现二者的平衡。

技术落后的国家在知识产权保护方面也同样做得不好,因为相对于技术创新的发源地而言,穷国扮演了一个使用者的角色,穷国大部分的生产率进步是应用了先进国家已取得的技术进步成果的结果,而不是得益于国内的研发活动。在这种情况下,较弱的专利保护制度的运作成本和所造成的不利后果就很低,因为国内的技术创新原本就寥寥无几,与此同时,较弱的专利保护所带来的收益却非常可观,国内公司不用付出经济代价就可任意使用或改造外国公司(和少许国内公司)拥有的专利技术,而不用担心受到国内法律的惩罚。

对发达国家经济增长速度下降的解释:技术进步的视角

按人均实际 GDP 的增长率或企业每工作小时产出量的增长率所衡量的生产率的增长率在经历了 20 世纪五六十年代的迅速进步后,在近三十年在世界发达国家范围内都广泛存在着下降的现象[①],这种现象是伴随着人均拥有的人力资本和物质资本的增长而出现的。至于为什么 20 世纪 70 年代中期以后的经济增长速度会减慢,经济学家对此的理解还相当有限,并没有一个简单明了的答案,有许多因素都可能促使经济增长速度的下降,经济学家们提出了一系列没有得到验证的假说。

一种假说认为是由于技术进步的减速,一种假说认为是由于储蓄率的下降。现在经济学家一般认为 1950—1973 年间的人均产出的高增长率主要来源于同期较快的技术进步,而不是资本的快速积累,这是一个重要的

---

① 在美国由 1959—1973 年的 3.2% 下降到 1973—1998 年的 1.3%,西方 16 个发达国家平均值由 1950—1970 年的 3.7% 下降到 1970—1990 年的 2.2%。原始文献见 Robert J. Barro and Xavier Sala-i-Martin, *Economic Growth*, New York: McGraw-Hill, 1995, p.6, 中文文献见〔美〕格里高利·曼昆:《经济学原理》,梁小民译,三联书店、北京大学出版社 1999 年版,第 163 页的图 24-2。

结论,它否定了许多经济学家原先认为的"战后的快速增长是由于二战期间西方发达国家的资本被大规模毁灭"的看法,这种说法充其量只能解释二战刚刚结束后法国的高增长事实,但不能用来解释西方工业国家普遍出现的持续增长事实。① 1973 年以后,人均产出增长趋缓是因为技术进步率的降低,而不是较低的资本积累水平(较低的储蓄率),因为人均产出增长率大体与技术进步率相同而不是更大,如英、美、法、日、德五国的技术进步率在 1950—1973 年间为 4.4%,而在 1973—1987 年间为 1.6%。② 从这个事实中还可得到的一个结论是发达国家之间人均产出水平的趋同主要是由于起点低的国家有更高的技术进步率,其次才是更高的储蓄率,日本在1950—1973 年间的技术进步率比美国快 3.8%,人均产出增长率比美国快 5.8%。

当然在某些方面,近三十年的技术进步是相当迅速的,如在信息技术领域,电脑和互联网的普及几乎可以说是具有历史意义的里程碑式的技术革命,但令人遗憾的是至少目前还没有体现在生产率的提高上,正如经济学家罗伯特·索洛(Robert Solow)所指出的:"你可以在除了生产率的统计数字以外的任何一个地方看到电脑时代。"较为乐观的解释是正如经济史学家们已经注意到的,电力的发明对生产率和生活水平的影响存在着几十年的滞后期,既然人们需要时间来学会利用新能源,信息技术革命也许存在类似的滞后效应,以便使信息技术广泛地溶入到生产活动之中。悲观的观点认为,20 世纪 50—60 年代飞速的科学技术进步是一种偶然的情况,人类社会又进入了一个知识、生产率、生活水平(收入)缓慢增长的较为正常的阶段,在 1870—1950 年间西方发达国家的人均 GDP 的增长率一直处于1.2%—1.5% 之间。

还有一种假说认为实际的经济增长和技术进步根本就没有减慢,只是测量出来经济增长率和技术进步率减慢而已,是测量经济规模和技术进步的技术有问题、测量误差太大造成的。我们在计算 GDP 时,对于测量误差

---

① 关于几个主要发达国家的人均产出增长率和技术进步率的历史数据读者可查阅 Angus Maddison, *Dynamic Forces in Capitalist Development*, New York: Oxford University Press, 1991, Tables 3-3,5-3,5-4 and 5-19,本文转引自〔美〕奥利维尔·布兰查德:《宏观经济学》(第二版),钟笑寒等译,清华大学出版社 2003 年版,第 283 页。

② 数字来源同上。

有过广泛的讨论,如我们在使用人均 GDP 来衡量生活水平的变化时,一些因素可能会使人均 GDP 的增长幅度与生活水平的增长幅度不一致,如 GDP 数据里没有包含产品和服务质量的改进,一台黑白电视机和一台彩色电视机、五十年前的海洋无风预报和卫星时代的天气预报所给人们带来的效用是不一样的,一个物品的质量提高了,或一个律师更有经验了,其价格可能并没有改变,那么这种质量变化就难以体现在 GDP 的统计中;如果一个物品或服务的价格上升反映了其质量增长,统计人员又往往会将这种本应作为生产率增长(质量提高)计量的因素当做通货膨胀来计量,从而夸大了通货膨胀因素,低估了 GDP 的增长率[①];GDP 的数据也没有包含闲暇的增加或减少、工作强度或工作压力的加大等因素,经济活动对环境所造成的影响也难以反映在 GDP 中,这些因素均有可能低估或高估人均 GDP 增长所带来的实际福利的改善。在技术进步率的统计中同样也可能存在低估的问题,但是要从这个误差的角度解释技术进步增长的放慢,必须能够证明这种误差从 20 世纪 70 年代以后变大了,现在对技术进步的测算相对于 70 年代以前更加低估了,但由于创新的数量和速度很难衡量,所以对这种解释我们难以对它加以肯定或否定。

对 20 世纪 70 年代后技术进步率下降的另一种解释是由于制造业的比重逐渐下降,服务业的比重稳步上升。相对于制造业而言,技术进步和资本积累对服务部门的生产率提高贡献不大,这样当资源从高劳动生产率部门转向低劳动生产率部门时,整个经济的生产率必然下降,所以整体的技术进步率逐渐下降了。但研究人员的研究报告却显示,技术进步的减慢在制造业和服务业中相差无几,经济活动向服务业的转移并不能解释整个生产率增长的减慢趋势。[②]

还有一种假说把观察的重点放在研发费用上,认为是 20 世纪 70 年代

[①] 所以,经济增长并不能自动地实现社会福利的提高,生产率衡量的是每小时的产出而不是每小时的总福利,实际 GDP 的增加并不总是意味着福利水平的同等增加,因此,为了环境和社会公平方面的原因,一个国家常常决定牺牲一部分经济增长以换取更为可取的结果。

[②] 原始文献可参阅 Kumiharu Shigehara, Causes of Declining Growth in industrialized Countries, in *Policies for Long-run Economic Growth*, Kansas city, Kansas City Fed, 1993, Table4, p.22; Matin N. Baily and Robert Gordon, The Productivity Slowdown, Measurement Issues, and the Explosion of Computer Power, *Brookings Papers on Economic Activity*, 2, 1988, pp.347–434. 中文文献见〔美〕奥利维尔·布兰查德:《宏观经济学》(第二版),钟笑寒等译,清华大学出版社 2003 年版,第 286 页,图 12-5,表 12-3。

以后研发费用的相对降低导致了技术进步率的下降,然而事实正相反,主要发达国家的研发支出占 GDP 的百分比最差是保持不变,一般均有所提高。①

技术进步、工资水平与失业率

在现实世界中关于技术进步和失业率之间关系的一般性或政治性的讨论中充满了相互矛盾的内容,尽管人们普遍相信经济进步是好事,很少有人公开愿意选择经济停滞和生活水平下降,但技术进步至少在短期并不会使每一个人都能够从中获益②,因此技术进步经常遇到抵制就不足为奇了,一方面受其影响的部门的雇员往往看不到技术进步在一个部门节约劳动的同时也会在另一部门创造出新的就业岗位或创造出新的工作③;另一方面对于失业的中老年人来讲,重新学习新的技能可能是困难的。④

对技术进步的恐惧主要来源于技术进步的另一个后果——经济的结构性变化,结构性变化真正意味着失业与低工资。技术进步是一个结构变化的过程,哈佛大学的约瑟夫·熊彼特在 20 世纪 30 年代就认识到经济增长的过程从根本上说是一个创造性毁灭的过程(Creative Destruction)。技术进步的中短期影响不是平均分布的,尤其对工资结构变化的影响,农业技术的进步使美国农业部门的就业人口不足劳动力总数的 2%,技术进步使一些行业走向衰落甚至消失,也使一些行业快速增长或从无到有,对于那些在成长性行业工作或掌握了先进技术的人来说,技术进步则意味着更高的工资水平和更多的工作机会,而对于在衰退性行业工作或所掌握的知识、技能已经过时的人来说,技术进步可能意味着失业或低工资。在美国的近二十年中,工资水平的差距在加大,多数经济学家认为主要原因就在于技术进步和国际贸易的发展,新机器和新生产方法的使用使对熟练工人

---

① 研发费用增加与技术进步率下降并存的事实也许说明了技术进步的代价越来越大了,就像开发矿产资源,总是先开采富矿,然后才开采贫矿。这仅是作者的假说而已,并没有什么可信的根据,有待验证。

② 在 19 世纪的英国,英国工人摧毁节约劳动的机器,他们认为是这些机器造成了他们的失业,这些人因他们的领袖内德·卢德(Ned Ludd)的名字而得名"卢德分子"。

③ 工资水平所具有的弹性会在长期中使劳动需求与供给相一致。

④ 也正是这个原因,各国政府在职业培训中开始发挥越来越大的作用。

的需求增加,这样在所有的行业都出现了对熟练工人相对需求的增加,这是否意味着技术进步会因扩大收入差距而受到批评呢?不应该,正如我们前面所讨论过的技术进步的步伐在石油危机后就一直在下降,低工资的工人会使技术的进步不那么依靠熟练工人而是利用非熟练工人,熟练工人和非熟练工人的相对需求变化趋势可能会减慢。熟练工人近二十年来的较高工资增长率会使人们选择接受更长时间的教育和培训,使熟练工人的相对供给增加,这对其工资水平的进一步提高是一个抑制的因素,所以,工资水平差距的扩大到了一定程度就会停止,美国在1996年以后的统计数字说明了这一点。当然,有限的增长并不足以弥补熟练工人和非熟练工人之间的工资差异,但至少说明了不断扩大差距的趋势已经有所改变。贸易因素也部分地造成了这种工资水平差距扩大的结果,高比例地雇用非熟练工人的部门会受到低工资国家进口商品的冲击,这些产业的转移会降低对非熟练工人的需求,导致其工资水平下降,需要指出的是,在不存在国际竞争的部门,也会出现对非熟练工人需求减少的趋势。总之,技术进步不是一个能使所有的工人都获益的平滑过程。

由于上述原因,只要失业率提高,技术性失业(Technological Unemployment)的论调就会重新出现,在今天的欧洲,许多人支持更短的周工作时间,他们认为技术的进步导致缺乏足够的工作让所有的人都全职工作。就长期效果而言,经济学家普遍反对上述论点,在20世纪与技术进步相伴随的不是失业率的系统性上升,而是人均产出、生活水平和闲暇的持续提高,在长期如果说技术进步与失业之间存在某种联系的话,技术的进步避免了而不是导致了失业率的上升,技术进步的减缓不是减少了而造成了更多的失业。但在短期,产出水平是否能够足够快地对生产率的提高作出反应呢?也就是说在短期技术进步会不会引起失业率的增加呢?

我们现在来讨论一下在短期中当生产率提高时产出的增加是否会大到足以避免就业的下降这个问题。在短期,有时候生产率的提高保持或提高了就业率,有时候提高了失业率。生产率提高与就业率变化的关系依赖于生产率提高的原因,生产率的提高可能是由于技术的创新,这种情况下消费者对未来的乐观预期和技术创新所带来的更新设备的投资高潮会使总需求增加;如果生产率的提高是因为对现有技术的有效利用,如国际贸易的更加开放、市场的竞争性进一步加剧等,会使厂商重新组织生产或解雇一部分工人以降低成本,当这种重组是生产率提高的源泉时,我们就很难再认为总需求一定会提高了,生产的重组需要很少或根本不需要新的投资,生产率不确定性的提高和对工作安全性的忧虑会使储蓄增加、消费支出下降。

在中期,失业率会恢复到自然失业率①水平,那么一国的自然失业率与技术进步率或生产率的变化之间的关系是什么呢?自然失业率与生产率的水平和生产率的增长率之间并不存在明显的联系,以美国1890—1998年间每十年的平均劳动生产率的增长率和平均失业率为例,我们发现,二者之间存在着微弱的相关关系,但与一般人预测的正相反,生产率高增长时期的失业率较低,生产率低增长时期是和高失业率联系在一起的。经济学家认为这种关系是工人没能及时根据生产率的变化来调整他们对工资增长的预期造成的,如果工人对生产率增长预期的调整需要一段时间,生产率的减慢就会带来自然失业率在这段时间内的提高,直到工人的预期调低到新的现实水平,高失业率才会恢复到自然失业率水平。

关于后发优势与后发劣势

开发一种新技术或一种新的生产组织方法,往往需要比学习与推广这种新技术或新的生产组织方法需要多得多的投入和时间,所以发展中国家虽然远离技术进步的前沿,但可以不必再经历先发展国家漫长而曲折的经济发展历程,发展中国家可以吸收或使用发达国家积累起的巨大技术知识体系,如后发展国家可以免费得到许多知识,也可以利用国际技术市场通过支付比自己研发便宜得多的价格购买到专利技术和计算机、汽车等资本品,从而节省了高昂的研发费用,这就是所谓的后发优势。日本就是一个依靠引进别国的科学和技术而发展起来的例子,1853—1873年,美、日、欧在冶金、铁路、轮船上大量采用英国在工业革命第一阶段发明的成果,迅速缩小了与英国的差距,日本在1951—1973年大量采取美国在汽车工业、电

---

① 自然失业率通常用长期平均失业率来表示。关于"自然失业率"这个术语,虽然已是被广泛接受的标准化术语,但"自然"一词用得并不恰当,若从字面上理解,它意味着一个不受制度和政策影响的常数,实际上并不是这样,保障水平的提高可能提高自然失业率水平,严格的反垄断法和反不正当竞争法的实施可能会降低自然失业率。

力、合成纤维、通讯方面的技术,在这些领域实现了产业的转移,日本在20世纪50年代用于购买专利、进口技术的费用年均增长31%,60年代为21%,在20年中引进了26 000项技术,支付技术进口费60亿美元,使其生产效率提高了30%左右,否则的话,需多花4倍的时间和34倍的经费。[1]除此之外,后发展国家的政府之所以有可能在推进本国现代化的过程中比先行者的政府起到更大的作用,还因为先发展国家为后来者提供了现代化的演进方向和演进轨迹。后开发国家还可以通过创造良好的投资环境来吸引外来投资,这样可以大大缩短积累资金的时间,后开发国家也可以直接建立现代化的新企业,这比改造一个旧企业要容易一些。

但这并不是说发展中国家的发展[2]是件轻而易举的事,发展中国家能在多大程度上有效利用发达国家的科学知识呢?我们必须现实地看待先进技术在贫穷的发展中国家转化的可能性,一方面运用先进技术需具备许多其他条件,如足够的资本包括人力资本、乐于承担风险的企业家、民主的政治制度和体现公平、自由竞争原则的经济制度等;另一方面工业发达国家一般都是在假定劳动力相对缺乏、工人技术熟练、资本相对充裕的前提下进行研发活动的,这样开发出来的技术倾向于使用资本,属于劳动节约型或资本密集型的,而发展中国家的资源禀赋决定了劳动密集型或资本节约型技术更适合他们。在看到后发优势的同时,我们也应该看到后发劣势,发展中国家在得到落后者的后发优势的同时,这种后发优势也会减轻发展中国家进行制度创新的压力,当后发展国家因技术因素所导致的经济增长达到其制度所允许的极限时,该国的经济发展就有可能因制度约束重新回到低增长或停滞的状态。在看到后发优势的同时,我们也要看到先发优势,这样我们才不会过分夸大后发优势。

我们来详细讨论一下技术进步与模仿的关系。我们知道通过产品创新[3]、流程创新[4]、管理创新可以提高企业利润,但一个实施创新的企业的竞争对手可能会模仿该企业的新产品、新流程或新的管理模式,导致创新

---

[1] 转引自本文作者早期的读书笔记,当时没有注明出处,现在已难以查明。
[2] 这句话听起来有点同义反复,但如果不考虑自尊心和礼貌因素的话,用欠发达国家或落后国家的称呼更恰当。
[3] 大多数新产品是对现存产品的增量改进而非全新发明。
[4] 对更好的产品生产方法的引进。

者的利润大大降低。事实上，从现有产品中获得巨大利润、处于支配地位的企业往往会让行业里一些更小的企业去承担研发费用，自己则密切关注这些创新的成败，然后对成功的创新迅速模仿，其目标就是成为第二个拥有该项创新的企业。处于支配地位的企业之所以能够成功地实施这种跟随战略，靠得就是自己的产品改进能力、市场营销能力或经济规模。模仿和跟随战略带来了一个重要的问题，如果竞争对手可以模仿其新产品，那么厂商还有动力去承担创新的巨大费用和风险吗？为什么不等别人去创新，自己等着模仿别人的成功创新呢？

尽管模仿有时候是一个可行的策略，但领先一步同样具有许多优势。第一是法律保护，专利法的就是为了减少模仿对研发活动的消极影响，版权和商标等措施同样减轻了模仿问题带来的负面影响，增加了从事产品创新活动的动力；第二是声誉，消费者往往把新产品和其创新者联系起来，认为创新者的产品最正宗、质量最好；第三，有些创新属于商业秘密，专利法虽然可以保护由创新带来的利润，但许多厂商并不为其新工艺和新产品寻求专利保护，一个主要的原因是不想披露其新产品和新工艺的细节，为了避免因申报专利而引起的信息披露与泄露，很多公司宁愿将其创新当做商业秘密来自我保护，简而言之，商业秘密就是不向他人公开的关于某种创新的知识，如可口可乐配方就不申请专利保护而作为商业秘密，冶金行业的新合金通常也不申报专利，商业秘密的一个重要缺陷就是如果竞争对手独立地发现了相同的新工艺或新配方，那么它就可以使用而无需支付任何费用，尽管它是个后发明者；第四，有时生产率的提高是由于经验的积累，累积的生产经验会导致边际成本的逐渐下降，边际成本与累积产量（生产经验）之间的联系曲线，称为学习曲线（Learning Cure），这种提高效率的方式叫干中学（Learning by Doing），这类知识难以被潜在竞争者所获得，只能在干中学，所以，先进入者的成本将低于新进入者的成本，所以它总是能够与新进入者进行价格竞争，潜在进入者明白这一点，所以他们往往不愿后进入那些"干中学"对成本有明显影响的行业，这些行业往往具有比较陡峭的学习曲线①；第五，创新和扩散之间的时间差可使创新者获得实质性的经济利润，在实际操作中，竞争对手要想成功地模仿一件获利产品并侵蚀创新者的市场份额，可能需要几年甚至十几年的时间；第六，创新者可能被大企业整体收购，有利可图的买断使创新者可以获得现金或股票形式的回报，而不用等待长期的、充满不确定性的市场利润。

日本企业为防止技术外流，采取了许多办法。每个周五的晚上，在日本的某个机场和韩国的某个机场，都有日本某大企业人事部的官员在目不转睛地监视有没有该公司的员工利用周末以技术指导的名义到韩国打工。日本企业为了防范技术外流采取了三大战略：黑盒子化、不申请专利、高额的奖励发明金。

今年初开始生产的夏普三重龟山工厂，就彻底将作业流程黑盒子化，严禁外人参观。前任三重县县长、现任早稻田大学教授的北川正恭也证实说："他们没让我参观过工厂内部。"

---

① 规模经济效应的存在会导致大企业的长期平均成本低于小企业的长期平均成本，但长期成本逐渐下降的企业却不一定属于生产规模报酬递增的企业。在有些行业中，长期平均成本可能会在相同的规模基础上逐渐下降，因为工人和管理者在熟悉了他们的工作时，吸收了新的技术知识。具体来说，企业生产既定产出的边际成本和平均成本会因为以下几个原因而下降：工人的劳动效率会随着熟练程度的增加而提高；经营者管理经验的积累也会提高企业的经营效率；对市场和消费者的熟悉可能减少设计失败的概率和降低流通成本；生产专业化的加深也会降低原材料和其他投入品的成本，结果，随着企业产出量的不断累积，企业也不断积累了丰富的经验。累积产出量增加的过程也是企业"学习"的过程，"学习曲线"描绘了企业累积产出与企业生产单位产出所需投入数量之间的关系。如果累积产出水平的上升使单位产出的成本保持不变，就说明不存在学习效应；反之，学习曲线越陡峭就说明学习速度越快，当累积产量达到一定数量后，学习曲线变得非常平坦，说明学习的过程结束了，这时的单位成本就非常接近于长期平均成本。经济学家经过统计分析发现在化工行业，学习曲线效应比规模（报酬递增）经济效应更重要，化工行业的成本下降直接与累积产出相关，积累产出增长 1 倍，平均成本则下降 27%，而企业规模每增长 1 倍，平均成本仅下降 11%。英文原始文献可查阅 Marvin Lieberman, The Learning Curve and Pricing in the Chemical Processing Industries, *RAND Journal of Economics*, 15, 1984, pp. 213 – 228, 中文文献请查阅〔美〕平狄克、鲁宾费尔德：《微观经济学》（第四版），张军等译，中国人民大学出版社 2000 年版，第 199—206 页。在半导体行业中，学习曲线也非常重要，学习速度约为 0.2，即累积产量每增加 1%，成本下降 0.2%，见 D. A. Irwin and P. J. klenow, Learning-by-Doing Spillovers in the semiconductor industry, *Graduate School of Business*, University of Chicago, 1993, 中文见〔美〕平狄克、鲁宾费尔德：《微观经济学》（第四版），张军等译，中国人民大学出版社 2000 年版，第 202—203 页。飞机制造业的学习速度则高达 0.4，读者可查阅 N. K. Womer and J. W. Patterson, Estimation and testing of learning carves, *Journal of Business and Economics Statistics*, Oct, 1983, 中文文献见〔美〕平狄克、鲁宾费尔德：《微观经济学》（第四版），张军等译，中国人民大学出版社 2000 年版，第 202 页。学习曲线对于确定长期成本曲线的形状具有重要意义，对于企业决定进入某个行业是否有利可图或对于那些打算开发新产品的企业是极为重要的，生产初期的高成本会使投资者产生悲观的预测，但若发现该行业存在着显著的学习效应则可能预测出真正的长期平均成本曲线。

即使夏普公司内部也只有社长町田胜彦和少数顶尖干部能看到工厂全部。作业人员不准进入其他部属工作区。为了防止被偷拍,连照相手机也不能带进工厂内。观察家泉谷涉指出,"不少日本高科技企业通过把作业手册打散,甚至不写作业手册来根除技术外流的风险"。

电子零件大厂村田制作所以及生产蓝色发光二极管的日亚化学则都倾向采取"不申请专利"的方式,因为电子零件业竞争力的关键,在于原料调制的技术诀窍以及制造装置,原料调制方面专利保护的有效性不高,而且有半导体业者的前车之鉴,村田和日亚都坚持制造装置"绝不出厂门"。

更有不少企业,重新制定奖励取得专利的制度,提高技术人员的满意度。电机业和医药业甚至不设奖金上限,或提出与董事同等的待遇来犒赏技术精英。

——《参考消息》2004年10月23日,第4版

第三节 经济增长与制度性基础设施

制度、意识形态与经济绩效

经济因素并不能完全解释为什么一个国家的经济会增长或不增长,制度和社会文化方面的调整通常也是经济增长过程不可分割的一部分,甚至是第一位的影响因素,读者可以回顾一下诺思的思想:制度的变迁通常意味着人们思维方式、行为特点、社会文化、交易成本的改变,从而使制度成为经济增长的先决条件。例如,尽管发展中国家的初始收入水平较低,应比发达国家或地区增长快一些,但实际上许多"发展中"国家处于停滞或负增长状态,如撒哈拉沙漠以南的非洲国家,主要原因就是过高的贸易壁垒、过高的税率、无法保护产权的或容许随意侵犯产权的法律制度。

制度是人类强加在他们自身相互关系上的一种结构,制度问题在传统上一直被认为是政治学关注的领域,直到制度本身所包含的效率受到人们的关注时,制度问题才真正进入经济学家的视野。

早在19世纪,德国历史学派的代表人物李斯特在他的著作《政治经济

学的国民体系》一书中就意识到经济发展与制度因素之间的关系①,并研究了英国的经济发展与制度之间的关系。他说,只要在英国具有自由的权利、避难的权利,有法律保障和一切福利,国内安定和平,则欧洲大陆的每一次政治运动、每一次战争都会使它在资本和人才方面获得大量的新生力量,那些受迫害的犹太人,受到宗教迫害的西班牙人、葡萄牙人和意大利人,就会带着他们的船舶、商业知识、资本和进取精神进入到英国。② 但由于没有交易成本这样的分析工具,李斯特的研究属于现象描述性质的而非理论性的。

罗纳德·科斯在他最重要的两篇论文《企业的性质》(1937)和《社会成本问题》(1960)中阐述的思想引起了经济学家对一个国家的制度、交易成本与总体经济绩效之间关系的关注,引发了一场经济学革命。人们普遍认识到如果我们对基础制度以及基础制度对经济活动绩效的影响缺乏了解的话,我们就不可能真正了解现实的经济系统是如何运行的。我们每个人都生活在一种经济制度中,人类自身的福利依赖于整个社会所能提供的产品与劳务,后者不仅取决于我们上述讨论的那些因素,还取决于制度的生产效率,制度的生产效率又取决于由这套制度系统所决定的经济活动的交易成本,交易成本越低,制度的生产效率就越高。从事经济活动的交易成本依赖于一国的制度系统,如法律制度、政治制度、社会制度以及教育文化等诸方面的制度,一国的制度系统至少部分决定着该国的经济绩效。所以,一国的经济绩效最终可以从交易成本的角度得到部分的解释,现存的社会、政治、经济制度是造成持续贫困和财富增长的主要原因,这就是新制度经济学③一个最重要的结论。

按诺思的观点,经济绩效是制度和意识形态共同作用的结果,制度能影响交易成本,交易成本影响生产和交易活动的规模,清晰的和受到法律

---

① 萨伊也指出:"在政府所能使用以鼓励生产的一切方法中,最有效的是保护人身和财产的安全,特别是保证不受专横权力蹂躏的安全。"见萨伊:《政治经济学概论》,商务印书馆1963年版,第211页。

② 见[德]李斯特:《政治经济学的国民体系》,商务印书馆1983年版,第55页。

③ 新制度经济学这个名词最早由威廉姆森提出,以区别于以康芒斯(Commons)、米切尔(Wesley Mitchell)为代表的老制度经济学(Old Institutional Economics),因科斯在《企业的性质》一文中明确地将交易成本的概念引入经济学分析之中,一般将该文的发表视为新制度经济诞生的标志。见罗纳德·H. 科斯:《新制度经济学》,载《制度、契约与组织》一书的第10—13页,见[美]R. 科斯、威廉姆森:《制度、契约与组织》,经济科学出版社2003年版。

保护的产权可以降低交易成本和扩展市场,保护个人自由和财产不受强制性实体或政府滥用权力影响的经济能使生产和消费得到充分发展。诺思认为17世纪欧洲各民族国家之间出现的不同经济增长率的原因就可以从每个国家建立的产权性质中找出答案,荷兰成为这一时期的经济领袖就是因为荷兰政府通过保护私人产权和反对行会等限制性组织的发展激励了人民更有效率地使用资源,并把资源投入到发明与创新活动之中;而法国和西班牙经济活动的衰退就与王室通过保护和支持行会的垄断性限制权力以换取行会缴费、筹集财政收入的做法密切相关。

意识形态不仅在政治选择中发挥着重要作用,而且也是影响经济绩效的个人选择的关键,否则我们就无法解释政治家、雇主和其他一些人愿意花费巨资让参与者相信法律或合同的公平性或不公平性。[①] 再如在专制主义或权威主义的制度环境中形成的社会意识形态往往会阻碍生产率的提高,在这样的社会中,人们往往将努力工作和体力工作视为卑微、苦役、奴性、没有社会地位、低收入的同义词而竭力避免,高等教育体系也过分注重人文学科,而对商务、工程、科学等学科重视不足,最有才华的人被吸引到政府机构中或官僚化的企业中从事对人的管理工作而不是对经济活动的管理工作,人们在这种制度下逐渐形成因循守旧、默守成规、敌视独立思考、反对创新试验与变化、不愿承担风险的行为准则,人们通过服从上级而不是不断创新去获取经济利益,在这种社会中很难形成一个愿承担风险、追求创新与利润的充满活力的企业家阶层,社会严重缺乏该阶层所能提供的组织经济活动的才能,尤其在广大发展中国家广泛存在人才外流的情况下更是如此。

虽然一个民族的精神状态、宗教信仰和工作伦理对一国经济的增长也能起到一定的作用,但是一旦支撑这些因素发挥作用的制度框架发生变化,这些因素将会失去大部分或几乎全部的作用,人们的行为也将随之改变。[②] 文化传统本身就是历史上不同时期社会、政治、经济制度的产物,这

[①] 见诺思:《制度、意识形态和经济绩效》,载詹姆斯·A. 道等:《发展经济学的革命》,上海三联书店、上海人民出版社2000年版,第109—112页。
[②] 读者可以思考一下一个历史悠久而又非常注重历史传统的国家在发生了类似于社会主义革命这样的剧烈的制度变迁的前后,这个国家的人民的行为方式、价值观念、思维方式所发生的剧烈变化。

些习惯和传统也将被制度变迁所破坏,因为制度构造了人们在政治、社会、经济方面开展活动的激励结构,决定了人们行动的预期回报率,如果没有潜在回报的激励,行为主体将会发现花费过多的努力是不值得的,从这一角度看,制度尤其是产权制度和政治制度具有强烈的社会生产性。制度通过决定交易成本和生产成本来影响经济绩效,制度变迁会改变努力与收益之间联系的预期,进而通过改变交易成本来改变人们的行为取向并最终影响到一国的经济绩效,因制度因素而产生的较高的交易成本有时也被称为"制度税",这种税有时高得使某些经济活动彻底终止。

制度性基础设施的质量与经济效率

市场经济的一个重要特征是经济活动分别在千千万万个企业中分散地自由进行,然后通过市场相互进行自由交易以满足彼此的需要,生产分别在许多企业进行使生产要素可以得到尽可能有效的利用,企业之间和企业与消费者之间的交换活动通过市场价格这只看不见的手来协调。一个保证人民自由从事经济活动的、公平清晰的、国家实施宪政的法律体系和高效、廉洁、透明的司法制度对于一国经济增长至关重要,一个体现自由、平等、民主精神的法律体系将会提供一个保护自由竞争、平等竞争、公平竞争的政治和经济制度框架。自由贸易、自由企业和货币的自由兑换会大大减少官员腐败的范围和程度,并使政府将行政活动集中于提供真正的公共物品上——国内公共秩序、司法制度、公共教育、社会保障、货币稳定等。

现代市场经济的另一个特征是实行宪政,即政府也要在体现民主、自由、平等的法律框架内运行,腐败的存在将导致稀缺的经济资源从生产性活动中转移到再分配活动中,将他人的收入转移支付给自己。市场机制发挥作用的重要前提就是产权得到明确的划分和保护,如果政府不但不能保护产权反而侵犯产权,就会大大损害市场机制的协调能力,抑制国内储蓄和国外投资,当一个国家的政治不稳定时,人们就会对产权在未来能否得到广泛的尊重和保护感到怀疑,这同样会抑制投资(即消费)激励。

国际风险指标(ICRG)常被用来描述一国制度系统的质量,该指标对一国法律制度的合理性①、财产被剥夺的风险、政府违约的可能性、政府的腐败程度以及官僚机构的质量进行测度。研究发现,ICRG 指数与经济增长在标准的经济增长回归分析中是高度相关的。②

　　经济自由度也常常被看做是描述制度性基础设施质量的一个指标,经济自由的本质就是个人从事经济活动的权利不受国家的广泛限制。经济学家将经济自由指数作为衡量一个国家经济自由程度的量化指标,经济自由指数衡量了私人部门的投资者从事经济活动的自由度,它考虑了 10 个因素:贸易政策、税收政策、政府购买、货币政策、外国投资、银行政策、工资及价格控制、产权、管制及黑市活动。每个因素的指数从 1 到 5,然后计算出每个国家的总分,1 代表最自由,5 代表最不自由。贸易政策考虑了平均关税税率和贸易的非关税壁垒;税收政策考虑了税率的水平,以此来衡量政府将私有财富公有化的情况,税收水平越低,得分越低,经济越自由;政府对产出的消费衡量了政府干预经济活动的能力,政府在 GDP 中消费水平越低,经济越自由;货币政策考虑了年通货膨胀率,年均通胀率越低,经济越自由,得分越低;外国投资因素考虑了一国政府在投资法规、法律保障措施、进入管制等方面的表现,政府对外国投资控制得越少,得分越低;银行政策衡量了政府对银行和其他金融机构的控制程度,控制的越少越自由③;产权因素主要考虑以往私人财产被征用的程度,以此来衡量政府对私人财产的保护程度;管制主要考虑商业管制水平和官员的腐败水平,以此来衡量政府对经济活动的控制;使用地下经济④占 GDP 的百分比来衡量政府政策所引起的不合法经济活动的水平,地下经济的规模越小,经济就越自由。正如 1980 年至 1993 年间人均实际收入所衡量的那样,市场化程度最高、拥有最低税率、最少的贸易障碍和最强有力的产权保护的国家享

---

① 法律制度的合理性,指的是一国公民对现行制度的接受程度。
② 详细情况可见菲利浦·基弗、G. 玛丽·M. 雪莉:《经济发展中的正式或非正式制度》,载《制度、契约与组织》,经济科学出版社 2003 年版,第 107—108 页。
③ 控制是指试图保持或获得一种支配权,不同于监管,是为了金融资产的安全性、流动性。
④ 地下经济也叫平行经济、非正式经济,这部分经济活动没有被官方计入 GDP 之中。之所以存在地下经济,一是为了逃税,二是因为政府禁止或限止,如贩毒活动、地下赌场,这类活动主要使用现钞尤其是大面额现钞作为支付手段,以掩盖支票或其他金融票据可能留下的痕迹,研究人员也因此常用大面额现钞的流通量来估计地下经济的规模。

有了经济上最大的繁荣(见图 6.3.1)①,经济自由与经济发展之间存在一个强有力的相关关系②,我们的基本结论是想要摆脱贫困的国家必须给予其社会成员以更大的从事经济活动的自由并给予产权以最好的保护。

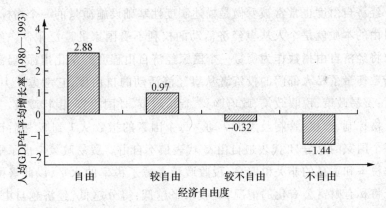

注:人均GDP是以购买力平价表示的。

图 6.3.1 经济增长与经济自由

格莱尔德·斯库利(Gerald Scully)的研究也表明,制度体系的选择对经济效率和经济增长有深远的影响,与法律条例、个人财产、市场配置资源相结合的开放社会相比,那些自由被限制和剥夺的社会的增长率只有前者的约三分之一。③ 雷蒙德·加斯悌尔(Raymond Gastil)在他每年出版的《世界自由》报告中将各国的制度作了分类,他根据自由的三个测量指标:

---

① 该图资料来源 William W. Beach, and Gareth Davis, *The Index of Economic Freedom and Economic Growth*, in Holmes, Jahnson, and Kirkpatrick, 1997, chap. 1。转引自布莱安·约翰逊、托马斯·谢:《经济发展与经济自由》,载〔英〕阿兰·A. 瓦尔特斯编著:《发展经济学的革命》,黄祖辉、蒋文华主译,上海三联出版社、上海人民出版社 2000 年版,第 324—331 页。一些发达国家如瑞典的分数要比一些发展中国家要高,如智利,但这种例外并不改变上面的基本结论,这些国家的分数之所以较高,是因为它们是福利国家,由政府支配的资源份额比例过大,自由度数据也表明日本的管制水平和美国差不多,比世界上大多数国家要轻得多,关于日本政府管制的奇闻轶事给人一种不符合总体实际情况的印象。

② 该项研究成果的详细内容请阅读原始文献:Johnson, Brgan T., and Sheehy, Thomas P., *The Index of Economic Freedom*, Washington, D. C. : Heritage Foundation, 1995; Johnson, Bryan T., and Sheehy, Thomas P., *Index of Economic Freedom*, Washington, D. C. : Heritage Foundation, 1996。

③ 原始文献请阅读 Gerald W. Scally, The Institutional Framework and Economic Development, *Journal of Political Economy*, 9, 1988, pp. 652 – 662; Gerald W. Scully, *Constitutional Environments and Economic Growth*, Princeton, N. J. : Princeton University Press, 1992。

政治自由、经济自由、人权的指标数据将世界各国进行等级划分。① 格莱尔德·斯库利把加斯悌尔的数据与经济结果作了联系,他发现三个自由指标均与经济增长率高度相关,政治开放、个人拥有较多权利、实行自由市场经济制度的国家或地区比政治封闭、政府拥有权利、命令经济为特征的国家或地区享有高得多的平均增长率,前者在1960—1980年的个人平均收入增长率为2.73%,后者为0.91%。② 加里·贝克遵循同样的研究思路也发现"政治民主"与经济增长的确是正相关的,从而验证了斯库利的结论。③

利益集团的影响力也可被看做是治理质量的指标。在《国家的兴衰》一书中,奥尔森建立了他早期关于利益集团④的分析框架,并用以解释了各国增长率的差异。奥尔森关注的是那些寻求再分配目标的利益集团,这些集团的大部分活动致力于创造或保护垄断地位,如医学协会主张限制进入医学院校的条件和限制向在国外训练的医生发放执照,工会努力限制雇主雇用非工会会员,商业协会和工会努力游说通过提高关税和实行进口配额的政策,强烈要求制定政府在购买中照顾国内生产商及政府公务员在公务旅行时选乘本国航空公司的航班等类似的政府管制条例,因此,经济利益导向的利益集团,其大多数活动都可以归为寻租。利益集团的再分配目标意味着利益集团的活动是在效用可能性边界上寻求有利于自己的某一点,而不是将这一边界向外移动,而为实现这一目标所实施的每一种限制、配额和规章制度都是把效用可能性边界向内移动,造成某种效率损失,随着致力于分割馅饼的力量越来越多,经济馅饼会变得越来越小。

奥尔森运用这种再分配——效率损失论点解释了各个国家之间经济

---

① 列夫·托尔斯泰认为对自由的渴望是人类最强烈的本能之一,他说:"人类一切本能,一切对生活的渴望都只是使自身获得更大的自由——财富与贫穷,健康与疾病,饱学与无知,劳动与赋闲,渴饮与饥饿,高尚与堕落,都只是拥有更多或更少自由的标志。"

② 原始文献见 Gastil, Raymond D., *Freedom in the world*, Westport, Conn: Greenwood, yearly。转引自朱利安·L. 西蒙(Julian L. Simon, 马里兰大学商业管理教授):《人口增长拖了经济发展的后腿吗?》,载〔英〕阿兰·A. 瓦尔特斯编著:《发展经济学的革命》,黄祖辉、蒋文华主译,上海三联出版社、上海人民出版社2000年版,第87—105页; Scully, Gerald W., The lnstitutional Framework and Economic Development, *Journal of Political Economy*, June, 1988, pp. 652 – 662; Scully, Gerald W., Liberty and Economic progress, *Journal of Economic Growth*, November, 1988, pp. 3 – 10。

③ 见 Gary Becker, An Enviroment for Economic Growth, *Wall Street Journal*, Jan 19, 1989, p.48。

④ 奥尔森称之为分利联盟。

增长率的差别,认为假使其他情况均保持不变,一个国家的增长率与利益集团活动的水平呈反向变化。一个国家的社会和政治环境长期保持稳定有利于新利益集团的出现和现有利益集团的巩固,社会和政治稳定引起的利益集团数量的增长会导致分配方面冲突加剧,经济增长减慢;那些由于某种原因(如战争),利益集团被摧毁的国家,其经济增长将更快。奥尔森认为那些经济和社会制度结构被战争损害最大的国家如日本、德国、意大利的增长业绩在发达国家之中是最好的,而那些经济社会制度被战争损害较小的国家如美国、英国、新西兰、澳大利亚等国,以经济增长率来衡量的业绩在20世纪70年代中期以前一直较差。奥尔森还将印度的落后归因于种姓制度(Caste),种姓制度产生于行会和其他职业集团,和其他利益集团一样,力图保护其成员拥有的任何垄断力量,把婚姻限制在一个人自己所处的种姓阶级成员中,就是一种控制该集团规模的进入壁垒和保持其垄断地位的形式。有许多经济学家开始尝试运用奥尔森的理论进行经验性验证的工作,他们遇到的主要挑战是如何定量地度量利益集团活动的实力,克瓦·乔伊在1983年构造了一个针对18个经济合作与发展组织国家的"制度硬化症"(Institutional Sclerosis)指标[①],验证了奥尔森的结论。

对奥尔森理论的批评主要集中在该理论没有考虑到对增长率差别的其他可能解释,对奥尔森理论在经验基础上的批评,大多数建立在对某个既定国家的观察的基础上,如在前文提到的克瓦·乔伊列举的18个经合组织国家中,瑞士的制度硬化症指数为第四高,但瑞士的关税保护程度是最低的,再分配斗争在瑞士的政治生活中并不是一个重要的内容。瑞士的案例虽然不能说推翻了奥尔森的结论,但无疑指出了奥尔森分析的空白点,奥尔森似乎只关注政治稳定与利益集团的发展,忽略了政治制度也可以抑制利益集团的增长,在发达国家中,瑞士的政治结构具有强烈的联邦主义性质,瑞士更多地利用了直接民主和公民投票,瑞士的公民比其他任何地方的公民都能够更有效地对政府实施控制,这样利益集团就不可能与国会中的党派或关键的立法委员会进行谈判,去获得再分配利益,除非大多数公民批准这种谈判。

---

① 见〔美〕丹尼斯·C.缪勒:《公共选择理论》,杨春学等译,中国社会科学出版社1999年版,第380页。

腐败指数也可以作为衡量制度系统质量的一个指标。关于一个国家的腐败指数多是由私营的评级机构根据居住在某些国家的企业家对统一的调查表所作的答案编制的,虽然这些答案是主观的,但各个不同的评级机构得出的指数具有很高的相关性,这说明大多数评论者都基本认同这些国家的腐败程序,购买这些资料的客户(通常是跨国公司和国际银行)向评级机构支付的高昂价格也可以间接证明这些信息是有价值的。当然这些指数具有一定的主观性,因而是不尽完美的,但它们能为我们提供有用的见解。

腐败的原因主要是政府的不当干预,诸如高关税、贸易壁垒、袒护性的产业政策(如补贴或税收减免)、物价管制、信贷分配、行业垄断等;如果公务员的工资非常低,也会使腐败发生的可能性增大,研究发现凡是公务员的工资高于私营部门同等职工时,腐败现象也会稍微收敛一些[①];此外,严重的制度缺陷也会使腐败盛行,如机构臃肿、效率低下、立法和司法力量薄弱、文牍主义等。

根据经济理论,多数经济学家认为腐败会降低经济增长速度和资源配置效率,因为腐败相当于一种税收,而且它还需要保密并且不能肯定受贿者对他在谈判中所作的承诺是否会背信弃义。经济学家认为腐败会降低经济增长速度与效率的原因还有:它会减少税收收入、抑制投资、扭曲政府的开支构成[②]、增加经济中的交易成本和不确定性。回归分析也表明一个国家如果把它的腐败指数从6提高到8[③],那么就可把它的投资率提高4个百分点,人均GDP年增长率提高0.5个百分点[④],这表明制止腐败的政策可以取得显著的回报。私人投资减少乃是腐败降低经济增长的最重要的途径,它至少占腐败负效应的1/3,其余2/3负效应应是通过其他途径发生的,尽管很难弄清究竟有哪些途径,但政府开支扭曲肯定扮演了重要角

---

① 见 Caroline Van Rijckegherm 和 Beatrice Weder:《腐败与诱惑率:行政机构的低工资是否是产生腐败的原因?》,IMF 工作报告第 97/73 号,华盛顿,IMF,1997,载胡鞍钢、王绍光:《政府与市场》,中国计划出版社 2000 年版,第 396 页。

② 如腐败的官员往往会把更多的公共资源花在那些容易获得大量贿赂并能为他们保密的项目上,如竞争程度比较低的市场上的项目和价值难以监督检查的项目。

③ 0 为最腐败,10 为腐败最少。

④ 见 Paolo Mauro:《腐败对增长、投资和政府开支的影响》,IMF 工作报告第 96/98 号,华盛顿,IMF,1996,载胡鞍钢、王绍光:《政府与市场》,中国计划出版社 2000 年版,第 392 页,作者为意大利人,IMF 欧洲一局的经济学家。

色。如回归分析显示,如果把一个国家腐败指数从6提高到8,那么教育经费一般会增加使GDP增加0.5%。贿赂增加了经济中的交易成本和不确定因素,促使人们的才能投入到寻租活动而非生产性活动中,它促使企业从事地下经济活动,削弱了国家筹措收入的能力,并导致对越来越少的纳税人以越来越高的税率征税,这反过来又会削弱国家提供包括法律在内的公共物品的能力,从而使腐败进一步加剧,形成恶性循环。腐败还会造成经济结构、经济制度和法律体系的扭曲,如腐败在许多发展中国家支撑起庞大的行政性垄断结构,缺乏透明度的贷款分配制度导致了不合理的产业结构,许多已经存在过剩生产力的行业仍然能够从政府控制的金融系统源源不断地获得贷款。

关于腐败问题的简短讨论

腐败会降低经济增长,随时间的推移造成贫困,但贫困是否也滋生腐败呢?尽管有证据显示穷国可能会因缺乏足够的资金去建立并加强行之有效的法律框架,或饥寒交迫的人民更可能不得不放弃道德原则而产生腐败[①],但发展中国家之间的腐败程度相差极大[②],这就说明发展中国家的腐败现象是可以控制的。

关于有组织的腐败与无组织的腐败哪一种更有害的问题,一般认为当腐败是有组织地进行时,企业家可以明确他们应该向谁行贿和行贿多少,并可明确得到保证获得他们所需要的东西,因此许多人认为有组织的腐败害处要小一点(但更难治理)。在无章可循的腐败情况下,企业家往往要向若干官员行贿,而且既不能保证他们不再会面对进一步的索贿,也不能保证他们一定会得到他们所需要的东西,但目前尚缺乏实证数据来检验这一假设。

发展中国家的腐败还会极大地影响到国际援助,因为捐助国很难保证援助资金得到合理的利用,由于资源是可以替代的,如某国或国际机构提供一笔资金来帮助受援国建设学校,即使受援国确实把资金用于实现该项

---

① 这一结果很可能仅仅出自观察者自身的体会,所以必须小心谨慎地对待。
② 见 Cheryl W. Gray, Daniel Kautmann:《腐败与发展:减少腐败的重大改革》,载胡鞍钢、王绍光:《政府与市场》,中国计划出版社2000年版,第400页,前者为美国人,世界银行减贫与经济管理网络公共部门负责人,后者为智利人,世界银行发展研究集团首席经济学家。

目,但它可以将节约下来的资金用于那些能给官员带来"租"的项目上,因此,现在捐助国越来越关心受援国的支出构成了,而不是狭隘地把焦点放在他们的资金如何使用上。

一些学者提出,在一定条件下贿赂也许会有积极的作用,它使企业和个人得以避开繁琐的规章和低效率法律体系的监管,帮助企业家摆脱官僚主义的羁绊,被允许受贿的官员也可能会更加努力地工作,因此贿赂也许是一种促使僵化管理"运转不灵的车轮"前进的"润滑剂"。这一消极、被动的适应性观点忽视了腐败巨大的扭曲作用,腐败会促使更多的扭曲性法规不断增加,现在的实证证据表明,腐败程度与企业管理人员花费在政府官员身上的时间存在着正相关的关系,因此上述观点是不正确的。1997年,世界经济论坛进行了一次全球竞争力调查,被调查的59个国家3 000家企业的答卷表明,腐败越严重,企业与官僚和政府官员在商谈营业执照、许可证、签名及税收上的时间就越多,贿赂并没有减少企业花费在政府官员身上的附加时间。

关于治理腐败的问题,"宿命论"者经常指出的是反腐败工作鲜有成功的先例,但中国香港和新加坡已经成功地从一个腐败现象非常严重的社会转变为一个相对廉洁的社会,也有人将这些成功归功于反腐败的监督机构,如香港的廉政公署,但通过对这些国家或地区的社会成员进行调查,研究人员发现被调查的人并不十分看重这些机构,在可能的反腐败措施中普遍将它们的有效性列为最低,他们认为要使这些机构取信于人,它们必须是在以诚实的领导人为特征的政治环境中被设立起来的,其雇员要能独立于政治干预的影响,否则,这些机构就有可能轻易地因为政治目的而被利用,甚至被错误地利用。总之,腐败是基本的经济和政治制度的反映,所以要有效地解决腐败问题,就意味着要首先解决这些基本的制度问题。冷战结束之后世界向着一体化方向转变,这使许多国家处于更加强大的国际监督之下,来自国外建设性的压力,虽然起不了决定性的作用,但它有助于发展中国家的反腐败工作。世界各国为争取外国的直接投资和国际证券投资所展开的激烈竞争也有助于反腐败,因为外国投资者更为重视政府的稳定性、可预见性和诚信程度。

经验实证

战后韩国被认为是拥有很少资源的国家,它的资本存量已被战火破坏,人均收入与印度、缅甸、斯里兰卡差不多,儒家文化也被认为是不适合于现代竞争性的个人商业活动的一种历史文化包袱,传统的工业中心被分割在北方,外国援助在 20 世纪 60 年代也被终止,但伴随着人口密度和人口总量的迅速增长,韩国已经成为一个中等发达的国家。与此相对应的一个例子是斯里兰卡,1950 年韩国的人均 GDP 不到斯里兰卡的 82%,1973 年则为 186%,1983 年则为 600% 以上,这种差距的扩大很难靠外援或战争来解释,因为前者遭受了战争的破坏,而后者却长时间不断得到持续增加的外国援助。经济学家或政治家提出了一系列假说来解释这种经济失败,包括贫困的恶性循环、人口密度或人口的过快增长、文化宗教因素、经济结构的选择、资本的缺乏、国际经济旧秩序等,但制度因素、错误的经济政策和政府的不恰当干预则被完全忽略了。

1979—1985 年间中国农业部门发生的奇迹成为验证制度因素决定性地影响经济增长绩效的理论的重要案例。1950—1978 年,我国人均粮食产量几乎没有什么增长,在 1979 年改革之后,人均产量到 1985 年几乎增加了一倍。同样,二战前完全属于芬兰的卡累里亚(Karelian)半岛、统一的朝鲜半岛、统一的德国和战后被分属或分割成不同的社会制度的国家[①]也提供了同样鲜明的对比,相同的文化、历史、民族、自然环境,社会发展程度[②]与生活水平的巨大差距与二者唯一不同的相关变量——制度因素直接高度相关,这些证据表明经济制度是发展中国家经济增长的因素。20 世纪的一个重要经验是保障经济自由与产权的制度体系是经济增长真正的发动机,当经济失去自由时它或许能增长一段时间,但它最终会遭遇停滞,经济生活的市场化和贸易全球化、信息革命已经创造出了巨大的财富。

[①] 奥地利和捷克斯洛伐克,希腊与南斯拉夫,马来西亚与缅甸,这些成双成对地具有相同背景的国家在过去也一直享有相同的生活水准。

[②] 反映社会发展程度最好的长期指标是从事农业劳动的人口占人口总量的份额,这一比例越低,意味着从事其他商品生产的人数就越多,这一指标也不例外地验证了上述结论。

一致性问题

关于制度因素和经济增长的一致性问题，笔者认为，从经济史的角度看经济的增长并不完全产生于制度的变化，除了制度因素外，如上所述，经济增长还可能产生于资本存量的增加、新技术的应用或其他非制度因素。例如，在人类刚摆脱原始状态时的经济发展初期只拥有少量的制度安排，非制度因素——如自然资源、气候、地质、水文和其他地理条件对经济发展的重要性就较后期要大，尤其是资源禀赋在很大程度上控制了经济发展的速度和模式，在经济发展的后期，逐渐产生了众多的制度安排，这些制度安排构成的制度系统就逐渐成为决定经济绩效的主要长期因素。制度因素对经济增长的影响程度取决于制度使报酬和生产性努力联系在一起的程度，不同的制度会对不同的行动提供激励或对同样的行为提供不同的激励；取决于制度允许专业分工和进行贸易的程度和范围；取决于准许找出并抓住经济机会的自由；取决于产权和自由契约受到保护的程度。[①] 在一个合适的制度框架中，鼓励尝试、实验、革新是十分重要的，因为在一个一切都不确定的世界中，没有人知道我们所面临问题的正确答案，因此，建立一个鼓励创新、能够培养出有创造力的企业家阶层的制度性规则尤为重要。

我们知道制度因素对于经济的发展与增长至关重要，但要确定哪种类型的制度在短期更适合经济发展并不是一件容易的事。在理论和实践上，独裁或专制政府的平均表现和民主政府的平均表现在短期内可能相差很小，但方差却很大[②]，对决策者和官僚行为的约束会随着政府性质的不同而不同，通常随着政府性质从传统君主制、传统的独裁统治、专制主义统治到现代民主制而变得日益严格。虽然要确定在短期哪种类型的政治制度

[①] 参阅刘易斯：《经济增长理论》第三章"经济制度"，第五节"制度的变化"的内容，见〔英〕阿瑟·刘易斯：《经济增长理论》，周师铭、沈丙杰、沈伯根译，商务印书馆1996年版，第151—176页。在市场上，独立的权利主体之间发生关系是通过契约交易，而契约交易的本质是平等权利的交易，这种交易是通过法律制度来保障的。

[②] 原始文献见 Sah, R. K., Fallibility in Human Organizations and Political Systems, *Journal of Economic Perspectives*, 5(2), 1991, pp. 67 – 88; World Bank, *World Development Report 1991: The Challenge of Development*, Oxford: Oxford University Press Published for the World Bank, 1991; Przeworski A. and F. Limongi, Political Regimes and Economic Growth, *Journal of Economic Perspective*, 7, Summer, 1993, pp. 51 – 69。

更适合一国的经济发展,确定一个先后顺序不太可能,但在长期,在开放的经济系统中由于国与国之间的竞争归根到底可以归结为制度的竞争。①国际竞争会带来强大的动力,促使各个国家调整它们各自的制度结构②,以便为经济增长提供强有力的动力,这样低效率的制度模式就必将让位于高效率的制度模式,这是一个不以某个人的意志或某种力量为转移的、各种制度模式优胜劣汰的过程。制度竞争的结果是各国的制度模式日渐趋于统一,只有在不存在竞争的条件下,初始条件的差异才会造就平行的多种制度模式,才会存在严重的路径依赖问题,从长期来看,一个独裁或专制的政治结构与经济的持续发展是不相容的。

政府垄断性地拥有的强制权力一直使许多人产生一种深深的忧虑,尤其是在过去的一个世纪中,一些政府运用手中的权力对人民采取了过于严厉的强制措施,如20世纪30年代的德国和前苏联,在这些国家中政府强迫公众接受政府的意识形态、观点和意志。对历史的反思使我们发现这种制度难以很好地改进社会面貌,因为它们得不到被统治人民的真心支持,在恐惧中生活的人们会完全丧失掉具有生产性的创造力;另一方面,对于这类政府来说,经济发展越成功,就越有可能面临合法性的危机,因为在这种情况下,中产阶级的独立自主和本国经济与世界经济的融合是经济成功的必要条件和自然结果,发达国家的民主思想会逐渐溶入中产阶级的思想中并削弱专制统治的合法性,专制政府就会逐渐变为民主政府,正如在韩国、智利已经发生的情况所显示的那样。③

对于制度经济学将发展中国家的贫困归因于高昂的交易成本或经济系统的运行成本这个结论,我们必须认识到的是在任何经济系统中,交易成本在总体上都是增加的。在过去的数百年里随着生产分工和专业化的发展,我们必须进行越来越多的交换活动,我们用于交换活动的经济资源越来越多,每一次交换过程都需花费资源来界定交换的内容和条件,今天

---

① 当然,我们说国与国之间的竞争是制度的竞争,低效率的制度必然会被高效率的制度所取代,但有个前提是"制度"市场必须是开放的,人们有能力自由地选择不同的制度,只有满足这个条件,竞争规律才会发生作用,使一个社会的制度变迁朝着高效率的方向前进。

② 制度安排和制度结构是容易混淆的两个常见术语,前者指在特定领域内约束人们行为的一组行为规则,后者指在一个社会中所有制度安排的总和。

③ 类似的观点读者可以阅读林毅夫《制度与经济发展》一文第46—49页的内容,见林毅夫:《制度与经济发展》,载林毅夫:《再论制度、技术与中国农业发展》,北京大学出版社1999年版。

在所有的发达国家,人们都不得不在交易领域投入大量资源,一半以上的社会资源没有直接用于生产任何东西,而是用来进行整合和协调不断增加和越来越复杂的政治、经济和社会体系。一个广泛被人们接受的规律是经济制度越有效率,交易成本总和(贸易部门的收入)占 GDP 的比重就越高,如在美国,第三产业部门无论从雇员还是从产值上都占了 70%—80%,但每一笔交易所需的交易成本却比较低,这才是它们经济增长的源泉之一。

制度变迁

制度因素是如此重要,使我们不得不思考制度从何而来?某种制度安排何以出现?制度在长期如何变化?为何这些变化在各种社会中又会产生不同的问题?经济制度的变迁在一些情况下又源于政治力量的变化,所以,理解经济制度的变迁就应先理解政治制度的内容、性质与变迁。

同任何事务的发展过程一样,制度本身也有一个产生、发展、完善以及不断面临被替代的过程,这个过程被称为"制度变迁"的过程。[①] 制度变迁通常表现为两种形式:制度进化和制度变革。制度进化是指一项制度通过自身的修正和改良逐步走向优化的过程,如现代企业制度就是人类社会生产组织制度长期发展进化的结果;制度变革是指一种具体的制度形式对另一种具体的制度形式的替代,如社会革命所导致的制度更替。经济学家判断制度变迁优劣的标准不是个人的主观愿望如理论偏好、领导意志和社会理想或变革的程度等,而是此种制度变迁能否提高全社会的资源配置效率。

由上我们可以看出,制度变迁可以理解为一个制度均衡—制度非均衡—制度均衡的循环往复的发展过程。制度均衡表示在这种制度安排下,各种要素均已取得相应的最大回报的一种状态,如果仍有潜在的经济利益尚可通过制度变革加以实现,但在人们的理性预期中预期成本超过了预期回报,人们也不会进行制度变迁的尝试;只有存在潜在的经济利益尚可通

---

① 这方面有一篇中文文献有较为详细的讨论,感兴趣的读者可以阅读李怀的《制度生命周期与制度效率递减——一个从制度经济学文献中读出来的故事》,载《管理世界》1999 年第 3 期,第 68—77 页。

过制度变革加以实现时,同时在人们的理性预期中预期回报又超过了预期成本的情况下,人们才会进行制度变迁的尝试。

此外,政治的稳定与否、企业家的缺乏、金融市场落后、产权得不到保护、腐败、贸易开放程度、地理位置、人口增长率、税收制度、公共设施情况等也与经济增长密切相关,这些因素是很容易列出来的,但解决这些问题并不容易,许多因素既是低收入的原因,又是低收入的结果,总之,经济学家对经济增长的理解还相当有限。

第四节 经济增长与资本积累政策

政府在经济增长中的作用是什么呢?政府应如何发挥其促进经济增长的作用呢?这是理论界和政界中一个旷日持久的讨论焦点。实际上,在政府应不应该干预经济活动的层次上讨论问题是无任何意义的,除了少数极端的无政府主义者,没有多少人主张政府完全不去干预经济活动,问题的讨论应该放到具体的干预政策、干预领域和干预方式的层面上,即干预什么、如何干预、干预的程度等问题,正如刘易斯在其著作《经济增长理论》中所理解的,"政府的行为……在促进或阻碍经济活动方面起着重要的作用,……如果没有高瞻远瞩的政府的积极推动,没有一个国家能在经济上取得进展,……另一方面,说明政府干预经济生活造成不良后果的例子很多,因此很容易提出种种警告要人们提防政府参与经济生活,聪明人不会去争论取得经济进展是由于政府进行活动的缘故还是个人发挥主动性的缘故,他们知道,这是由于两方面的缘故,他们只想提出这样的问题:两者作出什么样的贡献才是适当的贡献……政府可能会由于做得太少或做得太多而遭到失败。"[①]

---

① 刘易斯:《经济增长理论》,周师铭等译,商务印书馆1996年版,第411—418页,第七章"政府"。

储蓄率与经济增长率

增加储蓄和投资①水平可以提高生产率和生活水平。一个经济体所拥有的资本存量的增加,可以提高生产的效率②,所以,提高未来生产率的一个办法是将现有资源的更大部分投资于资本的生产。由于资源是稀缺的,把更多的资源用于生产资本就意味着将更少的资源用于生产供现期消费的物品和服务上,这必然要求消费小于收入,把更多的现期收入储蓄起来,通过牺牲现期物品和劳务的消费来换取将来更多的消费。通过金融市场和金融中介机构③构成的金融系统将储蓄者和借款者联系起来,将储蓄

---

① 在经济学文献中,经济学家在两种不同的场合使用投资这个术语,购买股票和债券是一种投资,叫金融投资(Financial Investments),这类投资活动为企业购买资本品[设备(Equipment)、建筑物(Plant)、成品或原材料库存(Inventories)]提供了资金,企业的这种购买也叫投资,叫资本品投资(Capital Goods Investments),企业购买的新资本品一类是厂房和设备,称为投资于新资本品,另一类是企业根据销售预期储存的产品或生产更多产品所需的原材料,称为投资于存货(Inventories)。在本书中,若不特别说明,投资均指资本品投资,金融投资不包含在内,因为你购买了一股股票,仅仅是资产的所有者发生变化而已,总投资并没发生变化,别忘了卖掉股票的人与此同时作了一项负投资,大多数企业用未分配利润(Retained Earnings)为其投资提供大部分资金,除此之外,还可通过向银行贷款或到资本市场上发行股票或债券的途径去筹集资金。投资中最反复无常的部分是存货,持有存货是有成本的,如果企业借钱为存货提供资金则要支付利息,若企业自己为存货提供资金,它就面临一个机会成本的问题,储存过程的损耗、仓库的维护都会带来成本,但存货也会带来好处,避免了因原料问题导致的工人或机器的闲置,避免了需求波动所带来的供货困难、工人加班等问题,企业追求稳定的生产水平,稳定的生产水平与不稳定的需求水平相结合就产生了存货问题。

② 国与国之间生产率的差别很可能因为它们使用的设备等资本品存在差别,许多发展中国家仍在使用发达国家几十年前甚至上百年前的机器设备。一般来说,随着人均资本增加,人均产出也会增加,经济学家将人均资本量随时间增加的过程叫资本深化(Capital Deepening),资本深化是在资本存量较之劳动增长更快的情形下发生的,随着资本深化的过程,资本的边际收益递减而劳动的边际收益上升,因为有更多的资本可供工人使用,工人的边际产出就会随之提高,所以,资本密集部门的工资水平要比劳动密集部门的工资水平高一些。

③ 金融中介机构(Financial Intermediaries)是储蓄者可以间接地向借款者提供资金的金融机构。中介机构这一术语反映了这类机构在储蓄者与借款者之间的作用,主要包括银行和共同基金(Mutual Fund)。共同基金是指一种向公众出售股份并用收入来购买各种股票、债券的机构,共同基金的持股人接受与这种资产组合相关的所有风险和收益。共同基金的主要优点是它们可以使钱不多的人进行多元化投资,一个只有几百块或几千块钱的人可能因此而间接成为几十家或几百家股份公司的所有者或债权人。当然经营共同基金的公司会因此向股份持有者收取 0.5%—2.0% 左右的费用。共同基金公司自己所宣称的第二个优点是可使普通人获得资金管理者的高水平专业化服务,但金融学家常常怀疑这一点。

转换为投资,所以,鼓励储蓄和投资①是政府可以促进增长的一种方法。②

不同发展程度国家的储蓄动机是相似的,大体分为三种动机:遗产动机(Bequest Sating Motive),富人储蓄的主要原因就是遗产动机③;预防动机(Precautionary Motive),为不测风险而储蓄;目标储蓄(Target Savings),为了应付某种可能很难借到足够的资金的特定需要,如住房首付、子女上大学、为退休而进行的储蓄。④ 储蓄的多少由收入、利率和社会保险制度来决定,不同发展程度国家的储蓄潜力差异很大,一些非常穷的发展中国家如埃塞俄比亚、海地的储蓄率⑤仅为2%—5%,这些国家的收入水平太低了,而另外一些发展中国家如中国、印度却有着和发达国家一样或更高的储蓄率,例如在1995年,中国为42%,印度为22%,日本为29%,美国是15%⑥,当然由于发展中国家经济活动规模的原因,它们储蓄的绝对规模并不大。

储蓄率的增长率和经济增长率之间的关系是相关的、密切的。研究表明,在美国投资率每增加1%,GDP就会增加0.25%⑦,但两个变量的相关

---

① 我们所说的投资不仅包括私人投资而且包括公共投资,如政府通过预算支付的在交通设施、污水处理设施、自来水设施、公共教育系统方面的投资。

② 发展中国家在缺乏税收(公共收入)的情况下,常常通过政治动员或半强制的办法将剩余劳动力转移到公共设施的改善中,用相对少的投资积累起数量相当大的公共资本品,如水渠、水井、学校、医院、交通设施等。

③ 对于遗产的动机问题,经济学家提出了至少四种解释:罗伯特·巴罗认为人们之所以留下遗产是利他主义原因,他们关心自己的孩子,并试图通过收入转移来提高他们孩子的生活水平;道格拉斯·伯恩海姆(Douglas Bernheim)、安德雷·施莱弗尔(Andrei Schleifer)和劳伦斯·萨默斯(Lawrence Summers)则认为父母留下遗产是为了在他们的生命周期里影响孩子们的行为,如迫使子女提供良好的照顾;第三种观点认为由于人们并不知道自己什么时候离开人间,因此要保留大量资源以预备在寿命比预期长的情况下使用;第四种观点认为财富的积累不仅仅是为了将来消费而是因为财富可以为他带来权力和威望。

④ 读者请参阅弗兰克·莫迪利阿尼(Franco Modigliani)提出的生命周期储蓄假说(Life-cycle Savings)和米尔顿·弗里德曼(Milton Friedman)提出的持久收入假说(Permanent Income Hypothesis)的内容,中级经济学教科书中大多可以查到。

⑤ 即储蓄占GDP的百分比。

⑥ 关于美国与中国、日本相比,为什么储蓄率偏低,经济学家找出了若干原因。第一,美国高水平的社会保障减少了为退休而储蓄的需要;第二,美国发达的资本市场使个人较容易获得贷款;第三,美国人积极乐观,更偏好现时消费而不是未来消费;第四,美国发达的保险业在分散未知风险方面非常有效,减少了人们为预防不测风险而进行的储蓄;第五,股票和房地产等资产的价格上升也促使个人减少储蓄,增加支出。

⑦ 数字来源见〔美〕坎贝尔·麦克康耐尔、斯坦利·布鲁伊:《经济学——原理、问题和政策》(第十四版),陈晓等译,北京大学出版社、科文(香港)出版有限公司2000年版,第460—461页。

性并不能确定二者是否为因果关系,如果是的话,谁为因?谁为果?① 经济学家一般认为储蓄率及投资率的高增长率会引起更快的经济增长,经济学家通过对发展中国家的研究发现,投资率每增加1个百分点,GDP 将增长 0.1 个百分点。② 但储蓄率与增长率之间的关系是不确定的,日本的储蓄率一直高于韩国、新加坡,但增长率却低于两国,美国在二战后的经济增长率一直低于日本、德国等国家,与美国的低储蓄率有关吗?答案取决于美国在二战后储蓄率是否一直在下降,还是原本就比较低,实际的情况是美国的低储蓄率已经持续了很长时间了,低储蓄率在长期不能解释低增长率,充其量只能解释低产出水平。

　　随着一国储蓄的增加,用于生产消费品的资源少了,用于生产资本品的资源多了,结果资本存量增加了,这会引起生产率的提高和 GDP 增速的提高,但这种高增长速度可以维持多长时间呢?如果储蓄率一直增长下去,GDP 也会一直持续增加吗?传统观点认为资本的增加要受到资本收益递减规律的制约,随资本存量的增加,边际资本所带来的产出增加会减少,这意味着增加投资所带来的收益增加在逐渐放慢,GDP 的增长率也在放慢,所以,高储蓄率可能会带来高水平的生产率和收入水平,但不意味着带来高的生产率的增长率和收入水平的增长率。当储蓄率稳定在一个较高水平时,如果没有其他因素发生作用,生产率和收入水平将停止增长,稳定在一个较高的水平之上,如果由于某种原因储蓄率继续增长的话,生产率和收入水平还将会降低,所以说,资本积累本身并不能永久地维持人均产出的增长,人均产出水平的持续增长最终归因于技术进步,增长理论中最为重要的问题就是技术进步的决定因素是什么。

　　当然,如上所说,一国的储蓄率也是非常重要的,储蓄率即使从长期看

---

① 我们在考察两个变量的关系时,无法做到保证其他变量不变,所以只要存在被忽略的变量就不能将二者关系确定为因果关系。一种确定因果关系方向的简单办法是考察哪一个变量先变动,先变动者为因,后变动者为果,但这种方法有一个缺陷,即人们通常并不是根据他们现在的状况变动来改变他们的行为,而是根据他们对未来状况预期的变动来改变自己的行为,也就是说果在时间上先于因,先买伞后下雨,先修体育馆后开奥运会,先买婴儿服后生小孩,如果像经济数学的初学者那样热衷于使用数学软件寻找经济变量的相关关系来提出对策,就会陷入荒谬的经济学推论和经济政策之中。

② 原始文献请见 IMF, *World Economic Outlook*, Washington, 1988, 第 76 页。中文文献请查阅〔美〕坎贝尔·麦克康耐尔·斯坦利·布鲁伊:《经济学——原理、问题和政策》(第十四版),陈晓等译,北京大学出版社、科文(香港)出版有限公司 2000 年版,第 1017 页。

对增长率没有永久的影响,但它能够维持一个较高的产出水平。资本的存量规模决定了所生产的产出数量/收入水平,产出数量/收入水平又决定了消费和投资的数量,投资/储蓄的规模决定了资本存量的变化,更高的人均资本拥有量会导致更高的人均产出水平,在资本边际收益递减规律作用下,人均产出水平的增加随人均资本存量的增加而递减。假设一个经济系统是封闭的①、公共储蓄为零②、私人储蓄量与收入成正比,在这三个假设条件下,产出水平越高,投资水平越高,投资为流量,资本为存量,投资减去折旧为资本存量的变化量,当投资/储蓄超过折旧时,资本存量就会增加,产出/收入水平也会增加,资本存量的增加意味着折旧也在增加,由于资本的边际收益递减规律,资本存量和折旧的增加要快于收入或储蓄(投资)的增加,所以,最终经济会稳定在折旧等于投资的水平上,这时的经济状态叫稳态(Steady State)。

我们在考察了产出和资本存量的关系后,再看看储蓄率与人均产出增长率的关系。根据资本的边际收益递减规律,最终必然进入一个资本存量增长得比产出增长率更快的阶段,而且越来越快,这时需要一个很高的储蓄率才能维持一个较低的、稳定的产出增长率,这意味着一个国家如果单纯依靠储蓄/投资来增加资本存量的办法去获得经济增长的话,这个国家的储蓄率必须越来越高才行,但储蓄率必定在小于1的某个点上,这就是为什么单纯依靠储蓄来维持一个不变的、正的增长率是不可能的。在长期中,储蓄率对人均产出增长率没有影响③,但储蓄率决定了长期中人均产出的水平,在其他条件相同的情况下,储蓄率高的国家的人均产出水平也高,储蓄率的提高可以引起人均产出以比稳态增长率④更高的速度增长一段时间,但这个增长率在长期会消失,最终人均产出水平将稳定在更高的水平上。在存在技术进步的经济中,人均产出会保持一个长期的增长率,

---

① 这意味着投资等于公共储蓄加上私人储蓄。
② 这样假设是为了将税收和公共支出忽略掉以集中讨论私人投资/储蓄,在这种情况下投资等于私人储蓄。
③ 保罗·克鲁格曼将依赖储蓄率的不断提高而获得的增长,称为"斯大林式的增长"(Stalinist Growth),他认为前苏联1950—1990年的相对高增长率就是这种增长模式,是难以永远维持下去的。
④ 我们在这里假设存在因技术进步因素所导致的经济增长率。

这一增长率在长期独立于储蓄率①,而依赖于技术进步。

显然,储蓄率的提高要以低消费为代价,当年的储蓄率的变化对当年的产出/收入没有影响,所以储蓄的增加只能来源于消费的同等减少。②那么储蓄的增加是否一定会在长期引起消费的增加呢?这是不确定的,当长期储蓄率为0时,资本存量会因折旧的原因不断下降直至资本存量为0,消费水平也随产出的逐渐减少而减少直至没有消费;当长期储蓄率为1时,消费为0,经济中拥有了过量的资本,仅是维持这一水平,就需要所有的产出都用来替代折旧。实际的长期储蓄率一定在0和1之间的某个数值上,这时可使稳定的消费水平达到最大,低于该值的储蓄率的提高在短期内会引起消费的减少,但在长期内会带来消费的增加,高于该值的储蓄率的提高不仅在短期而且在长期中都会使消费减少,这是因为资本边际收益递减规律使资本存量的增加只引起了产出的小幅增加,以至于不能弥补新增的折旧,这时要么进一步提高储蓄率,要么因资本存量的减少引起产出水平的下降,收入的下降会引起相同储蓄率下的消费的减少。使消费水平达到最大的资本存量水平在西方文献中被称为"黄金律水平的资本存量"(Golden-rule Level of Capital),与之相对的储蓄率就是黄金律水平的储蓄率。与黄金率资本存量水平相对应的黄金率储蓄率为50%③,在该水平之上,提高储蓄率会导致长期消费减少,反之,则会导致长期消费增加,因为差不多几乎所有国家的储蓄率都在40%以下,所以,对于大多数国家来说,储蓄率的上升将会引起长期中消费和产出的增加。

政府在政策实践中面临着一个权衡,储蓄率在达到黄金律水平的储蓄率之前的上升一开始会导致更低的消费,但以后会引起更高的消费,那么政府是否应当努力去引导实际储蓄率去接近黄金律水平呢?也就是说黄金律水平的储蓄率是否是政府应当通过政策工具去实现的目标储蓄率呢?对此问题没有经济学的答案,这取决于政府如何权衡当代人及其后代之间

---

① 图形分析见〔美〕奥利维尔·布兰查德:《宏观经济学》(第二版),钟笑寒等译,清华大学出版社2003年版,第255页的图11-4和图11-5。

② 这里我们假设就业水平不变,否则的话,在短期内储蓄率的上升不仅会减少消费,而且可能引起衰退,从而带来收入水平的降低。

③ 数学证明本处略,有兴趣的读者请自行查阅〔美〕奥利维尔·布兰查德:《宏观经济学》(第二版),钟笑寒等译,清华大学出版社2003年版,第262页的内容。

的福利。提高储蓄率会使当代人遭受损失,而使后代受益,然而其后代却难以对现在的政府决策产生现实的政治压力,因为他们还不存在,这意味着一个(西方式的)民主政府往往不可能或难以做到要求当代人为后代人作出牺牲,从而导致现实的资本存量远远低于黄金律水平。经验证据表明大多数 OECD 国家的资本存量都远在黄金率资本水平之下,如果这些国家提高储蓄率的话,在未来将会引起更高的资本存量水平和消费水平。

储蓄率上升后,经济活动一般需要多长时间才能达到新的、更高的产出水平呢?也就是说,储蓄率上升对增长率的影响多大、时间多长呢?以发达国家为样本的研究表明,假如在基准年,储蓄率从以前稳定的 10% 增加到 20% 并一直保持这个储蓄率,当经济达到新的稳态时,人均产出也翻一番[1],在 10 年后可完成 40%,20 年后可完成 63%,即头十年人均产出增长率年均为 3.1%,第二个十年人均产出增长率为年均 1.5%。

资本的收益递减规律也说明了追赶效应(Catch-up Effect),在其他条件相同的情况下,一国的初始状况对生产率的提高和 GDP 的增长速度有很大影响,比较贫穷的国家倾向于比较富裕的国家增长更快,这种效应称为追赶效应。在贫穷的国家,工人甚至缺乏最原始的工具和生产设施,生产率极低,少量的资本就可能大大提高工人的生产率,在发达国家人均资本拥有量已经很高,所以增加的资本投资对生产率的影响较小,在相同的投资率(投资/GDP)条件下,穷国往往能获得更快的增长率。追赶效应有助于我们理解上面提到的韩国高增长率的情况,美国和韩国的投资率大体相当,但在 1960—1991 年间的增长率却分别为 2% 和 6%[2],这种追赶效应也表现在生活中的其他方面,如学习最差的学生往往容易成为进步最大的学生,尽管进步最大和学习最好不是一回事。

虽然落后的国家可能增长得更快,国家间人均产出水平有时存在着随时间而趋同的现象,但我们必须认识到这种趋同性并不是一个世界范围内的普遍现象。虽然在亚洲新兴工业国家和地区与发达国家之间,在发达国

---

[1] 数学推导读者可以阅读〔美〕奥利维尔·布兰查德:《宏观经济学》(第二版),钟笑寒等译,清华大学出版社 2003 年版,第 260 页的内容。
[2] 数字来源见〔美〕格里高利·曼昆:《经济学原理》,梁小民译,三联书店、北京大学出版社 1999 年版,第 156 页。

家之间(OECD)存在这种趋势,但非洲国家与此同时却拥有很低的增长率[1]和人均产出水平。从近两千年的世界历史来看,国家与国家之间在人均产出水平上的排序就像玩西方人说的跳背游戏(Leapfrogging)而不是趋同,先是中国成为世界上经济最为发达的国家,从1500年以后,意大利、荷兰、英国、美国在世界经济中分别处于领导地位。

增加投资的另一个来源

提高储蓄率可以增加投资进而提高长期增长率,但增加投资的来源除了国内居民的储蓄以外还有来自国外的投资。在一个封闭的经济中储蓄等于投资,而在一个开放的经济中,国内投资不一定等于国内储蓄,国内储蓄=国内投资+(本国向)国外(的)净投资,投资=国内投资+(来自)国外(的)净投资,本国向国外的净投资=净出口。一国从净出口中得到的外国通货只能用它来增加外国资产的持有量;反之,一国的净进口即贸易赤字必须用出售该国的国外资产或借债来筹资,这时国外净投资为负值,存在资本流入。

一国也可以从国外为国内的投资筹资,这时,一国公民必须与外国人一起分享投资所带来的好处。国内储蓄可分为三个来源,个人(或居民)储蓄、企业储蓄、政府储蓄(财政结余)。来自国外的投资可以采取不同的方式:投资形成的资本由外国公司拥有并经营的投资方式叫外国直接投资[2];向国外发行股票、债券或直接向国外银行申请贷款以获得外国货币进行投资形成资本,由国内居民经营的投资方式叫外国间接投资。这些投资在提高国内生产率的同时也会以利润的形式把所创造财富的一部分汇回投资来源国,在投资者、金融机构和储蓄者之间进一步分配,剩余的部分仍大大提高了本国的实际生活(收入)水平。此外,来自外国的投资也是后发展国家学习先发展国家技术和管理经验的一种方式,所以,取消政府对外国人拥有国内资本(地理上的意义)的限制对于知识技术和经验的扩

---

[1] 很多发展中国家长期处于负增长或停滞状态,将它们称之为发展中国家听起来有点像是在讽刺而不是表示礼貌。

[2] 外国直接投资也称跨国公司投资,这种方法的优势是由跨国公司照料和管理自己的投资,这意味着货币不大可能被无效使用,由跨国公司而不是银行或政府承担风险。

散、提高生产率和生活水平均有积极作用。①

　　由政府主导的国外贷款其使用效率一般不高,在严重时甚至能够形成债务危机。我们来回顾一下20世纪80年代在发展中国家发生的债务危机,当时发展中国家债务危机问题的产生的主要原因有:在20世纪70年代国际信贷市场上实际利率很低,无论债权人还是债务人对实现经济增长都非常乐观,但在70年代末,由于美国经济不景气使进口大量减少,美国的高利率政策又使美元升值,名义利率和实际利率的急剧上升使利息负担大大超过了债权人的预料,80年代世界性的经济衰退又使发展中国家的出口收入大幅下降,石油价格的下跌使石油生产国如墨西哥、印尼的石油收入难以偿还到期贷款;银行的贷款大多得到借款国政府的担保或直接借给外国政府,这些贷款大多被投资到经济上并不可行的政治项目或国营(有)企业中去了,决策失误、政治腐败和经济管理能力低下使发展中国家贷款的投资收益率非常低下,发展中国家需出口更多的产品才能偿还贷款;墨西哥等债务国的实际违约行为或近乎违约的行为使新的外国资本不敢再流入发展中国家,终于发生了债务危机。债务危机不仅对债务国的经济有巨大的威胁,对债权人尤其是大的国际商业银行的威胁也很大,正如凯恩斯曾说过的,如果你欠银行100美元,你有麻烦;如果你欠银行100万美元,银行有麻烦。

　　到了20世纪90年代私人资本的流动又快速增长起来,原因是发达国家对发展中国家的债务作了重新安排,如新增贷款或延长还款期限,还有一些债务被发达国家的商业银行作了坏账处理。人们对减免债务的安排提出了强烈的批评,认为这样做不仅会鼓励这些国家借更多的钱,而且仅因为它们借得多,就获得减免债务,对那些赤贫但负债规模较小的非洲国家是不是太不公平了。作为债务重新安排的一部分,发展中国家政府广泛作出了经济改革的承诺,在宏观上减少了预算赤字并降低了通货膨胀率,在微观层次上对国有企业实行了私有化并放松了经济管制和降低了关税

---

①　世界上鼓励资本流向后发展国家的组织是世界银行,世界银行充当最后借贷者的角色,其贷款限于私人资金不愿提供的经济项目,主要是基础设施项目,该组织从发达国家得到资金向发展中国家发放贷款以用于道路、灌溉系统、学校等方向的投资,该组织也提供如何最有效地运用这些资金的咨询。世界银行和国际货币基金组织成立的目的就在于消除世界经济动荡或萧条,因为经济萧条往往引起政治动乱和军事冲突乃至世界大战。

水平,总体而言,发展中国家大大削弱了政府对经济活动的控制,加强了政府对经济活动的管理和自由市场经济的作用,这些措施大大增强了发展中国家的投资回报率,大大降低了投资活动的风险和不确定性。但我们也应该注意到20世纪90年代的外资流入和70年代相比有两个重要特点:一是具有高度的选择性,大多数私人资本流向中国、墨西哥、东南亚国家和东欧国家而不是非洲;二是私人企业和个人的直接投资而不是外国商业银行对发展中国家的贷款成为外资流入的主要形式。

发达国家与发展中国家的差距有多少可以归结为资本存量呢?由于资本边际收益递减规律[1],发展中国家的资本短缺可以使资本收益率更高,这种差距也会引起资本由发达国家流向发展中国家。但实证研究表明80%的跨国投资却发生在发达国家之间,发展中国家的投资收益率只有发达国家的几分之一,资本并没有大量涌入欠发达地区,所以,发展中国家不应仅仅关注资本短缺问题,事实上发展中国家的资本品使用强度甚至低于发达国家。[2] 发展中国家在资本方面面临的另一个主要障碍是稀缺资本的使用效率问题。

对于发展中国家的低资本收益率,经济学家作出了互相补充的不同解释,一方面缺乏能够有效配置资本的资本市场,资本的流动性较差;另一方面是具有极大灵活性的政府行政干预而不是依法管理所造成的低效率;此外,发展中国家在将国内储蓄转化为投资或引进外国资本方面常常存在许多其他方面的投资障碍。例如,因收入水平低而导致的狭小的国内市场,缺乏保护产权和维护正常经济秩序的法律体系,动荡的政局,高通货膨胀率,缺乏购买力,缺乏足够的基础设施(公共资本品存量)[3],这些障碍都会导致缺乏投资者[4]和投资动力,这也就不难理解为什么80%的跨国投资发生在发达国家之间了。发展中国家人力资本方面的不足也使其吸收资本的能力相当有限,当投资被推进到其吸收能力的边缘时,投资收益率就开

---

[1] 相对于其人口,一国资本越多,每台机器的平均产出就越低。
[2] 统计显示在发达国家加班比发展中国家更为经常。
[3] 糟糕的交通、通讯、电力、煤气、公共卫生、教育设施意味着新的私人投资的大部分将被用在基础设施的建设上,投资者在自己提供这些基础设施的同时几乎不可能获利了。
[4] 即缺乏愿意承担与投资相关的风险的企业家。

始下降。①

和人才外流一样,发展中国家也存在着资本外逃现象,资本外逃②指发展中国家的私人储蓄向其他国家③的账户转移。发展中国家的资本外逃有许多原因,如回避国内高的政治风险、对利息或利润的高税率、较低的国内利率、恶性通货膨胀或汇率的波动所引起的金融或实际资本的损失,结果金融资本就会流向利率较高、投资机会较多、投资收益率较高或更为安全的工业发达国家,外逃的资本大大抵消了流入的外国资本。④

人力资本积累政策

对教育和培训的投资会增加人均人力资本拥有量,从而导致人均产出水平的提高,投资于教育活动以生产人力资本对于一国的长期经济增长至少和投资于物质资本的生产同样重要。在长期,一国的人均产出水平不仅取决于储蓄率,还取决于在教育培训方面的支出。研究发现在发达国家如美国,每增加一年的正规教育可使平均收入增加1%左右⑤,在人力资本比较稀缺的国家,教育年限的差异所导致的人们收入水平之间的差距更大。

人力资本对经济增长的重要性还体现在正的外部性上,一个受过教育的人的创新能力会得到提高,这些创新会使全社会受益,但外部性的存在会使人们对教育的消费不足,所以,政府往往采取强制学龄儿童入学和举办公共教育的方式来增加人力资本方面的投资以提高人力资本的拥有量。

对人力资本方面的投资进行数字估算比较困难,首先,教育尤其是高等教育,只有部分算作投资,部分算作消费,因为接受教育在很大程度上是出于自身的兴趣,而一般以公共部门和私人部门在正规教育方面的支出⑥作为人力资本方面的总投资由于投资效率方面的原因显然有高估的问题;

---

① 参见〔美〕斯蒂格利茨:《经济学》(第二版),梁小民、黄险峰译,中国人大学出版社2002年版,第884—885页。
② 这个地方的资本仅指金融资本或货币资本。
③ 一般目的地国家是发达国家。
④ 包括赠与、借与、直接投资所带来的外国金融资本。
⑤ 数字来源〔美〕格里高利·曼昆:《经济学原理》,梁小民译,三联书店、北京大学出版社1999年版,第158页。
⑥ 20世纪90年代的美国约为6.5%—7%。

其次，至少是对于中等教育以后①的教育方面的支出，不仅应该包括实际费用，而且应该包括机会成本；再次，正规教育只是接受教育的一种方式而已，我们所掌握的许多知识、技能是来自于非正规的在职培训，这类培训的实际成本和机会成本也应被包括进来；然后，应考虑人力资本的折旧问题，人力资本的折旧比物质资本的折旧率低②，不同之处还在于人力资本折旧主要是由于科学技术的进步所致，而不是由于使用频繁，相反，技能越被频繁使用，退化得越慢，而物质资本的折旧与精神磨损和物质磨损均有关系；最后，不同国家在教育系统的效率和教育服务的质量方面差异很大，所以单纯比较接受不同层次教育的人口比例和教育方面的支出会产生误导。

至于人力资本和物质资本在人均产出水平决定中的相对重要性问题，如果单纯比较两方面的支出占GDP的比重的话，实物资本投资率在OECD国家中约为正规教育方面支出的2—3倍，但由于上述的几个估算人力资本投资额的困难，经济学家一般认为人力资本和实物资本的增加对人均产出水平的提高起了大致相同的作用。一国储蓄率越高或在教育方面的支出占GDP的比例越大，该国的人均产出水平一般也会越高。③ 不过由于人力资本生产方面的投资同物质资本方面的投资一样有机会成本，所以，尽管接受教育的未来收益率非常高，但由于教育的成本和机会成本的存在，使发展中国家儿童的辍学率非常高。

与人力资本相关的一个问题是发展中国家的人才外流，人力资本的外流会减少发展中国家的人力资本存量。

第五节　传统理论与传统政策反思

如果我们接受增长是我们所需要的这样的观点，我们就会面对一个问题：什么政策可以促进经济的增长？有许多的政策正在使用或被建议使

---

① 在允许进入劳动力市场的最低年龄方面各国的法律规定不一样，所以在计算时应该考虑这个因素。
② 例如，一个百岁老人可以学会上网，普通人可以轻易学会驾驶汽车。
③ 一国的技术进步与一国人力资本存量是正相关的，但对于给定的技术水平，单纯储蓄率的增加不一定能在长期带来持续的经济增长率。

用,这些政策大体可归为两类,即需求政策或供给政策。在微观层次上,可以采取自由贸易政策、保护私有产权、保持政策的稳定性来提高储蓄和投资;在宏观层面上可以利用货币政策、财政政策鼓励储蓄、投资和 R&D 支出。

低增长常常是由总需求与 GDP 之间的差距所引起的,需求政策的目的就是通过酌情的财政政策和货币政策来保证总需求以无通货膨胀的适当速度增长,使现有资源能够得到充分利用,也为企业的扩张创造了动力;供给政策则致力于影响那些能在长期内直接增加潜在产出水平的因素,如政府提供的增加人力资本存量的培训和教育项目,对研发投入予以税收减免的政策,降低个人或公司所得税以提供储蓄或投资激励的政策,放松行业管制和进入管制、消除贸易保护主义以促进分工的政策。尽管促进经济增长的政策很多,但经济学家们普遍认为通过政策来提高一个国家的增长率是一件非常困难的事情,政策一般会产生效果,但更容易观察到的是使一国的经济增长率变得更为迟缓而不是更快,或比运用市场的力量实现同一增长率付出更大的代价。

经济发展政策的传统发展经济学基础

促进经济增长与发展的政府干预思想的几个理论源泉是重商主义、德国历史学派、凯恩斯主义和传统发展经济学。① 传统的发展经济学认为政府的干预是发展中国家摆脱贫困陷阱的必要手段,这种思想的形成一方面源于 1929 年的大萧条和与之形成对照的前苏联相对成功的工业化成绩和纳粹德国在经济上的短暂成功,另一方面源于凯恩斯主义的政府干预理论和政策。希特勒的经济政策在那个时代曾被视为是一个巨大的成功,失业在几年之内就消失了,而价格几乎没有上涨;前苏联赢得经济威望的原因有两个,共产主义经济未受席卷西方资本主义国家的经济萧条的影响和迅速的工业化。两大集权主义政权在经济上的成功伴随着对大萧条的实质

---

① 增长理论和发展经济学的区别是模糊的,经济学家一般认为增长理论是在一些制度(如法律体系、政府形式等)给定的前提下展开研究的,而发展经济学所研究的内容包括需要什么样的制度来维持稳定的经济增长等类的问题;不过增长理论和发展理论是在不同的前提下对大体相同的问题展开研究的,它们都关注不同发展程度国家经济增长和经济发展的障碍是什么,这些国家为了追求生活水平的提高能采取什么样的政策等问题。

所作的错误解释使计划经济思想在知识分子尤其是发展中国家的知识分子中大受欢迎,那种相信相对于自由市场与私人企业而言,实行中央计划化具有优越性的思想倾向得到了大大的加强,大萧条被归咎于资本主义固有的和内生的不稳定性,而没有和外生的政策错误和偶然性因素联系起来,这理所当然地赋予了发展经济学一种强烈的反自由市场、反资本主义、主张集中统治、主张实行保护主义政策的倾向。

在二战后的非殖民化时期,经济增长与发展逐渐成为发展中国家的一个流行话题,那时新获得独立的亚洲和非洲国家的政府、激进主义经济学家和战后成立的国际组织所持的主流观点普遍认为以计划为基础的政府主导型发展战略与闭关自守的发展模式是发展中国家的昌盛之路,几乎都相信强有力的政府干预是经济发展所必需的。西方发达国家的发展经济学家是发展中国家的国家主导型发展政策的主要倡导者[1],他们提供的传统发展经济学理论认为,与18世纪、19世纪的欧洲和北美的情况相比,那时发展中国家的市场力量所能发挥的作用是有限的,缺乏弹性的社会结构和有限的教育机会,限制了职业的流动性,落后的交通运输限制了商品的流动性,资本市场的尚未形成限制了资金的流动性,发展中国家的私人经济部门不能对市场价格作出迅速反应;主要依靠市场的作用将导致国内严重的两极分化;进口替代战略要优于出口导向战略,发达国家与发展中国家之间的商业往来会使发展中国家遭受损失,对外贸易带来的是廉价资源的流失和经济上的依赖,发展中国家的贫困是源于西方发达国家的压制、掠夺和对国际贸易的操纵,如果不建立自己独立的相对完整的工业体系,仅依赖于自己有比较优势的产品的出口,结果只能是长期充当发达国家的外围,继续处于不发达的地位;强制性工业化可导致更高的人均收入;为打破贫困的恶性循环,强制储蓄和外国官方援助是必要的,所以,发展中国家的发展不能仅靠自由市场的作用,必须同时依靠政府对经济作出的某种程度上的计划安排和行政干预。正如联合国工发组织出版的《工业化和生产效率公报》中所说的,"政府不可能也不应当在工业发展过程中只起着消极的作用……因为市场力量自身已不能克服发展中国家经济上根深蒂固

---

[1] 更多的是牧师、新闻人物、政治家、时事评论员,以及一些国际组织的发言人。

的结构不灵活性,今天某种程度上的经济必要性已得到某种普遍的承认"。① 这种思想通过学术交流、发达国家的经济学家充当发展中国家的经济顾问以及像世界银行这样的国际经济组织介入发展中国家经济政策的制订等渠道对发展中国家的发展战略选择产生了重大影响。这些理论之所以能够发挥巨大的影响力,一方面与前苏联式的工业化表面上的成功有关,一方面与对原宗主国的不信任有关,发展中国家的政治家更是对那些把国内经济失败归咎于外部的人和制度的理论颇感兴趣,这种理论根本没有提到发展中国家的国内基本制度环境和实际的政府干预效果。

发展经济学家所犯的最大错误就是认为标准的经济学理论不适用于理解低收入国家的经济情况,需要建立一门独特的针对不发达状况的经济理论。历史已经证明,这些理论没有一个能够在现实中站得住脚,为此目的而逐步建立起来的各种模型不过是经济学家头脑中好奇心的产物而已,在此基础上提出的政府干预、独立自主的内向型发展战略和经济计划化所带来的经济后果特别是拉美经济的发展历程已经成为这一错误理论的一座纪念碑。② 发展中国家中最贫穷落后的社会和地区是那些与西方商业往来最少的地区,而发展最快、最发达的地区却是与发达国家保持着最为广泛和多样化接触的地区,包括与被称作"吸血鬼"的西方跨国公司的接触。标准的经济理论同样适用于解释低收入国家的经济落后问题,发展经济学家们忽视了经济理论发展的历史,当古典经济学开始发展起来的时候,西欧大多数人民的生活状态和现在的欠发达国家的情形很相似,早期经济学家所要研究和论述的经济环境与当今这些低收入国家普遍具有的经济环境十分相似,在李嘉图时代(19 世纪初),英国劳动者家庭要用一半以上的收入购买食物。

具体说来,传统发展经济学的主要论点表现在以下几个方面:

关于发展中国家的经济增长有一个"恶性循环"理论,该理论认为发展中国家之所以贫穷就是因为它们贫穷,停滞和贫困是自我延续的,因为贫穷所以收入水平低,造成了低储蓄率和低积累率,这种在自然状态下的

---

① 原载联合国工发组织出版的《工业化和生产效率公报》1970 年第 6 期,第 11 页,本文转引自杨沐:《产业政策研究》,上海三联书店 1989 年版,第 58 页。
② 见保尔·C. 罗伯兹:《抛弃失败政策》,载詹姆斯·道等主编:《发展经济学的革命》,上海三联书店、上海人民出版社 2000 年版,第 256 页。

低投资率使发展中国家普遍缺乏对物质资本和人力资本的投资能力,从而难以形成对经济增长的强大推动力,难以产生足够的储蓄以摆脱贫困的陷阱,再加上恶劣的制度环境,又导致缺乏对资本进行投资的动力,这就意味着生产率水平低,人均收入水平低,经济运行难以避免陷入"贫困的恶性循环"的厄运,而由政府进行强制储蓄和投资或通过争取足够的外国政府的援助和外国商业机构的低息贷款就可以打破这一循环[①]。这一理论成为20世纪50年代主流发展经济学的一个里程碑,成为鼓吹外援的主要理论基础,这一思想至今仍被常常提起,但是它与历史与现实都存在着明显的冲突。纵观整个历史,所有的发达国家或地区、富裕的个体和家庭都是始于不发达的状态,无数个人和家庭、国家,无论在第三世界还是第一世界,都是在没有外援和强制储蓄的情况下从贫困走向富裕的,假如恶性循环理论是正确的话,那么人类现在将仍处于石器时代。

赶超战略。二战后新独立的原殖民地国家几乎都是经济十分落后的穷国,再加上两大阵营的冷战所造成的战争威胁,他们都有强烈的愿望摆脱穷困,新兴国家的领袖们自然地把他们在独立运动中建立起的权威应用到经济发展中来,希望政府在发展中起到主导作用,再加上西方发达国家的凯恩斯行动主义政策的影响和社会主义国家尤其是前苏联的经验,使许多经济学家和发展中国家领导人都主张激进的经济发展计划。当时在实践上可供借鉴的主要有三种发展途径:西方各国资本主义发展的历史经验、战后欧洲复兴计划即马歇尔计划、社会主义建设经验。欧美发展资本主义的历史经验对于急于改变现状、赶超世界强国的发展中国家来说速度太慢、时间太长,马歇尔计划的成功一方面得益于大量外援,一方面取决于欧洲各国良好的工业基础、高素质的劳动力、优秀的企业家、适应经济发展的社会政治制度,而发展中国家均不具备这些条件[②],因此对发展中国家的政策取向影响最大的是前苏联的经验。发展经济学家认为虽然发达国

---

① 当然此外还需要降低人口增长速度,建立保障民主政治权力和自由经济权力的法律体系,实行自由主义的经济和贸易政策,降低交易成本,提高投资的动力。

② 当然,欧美国家工业化的经验也为新兴国家的发展提供了许多有益的借鉴,如发达国家的经济结构就起到了明显的示范作用,发达国家制造业比重很大,是主要的利润来源,而重工业又是制造业的基础,所以优先发展重工业然后建立一套完整的工业体系就成了发展中国家发展经济的必然逻辑。

家无一例外都是建立在私有制和自由经济制度的基础之上的,但发展中国家若照搬发达国家的这种模式来实现现代化则速度太慢,难以实现跨越式发展,所以,必须实行政府主导和计划主导的"赶超"战略。① 在这种战略下,由于政府想要优先发展的产业在自由竞争的市场环境中缺乏生存能力,所以为了扶持没有自生能力的工业必须建立产业保护制度和设立进入障碍,人为扭曲产品和要素的价格,限制、抑制或消除市场机制的作用,实行高度的政府管制,以各种管制、歧视和保护来代替市场和价格的作用,导致了发展中国家普遍存在的产业结构扭曲、资源配置效率低下、隐性失业严重、城市化水平低下、生活水平提高缓慢、收入分配不均、腐败寻租现象十分普遍②等问题。③ 政府强有力的广泛的干预成了有些发展中国家腐败的根源之一,当这种干预能为少数企业带来非生产性利润时,不仅企业有与负责提供保护的政府官员分享因此而产生的利润的动机,而且政府官员也存在着强烈的激励主动提供这种保护以便创造并分享这种利润。④ 人们也许会说发生"东亚奇迹"的国家或地区政府已起到了积极的作用,但细心的观察者一定会发现,这些国家或地区的政府积极发挥作用的途径是积极鼓励私人经济部门的发展、放松经济管制,而不是代替市场直接控制经济活动。

　　经济计划化。自由市场经济也被认为不可避免地会带来分配上的两极分化和以经济波动为表现的资源浪费,发展中国家若实行政府主导型的发展政策则可以比自由经济制度做得更好;发展中国家在与发达国家进行国际贸易的过程中,由于初级产品的贸易条件存在的不断恶化的趋势,而发展中国家的制成品又缺乏国际竞争力,若不发展独立和完整的工业体系必定会形成对发达国家的一种依附关系,成为一个外围国家,而发展中国家要发展本国幼稚的工业只能实行严格的贸易管制来阻止国际竞争,甚至需要对国内私人经济部门进行管制或实行大规模的国有化,大量创建国有

---

① "赶超"战略主要指发展中国家不顾自己的资源比较优势,超越发展阶段,追赶发达国家的发展战略。
② 经济生活的政治化必然产生寻租活动。
③ 参阅林毅夫等:《中国的奇迹:发展战略与经济改革》(增订版),上海三联书店、上海人民出版社1999年版,第二章"赶超战略与传统经济体制的形成",第28—69页的内容。
④ 请读者参考本书寻租理论部分。

企业,制定全面详细的发展计划以消除国内的竞争与经济活动的所谓"无序"。所以,实行经济活动计划化的目的一方面在于替代市场在协调经济活动方面的作用,如上所述,以克服所谓市场的缺陷(不是弥补市场失灵),如盲目性、滞后性;另一方面是可以采取倾斜式的经济发展模式促进经济增长。发展中国家普遍认为发达的现代制造业是经济现代化的标志,一国应该自己生产而不是进口制造业部门的产品,应实行进口替代的战略。

前苏联政府的五年计划一开始就引起了全世界的关注,尤其是因为同一时期西方工业国家正经历着大萧条,它们中的一个衬托着另一个,西方工业国家对计划经济由怀疑转变为感兴趣,甚至有些国家试图模仿。在知识界,20世纪二三十年代西方工业国家的知识分子多数认为自由市场经济制度是有害于经济繁荣的,未来的希望在于政府对经济事务的大规模介入,这种思想的转变是通过将既存的、有缺陷的制度与想象中的、可能存在的制度加以比较而完成的。但五年计划给西方工业国家留下的印象似乎不如给发展中国家留下的印象那么深,一个原因是按照西方工业国家的标准,前苏联的公民受到了政府严重的剥削和管制,他们被迫为了将来而忍受现在的贫困并努力工作,严重缺乏个人自由,教育和媒体受到统一而严格的管制,使前苏联模式难以成为一个可供现代民主国家模仿的对象。但不发达国家对此并不介意,因为这些国家的人民在自己的国家里通常还享受不到这样的自由,他们关注的是前苏联在30年内成功地使自己由一个落后的农业国转变为世界第二大工业、军事强国的事实[1],许多发展中国家[2]的政府曾经企图通过经济计划化来控制整个经济过程,这些计划一般为5年计划,详细地规定每个部门的投入来自什么地方、产出流向什么地方、投入多少、产出多少,政府会利用自己掌握的金融资源来诱使私人企业服从政府的计划,否则就得不到外汇和贷款,政府也直接进行大量的直接

---

[1] 更详细的叙述和记载请阅读〔美〕斯塔夫里阿诺斯:《全球通史》,吴象婴、梁赤民译,上海社会科学院出版社1999年版,第689—690页的内容。
[2] 当然一些发达国家如法国也制定过指导性的计划,这些计划是在与私人部门进行充分协商的基础上提出的,且不具备约束力,目的只是为各产业部门提供一系列内在一致的投资和产出目标,以降低各产业中的企业所面临的不确定性,从而增加投资,如钢铁工业如果知道造船业的未来产量,钢铁厂的投资就会增加。

投资去兴建大批国有企业。现在,虽然大规模的、全面的、政府层次的指令性计划已经遭到公开的抛弃,但计划性的思维仍然存在,局部的、政府主导的、单项的指令性计划仍然存在。

从二战到20世纪70年代末期,资本主义和以中央计划经济为特征的社会主义一直在全世界范围内展开竞争、争夺追随者,这在发展中国家表现得最为明显,所有的政府都试图让本国经济发展的比市场力量所允许的速度更快一些,所以,即使在那个年代,这两种经济制度都不是纯粹的,所有的市场经济都是被政府加以管理的,被称为混合型经济,所有计划经济都或多或少的存在不受管制的非法市场。1973年的石油危机不仅宣告了西方战后黄金时代的终结,还导致了发达国家对政府干预幻觉的破灭。进入20世纪90年代以后,发展中国家的主流观点也发生了完全的变化,市场化与经济一体化成为主流观点,中央计划经济迅速消失了,尽管关于市场机制和计划手段的优劣争论仍在继续,但已是在混合经济的背景下展开的了,而不是在对立的背景下进行。

今天看来,在20世纪60年代对计划的赞美和信任忽略了在所有的经济中均广泛存在着计划的基本事实,问题不是是否需要计划,而是制定计划最有效的层次是在政府层面上还是在企业层面上,是政府计划部门的官僚还是具体从事经济活动组织工作的企业家。答案在今天看来是显而易见的,中央计划解决不了信息和激励问题,信息问题使中央部门既做不到能够制定出协调整个国民经济的宏观计划,又难以制定出建立什么项目、建在哪里、如何建立、采用什么技术、多大规模等诸如此类的细节方面的决策。

事实证明,当政府低效率地配置自己直接控制的资源或干预市场,使市场机制不能有效地发挥作用时,政府就成了经济增长的绊脚石。私人部门也存在决策失误的问题,这样的例子举不胜举,但这些错误的代价是由私人部门的所有者自己承担的,所以他们对避免失误有强烈的激励,而且一旦发现错误会尽快纠正以减少损失,而政府部门决策失误代价的承担者是全体纳税者而不是少数官僚,政府的影响力也使私人决策失误的代价远远不能与政府决策失误的代价相提并论,政府官僚缺乏私人企业家避免决策失误的激励,而且失败的项目往往并不意味破产而是意味着源源不断的政府补贴,所以,政府企业不会破产是以资源的低效率使用为代价的,而不是制度的优越性。经济波动、私人企业破产常被视为市场经济的一种缺陷,实际上这正是市场机制之所以能有效率地创造出财富的一个重要原因,自由经济制度诱导人们去试验各种可能的经济组织结构和资源利用方式,并为此独立承担成功或失败的后果,允许个人决策失败的存在,市场才能创造财富。此外,没有外国的竞争或国内竞争,也就没有了对创新足够的激励,为保护民族企业所建立起的贸易壁垒更多地起到了保护低效率生产者的作用,而且贸易壁垒和国内市场的进入管制所产生的垄断利润也成为政府腐败的根源之一,产生了一大批既得利益团体,使这种经济管制一旦建立就难以取消,对钢铁冶炼这样的原料工业部门的保护其后果更是导致发展中国家的整个制造业部门缺乏国际竞争力。

内向型经济战略。广大发展中国家尤其是具有殖民地历史的发展中国家,普遍将开放贸易和外来资本当做对国家主权的威胁,一些发展中国家曾经通过尽量避免与世界其他国家进行交易的内向型经济战略的途径来避免来自别国的不利影响和剥削,实现更快的经济增长和更高的生活水平,这种政策常常建立在缺乏经济理论分析基础的幼稚产业保护论和对外国人不信任的基础上[1],这种观点尽管是错误的,但却是可以理解的。印尼、印度、阿根廷均实行过长期的独立自主、自给自足和国家主导(或计划经济)的经济政策,这种脱离国际经济大家庭的做法使广大发展中国家成为经济上的弃儿,如果这个发展中国家的规模不大,内向型发展的不利影响就更显而易见了,我们能够看到的事实是与发达国家进行贸易最少的国家其生活水平也最低。

还有一种观点认为由于发展中国家普遍缺乏一个具有一定规模、充满活力的企业家阶层以承担起社会经济活动的组织工作,所以私人经济部门至少在经济增长的初期难以成为经济增长的主导部门,再加上发展中国家普遍存在着阻碍经济增长的基础设施不足问题,这些基础设施都是难以通过市场实现的公共物品和公共服务,如公共教育、公共卫生系统、水土保持项目等,政府是唯一能提供这些物品和服务的机构,这时需要政府采取财

---

[1] 详细分析请见本文贸易政策一章。

政措施通过强制资本积累①来解决储蓄不足或企业家不足的问题,将有限的资源集中在政府手中。这种观点遭到了经济学家的强烈批评,也在实践中遭遇了失败②,如果连私人经济部门都缺乏具有企业家才能的人,那么我们还能指望在政府官员中找到具有企业家才能的人吗？我们为什么不去构建一个让企业家逐步成长起来的制度环境而要去代替企业家行使组织经济活动的职能呢？由于不同的企业各具特点,差异很大,企业家必须适应于他所在的企业,很难找到一个普遍的企业家标准,企业家只有在市场竞争中产生,拿破仑说过,"每一个士兵的背囊中都可能有一根元帅的权杖",只有在战争中才能学会打仗,才能成长为元帅,只有战争才能培养和挑选军事家,正如如果有人试图不通过比赛就挑选运动员,人们一定会认为他的思维出了问题一样,离开市场竞争,就没有办法来识别和选择企业经营者。鲍莫尔③在比较了中国的科举制度和欧洲中世纪的骑士制度后得出一个结论,认为一个社会的生产力发展和技术创新是快还是慢,是发展还是停滞、倒退(指总产出下降),主要原因并不在于该社会企业家资源的多少与优劣,企业家资源④在各个社会都是存在的(当然又都是有限的和稀缺的),关键在于一个社会所实行的经济、政治制度,在于该种社会制度为企业家资源发挥作用所提供的机会与报酬。如果一种制度为企业家资源的非生产性应用(如科举试弟)提供了比生产性应用(如从事工商科研活动)更高的酬报,企业家资源就会配置到非生产性活动中,这将会引起

---

① 强制储蓄和投资的财政政策方案一般有两个,一种是通过增税来强制经济进行储蓄,然后由政府将这些税收投入到政府认为应优先发展的项目之中;另一种方案是政府通过印刷纸币进行政府消费或回购政府债券的方式给资本积累提供资金,并通过所引起的通货膨胀增加税收,这等同于政府征收了通货膨胀税。通过增税来强制投资使私人经济部门更加缺乏投资的能力和动力,通过通货膨胀税的办法更是扭曲了投资的构成,使私人投资偏离了生产性部门而转向房地产和贵金属、珠宝文物、外国证券等能实现良好保值的资产,此外,通货膨胀也会进一步降低私人储蓄的意愿,没有人愿意积攒不断贬值的印刷品或用这种印刷品支付的证券,通胀还会引起发展中国家宝贵的金融资本的外逃,还可能引起出口减少,造成外汇收支失衡。
② 见〔美〕吉利斯、波金斯、罗默、斯诺德格拉斯著:《发展经济学》(第四版),彭刚、杨瑞龙等译,中国人民大学出版社 1998 年第一版中关于经济计划的部分。
③ 原始文献见 Baumol, W. J. Entrepreneurship: Productive, Unproductive, and Destructive, *Journal of Political Economy*, 85(5), 1990, pp.893-921. 中文文献见陆丁:《寻租理论》,载《现代经济学前言专集》第二集,商务印书馆 1993 年版。
④ 指具有开拓精神、富有创造力的精英人才及其才能。

该社会生产力发展的停滞。①

另一种曾被广泛接受的观点是,企业家的产生是因为其拥有特殊的、难以被学习或被改进的天赋,发展中国家在这方面的资源非常稀缺,很难寻找到足够数量的企业家。实际上企业家很少在一开始就能够取得成功,他们是通过与竞争对手及外部环境的相互作用来学习经营技能的,他们从失败中学到的东西远比从后来的成功中学到的东西要多。许多发展中国家政府还认为由政府官员来担当那些本应由企业家承担的职能,由政府官员来经营国有企业可以避免私人企业家在经营上的失败以及由此带来的损失,这实际上是用很大的代价、很低的效率来避免许许多多的小的失败。实际上,只要给定一个得到良好界定的、可转让的、排他的、永久的、完整的、可分割的产权体系②,我们就无须担心竞争失败,明确界定的产权使私人决策的后果很难被转移或被他人占有。用消灭竞争的办法来消灭竞争失败所带来的损失是得不偿失的,健全、灵活的破产法会使竞争失败也能带来巨大的好处,破产并不损坏资产,它只是把资产从一个竞争失败企业中解放出来投入到另一个成功企业中,使其得到更有效率的使用而已。在政府经济部门中缺乏破产和经营上的失败,只不过意味着使经济资产长期停留在低生产率的状态或本该破产的企业中而已。

总之,发达国家的发展经济学理论中的政府干预主义思想过分强调了发展中国家不同于古典资本主义经济发展的特征,过分强调了市场缺陷和发展中国家市场的不完全性,认为政府是克服市场缺陷,加快经济发展的有力工具。

---

① 这一观点不仅在中国的古代社会中可以得到的证实,而且在现代社会中同样可以得到验证,过高的税收一方面使生产性活动报酬减少,另一方面也使逃税、避税活动的报酬相对增加,从而使资源更多地配置在非生产性领域。墨菲、舍雷弗和威士尼(Murphy, Shleifer and Vishny, 1991)曾根据91个国家的统计资料对鲍莫尔的假说加以检验,发现经济增长速度与大学生工程专业人数成正比,与大学生法律专业人数成反比关系。原始文献见 Murphy, Kevin M., Andrei Shleifer, and Robert W. Vishny, The Allocation of Talent: Implication for Growth. *Quarterly Journal of Economics*, 106 (2), 1991, pp. 503 – 530。

② 实际上完全排他是很困难的,如在正常情况下私人财物不经所有者同意就不能使用,但在战争期间,政府可以通过立法被授权无条件征用该物品;可分割指的是权力束是可以分割的,如使用权、所有权的分离。

产业政策

产业政策作为一个明确的概念比其在实践中的存在要晚很多年,日本学者宫尺健一曾写道:"所谓产业政策是很复杂的,曾有如下说法,即产业政策是没有明确的定义而又运用自如的日本语。"[①]尽管国家对产业活动实施政策干预的史实可以追溯到人类文明的早期,但那些措施和政策仅可以看做是最广泛意义上的产业政策的原形,在20世纪70年代以前,尚无产业政策(Industral Policy)这个用语,这一概念首次出现在1970年日本通产省事务次官在OECD(经济合作与发展组织)的工业委员会会议上所作的题为《日本的产业政策》的演讲中,此后一些世界性的组织如OECD、世界银行等开始在各种文件和研究报告中,将产业政策作为日本经济发展成功的重要原因之一加以介绍,这样在70年代以后,产业政策问题就逐渐引起了世界各国的关注。一些国家开始制定和实施本国独立的产业政策,在制定指令性或指导性经济计划的国家,这方面的干预政策和各类经济计划或规划往往是难以分开的,如在大量实施赶超战略的发展中国家和社会主义国家中,而在西方成熟的市场经济国家中这方面的干预政策往往仅是短期的(如二战后在欧洲恢复和重建时期)、应急性的[②](如针对衰退产业或所谓夕阳产业所采取的补助政策,又如在出现巨额贸易赤字、产品的国际竞争力急剧下降的情况下所采取的应急措施)。1985年我国在中共中央关于"七五"计划的建议中首次列入了产业政策的内容,在1986年初前苏联召开的苏共二十七大上,也第一次明确提出了(产业)"结构政策"的概念。

至于什么是产业政策,一种观点认为,产业政策是政府关于产业的一切政策的总和[③],一种观点认为产业政策就是计划,是计划对未来产业结构变动方向的干预,如美国社会学家阿密塔伊·艾特伊奥利就认为"产业

---

① 〔日〕宫尺健一:《产业经济学》,日本东洋经济所报社1987年版,转引自汪同三、齐建国主编:《产业政策与经济增长》,社会科学文献出版社1996年版,第16页。

② 正如一个法国著名的企业家评论说的,"要想引起产业政策制定者的兴趣,你最好亏损一大笔钱",见亚当斯主编:《增长和竞争的产业政策》,美国克列顿出版社1985年版,第227页,本文转引自杨沐:《产业政策研究》,上海三联书店1989年版,第263页。

③ 参见〔英〕阿格拉:《欧洲共同体经济学》,上海译文出版社1985年版,第132页;〔日〕下河边浮、管家茂主编:《现代日本经济事典》,中国社会科学出版社1982年版,第192页。

政策就是计划",只不过采用了一个"温和的、更加悦目的名词"而已。① 美国的玛格里特·迪瓦尔说:"部门政策——鼓励向一些行业或部门投资和不鼓励向其他部门或行业投资——仍然是产业政策讨论的中心。"② 还有一种观点认为产业政策是后进国家在赶超发达国家时所采取的关于产业的政策总称,如日本经济学家并木信义所持的就是此种观点。美国学者查默斯·约翰逊在他主编的《产业政策争论》中则认为产业政策就是为了加强本国产品的国际竞争力的政策,"产业政策是政府为了取得在全球的竞争能力计划在国内发展或限制各种产业的有关活动的总的概括,作为一个政策体系,产业政策是经济政策三角形的第三边,它是对货币政策和财政政策的补充"。③ 我国学者汪同三认为"以产业为导向的、有差别的宏观经济政策就是产业政策"④,如有差别的财政、信贷、关税政策等。周振华也认为"产业政策是与扭曲、抑制、不公平相联系的,因为产业政策是以牺牲某一部门为代价来促进或限制另一部门的发展的"。⑤

社会主义国家和发展中国家在实施赶超战略中所采取的产业政策或实际上具有产业政策效果的那些经济政策或经济计划,主要是以产业结构政策为主——如果我们采取产业结构、组织、布局政策这样一种划分法的话。而且它们的产业政策以主动干预为主,具有明确的政策目标,这个目标往往以经典经济著作中的理论或西方先发展国家产业发展过程中所呈现的规律和未来发展趋势为依据,且以直接干预为主,如往往采取政府直接投资的办法来调整产业结构。发达的市场经济国家则以为企业创造竞争环境的产业组织政策为主,如反托拉斯政策、支持中小企业的政策等,这些国家往往采取间接干预的办法,而且没有明确的产业发展目标,只是被动地解决产业发展中出现的问题。英国、联邦德国、法国虽制订实施过一些经济发展计划,但由于属于指导性计划,基本上没有发挥什么作用,即使

---

① 见《美国经济学和社会学杂志》,1985年1月,转引自杨沐:《产业政策研究》,上海三联书店1989年版,第2页。
② 〔美〕玛格里特·迪瓦尔主编:《工业生机:采用国家产业政策》,玻格曼出版社1982年版,第13页,转引自杨沐:《产业政策研究》,上海三联书店1989年版。
③ 查默斯·约翰逊主编:《产业政策争论》,美国当代研究所1984年版,第5页,转引自杨沐:《产业政策研究》,上海三联书店1989年版,第3页。
④ 见汪同三、齐建国主编:《产业政策与经济增长》,社会科学文献出版社1996年版,第57页。
⑤ 周振华:《产业政策的经济理论系统分析》,中国人民大学出版社1991年版,第8页。

是法国这样热衷于用计划来干预经济的国家,实际上也没起到什么实际性作用,西方学者曾经评论道:"计划虽然被戴高乐称为热心的义务,但由于它一直仅仅是指导性的,而没有受到尊重,甚至公营企业也不尊重它。"日本、巴西、韩国、印度实际上介于二者之间,实施产业结构政策与产业组织政策并重。

美国向来在经济中强调自由主义原则,普遍认为产业政策的实施会侵犯自由决策、分散决策的原则,正如曾任美国商务部长助理的弗兰克·韦尔所说的:"我们有一个产业政策,这个政策就是我们并不需要产业政策。"[1]另外一些美国学者则认为实际上"美国曾制定过影响某些工业部门的投资和增长以及不鼓励和减少向另一些部门投资的部门政策,……这些产业政策都是特殊的、偶然的、零碎的"[2],"一个世纪以来,反托拉斯法已经成为美国的一项具有连贯性的政策,它被用来改善产业的行为——这是我们唯一的产业政策。"[3]例如,美国国防部和航天局的订货尽管对美国某些产业的发展产生了一定的实际影响,但这些政策的最终目标是政治或军事目标,而不是经济目标或产业结构目标,所采取的政策措施也是零碎的、不系统的,所以,西方学者在讨论产业政策时,往往不用结构政策和组织政策这样的分类,而采用一般政策(对所有产业部门适用)和特殊政策(仅对部分产业部门适用),或消极政策(减少对产业发展的干预)和积极政策(主动对产业发展的干预)的分类。

日本在 20 世纪 50 年代通过外汇管制(外汇配额)来控制进口资源的分配,以保证重点产业的原料、燃料供给,对于需要保护的产业则限制同类产品的进口,在技术引进方面也通过外汇配额的倾斜来支持或限制某些产业的发展,用严格的审批制来控制产业结构和重复引进。日本自 20 世纪 60 年代开始逐步实行外汇、外贸的全面自由化,1960 年 6 月日本公布了《贸易和外汇自由化计划大纲》,在 1963 年 8 月,日本的自由化率已达

---

[1] 查默斯·约翰逊主编:《产业政策争论》,美国当代研究所 1984 年版,第 5 页,转引自杨沐:《产业政策研究》,上海三联书店 1989 年版,第 3 页。

[2] 玛格里特·迪瓦尔主编:《工业生机:采用国家产业政策》,玻格曼出版社 1982 年版,第 20 页,转引自杨沐:《产业政策研究》,上海三联书店 1989 年版,第 4 页。

[3] 〔美〕《经济杂志》1984 年 9 月,第 696 页,转引自杨沐:《产业政策研究》,上海三联书店 1989 年版,第 4 页。

92%①,1964年日本废除了外汇配额制度和外汇预算制度,1980年实施了新的外汇法,基本实行了自由化政策。②

中小企业政策

各国对中小企业的定义不尽相同,但这并不重要,一般是从营业额、雇员和股权结构来界定。例如,法国规定,雇员不超过500人,年营业额不超过5 000万法郎,自然人持股不低于75%的企业才可以享受中小企业的优惠政策。

各发达国家对中小企业的保护与所持政策大体包含以下几方面内容:首先是努力创造中小企业发展的外部制度环境,保证中小企业能够公平、公正地与大企业展开竞争,立足点是发挥市场机制配置资源的作用,而不是人为地制造一种通过抑制大企业发挥其竞争力以保护中小企业的新的不公平的竞争环境。具体措施包括帮助中小企业寻找管理者,提供创立中小企业的程序咨询,帮助中小企业进行人员招聘与培训,简化行政程序,实行税收优惠,政府投资建立技术信息传播网络,为中小企业提供贷款或贷款担保等。

美国政府保护中小企业的金融政策的突出特点是政府机构(中小企业厅)直接参与对中小企业的贷款,贷款利率一般低于市场利率。贷款的形式一般有三种:直接贷款,即由中小企业厅直接向中小企业提供15万美元以内的全额贷款;协调贷款,即由中小企业厅与金融机构共同向中小企业贷款,中小企业厅提供的份额不得多于15万美元;担保贷款,即由金融机构贷款,中小企业厅担保90%的贷款额或担保最高50万美元的贷款额。在实际运作过程中,使用最多的是担保贷款,其次为协调贷款,最少使用的是直接贷款。

区域开发政策

区域经济学和发展经济学在20世纪50—60年代得到了经济学界的广泛重视,许多区域经济学的研究实际上是在为政府制定行动计划,发展

---

① 见杨沐:《产业政策研究》,上海三联书店1989年版,第20页。
② 见张健:《战后日本的贸易自由化政策》,载《日本问题资料》1987年8期。

中国家的区域经济学集中研究了劳动力的转移问题,在发达国家则试图通过政府经济计划和重点投资来建立新的经济中心的办法来改变地区发展不平衡的状态。有些经济学家认为区域经济发展不平衡是个普遍的规律,威廉姆森在《区域不平衡和国家发展过程》一文中根据24个国家的统计资料分析了区域增长的趋势,得出结论是地区间贫富差距就像一条倒U型曲线,在经济发展的初期差距逐渐加大,这个差距发展到一定程度后会保持一段时间,然后随整体经济的增长而逐步缩小。也有些经济学家认为市场机制并不能保证地区间均富,反之,在许多情况下市场机制会使贫富差距呈现"马太效应",所以政府应当介入进行政策干预,来解决地区发展不平衡的状态;另一种干预的理由是即使倒U型曲线成立,政府也不应该被动地等待而应积极地行动,以加速收入水平地区间均等化的过程。

世界各国采取了各种各样的援助政策来开发不发达地区,主要有六种形式①:

1. 公共投资。如日本1980年的公共投资占地方财政支出的比例全国平均为9%,而北海道则高达17.1%。公共投资除了中央政府的财政支出以外,还包括设立专门援助不发达地区的区域发展基金,如意大利的"南方发展基金",巴西的"亚马逊投资基金",法国的"农村改革基金",欧盟的"欧洲区域发展基金"。

2. 转移支付。

3. 经济刺激。主要通过税收、财政、金融及技术信息服务等措施来刺激资本流入不发达地区,如法国曾实行对在受援区内投资的企业按投资的25%进行补贴,创造一个就业岗位还可获得25 000法郎的政策。② 对不发达地区实行税收优惠也是市场经济国家普遍采取的刺激工具,如美国康涅狄格州对到贫困地区投资的企业减免所得税5年;澳大利亚则对居住在欠发达地区的本国居民给予所得税减让;比利时则规定在就业区(指结构性失业率特别高的地区)内创造新的就业机会可获准减免部分公司所得税;法国则在洛林、诺尔—加莱两处重点发展地区实行"无税特区",对到这两

---

① 见郑长德:《世界不发达地区开发史鉴》,民族出版社2000年版,第321—325页。
② 当然,投资补贴引起的争议是,它可能导致资本密集型工业的发展,从而与创造就业的目标相背离。

个地区投资设厂创造就业机会者,免征地方税和公司所得税 3 年;1967 年巴西曾在落后地区设立自由贸易区,区内私人企业 10 年内免交所得税。此外,各国政府还建立了一些地区性开发金融机构,如巴西在 1966 年建立了亚马逊私人投资银行,1985 年巴基斯坦成立了地区开发金融公司,对受援区的公司提供利率低、期限长的贷款。

4. 政府采购。如意大利规定,政府采购的 30% 要从南方欠发达地区购买,美国也有类似的对不发达地区产品的优先购买政策。

5. 公共区位。通过政府机构和公营企业的区域调整来促进不发达地区的开发,如巴西 1960 年为了开发中西部和亚马逊地区将首都由里约热内卢迁往巴西利亚。

那么政府干预的效果如何呢?我们来考察一下世界各国为克服地区差异所采取的各种政策的效果。

美国在 1933 年成立了田纳西流域管理局,二战结束后,美国政府运用大量资金在田纳西流域[1]兴建了一系列水利工程,安置了许多失业人口,这个综合治理方案是现代系统工程的一个杰出案例,取得了一定的经济效果,但美国政府的干预并未从根本上解决问题,至今田纳西流域仍然是美国比较贫穷的地区之一。美国政府还在 1961 年制定了《区域再开发法案》,1965 年制定了《公共工程与经济开发法案》和《阿巴拉契区域开发法案》[2],这些法案旨在帮助这些相对贫困的地区加快经济发展,赶上富裕地区,这些法案的实施确实帮助了这些地区的经济发展,但和美国其他地区相比,相对贫困的地位并未根本改变,反之,曾经荒凉落后的加利福尼亚和南部的得克萨斯,政府并未制定什么政策来扶持这些地区,但却都发展成为美国最富裕的地区之一。

---

[1] 田纳西流域位于美国东南部,全长 1 050 公里,该河流域包括田纳西州全部和密西西比州、阿拉巴马州、佐治亚州、北卡州、弗吉尼亚州和肯塔基州的一部分,面积 10 万平方公里。20 世纪前半叶这里生产力极其落后,许多地区没有电力,1933 年,全区人均收入仅 168 美元,不及全美平均水平的一半,1933 年 10 月罗斯福就任总统以后,采纳了地方参议员提出的议案,集中力量开发田纳西流域,并于同年 4 月 10 日由国会通过了关于开发田纳西流域的法案,5 月 17 日又批准了田纳西流域管理局(TVA)的总统咨文,由 TVA 去经营政府在田纳西流域的资产。

[2] 阿巴拉契亚地区总面积为 50 万平方公里,它是继田纳西河流域之后的美国第二个经济开发整治试验区,这一地区属经济落后的山区,人均收入水平低、教育水平低,但资源丰富。1965 年美国国会通过了《阿巴拉契亚区域开发法》,并依法组成了阿巴拉契亚区域委员会,由联邦政府提供财政援助来进行区域开发。

日本的经济高度集中于以东京、横滨、大阪、神户为中心的地区,在24%的国土上工业产值占到75%,在1962年、1965年、1975年、1983年先后制定了四部"全国综合开发计划",试图有计划地疏散过于密集的工业布局,开发边远地区,尽管日本政府出资协助迁移了一些企业,但日本的经济布局并未因此而改善。1936年,英国成立了巴洛委员会来负责区域平衡发展规划,在威尔士和苏格兰北部建立了工业开发区,并在开发区内实行优惠的税收政策,在20世纪60年代,英国曾制定了建立英格兰东北部和苏格兰中部经济发展规划以扭转这些地区的相对落后状态,并有计划地把一些企业搬迁到这些地区,但时至今日,这些地方仍是英国的欠发达地区。还有一些国家为改善地区发展不平衡状况,把首都迁到贫困地区,如巴西为了平衡区域经济发展,将首都从沿海大城市里约热内卢迁到内地,新建了巴西利亚,巴基斯坦将首都从卡拉奇迁到伊斯兰堡,但这些措施并没有从根本上解决这些国家的区域差别问题。

在原计划经济国家,均衡发展是制定国家经济计划的指导方针,政府强烈地干预国民经济的发展,按照人为的意愿,设计和安排经济布局,如前苏联斯大林将重工业大量迁往乌拉尔地区,赫鲁晓夫大规模开发西伯利亚,中国政府则根据备战原则,将大量资金投入"三线"建设,促进京广铁路沿线地区和西北、西南的经济发展,但都未从根本上改变这些地区的相对贫穷的状况。如果中央政府能有效消除区域差别的话,那么在计划经济中政府所起的作用最强,区域差别应当最小,但事实表明,依靠政府干预实现的地区平衡,只能是低效率和共同贫穷前提下的均衡。

世界上很少有一个政府会坦率地承认自己的决策失误,在区域经济发展政策上尤其是这样,当政府向一个地区投入大量资金之后,总会对这个地区的经济有点积极影响,问题是这些投资的机会成本有多高?我国改革开放以后,地区发展差距迅速扩大,而对这个问题,政府提倡"先富起来的地区帮助落后地区",经济学的基本原理告诉我们,不存在任何激励机制可以促使富裕地区这样做,违背了经济规律的事情只能依靠非经济的力量来实现,如道德的力量或政府的干预,而由道德激发的动力不具有普遍性和持久性,如20世纪90年代浙江乡镇企业提出的"西进计划",上海宝钢向青海投资开发高纯镁砂的项目曾被宣传为先富帮后富的典型,这实际上不过是追求利润最大化的行为而已。

那么通过政府干预是否可以解决地区经济增长问题呢？政府当然可以影响经济的发展，但不能改变经济发展的内在规律。一个地区之所以落后，国家的宏观政策当然是一个重要原因，正如有人以为造成区域发展差距扩大的原因是政府对东部地区的政策倾斜，但最根本的原因不是来自于外部，而是来自于本身，要形成一个经济增长中心，必须具备一些内部条件，如低交易成本、信息畅通、具有良好的基础设施和服务设施、具有良好的竞争环境和制度环境，如果政府选择的地点恰当，再加上适应的政策启动，这个增长中心就会发展起来，如中国的深圳，如果政府选择的地点不具备形成集聚效应的条件，则无论政府采取什么样的优惠政策，也难以发展起来。我国沿海地区的投资增长很快，我们注意到大部分来自于非国有经济部门，1993年进入中国的外资达330亿美元，但西北五省只占50亿，其中大部分还是在旅游景点进行的饭店投资。总之，政府的干预能不能实现预期的效果，取决于政府的决策是否符合经济发展的客观规律，如果符合经济规律，一旦一个新的经济增长点形成之后，就会自我扩张，反之，一旦政府停止增加投资，发展就难以为继了。

在对待地区差距问题上，我们不能将思维停留在计划经济的框架里，对政府的作用估计过高，在这个问题上政府手中没有几张牌可出，目前中央投资占固定资产投资的总额不足20%，东西部投资差异主要来自于民间和外国资本，还有地方政府投资，中央政府对这些投资中的大部分没有控制力，所以仅靠中央政府的投资无法解决根本问题。至于要求发达地区直接向贫困地区横向投入的想法，则纯属天真，除非受商业利润的驱使，否则依靠政府强制或道德感化均不可行。

许多地区花了很大力气作了各式各样的区域发展的中长期规划，政府往往会选择几个重点扶持的支柱产业，但这些规划往往难以实施，因为这些规划只适用于计划经济，在计划经济中政府官员可以对社会生产资源进行统筹安排，但在市场经济中是自由决策、分散决策，这样各种指令性的规划肯定落空。

有人认为由于发达地区和次发达地区在进行商品交换时，由于工业产品、农产品和原材料价格的不合理比价关系，欠发达地区受了剥削，从而导致地方保护主义和封闭主义,强调自力更生。实际上商品交换中是否存在剥削取决于价格的形成机制,如果价格不是交易双方自由谈判的结果,就可能存在剥削。

有人认为发达地区的聚集效应吸纳了欠发达地区的生产要素,使欠发达地区的经济发展处于一种不利的状况。如何看待这个问题呢？若是政府采取行政手段将生产要素输入发达地区,则政府应当支付赔偿,但如果是由于市场机制的作用而导致的要素流动,则意味着社会福利水平的提高,对于因此而给欠发达地区造成的福利损失则可通过建立社会保障体制的途径来解决。我们应该认识到只要给予劳动力以流动的自由,区域间发展不平衡的后果就没有原来那么严重。

第七章

国际贸易领域政府干预政策的分析与比较

贸易自由主义者赢得辩论，而贸易保护主义赢得大选。

*幼稚产业论和进口替代政策往往会造就一个一旦将其置于国际竞争的惊涛骇浪中就会很快死掉的温室行业。*①

第一节 贸易政策工具的分析与比较

贸易政策是指政府直接影响一国进口或出口的物品与服务的政府政策，关税、出口补贴、进口配额、自愿出口限制是几种最常用的贸易政策工具，除此之外，还有国产化程度要求、出口信贷补贴、政府采购、烦琐的手续和严格的安全标准等政府影响贸易的工具，这些贸易工具的运用会对消费者、生产者、政府和整个国家的福利产生不同的影响，对这些贸易政策的分析将有利于我们认识到形形色色的贸易政策的实际经济后果。

关税

关税作为最简单和最古老的贸易政策形式，在过去的很长一段时间里一直作为各国政府一种重要的收入来源，但关税的另外一个重要目的就是保护国内的某些产业部门，如在19世纪英国政府通过颁布《谷物法》利用关税来保护其农业不受外来竞争的影响，在19世纪末期，美国和德国都运用关税来保护国内的新兴工业部门。在现代社会，关税的重要性因关贸总

---

① 出处不详。

协定的鉴定和 WTO 的成立而日益下降,各国政府更喜欢运用各种非关税贸易壁垒来保护本国工业。

关税的征收提高了一种商品在进口国的价格,降低了该商品在出口国的价格,当进口国为"小国"时,由于它对该商品的进口需求在世界总出口额中所占的份额太小,其进口量的减少对该商品的世界市场价格的影响就可以忽略不计了,这时关税使国内价格的上涨幅度等于全部关税提高额;而如果进口国为"大国"时,征收关税后国内价格上涨幅度就会小于关税增加额,因为关税增加部分的效应体现为该产品的世界市场价格的下跌,这一部分关税并没有转嫁给本国消费者,而是转嫁给了外国的生产者,这种价格变化的后果是使进口国的消费者受损,生产者受益,出口国的消费者受益("大国模型"中)和生产者受损("大国模型"中),进口国的政府获得了关税收入,关税的净损失为消费者损失-(生产者所得+政府关税收入),在小国模型中,关税无法对国际价格产生影响,从而使关税的成本明显超过其收益。

出口补贴

出口补贴指对国内出口产品的公司或个人给予转移支付,包括从价补贴和从量补贴两种,当出口国政府提供出口补贴时,会导致出口国国内价格上升而国际市场价格下降,二者差额正好等于补贴。在出口国,消费者和政府蒙受损失,生产商获取利益,经济学家在出口补贴的成本明显超过收益这一点上并不存在争议。[1]

在现实世界中,欧盟的农业政策已逐渐发展成为一个巨大的出口补贴项目,欧盟的共同农业政策最初并不包含出口补贴的内容,只包括确定欧洲农产品保护价格,以及为防止由于农产品世界市场价格和欧盟农产品保护价格之间的差额所可能引起的大规模农产品进口而实行的关税制度等内容。由于农民集团强大的政治压力,欧盟内部的农产品保护价格多年来一直未随国际农产品市场的价格下跌而同步下调,支持价格不仅高于自由贸易下的世界市场价格,而且高于没有进口时国内需求与供给相等时的均衡价格。从 20 世纪 70 年代以后,欧盟的支持价格已高到使欧洲这个原本

---

[1] 对这一结论的证明请读者自行查阅〔美〕保罗·克鲁格曼、茅瑞斯·奥伯斯法尔德:《国际经济学》(第五版),海闻等译,中国人民大学出版社 2002 年版,第 188 页。

在自由贸易时需要进口大部分农产品的地方生产出大量过剩的农产品。为了避免储备无限制地增长,欧盟转而采用补贴出口的政策来消除生产过剩,各国政府通过支付出口补贴来抵消欧洲与世界市场价格的差额,但剩余产品的出口又会进一步压低世界市场价格,从而进一步增加促进出口所需的补贴,欧洲的消费者和纳税人因出口补贴政策而遭受的综合损失,超过了生产者的所得,但这一政策受到的压力并不是来自欧盟内部的消费者和纳税人,而是来自美国和其他农产品出口国,欧盟的补贴使这些国家因国际市场的农产品价格下降而蒙受巨大损失。

进口配额

　　进口配额是指对可能进口的商品实行直接的进口数量限制,这种限制通常以向一些个人或公司颁发进口许可证的方式来实现。有时进口国政府也把某些商品在进口国国内市场的销售配额直接给予出口国政府,在美国,食糖和服装行业就实行过这样的办法。由于实行进口配额,国内需求超过了国内供给量加上进口量,导致国内市场价格水平上涨直到市场达到新的均衡为止,可见配额提高的国内价格幅度与达到同样限制水平的关税所提高的幅度一样。进口配额就是一种为幸运的受益人印刷钞票的许可证,因为受益人可以享受到进口商品的国内市场价格和国际市场价格的差异所带来的收益,所以配额持有者能够从外国低价购买进口品并在国内以高价出售从而可以获得配额租金。进口配额和关税的一个重要区别在于,实行关税时政府所获得的关税收入在实行进口配额的条件下被持有进口许可证的个人或公司所瓜分,如果政府试图通过对进口许可证收费来占有许可证持有者的剩余的话,进口许可证费用的作用就完全与关税一样了,在这两种政策之下,消费者剩余、生产者剩余和政府的收入完全一样。如果把在国内市场销售的权力给予出口国政府,"租"就被转移到外国的公司或个人,使进口配额政策的成本大大高于同等条件下实行关税的成本。所以,一般认为关税措施要优于进口配额,因为关税收入可以减少其他税收负担,从而使消费者得到一定的补偿,而且也可以减少进口配额引起的寻租行为。如果决定要采取配额政策的话,也应采取拍卖的方式来分配进口许可证,以获得政府收入并防止寻租活动引起的资源耗费。

国内的生产者较之进口关税通常更偏爱进口配额,由于限制了进口数量,在有配额时,国内生产者可以准确地了解国外的供给量,即使汇率的变化或国外竞争对手生产效率的变化对他们有利,也使国外竞争对手不能卖得更多,从这个意义上讲,配额对国内生产者的保护程度与效果要比实行关税时更确定,但进口配额会使国内产业更容易受到供给方面的冲击。

在美国,政府为了保护国内的食糖生产者,对食糖的进口实行配额管制,由于美国政府将配额分配给外国政府,由外国政府再分配给各自的出口商,食糖的进口配额使美国的食糖进口量维持在自由贸易条件下的一半左右,这种配额管制造成较高国内市场价格,由此所带来的收益由国内生产企业和国外出口商瓜分,而损失由消费者来承担。但是,由于每个消费者只负担很少的损失,而国内生产者因数量很少而得到较大的利益,所以这项管制政策在美国国内甚至不被广大消费者所知,更不用说反对了。经济学家经过测算得知,美国在 20 世纪 90 年代初期,每个消费者年平均损失只有 6 美元,而在食糖国内生产行业中,每个就业岗位从因配额而提高的国内市场价格上升中得到的隐性生产补贴约为 9 万美元,美国的食糖工业总共只雇用了 1.2 万人,即使实行自由贸易后,也仅仅会使 0.2—0.3 万人失业①,从这一角度看,为保留一个食糖工业的工作岗位消费者需要支付超过 50 万美元的代价。

自愿出口限制(VER)

自愿出口限制是进口配额的一种特殊形式,亦称自愿限制协议(VRA)。自愿出口限制不是由进口国对进口产品实行配额而是出口国对其出口产品实行配额。自愿出口限制并不是真正"自愿"的,一般都是应进口国政府的要求而制定的,出口国之所以同意这些要求是为了防止其他形式的贸易限制。有些自愿出口限制协议属多边协议,如多边纤维协议,涉及不止一个国家,这类多边协议也往往被称为 OMA,即有序营销协议。日本对美国的汽车出口就曾在美国的要求下实行过自愿出口限制,我们看到如果日本的汽车生产厂商联合起来削减产量以提高价格一定会被视为

---

① 自由贸易并不会使美国国内该行业全军覆没。

违反了美国的反托拉斯法的法律原则,但自愿出口限制正导致了这样的后果,且是在美国政府的压力下促成的。VER 对进口国来讲,其代价要比达到同样保护水平的关税要高,因为关税所产生的政府收入在 VER 下变成了外国公司或个人的利润。经济学家的一份研究表明,在美国的服装、汽车和钢铁三个主要行业中的 VER 所造成的消费者损失中,有三分之二转化为外国公司的租。①

国产化程度要求

国产化程度要求指的是要求在最终产品中必须有一个明确规定比例的部分是由本国企业生产的,即要求产品价格中至少有一个规定的份额是国内生产商所提供的。这种贸易保护工具被广大发展中国家广泛使用,它们试图通过该要求把它们的制造业基础由组装转变为制造中间产品。对于国内零部件生产商来说国产化程度要求给他们提供的保护与进口配额类似,对于国内的外国公司来说,国产化程度要求事实上起到了限制外国零部件进口的作用。

出口信贷补贴

各国政府成立的进出口银行通常会对外国进口商或本国出口企业提供补贴贷款②以促进出口。

烦琐的手续和严格的安全标准

在 20 世纪 80 年代,日本和美国之间因巨额的贸易逆差而使两国关系非常紧张,美国最初的主张是要求日本政府提高进口美国产品的数量指标,日本则认为贸易平衡应由市场决定,反对这种有管理的贸易,美国政府代表则认为贸易赤字并不是市场力量的产物,而是众多日本政府设立的大

---

① 英文原始文献请查阅 David G. Tarr, *A General Equilibrium Analysis of the welfare and Employment Effects of U. S. Quotas in Textiles, Autos, and steel*, Washington, D. C.: Federal Trade commission, 1989,中文文献请参阅〔美〕保罗·克鲁格曼、茅瑞斯·奥伯斯法尔德:《国际经济学》(第五版),海闻等译,中国人民大学出版社 2002 年版,第 192 页。
② 一种出口补贴形式。

量此类非关税贸易壁垒的产物,并有大量的趣闻轶事作为佐证。① 例如,美国公司占有45%的世界大型建筑工程市场,但它们在日本市场上的份额不到1%,原因是日本政府说它们不了解日本的地质情况②;日本政府以安全为理由限制不是该汽车制造商的其他厂商生产这种汽车的配件在日本销售,由于几乎所有在日本出售的汽车都是日本生产的,这实际上起到了限制非日本的配件生产商的作用。

法律手段

大多数国家均通过立法来保证国际贸易中的"公平竞争",但大多数经济学家认为,实际上,这些法律往往成为实行贸易保护主义政策的一种手段,目的在于限制进口并减少国内市场竞争,如果是为了保证公平竞争的话,应将在国内执行的法律扩展到国际贸易领域,也就是说不应有两种公平的标准,一种适用于国内,一种适用于国际。反倾销法和反补贴法是使用较为广泛的公平贸易法。政府采购法也在客观上起到了贸易壁垒的作用。

政府采购也称公共采购,指各级政府及其所属机构为开展日常行政活动或为公众提供公共服务的需要,在财政的监督下,以法定的方式、方法和程序对货物、工程或服务的购买。③ 各国的政府采购法均规定政府或由政府控制的公司所购买的商品或服务中必须有一定比例的国产商品,即本国公司在政府采购中享有优先权,外国公司的投标只有在低于本国公司最低出价的1个百分比(如25%)以上才能中标,这就是虽然欧盟成员国内部实行了自由贸易但欧盟内部的电信设备贸易量却少得可怜的原因,因为各国的电话公司多为政府所有,而电信设备的主要买主就是电话公司。

---

① 在20世纪90年代以后,日本经济进入了低增长时期,但仍然存在大量的贸易盈余,这主要是日本高储蓄率的结果,贸易盈余等于国内储蓄和投资之间的差额,只有增加投资才能减少日本的贸易盈余,日本已将利率降到1%左右。

② 见〔美〕坎贝尔·麦克康耐尔、斯坦利·布鲁伊:《经济学——原理、问题和政策》(第十四版),陈晓等译,北京大学出版社、科文(香港)出版有限公司2000年版,第474页。

③ 政府采购是采购政策、采购程序、采购过程以及采购管理的总称,是一种对公共采购活动进行管理的制度,是一种相对于个人采购、家庭采购、企业采购或团体采购而言的采购管理制度。与上述采购相比,政府采购具有以下特点:资金来源的公共性、采购主体的特定性、采购活动的非商业性和采购对象的广泛性。

反倾销法律

倾销(Dumping)指的是在国外以低于成本或低于国内价格或低于公平价格的价格出售产品的行为。倾销是国际贸易政策中的一个富有争议的课题,进口国为什么要对出口国的低价抱怨呢？主要原因是担心所谓"掠夺性"的定价策略会使竞争对手在将本国企业赶出本国市场后凭借已经建立起的垄断地位提高价格、剥削国内的消费者,这样,本国消费者只能获得短期利益,长期是受损的。尽管在所有的案例中,都无法观察到这种情况的发生,但大多数国家均将倾销这种价格歧视行为视为一种不公平行为而制定相关的法律给予惩罚。如果某国某类出口产品被进口国的反倾销机构确定为施行了倾销,进口国政府就会对该进口产品征收一笔相当于进口商品的实际价格和公平价格之间的差额的关税。

经济学家对反倾销行为或法律几乎都持否定意见,因为,首先,针对不同的市场制定不同的市场价格是完全合法的商业策略,如儿童车票半价或白天电影票半价一样；其次,要证明外国厂商的生产成本是件困难的事,因此,进口国的反倾销机构常常自行估算外国厂商的产品生产成本,这种办法严重干扰了国际贸易活动；况且即使真的发生了倾销,消费者也能从低价格中获得好处,就像从国内企业之间的价格战中得到好处一样。

尽管没有经济学的理论支持,对倾销的正式指控却有增无减。一般认为,反倾销更多的是被用做一种贸易保护主义的工具,这类行为不断增多的根本原因在于：一是进口国国内产业部门的政治力量,使反倾销方面的立法容易被通过却难以被废除,从而形成一个既得利益集团,尽管消费者的损失要远远大于企业的收益,但每个消费者的损失很少而且难以有效地组织起来；二是各国市场的开放程度是不相同的,许多国家国内市场的行政保护使得某些产品的国内市场价格大大高于国际市场价格,这些部门的产品低价出口到国外时就容易受到倾销的指控。

对中国的反倾销问题

对于非市场经济国家,西方发达国家常选用"可比的"或具有"替代性的"国家的同类产品的成本作为判断标准,这样非市场经济国家常常在没有以低于本国或其他国家市场价格或以低于生产成本的价格出售这种商品的情况下,被处于反倾销惩罚。

欧美国家将中国视为"非市场经济国家",这是中国产品频繁遭到这些国家反倾销调查的最主要原因,由于不承认中国现在是市场经济国家,所以在反倾销调查时,一般用替代国类似产品的价格来确定中国出口产品的所谓"正常"价格,因为替代国的选择直接涉及是否存在倾销以及倾销的幅度有多大,所以在反倾销调查中具有极为关键的地位。欧美国家的生产商一般希望选择国内价格较高的替代国,而我国出口商则希望选择国内价格较低的替代国。欧美国家在选择替代国问题上具有较大的随意性,从这个角度看,对中国出口产品的反倾销税率的确定具有很大的不公平性和不确定性。欧美等国在对中国出口产品的反倾销调查中,替代国的选择不仅包括印度、韩国、马来西亚、新加坡、泰国等发展中国家或新兴国家,而且还包括西班牙、南非等中等发达国家。

对于欧美等国对华反倾销问题的认识应建立在欧美国家国内法律对市场经济国家身份确定的基础上[1],欧盟目前对非市场经济国家并没有给出一个明确的定义,只列举出非市场经济国家的名单。在1998年4月欧盟通过的第905/98号条例中将中国和俄罗斯从非市场经济国家中划除,但对于中国的市场经济地位不是自动给予的,而是在个案处理基础上来确定是否给予中国企业市场经济地位。根据该条例,中国的出口企业在1998年7月1日以后发起的反倾销调查案件中应向欧盟委员会提交书面报告,提供充分的证据来证明其符合欧盟规定的五条市场经济标准,则该企业可以用自己的正常价格而不需采用替代国类似产品的价格。

欧盟具体规定的可供审查我国出口企业是否符合市场经济国家企业标准的五条标准是[2]:

1. 企业对生产投入、销售、投资的决策要反映市场供求关系,没有国家的重大干预。

2. 企业要有一套可以按照国际财务标准被审计的财务账簿。

---

[1] 也有人认为不承认中国市场经济国家地位是经济政治化的表现,是由于中国与欧美在政治制度上的差异所导致的,对此,本文作者并不想过多评论,因为这不是一个单纯的经济问题。

[2] 见胡敬新、马骥:《透视欧美对华反倾销中的非市场经济国家问题》,载《理论月刊》2002年7月,第107—109页。

3. 企业的生产成本和财务状况,包括资产的折旧与债务的偿还等,要按市场经济体制下的规则来进行,不得有歪曲。

4. 企业要受破产法的约束,以确保企业运作的法律稳定性与确定性,企业的成立或关闭不受政府的干预。

5. 汇率依据外汇市场的变动而变动。

该修正案还规定,关于出口企业是否满足以上标准的决定应该从发起反倾销调查之日起三个月之内作出,而且,欧盟第 905/98 条例还修改了对中国施行的一国一税[①]的做法,规定了对中国企业获得分别裁决的八个条件:

1. 企业的大部分股权为非国有,企业的决策层没有政府官员,由外国投资者控制的企业可以认为具有独立性。

2. 企业用地应按照市场经济的条件从政府部门购买或租赁。

3. 企业有权自由聘用或解雇员工及确定员工的工资水平。

4. 企业能够自主选择生产性投入与原料的供应商。

5. 公共设施如水、电、气等提供应有合同保证。

6. 允许利润的汇出与投资成本的回收。

7. 企业能够自主确定出口的价格。

8. 企业能够在国外市场上自由地进行经营与销售。

美国在《1988 年综合贸易与竞争法》第 1316 节(b)中对非市场经济国家的规定作了修改,并首次对非市场经济国家下了定义,规定了一些判断标准,非市场经济国家的确定由美国商务部负责。

美国商务部在判断一个国家是否属于非市场经济国家时考虑的因素是:

1. 该国货币与其他国家货币的可兑换程度。

2. 该国工人与政府在工资问题上自由谈判的程度。

3. 该国公司举办合营企业或进行其他投资被允许的程度。

4. 政府对生产资料所有或控制的程度。

5. 政府对资源分配以及企业在价格、产量决定权上的控制程度。

---

① 即欧盟对中国出口产品一旦征收反倾销税,五年内适用于中国所有的出口企业。

6. 当局认为适当的其他因素。

GATT/WTO 在 1994 年《反倾销协议》中对非市场经济国家下的定义比较模糊，只是在它的附件九第六条第 1 款第 2 项中规定："应当承认，对全部或大体上全部由国家垄断贸易并由国家规定国内价格的国家进出口的货物，在为第 1 款的目的决定可比价格时，可能存在特殊困难，在这种情况下，进口缔约国可能发现有必要考虑这种可能性：与这种国家的国内价格作严格的比较，不一定经常适当。"按此规定，GATT/WTO 把"全部或大体上全部由国家垄断贸易并由国家规定国内价格的国家"认定为"非市场经济国家"，此规定虽然含糊其辞，但是在原则上确认了非市场经济国家的国内销售价格不能作为比较其出口价格的基础，究竟如何比较来确定是否存在倾销，GATT/WTO 并没有明确回答，但 1994《反倾销协议》的言外之意，是允许进口缔约国采用其他方法来确定正常价值。

第二节 自由贸易与利益集团

关于自由贸易

自亚当·斯密以来，经济学家就一直倡导自由贸易，即使在那些认为自由贸易并非完美无缺的经济学家中，多数人也相信在通常情况下自由贸易政策比政府可能采取的任何干预政策都要好。

经济学家倡导自由贸易的理由主要有以下几个：

1. 自由贸易可以促进分工的发展。通过将各国的生产活动集中在自己有比较优势的领域，从而使各国作为一个整体变得更好，基于比较优势、产品差别化、规模经济、需求差异、H-O 理论、动态技术差异基础上的国际分工和自愿交易的互利性可以使参与交易的双方福利都得到改善。任何人都不可能自给自足地达到一个较高的生活水平，像荒岛上的鲁宾孙·克鲁索(Robinson Cruson)一样，国与国之间也是这样，任何一个国家都不可能完全依靠自己的市场和企业而使生活水平提高的。国际性的市场与被保护的、相对狭小的国内市场相比，一国企业更容易从中享受到规模经济效应，这就是人与人之间、国与国之间要建立如此复杂的经济关系的主要原因,国际贸易的实践也证明了这一点,与发达国家进行国际贸易最少的国家,其生活水平一般也最低。

2. 自由贸易政策所带来的开放市场和更加激烈的竞争为企业家提供了更多的学习和革新的机会。即使经济学家有时在理论上证明某些选择性的关税或补贴政策能够增进整体社会福利,但把复杂的经济分析转变为现实贸易政策的困难足以让那些并不认为自由贸易政策是最优的人也放弃政府干预的想法,而将自由贸易作为一种有效的经验选择。

3. 能够减轻国内利益集团对政策制定的压力。几乎所有的经济学家均已达成共识,现实中的贸易政策总是由利益集团所左右的,不可避免地成为有政治影响力的行业进行收入再分配的一种工具。大多数非自由贸易政策之所以得以采纳并非是因为其收益超过了成本,而是因为社会公众没有真正理解其真实成本或是虽然了解其真实成本但由于"集体行动"的困难而无法组织起来①,或由于受到同情心和民族情感的支配,如人们虽然很少同情那些受到自由贸易伤害的企业,但较为同情受到自由贸易影响的企业职工,尽管我们没有任何理由可以说明工人失业比消费者受损或工厂倒闭更值得同情。所以世界上真正做到自由贸易的国家或地区为数极少,香港可能是唯一没有关税及进口配额的现代化经济地区。

虽然在现实世界中,政府并不一定依据经济学家通过成本—收益分析所得出的结论来行事,但这并不意味着这种分析没有用处,这种经济学分析将有助于我们认清谁会从某项经济政策中受益,谁又将因之而遭受损失,帮助我们认清国际贸易政策的政治内涵,认识到国内的利益冲突一般情况下要比国家间的利益冲突对政策的制定起到更为重要的作用,认识到贸易政策的制定并不都是以将国家作为一个整体来计算的利益为基础的,而往往是以国内不同利益集团之间力量的对比为基础的。②

---

① 如在交易(组织、谈判、监督、执行成本)成本很大和存在"搭便车"问题的情况下。
② 亚当·斯密早已从利益集团的角度思考过殖民主义的经济含义,认为殖民主义实质上意味着殖民国财富的损失,并伴随着殖民国国内涉足于殖民过程的特殊利益集团的国内财富再分配,这种再分配活动及后果是殖民主义发展的历史推动力。见卡尔·布鲁纳:《国家的贫困》,载《发展经济学的革命》,第46—60页,作者系罗彻斯特大学管理学院国家政策和商务研究中心主任。

单边谈判、多边谈判与国内利益集团

尽管单方面取消关税对本国有好处,而且不用考虑贸易伙伴是否取消关税,但面对利益集团,这样做在政治上却是不可行的。事实上,从20世纪30年代中期到80年代,美国和其他发达国家已逐步取消了关税和其他大部分非关税壁垒,并通过这些措施大大提高了国际一体化程度。总体来说,现在发达国家的贸易保护范围非常狭窄,大部分的保护集中在服装纺织、钢铁和农业等少数几个部门①,这主要得益于把进行国际贸易各方针对减少别国进口竞争的保护措施联系起来的国际谈判,这种国际谈判非常有助于消除单方面取消保护措施时所面临的来自国内利益集团的压力。降低关税作为多边协定的一部分比作为一种单边政策推行起来要容易得多,因为在这种情况下可以运用一个利益集团的政治力量来抵消另一利益集团的压力,进行双边谈判,用本国的某项减税政策换取贸易伙伴国的另一项减税政策,使国内一个行业受损的同时另一个行业受益。例如,尽管美国单方面放弃对日本汽车的配额限制有利于增加美国的总收益,但若日本同时取消对农产品和高科技产品所设置的进口壁垒,这些自由主义政策在政治上更易于被双方的国内利益集团所接受;反之,某国采取保护主义的单边行为似乎可以使其利益最大化,但这样做恰恰无法达到最好的结果,因为单边行动的后果只会导致贸易战,并造成双方社会福利的恶化,在这种情况下,通过双边协商就可以避免这种情况的发生。由于双边贸易谈判所产生的利益往往会外溢到那些没有作出减税让步的国家,所以,国际贸易自由化的推进目前主要依赖于多边的贸易谈判,因此当前的国际贸易越来越依赖于一系列的国际协定来展开。

通过国际合作削减关税的历史可以追溯到20世纪30年代。1930年美国通过了一部导致关税大幅上升的《斯母特—郝利法》,使美国的对外

---

① 在发达国家,农民是一个仅占总劳动力2%,但组织良好、具有强大政治影响力的群体,农业保护政策使欧盟农产品的价格是世界市场的2—3倍,使日本大米的价格超过国际市场的5倍;服装业包括纺织业和加工业两部分,其中尤其是加工业一直受到发达国家政府的保护,因为服装加工业具有组织性强的特点,如在美国大多数服装加工业工人就属于国际妇女时装工会。西方政府在这两个领域的强硬态度常常给人一种错觉,认为发达国家和发展中国家在保护上差别不大,然而,这不是事实。

贸易额大幅下降,许多经济学家甚至认为该法是美国经济大萧条的主凶之一。几年以后,美国政府就意识到需要降低关税,但任何减税方案都会遭到一些国会议员的反对,因为他们的选区里有与进口产品相竞争的公司,这些公司有强大的政治力量,而减税的受益者相当分散,很难组织起来形成一种政治力量,因此要减税就必须依赖于双边或多边谈判。二战后,基于世界主要国家均已认识到建立一种减少贸易壁垒的国际经济秩序的重要性,它们建立了关税与贸易总协定(GATT)。GATT 是根据三条原则建立的:互惠性、非歧视性和公开性,战后的多边关税减让都是在 1947 年签订的《关税与贸易总协定》的框架下进行的。1986 年在乌拉圭的海滨城市埃斯特角城举行了第八轮全球贸易谈判的开幕式[①],经过在日内瓦长达 7 年的艰苦谈判,于 1994 年 4 月签署最后文件,这轮谈判的一个结果是使发达国家的平均关税削减 40%,从 6.3%降到 3.9%,由于平均关税税率已经很低,所以对世界贸易只能产生少许的促进作用。本轮谈判的另外一个成果是产生了一个新的机构,即世界贸易组织(WTO),该组织虽然取代了管理 GATT 的所谓秘书处制度,但 WTO 在很大程度上不过是在新的名字下履行 GATT 的职能罢了。WTO 与 GATT 最主要的区别在于世界贸易组织宪章包含了一套新的快速解决争端的程序[②],此外,世贸组织成员还签订了服务贸易总协定(GATS)和知识产权保护总协定(TR1PS),以适应服务贸易在世界贸易中份额一直在上升的现实。[③]

  GATT 和 WTO 在减少世界各国之间的贸易壁垒方面取得了相当大的进展,但达成多边协议的困难使其进展也非常缓慢,一轮谈判往往要持续多年,所以地理上邻近的国家间通过签署协议形成的区域性经济组织更有利于产品、服务、资本和劳动的跨国流动,最重要的两个组织是 EU 和 NAFTA,此外还有一些自由贸易区。区域性经济组织的成立对全球经济净收益的影响是不确定的,如果区域性组织的成立导致了由于贸易壁垒的降低所引起的贸易创造效应超过了因此而引起的贸易由集团外国家转移到集团内国家产生的贸易转移效应,则全球净收益是正的。

---

① 按照惯例也因此被命名为乌拉圭回合。
② 以前对 GATT 的一个主要抱怨是其效率不高,一些贸易纠纷常常拖上十年才能得到解决,到那时也许整个行业都已消失了,而且仲裁委员会的裁决往往缺乏有效的手段来保证实施。
③ 服务贸易在世界贸易中的份额在 20 世纪末已超过 20%。

当区域性的组织不仅取消或降低产品、服务流动的限制,而且还扩大到资本的流动时,常常引起巨大争议,尤其是区域组织成员之间的经济发展水平差距较大时,发展水平高的国家常担心投资会大量涌入低工资国家,从而会减少在国内的投资。这个观点的一方面的错误在于没有考虑到资本市场已全球化的事实,一国的投资并不仅仅来自于一国的储蓄,投资会自动流向回报率高的地方,发达国家在劳动密集型的制造业部门缺乏比较优势,但在发达国家的产业结构中这些部门所占的比例很低,在服务部门中还有一部分难以转移(如为本地居民服务的部门);另一方面在发展中国家缺乏比较优势的行业如银行业,发达国家的出口会因此而增加,这些部门也会吸收从其他国家流动过来的投资,所以,建立在比较优势基础上的部门间国际贸易会使双方都获益。当投资流向收益率高的地方时,将世界经济作为一个整体的话,资源配置效率就会提高,世界层次上的产出水平也会提高,当然在短期内并不是每个部门的人都可从中获益。

第三节　限制性贸易政策批判

就业、工资水平与贸易限制

重商主义是流行于 16—18 世纪的欧洲的一种思想流派。在 17 世纪和 18 世纪,欧洲国家政府曾实行过重商主义的经济政策。重商主义的核心是将财富等同于金银,相信国家的财富取决于它的贵金属拥有量,为了使财富和国力增加,就应努力使出口大于进口或只出口不进口,这样,一个国家的生产就必须超过消费,所以政府一方面应该制定各种政策鼓励出口、减少进口,这些政策包括征收产成品进口税和免征资源进口税、授予某些贸易公司以垄断特权,如东印度公司的例子[①],政府还应该对出口行业的生产进行补贴,他们的观点集中在通过主动追求出口来增加一个国家的财富和国力上。另一方面一国政府应实行低工资政策,以此来控制消费水

---

① 英属东印度公司是经英国政府特许成立的享有排他性的对中国、印度和东南亚各国进行垄断贸易特权的垄断性贸易公司,该公司不仅享有贸易特权,而且享有管理权、收税权以及对殖民地民政机构的人事任命权。

平。亚当·斯密认识到了重商主义的缺陷,认为一国的财富不能用金银来衡量而是用可供消费的物质产品和服务的数量来表示,货币的价值并不在于其本身,而在于它将从别国买到多少东西,一国的国力是用资源的利用效率来表示的,如果一国积累了大量的金属货币或外国信用货币,同时又切断了把它们运出国外的需要,那么,这些货币"在保险箱里堆积起来,就像躺在矿山里一样无用"。① 老重商主义从此退出了历史舞台,但重商主义精神仍然活着,现代重商主义认为出口本身仍然是值得追求的,并不是为了积累别国货币而是为了创造就业岗位,进口则会导致就业岗位的减少和对外国企业的依赖。

这种认为通过减少进口可以增加总产出和就业机会的政策被称为以邻为壑的政策(Beggar-thy-neighbor Policies),这种政策的典型代表就是美国在20世纪大萧条时期通过的旨在减少国内失业的《斯母特—郝利法》②(Hawley-Smoot Tarriff Act)。这种政策充其量只能在短期内、在个别部门产生积极的影响,因为只有国家能向别国出口,别国才有可能向其进口。贸易的本质就是交换,所以,即使其他国家不进行报复,该国的出口最终也会减少,因为其他国家的收入减少了,进口需求当然会相应减少;如果一国将外汇收入当做一个终极目标,那么他们犯了一个和古典重商主义一样的错误,这样的就业率毫无意义,因为人民的消费水平并未提高,金银尚且能做餐具,纸钞只能当做一幅画来欣赏;如果将就业率当做一个终极目标的话,我们可以通过大量修建金字塔轻而易举地做到③,我们真正需要的不是单纯的工作岗位,而是能够提高(在短期或长期)生活水平的工作。自由贸易的反对者没有将一个国家作为整体来考察,只看到自由贸易在短期

---

① 见斯图亚特·穆勒:《政治经济学原理研究》,也可见《马克思恩格斯全集》第13卷,第145页,本文转引自傅殷才、颜鹏飞:《自由经营还是国家干预——西方两大经济思潮概论》,经济科学出版社1995年版,第91页。

② 亦被译作《哈利—斯莫特关税法案》。

③ 法国经济学家Frederic Bastiat (1801—1850)冷嘲热讽地按照保护主义者的逻辑,扩展其推理过程,通过荒唐结论击败了其支持者,读者可重温《1845年蜡烛制造商的请愿》,原始文献请阅读Frederic Bastiat, *Economic Sophisms*, Edinburgh: Oliver and Boyd, Tweeddale Court, 1873, pp.49-53, abridged, 中文文献可阅读〔美〕坎贝尔·麦克康耐尔、斯坦利·布鲁伊:《经济学——原理、问题和政策》(第十四版),陈晓等译,北京大学出版社、科文(香港)出版有限公司2000年版,第795—796页的内容和〔美〕保罗·A.萨缪尔森、威廉·O.诺德豪斯:《经济学》(第十四版),胡代光、吴珠华、余文武、汪洪、张军扩、母正育、何振华译,北京经济学院出版社1996年版,第1249页。

内会使一国某些行业的就业人数下降引起失业,而没有认识到自由贸易在消灭一些就业岗位的同时也创造了一些工作岗位,国际贸易并不会从整体上必然引起失业增加或就业增加,对国际贸易的限制除了可以改变就业结构,很可能并不能改变就业总规模,生产要素会因自由贸易而配置到能更有效率地利用它们的部门中去,使一个国家在国际分工体系中专门生产其具有比较优势的产品,从而导致总产出增加和全社会资源利用效率的提高,参与国际贸易的所有国家都会从中受益从而使本国人民的生活水平提高,因为人民这时可以享受到更多的和更便宜的产品和服务,而保护只能使一个国家的资源过多地停留在低效率部门。① 所以,国际贸易的根本好处不是增加了出口部门的国内就业数量,在现实中,国际贸易的真正利益在于通过专业化和相互交换产品与服务使总产出提高,不论有无国际贸易均可实现充分就业,但国际贸易却可使国内的生产可能性曲线向外扩展,出口国内产品唯一的合理理由应该是获得对本国更有价值的进口产品,而不是就业或外国货币本身。

与之相联系的观点认为与发展中国家的贸易损害了非熟练工人的利益,因为劳动密集型制造业部门的衰落使社会对非熟练工人的需求减少了,会导致该部门工资水平的下降,该论点认为要维持发达国家的生活水平,尤其是劳动密集型制造业部门就业者的生活水平,发达国家就不应同低工资国家进行贸易。果真如此的话,发达国家就需将一部分劳动力资源留在低效率行业,显然通过政策的干预来阻止那些非熟练工作岗位向发展中国家转移的做法对发达国家来说不过是在阻止经济资源从低效率部门流向高效率部门而已,这种政策作为一种在政治压力下选择的一种无奈的、短期的权宜之计是可以的,作为一种主动选择的政策就是非常错误的了。例如,在现实中,发达国家往往对夕阳产业采取暂时的贸易保护政策,正如我们已经讨论过的,对缺乏竞争力的产业提供保护最可能的后果,是延长了即将被淘汰的产业的寿命而不是促使它们转变为新产业部门,这类保护措施一般都是在强大的政治压力下作出的,而不是基于严格的经济学

---

① 尽管职业的转换对个人来说可能是痛苦的过程,并且存在培训和重新就业的成本,但即使取消所有的国际贸易,在一国内部不同部门中的工作岗位也是在不断地创造出来和不断消失的。

分析,原来进行基于比较优势的世界分工体系基础之上的国际贸易的两国均会因此而降低生活水平。① 这种观点没有同时关注发达国家具有比较优势行业的熟练工人的平均工资水平上升的事实。总体来说,低工资的发展中国家的出口对发达国家的总体工资水平影响很微弱,非熟练工人正确的反应不应是限制贸易而是提高他们的技能水平,因为他们的工资会随劳动生产率的提高而增加,而且随着劳动技能的提高,留下的非熟练工人的工资也会因供给减少而增加。

还有一个支持贸易保护的原因是,认为国际贸易会使那些竞争受到限制的行业能够享受到的垄断利润减少甚至消失,这些额外的利润中往往有一部分作为效率工资的一种形式转给职工,特别是该部门存在工会时,其平均工资水平会远远高于其他经济部门中类似工作岗位的工资,随着竞争的加剧,厂商只能被迫支付竞争性工资。这种论点的荒谬之处在于只从目标产业的角度思考问题,而没有将整个国家的经济当做一个整体来考虑,只看到了受保护行业雇员的高工资,而没有或不愿关注这个行业雇员高工资的来源,没有或不愿关注这个行业的消费者为此所付出的昂贵代价,没有或不愿关注全社会的资源配置效率会因此而下降的事实。

幼稚产业保护论

幼稚产业保护理论最著名的代表人物是德国历史学派的代表人物李斯特(1978—1846),他在 1841 年出版了其著作《政治经济学的国民体系》②,在这本书中他从历史的角度比较了各国的经济理论和政策,特别是比较了英国的自由贸易政策和当时的新兴国家——美国的关税保护与产业扶持政策,指出各国在经济发展的不同时期应当实行不同的政策,在发展初期应采取自由贸易政策,以便帮助自己脱离未开化状态,在农业上求

---

① 根据比较优势原理,即使一国在所有物品生产上都具有优势,它也会选择生产具有比较优势的产品,放弃具有绝对优势但缺乏比较优势的产品,因为生产缺乏比较优势产品所得收益小于该生产活动的机会成本。除非两国生产任何一种商品都具有相同的机会成本,否则必定是一国有某种物品上的比较优势,另一国在另一物品上具有比较优势,每种物品都应由生产这种物品的机会成本较小的国家生产。如甲国生产一辆汽车的机会成本为 2 吨小麦,乙国生产一辆汽车的机会成本是 1 吨小麦,则乙国在汽车生产上具有比较优势,通过专业化的生产和贸易,二国可有更多的小麦和汽车供消费。

② 1927 年的中译本书名被译为《国家经济学》。

得发展,有了初步的发展基础后,就需要用保护政策促进本国工业、渔业、海运事业和外贸的发展,最后当财富和力量都达到较高的程度后,再逐步恢复到自由贸易原则,实行自由竞争,保持自己的优势地位。李斯特进一步指出,德国经济比较落后,如果不实行保护关税,德国的工业就无从发展,"财富的生产力比之财富本身,不晓得要重要多少倍","保护关税如果会使价格有所牺牲的话,它却使生产力有了增长,足以抵偿损失而有余"。① 李斯特在这本书中主张德国采取国家干预政策,对外实行有限期的贸易保护,对内实行最大限度的贸易自由。李斯特在说明国家干预的重要性时,曾用了一个有趣的比喻来说明不能听任经济自发地实现其增长和产业结构的转变,政府应采取主动干预的政策来促进一国的经济增长,他说:"经验告诉我们,风力会把种子从这个地方带到那个地方,因此荒芜原野会变成稠密森林,但是要培养森林因此就静等着风力作用,让它在若干世纪的过程中来完成这样的转变,世上有这样愚蠢的办法吗?如果一个植树者选择树秧,主动栽培,在几十年内达到了同样的目的,这难道不算是一个可取的办法吗?历史告诉我们,有许多国家,就是由于采取了那个植树者的办法,胜利实现了它们的目的。"② 李斯特认为威尼斯的衰亡原因不像经济学家们一般认为的那样是由于实行了贸易保护政策,而在于采用贸易保护政策的理由已成为过去以后,对保护政策仍坚持不放。③ 李斯特认为"一国范围内的贸易自由与国与国之间的贸易自由"的"性质与作用都截然不同,犹如天壤之别",应在对外实行保护政策的同时,对内实行最大限度的自由贸易政策,认为"国内贸易方面的限制只有在极个别情况下才与公民的个人自由不相抵触"。④

学习曲线、潜在的比较优势与贸易限制

幼稚产业保护论认为,在发展中国家,除非得到政府保护,否则存在显著规模经济效应或学习曲线效应和潜在比较优势的行业就很难在国际竞争的环境中发展起来。

---

① 〔德〕李斯特:《政治经济学的国民体系》,商务印书馆1983年版,第125页。
② 同上书,第101页。
③ 同上书,第15页。
④ 同上书,第16页。

根据幼稚产业保护理论,经济学家当时认为所有的发展中国家都具有制造业的潜在比较优势,但发展中国家新兴的制造业不能与发达国家已经成熟的制造业相竞争,政府应给予暂时的保护,直到它们获得国际竞争力为止,并且常常以历史上三个重要的市场经济国家——英国、德国、日本都是在贸易壁垒的保护下开始它们工业进程的不完全是事实的史实作为依据。例如,英国在采取亚当·斯密所主张的自由放任政策以前,曾长期采取重商主义者的建议,对本国的纺织业实行保护,对于北美殖民地,只许其输入英国的制造品而不许其输入生产设备和技术工人以防止其自行发展纺织品制造业,英国是在奠定了经济强国的基础后,才逐渐采用自由放任的政策的。

幼稚产业论似乎很令人信服,而且事实上也说服了许多发展中国家的政府,但经济学家却建议慎重使用这一理论。因为政府要确定哪个行业是符合比较优势原则的,并确定保护这些行业带来的利益是否大于保护给消费者带来的损失是极为困难的,尤其是通过政治程序来做这件事。政府的保护一般情况下是由在政治上有影响力的行业所获得,并且这种保护一旦得到就会形成一个利益集团而很难取消,很难想象这种保护会培养出国际竞争力。再说一国将来可能会在制造业部门具有比较优势,并不意味着现在就应该进入该部门,暂且不说政府官员或经济学家尤其是政府经济学家的预测是否准确,如果一国在资本非常缺乏的情况下,就大举进入资本密集型产业,不仅会遇到熟练劳动力的约束,而且也会恶化就业问题和收入分配问题。

保护并不是一个行业成长所必需的,在实践上也看不出对制造业的保护与国际竞争力的培养之间有什么必然的联系,中国、印度对本国制造业的长达数十年的保护并没有培养出国际竞争力来[1],虽然两国目前出口相当数量的机电产品,但一般认为,这与保护之间并不存在因果关系,即使没有保护性政策也难以想象这些国家的制造业会完全没有出口。政治家和企业家们常常简单地将相关关系转化为因果关系来为他们的政策辩护,以

---

[1] 对于(经济)大国来说也许可以兼顾促进国内竞争和建立贸易保护,德国、日本解决这个问题的办法就是保持激烈的国内竞争;但对于小国而言,贸易保护的结局很可能是被保护的国内产业永远不会成熟从而无法参与国际竞争。我们看到大多数发展中国家在实行贸易保护的同时,对国内市场实行了同样严格的管制,所以我们也就不会对管制的效果感到意外了。

掩盖全社会为这种昂贵而利大于弊的政策所付出的沉重代价,来掩盖被保护行业追求既得利益的真实意图。更一般地说,除非存在严重的市场失灵①,否则幼稚产业保护论就不应成为政府干预的依据。

要素市场失灵

如果一个产业具有良好投资回报预期的话,为什么私人部门的投资者不去发展这一产业呢？如果一个行业存在潜在的利润,在长期中是能盈利的,一个行业投资者应该愿意为了实现最终的利润而遭受暂时的亏损,企业家在初始阶段也愿意承担低于成本的市场价格,因为现在的损失要小于未来的利润,许多人认为私人投资者目光短浅,只关注当前收益,不考虑长远发展。但这一观点并不符合市场行为的特点,私人投资者愿意为获得风险收益而承担风险,如果认为理性的投资者会放弃某些具有良好市场潜力但风险过大的项目,这个时候政府应该直接投资来弥补私人投资的不足的话,我们很难同意政府会比一个企业家能更好地作出市场判断。如果是由于存在政府对私人部门的进入管制的话,为什么不直接取消这种管制而要采用政府投资这种迂回的解决办法呢？如果是由于要素市场不发达造成的,政府为何不直接去促进要素市场的发展而要采取迂回的办法呢？况且即使在要素市场发展滞后的情况下,也应该给予贷款担保、直接贷款、补贴等形式的帮助,而不是进行贸易或进入管制式保护。帮助或补贴是透明的,而保护是强加在消费者身上的一种隐性税收,缺乏透明度而且会鼓励寻租活动,使各行业会将资源过多地用于说服政府对其进行保护而不是将经济资源用于生产性活动。

许多幼稚产业保护论者认为政府对所谓幼稚产业的保护与要素市场的失灵有关,这些市场失灵的存在使私有市场不能以应有的速度发展这一产业。缺乏成熟、有效率的资本市场将使传统部门如农业部门的储蓄很难转化为新兴工业部门的投资,这时新兴部门的增长就会受到这些工业部门当前盈利能力的限制,因此,需要对外采取高关税政策来进行保护,提高国内市场价格进而提高被保护部门的利润率,对国内企业在利率、税率、外汇使

---

① 极端的情况如实行了计划经济,完全取消了市场。

用、金融资源的分配上实行倾斜政策,以弥补国内要素市场发育不足的缺陷。

有的经济学家就认为美国人对产业政策的反对态度就反映了美国与日本、法国等国在资本和劳动市场方面的差异,至于发展中国家的资本市场和劳动市场的发育程度更是在日本、法国之下。其实,美国的资本市场相当发达,新企业、新项目很容易找到私人投资者向其注入资金,美国的工人也比其他国家的工人具有更强的流动性,因此,没有什么严重的障碍阻止资本和劳动流向新兴产业,所以美国人认为不需要政府帮助特殊产业,而不论其他国家是否帮助本国企业,政府仅限于对基础性研究提供资金来源,一旦基础性研究获得充分的进展后私人企业就会对应用性研究进行投资。由于拥有发达的资本市场,虽然美国的税收系统不是中性的,存在各种税收优惠,但这些优惠很少被政府用来扶持某个特殊的产业,这类优惠很少与某个具体的产业联系在一起,而用于普遍地鼓励发生在所有经济领域的某类经济活动。法国长期以来一直有政府直接介入经济活动的传统,法国人认为这类政府干预之所以是必需的,就是因为法国的资本市场发育不完全,资本难以很容易地流入新兴产业,法国企业也非常害怕风险,不愿到新兴产业投资,同时法国人也比其他国家的人民更重视国家荣誉等非经济目标。

市场发育不足的问题应当用促进资本市场发展的政策来解决,这是处理国内市场失灵问题的一个最基本原则,即要尽可能直接地处理国内市场失灵,间接的政策会有意或无意地导致对经济行为的扭曲。在政策实践中促进新产业发展的政策最终往往以变成保护某些特殊利益集团的利益而告终,新兴产业没有发展起来,对保护的依赖性却培养起来了。这些政策最好的结局也是后果不确定,即使在保护的同时该产业发展起来,我们也很难找出二者之间的因果关系。

此外,产业政策的目标产业只有在相关产业也获得充分发展的情况下才能发展起来,成功的计算机产业需要有先进的半导体工业作支持,飞机制造业需要有先进的金属冶炼和机械制造业作支持,这种情况下,政府将政策目标设置为普遍性的技术进步,在基础研究、教育培训方面的投资要比狭隘地扶持少数目标产业要好得多,况且即使目标产业获得成功也很难说这个产业政策有益于整个国家的发展,因为投入到目标产业的资本和劳动可能在其他地方能够得到更有效率的使用。

与幼稚产业保护论相关联的一个问题是产业结构的调整与政府干预之间关系的问题。我们有必要认真审视市场经济条件下产业结构调整中政府与市场的定位,在相对完善成熟的市场经济中,产业结构具有一种自我调整的能力,应通过市场或只有通过市场,才能真正显示出产业结构的未来发展方向,才能使经济资源按产业结构的发展方向及时流动,政府影响或干预产业结构(合理化、高级化)变化的措施应该是补救型的、被动型的,其目的应在于帮助完善市场机制,弥补市场失灵。政府的作用主要是营造一个适合于产业结构自行调整的,也就是说营造一个生产要素低成本的流动和鼓励科学技术创新、保护知识产权的制度环境。科学技术创新与引进是产业结构调整的最根本动力,相对成熟的要素市场和产业领域的自由开放是结构调整的最基础条件,只有产品的自由流动而没有要素的自由流动,就无法实现产业结构的自我优化,无法实现资源的优化配置,所以,劳动力和金融资源的流动性至关重要。

就先发展国家而言,任何一次产业结构的重大变革都离不开科学技术的重大发现、发明和应用,从这个角度出发,后发国家由于有可能实现技术进步上的跳跃式发展,再加上各国的自然、人力、资源禀赋情况的差异,所以其产业结构的演进也可能表现出某种跳跃性,由此我们就可以认识到过去那种依据人均 GDP 的国别比较并参照先发展国家的"标准"产业结构情况来规划本国产业结构的做法是不正确的,历史也已经证明这样做虽是行得通的但却是低效率的。

在进行政策决策时,我们不能仅仅从一个部门的角度来计算贸易保护政策的成本与收益,而应该从整个经济系统来分析。被保护行业产品的下游用户可能会因为成本太高而丧失掉其在国际市场上的竞争力,如大幅降低钢材进口关税以后,一方面国内许多钢铁企业可能会亏损甚至倒闭,政府会损失一部分税收和增加在社会保障方面的支出,这是执行这项政策的成本;另一方面,钢材价格的下降,不仅会直接降低钢材使用部门的生产成本,而且还会通过产业链间接影响到其他部门,使整个经济系统的生产要素重新组合,从而使资源得到优化配置(当然一项政策在短期内对一国国民经济的冲击程度不能超过其承受能力),所以,我们在对一项政策进行成本—收益分析时,不能只进行局部的成本—收益分析,仅仅考虑单一产业部门或单一企业的利弊得失而不涉及其他产业部门或企业。一国的经济系统是复杂的,各个部门之间通过产品和服务相互发生投入产出之间的联系,一项产品的价格变动会波及整个国民经济系统,所以我们应采用一般均衡的方法把整个国民经济看成一个大系统来分析具体的问题,不仅要注意到这项政策直接影响的那些部门,更要注意到其对整个国民经济的影响。①

有些经济学家常常将经济理论史上曾经存在过的经典经济学家的理论或结论当做真理而不假思索地作为立论或制定政策的基础,他们忘记了理论是不能检验理论的,检验理论的只能是统计和经济学理论逻辑的一致性。在过去三百年经济学理论发展的历史过程中,在以各种形式存在过的经济学理论中,能够经受住开放的理论讨论和实践检验、能够形成经济学家的一种共识的理论仅仅是其中极小的一部分,我们不能将那些经济学家在经济学发展早期所持有的并且已经被证明是错误的经济学理论作为真理,我们更不能因为由于是发达国家在它们发展的初期曾经采用过的经济政策就简单地认为发展中国家如果采用也一定能够获得同样的经济成功或如果不这样做就难以获得经济上的成功。决定经济发展的因素非常复杂,发生在经济发展成功的国家的错误政策并不会因为它们的成功而使这种政策变成正确的。幼稚产业保护论就常常被发展中国家的经济学家、政治家和公众认为是在一个国家发展的早期必须采取的一种发展政策,实际上这些政策只不过是先发展国家在它们发展的早期由于经济学本身尚处于幼年时期和政治的因素的原因才得以实施的,在那个时代,人们还远未认识到竞争对于经济增长的巨大作用,人们是在凭借商人的眼光来看待国

---

① 一般均衡模型(CGE)在国际贸易理论中得到了广泛运用,CGE 模型从系统工程的角度出发全面探讨了对外贸易政策对经济系统的冲击影响,为合理地制定贸易政策和进行贸易谈判提供了定量分析基础,现在世界各国的经济学家已建立起不同国家和地区的数百个 CGE 模型,其建模方法、求解技术和研究结论均对我们具有启示意义。按研究对象来区分,CGE 模型可分为一国模型和多国模型,前者用来研究某一政策对一国国内产业结构和收入分配的影响,后者则考察对多国的影响,CGE 模型所包括的方程成千上万,十分复杂,但所有的 CGE 模型均可大致分为三大块:供给、需求和供求平衡关系,各方程的参数可以从历年经济数据的回归分析和其他运算中得到。CGE 的基本思路是在一组特定的前提假设下,将基本的经济系统描述为一个均衡状态,当一个控制变量(如关税)变化后,原有的均衡被打破,模型运算结果把我们导向一个新的均衡状态——参照均衡状态,两个均衡状态之间的差距可被用来评估政策变化可能带来的冲击程度。

际贸易活动的,这些政策产生过巨大的影响和这些政策产生过正面的积极影响不是一回事,在时间上实施这些政策和取得经济进步同时发生也并不必然意味着二者之间存在着因果关系,更难以构成一种带有普遍性的发展道路。

二元结构

发展中国家或欠发达国家的限制贸易政策常常与二元结构联系在一起,对经济的二元结构我们并没有精确的定义,一般认为在二极化的经济中存在一个现代化的、资本密集型的、高工资的工业部门,与之对应的存在一个穷困的传统农业部门。经济二元论经常被用来为制造业部门实施关税保护提供依据,批评贸易保护政策的人则认为进口替代的贸易保护政策事实上加重了二元结构。二元经济是市场发育受到抑制的产物,在一个有效率的市场经济中,资源的快速流动使长期悬殊的工资差别成为不可能。在二元化国家中政治领袖或经济学家们常常认为现代化的工业部门由于人均产值和人均利润高,所以只有大力发展这些现代化的部门才能够实现经济的快速增长和生活水平的快速提高,其实现代部门中虽然人均产值大大高于传统部门,但资本的回报率却不一定较高,实际上在整体技术水平比较落后的发展中国家里,现代化工业部门的资本回报率通常较低,人均产值高不过是由于资本密集使用的结果而已。印度为我们观察二元经济提供了样本,在印度刚获得独立后的日子里,印度的计划经济工作者们希望制造业能最终成长起来并吸收传统经济,但 1960—1980 年,印度制造业的就业人数仅以 3% 的速度增长,比人口的自然增长率快不了多少,这个国家的制造业部门仅雇用了 600 万人。①

进口依赖、竞争与贸易限制

当一个行业面临来自国外竞争者的压力时,它会声称该行业对国家安全是至关重要的,在有些情况下这种担心是正确的,但在我们实际观察到的情况中,大多数缺乏国际竞争力的行业都夸大了它们在国家安全中的作

---

① 其总人口为八亿多。

用,实际上存在一些比提高关税更有效的保证必需数量的战略物资供应的途径,如通过建立战略储备。此外出口国之间的竞争也会有效地克服因进口国对特定国家进口的依赖而产生的不安全感,例如,美国的钟表业认为该行业的熟练工人在战时是至关重要的,所以需要政府的保护,钢铁对军事装备制造业是重要的,所以需要保护,但事实上,美国缺乏竞争力的普通钢材世界上许多国家都可以生产,美国退出竞争后的市场并不是一个完全垄断市场,很难形成对特定国家进口依赖,而在特种钢材领域美国是富有竞争力的,根本用不着政府保护。

不公平竞争与贸易管制

发达国家的民众常常认为只有参与国际贸易的各国按相同的规则行事,自由贸易的好处才能实现,否则服从不同管制法律的企业之间的竞争就是不公平的。但实际上,出口国的补贴要由该国的纳税人负担,补贴的好处却要由进口国的消费者与本国的生产者共同享受,而且补贴还会使贸易伙伴国的消费者所得到的好处大于其生产者所蒙受的损失。

发展中国家的政治家也常常抱怨与发达国家的贸易是在不公平的国际贸易旧秩序下进行的,这种贸易秩序是由发达国家主导的,使发展中国家在国际贸易中处于不利地位,利益受到损害,集中体现在进出口商品的价格比率上,所以贸易保护与自由贸易的一个争论的核心就是与贸易有关的剩余是如何分配的。在 OPEC 刚成立的时候,大多数发展中国家都为它欢呼,认为 OPEC 为发展中国家如何获得世界市场权力指明了方向,并具体展示了影响资源从富国大规模向穷国转移的具体方式,发展中国家普遍呼吁团结起来建立一种国际经济新秩序(NIEO),这种经济秩序是指能产生大规模国际收入再分配效果的、世界性的、由政府主导的产量和价格形成机制来保障的经济秩序,广大发展中国家应该联合起来建立起各种垄断性经济组织。事实上广大发展中国家也这样做了,它们实行了橡胶、锡、咖啡以及许多诸如此类产品的集体限制方案,协调产量和世界市场价格,在短期极其有限地改善了日益恶化的贸易条件,但正如阿尔弗雷德·马歇尔所指出的,即使许多贸易商品短期需求弹性很低,长期的需求弹性也是很高的,石油价格的大幅上升一方面造成短期收入大幅增加,另一方面也刺激了石油的开采和节能技术的开发。欧佩克在一段时间内取得有限成功以后,其垄断力量的基础被市场的力量大大削弱了,其他绝大多数初级产品的国际组织的成立,同样没有产生预期的效果,有些连暂时的成功也没有,仅仅成为提供一些统计资料的机构,20世纪80年代石油产品价格的下跌为国际范围内的经济计划化敲响了丧钟。

小国常常感到从国际贸易带来的好处中得到的份额太小了,也许是这样,但小国真正应该考虑的是小国是否因国际贸易而受益,国际贸易的规则是否符合自由贸易与充分竞争的原则,只要交易让双方受益,就比取消交易更好。个人之间的交易与国际之间的交易的重要差别是,尽管国际贸易对作为一个整体的国家而言是有益的,即受益者所得大于受损者所失,但毕竟存在受损者,而且有时受益者较为分散,而受损者却很集中,平均损失也较大,因而具有强大的政治力量,他们人数虽然较少却往往有较大的影响力。

国内经济稳定性的需要

这种观点认为国际分工体系中的经济实体的收入往往十分依赖于国际市场,对参与到国际分工体系的国家而言,在享受到分工协作带来的高效率、低成本、较高生活水平的同时,也容易因战争、世界政治、贸易伙伴的国内经济衰退和世界经济的随机波动而蒙受损失,通过关税或配额等贸易壁垒的方式可以使这些经济实体不会只依赖于少数几种产品的出口以换取其所需的其他商品,有些原本进口的商品将因此而从国内取得,这样国内经济就获得了一种稳定性。但是,我们必须认识到这种稳定性是有代价的,而且这种稳定是想象中的,封闭经济并不意味着没有波动,可以平衡地向前发展,与人们的直觉相反,缺乏和外部世界的贸易联系可能会使一场不幸演变为一场灾难,如坏天气带来的农作物减产,大范围的饥荒几乎都是发生在自给自足或接近于自给自足的发展中国家中的,广泛的国际贸易包括农产品贸易带来的不是不安全,而是安全。尽管自给自足经济的危害远比交换经济更为恶劣,但在政治上和心理上往往更易于被政治家、普通民众或冒牌的经济学家所接受。

第四节 政策实践分析

对发展中国家进口替代战略的评价

贸易自由主义衰落的过程开始于1914—1918年的第一次世界大战,这场战争标志着一个时代——相对自由的贸易、自由移民、在大多数国家不需要持有护照自由旅行的时代——的终结或这一终结的开始。二战后的前三十年中,许多发展中国家深受一种观念的影响,即经济发展的关键在于拥有强大的制造业,而产生这一强大制造业的最佳途径就是保护国内厂商不受国际竞争的冲击,许多发展中国家试图通过限制工业品进口来促进本国制造业生产的方式来寻求发展。在这种进口替代的工业化政策的理论基础中,最为著名的就是幼稚产业保护理论。

在幼稚产业保护的政策实践中,大多数发展中国家的工业化保护政策都是通过高关税保护来发展面向国内市场的进口替代工业的,用关税和配额等贸易限制手段鼓励用国内工业品代替进口工业品,而不是提供生产补贴以促进出口。[①] 之所以选择进口替代战略,一个原因是利用国内市场来获得规模经济优势以便能培养起国际市场的竞争力;另一个原因是发展中国家对自己最终能否获得国际市场竞争力持怀疑态度[②],这些发展中国家认为如果现实一点的话,本国的工业化应该基于用本国的工业品替代进口品而不是基于本国工业品的出口增长;还有一个原因是政府受到国内利益集团的压力,贸易保护主义政策以社会其他成员的利益为代价,为既得利益集团谋取利益,由于既得利益集团得到的利益非常明显,而社会成本却广泛分布,使得政治家和公务人员误认为或宣称保护主义制度可以增加总财富,适度的贸易保护是创造财富的一个必要条件的思想和幻觉已经或即

---

① 也许读者会问:发展中国家为何不同时选择出口鼓励和进口替代战略呢?这因为政府所控制的经济资源是有限的,把这些资源分配到受保护的产业,就意味着从现有的或潜在的出口部门转移出来,所以一国选择了进口替代政策,就意味着选择了牺牲出口部门的政策,再加上贸易保护是双向的,一国提高关税保护程度也意味着贸易伙伴将相应地提高关税水平。

② 这实际上对政府是否应该保护制造业的幼稚产业提出了疑问,是一个发展中国家在这些部门是否具有潜在比较优势的问题。

将深深地渗透到了许多国家领导人的头脑之中;进口替代战略也迎合了国际贸易旧秩序的政治观念,持这种思想的经济学家或政治家认为世界经济被发达国家所控制,完全不利于发展中国家,极端一点的国家甚至主张完全切断或基本切断与发达国家的经济联系①,关起门来自力更生求发展。但大多数国家并没有将进口替代战略推到极端,计算机、精密机床等尖端工业资本品仍然需要进口。

如果我们单独去观察这种鼓励制造业发展的进口替代战略,该战略似乎取得了令人瞩目的成功,许多发展中国家制造业的产出在 GDP 中所占的比例经过若干年的保护以后有了大幅度的提高,但不为普通人民所认识的是制造业本身的发展并不是目的,而是实现经济发展和生活水平提高的手段,从这一角度看,进口替代战略在总体上毫无疑问失败了。许多一直致力于进口替代战略的工业化国家并没有显示出与发达国家生活水平差距缩小的迹象,国内制造业的发展,并没有带来经济的起飞,而是导致了人均收入和生活水平的徘徊不前,如印度、阿根廷、墨西哥、巴西、智利、巴基斯坦等国,这些发展中国家的保护政策严重扭曲了激励机制,一些国家如巴基斯坦、智利曾用 200% 以上的关税税率②对国内制造业进行保护,使这些部门在其产品的成本比进口替代品的价格高三四倍的情况下仍能生存下来,即使最顽固的贸易保护论者面对这一高昂的政策成本也会感到强烈的震撼。正因为如此,从 20 世纪 60 年代开始,一些发展中国家的政治家们制定政策的着眼点就已经从鼓励进口替代转向了纠正进口替代政策所造成的损失上了。

这种进口替代战略所造成的另一项成本是进口限制所造成的低效率和小规模,即使最大的发展中国家的国内市场也仅相当于美国或欧盟市场的一小部分,当这个小小的市场被保护起来以后,垄断利润使得多家企业进入一个狭小得在自由竞争市场中连一家企业也无法获得效率要求的最低产量的市场进行生产与竞争,生产在非常低效率的规模上进行,想一想 20 世纪 90 年代初期中国的上千家汽车制造、改装企业吧。到了 80 年代后

---

① 这种理论忽视了比较优势原理和自愿交换的互利性原理,与发达国家贸易最少的国家生活水平同样最低。

② 见〔美〕保罗·克鲁格曼主编:《战略性贸易政策与新国际经济学》,海闻等译,中国人民大学出版社、北京大学出版社 2000 年版,第 246 页的表 10-3。

期,对进口替代工业化战略的批评已被广泛接受,统计资料清楚地表明,实行相对自由主义政策的国家的平均发展速度要高于实行保护主义政策的国家。①

亚洲奇迹与政府干预的关系

自20世纪60年代中期以来,另一种工业化的道路变得越来越清楚,即通过向其他国家特别是向发达国家出口工业品来发展本国或本地区工业的道路,以这种方式取得发展的国家和地区主要在亚洲,它们的经济增长速度非常惊人。世界银行按照发生奇迹的时间将亚洲高速发展经济体(HPAE'S)分为三组国家和地区,首先是日本,20世纪50年代即开始了高速的增长,然后是60年代的四小龙,即中国香港地区、中国台湾地区、韩国、新加坡,最后是70年代后期和80年代开始的发生在中国、马来西亚、印度尼西亚、泰国的快速增长。

经济学家和政治家对这些国家或地区经济增长的解释目前还存在着争议,尤其是对政府干预在促进经济增长方面的作用有着截然不同的见解,有人认为亚洲经济的成功证明了政府不干预的自由经济的成功,有人则认为经济的高速增长是政府精心策划的结果。认为东亚经济的高速增长是政府积极干预成果的人大部分是没有经过经济学理论训练的政治家或记者,他们注意到日本、韩国等几个快速发展的国家曾实行过某种类型的产业政策,这些政策不仅包括关税、进口限制和出口补贴,而且还包括像低息贷款和政府支持研发活动这样一些更为综合的政策。

经济学家们经过研究至少可以从两方面对这一结论提出质疑,一是产业政策和经济增长之间并不存在因果关系,从中国香港地区实行的自由放任政策到新加坡政府的具体干预,从韩国使用行政力量促进大企业的形成到中国台湾地区以小型的家庭经营公司为主导的政策都实现了经济的快速增长;二是虽然这些产业政策在宣传上很引人注目,但对产业结构的实质影响却微乎其微,世界银行的研究显示,几乎没有一个采取产业政策的国家比其他国家更好地促进了目标产业的发展,被施行产业政策的行业有

---

① 原始文献请查阅 Sebastian Edwards, Openness, trade liberliration, and growth in developing countries, *Journal of Economic Literature*, September, 1993。

的发展较快,有的发展较慢,政府没有干预的行业同样也是有的发展快、有的发展慢,可见主要是非政策因素在起作用。主流的观点认为产业政策最好的结果是对经济增长的作用不确定,一般来说从整个社会来看政府干预的成本大于收益。

那些持有亚洲经济成功的原因是政府减少干预的自由主义政策作用结果的观点的人认为,亚洲经济的成功主要是政府放松了在国内对人民从事经济活动的束缚,减少了管制,发展了市场,建立起体现自由、平等、透明原则的基本制度的结果,而不仅仅是国际贸易方面的减轻管制的结果,更不是政府扶持出口部门的出口导向型政策的结果,尤其在那些出口仅占GDP很少比例的国家。即便是一个外贸依存度很高的国家,国际贸易和贸易政策因素也只是影响整个经济发展的一部分因素,不应将经济增长简单地和外向型贸易政策简单地联系在一起,高贸易比率是经济发展的结果,而不是原因,进口的增加只能部分归因于出口因素,其余原因只能用国内经济增长、收入增加、需求扩大来解释了。出口的增长只能是国内市场发育、效率提高、成本下降、社会分工发达、产品具有国际竞争力的体现,如果政府能用干预的手段来做到这一切,世界上就不会存在发展停滞的欠发达国家了。这个结论意味着,即使存在着出口快速增长与整个经济快速增长的相关性,但这种相关性也不可以证明二者之间必然存在着因果关系,更不能简单地认为出口快速增长与政府干预存在因果关系。

此外,亚洲国家或地区的高储蓄率和对公共教育的投资也对东亚经济的快速增长具有部分解释力。

尽管对东亚经济增长解释的争论没有结束,但是有一点是没有争议的,东亚经验推翻了过去被普遍接受的实现工业化必须建立在立足于国内市场的进口替代的基础之上的流行观点,同时也就推翻了另外一个认为由经济强国控制的国际经济旧秩序只会阻碍穷国发展的悲观观点,人类历史上从来没有过这么多人口的生活水平提高得如此之快,看看中国20年来所发生的情况就会明白这一点,远离发达市场经济国家剥削的发展中国家几乎都是世界上比较或非常贫穷的国家。

第五节 发达国家战略性贸易政策的实践分析

三 高标准与贸易管制

近三十年来,发达国家的经济增长速度明显放慢了,战略性贸易政策的观点在政治家、记者、时事评论员和企业界中广为流行,这种观点认为经济竞争是一场零和游戏,而一些产业比另一些产业对于一个国家的经济增长和生活水平的提高更有意义,所以,政府应当进行主动干预去扶持某些部门的发展。至于如何找出这些部门,支持者们提出三条标准,即人或单位产品的附加值高、高工资、使用高技术。

其实人均高附加值仅是资本密集度的函数,也就是说这些产业的单位资本的附加值比劳动密集型产业要低,但由于资本和劳动都是一种稀缺的资源,在不同的国家二者的稀缺程度不同,所以一个国家应根据二者的稀缺程度而不是根据人均附加值的高低来确定经济资源应流入哪个部门,而且这种选择应该由企业家的分散决策来决定。如果不存在严重的市场失灵,资源根本不需要政府的特别鼓励就能保证社会总产出的最大化,任何企图改变资源用途的干预都是多余和有害的,只会降低而不是增加国民收入,强制资源流入人均附加值高的产业会带来其他产业产出的降低,资本从单位产品附加值低的产业流向单位产品附加值高的产业,显然只会降低而不是增加国民总收入(或社会总产出)。至于将高附加值与高利润率混为一谈就更为错误,二者有时在同一部门同时存在,有时高附加值产业只能获得平均的正常利润。如果某个行业存在高利润率,只要不存在来自政府的进入管制,就根本用不着政府的特殊鼓励,私人部门掌握的经济资源就会自动流入该产业,如果该产业部门长期存在超额利润,只能说明该行业存在着持续的创新和较高的资源利用效率。所以,将人均附加值或产品附加值作为判断一个产业是否更有利于增加总产出的标准是令人怀疑的。

至于政府应采取干预政策保护发达国家的高工资行业如制造业部门,防止这些职位转移到低工资的发展中国家的观点,也是缺乏理论根据的。首先,发达国家制造业部门的就业比重降低,主要是在国内因素的影响下发生的而不是国际竞争的结果,制造业部门的技术进步要快于服务部门[1],再加上消费者对商品和服务的需求几乎同步增长,这就意味着服务业中创造的工作岗位将会越来越多。其次,制造业部门的贸易赤字对发达国家的整体工资水平影响极小。20世纪90年代的一项调查表明,美国制造业的赤字使100万人从制造业中转移到服务业中,使他们每年的工资降低0.4万美元,造成40亿美元损失,但这还不到美国GDP的0.1%[2],这还没有考虑因国际分工的变化而造成的对美国其他产业产品或服务的国外需求增长所导致的工资增加,同时国内消费的制造业部门产品的价格降低也会提高消费者的实际生活水平。

所谓高科技产业,是指在该产业内部企业的成功主要取决于它们能否保持产品或生产过程的不断创新,判断指标有研发支出占出口总销售额的比重,或科学家和工程师占劳动力的比重。微电子、生物工程、材料科学、计算机、自动仪器等部门一般被认为是高科技行业。但是,技术本身不能脱离其对生产效率的影响而谈高低,不是使用了现代化技术的行业就是高科技行业,关键要看技术进步是否迅速。对于技术进步迅速的行业是不需要政府特殊的激励资源自然就会流入去追求因创新所带来的超额利润,除非存在来自行政方面的进入管制或某种市场失灵。

与市场失灵相关的一种政府干预政策认为,高科技产业需要投入大量的资源进行研发活动,虽然这些企业可以获得这些投资的某些收益[3],但企业往往不能获得全部收益,创新活动存在着很强的外部性,其他企业则可以通过模仿先驱者的思想或技术而部分地获得这些收益,所以,可以肯定,在自由放任的政策下,高技术企业无法获得足够的创新激励。但是,政府是否应该因此而补贴高技术产业呢? 我们需要非常谨慎地运用补贴这样的干预手段。首先,创新和技术外溢同样发生在大量的非高技术企业中[4],政府没有理由只对高技术行业进行补贴,政府也许应该对所有企业

---

[1] 想一下理发店的效率提高得多么缓慢。
[2] 参阅〔美〕保罗·克鲁格曼主编:《战略性贸易政策与新国际经济学》,海闻等译,中国人民大学出版社、北京大学出版社2000年版,第264页。
[3] 否则,就不会有投资发生。
[4] 其实高技术产业和经济中的其他部门之间虽然存在着程度上的明显差别,但难以划出一条明显的界限。

的研发活动进行补贴,但政府如何才能知道一个企业将多大的投资真正用于研发活动,而不是仅仅为了获得补贴而将与研发活动无关的支出也列入研究部门的预算中呢?其次,即使在高技术产业中大部分投资与创造知识也没有关系,在所谓的高新技术产业中也并不是所有的研发活动都具有显著的外部性,政府只应对具有较强外部性的知识创新活动进行补贴,而不应对企业所有的研发活动都进行补贴,也不应对其使用的全部资本进行全面补贴(如给予低于市场均衡利率的贷款配额或直接给予税收或利率方面的优惠),更不能对所有高技术企业进行全面补贴,这是一种达不到目的的、效果较差的办法。第三,即使研发活动的外部性很大,任何一个国家的政府能进行干预的领域也是有限的,因为一国企业创造的知识不可避免地会被别国企业得到,如果存在一个世界政府的话也许会认为值得对产生这一新知识的创新活动进行补贴,但一个国家却缺乏激励这样做。总之,创新的外部性虽然可以成为实施积极的产业政策的一个依据,但由于存在上述批评,政府应慎重选择具体的干预方式、干预范围与力度。

布朗德—斯潘塞分析

战略性贸易政策的另一个理论依据是布朗德—斯潘塞分析[1],该分析假定有两家不同国家的企业都可以生产同一种新产品,但由于市场规模的限制,如果两家企业都决定生产的话,都无法盈利,这样谁领先一步进入市场,谁就将获得垄断利润,另一家企业则失去了再进入这个市场的激励。但是另一企业所在国家的政府在这种情况下却可以改变这种不利状况,政府可以宣布如果本国这家企业进入市场的话,每单位产品将获得一定数量的补贴以弥补其由于后进入市场而在成本上与先进入企业生产成本的差额(读者可以回忆一下学习效应),这种情况下,先进入者就会被排除在市场之外;如果一国政府在两个企业作决策之前就承诺进行补贴,则本国企业的竞争对手就有可能放弃进入这个市场,这时,补贴的数量可能远远小于本国企业所获得的利润,因为补贴只需弥补二者之间成本的差异即可;如果不考虑对本国消费者的影响,如假设全部产品都销往国外,那么从国

---

[1] 详细资料请阅读〔美〕保罗·克鲁格曼主编:《战略性贸易政策与新国际经济学》,海闻等译,中国人民大学出版社、北京大学出版社 2000 年版,第 268—271 页。

外竞争对手那里夺得的利润就意味着国民收入的增加,当然这是建立在其他国家的消费者由于购买较高价格的产品而蒙受的损失基础之上的。

这种分析在引起人们广泛兴趣的同时,也受到了许多批评。批评者认为这种理论如果付诸实践,所需的信息可能要远远多于可能得到的信息,如关于市场规模、企业成本曲线、技术进步情况的信息,经济学家由此提出了疑问,我们是否有能力获得两国企业在不同策略下所获得的利润数量?战略性贸易政策的可行性取决于能否准确地分析具体情况,而这不会像我们在设计习题时随手在博弈模型的支付表中填写数字那么简单和轻松。由于我们不能把一个产业单独隔离起来进行考察,信息问题就变得更为严重了,如果对一个产业部门进行补贴,这一产业将从其他产业吸收资源,而使其他产业的生产成本由于要素市场价格的上升而上涨,在这种情况下,即使政府干预政策使本国企业成功地获得战略优势,要想知道这一干预政策是否真的对本国有利,还需比较一下该优势能否抵消掉因此而给国内其他行业带来的劣势。另外,基于这种分析基础之上的战略性贸易政策是一种以邻为壑的政策,以牺牲他国的利益来提高本国的福利,所以首先采用这种政策的国家要承担遭受报复而使双方均受损的风险。

战略性贸易政策的实践:以日本为例

日本被认为是曾经最明显地使用了战略性贸易政策的国家,同时,日本也是战后(1990年以前)发展最快的,并成为最发达的工业化国家的典范之一。日本实行的战略性贸易政策可分为两个不同阶段,从20世纪50年代至70年代的中期为一个阶段,70年代中期以后为第二个阶段。在前一个阶段,日本经济基本上是一个"短缺"型经济,日本经济很大程度上是以政府部门直接控制资源配置的方式运行的,外汇价格和利率都被人为压低并实行配给制,政府对重要资源的控制使一些政府部门如大藏省和通产省拥有了影响经济增长方向的巨大权力,这些权力又通过使用关税和进口配额限制来保护选定的产业而得到进一步加强。政府通过这些手段将资源从劳动密集型产业(如纺织业)引向资本密集型的重工业,试图摆脱当时的贸易模式而鼓励那些被认为将反映日本未来比较优势的产业的发展。历史的事实是日本获得了飞速发展,但问题的关键在于日本的战略性贸易政策是否真的是促使经济飞速增长的重要因素,不实行这样的政策,日本就不能同样迅速地增长吗?

  至少存在以下几个原因使我们不能简单地将经济增长归功于其实行的战略性贸易政策,首先,我们无法肯定日本政府的积极干预是否比在自由放任的市场中由市场机制来对资源进行配置更好地促进日本重工业的发展,因为日本的积极干预是在对外汇和信贷实行配给、切断了正常的资源配置渠道的情况下进行的,日本政府先让市场失去作用再取代市场的位置来进行资源的直接配置,因此我们有理由怀疑,如果日本政府当初不进行任何干预,而让市场进行资源配置,也许可以得到一样(假如政府一直进行明智的投资决策的话)或更好的结果;其次,日本产业的发展动力来源于一些基本的因素而主要不是战略性贸易政策,如很高的储蓄率、高效的教育系统、良好的劳资关系和面向商业的文化①,政府的干预如果不是起了阻碍了经济增长的作用的话,顶多只是发挥了很少的积极作用,日本一些最成功的产业如家电工业和汽车工业就不在政府优先发展的产业名单之上②;第三,目标产业的超常发展是否有利于作为一个整体的日本经济的资源配置效率和经济增长率的提高。

  日本学者也普遍认为国际社会存在着对日本产业政策评价过高的倾向,在日本进入高速发展时期以后,是市场机制而不是产业政策作为资源配置的主导机制,由日本一些著名学者共同完成的《日本产业政策》一书中曾明确指出:"除了战后初期有限的短时期外,支持高速增长的因素基本上是通过竞争的价格机制和旺盛的企业家精神。"③日本经济学家小宫隆太郎也认为日本在20世纪六七十年代的经济奇迹主要不是少数精英精心计划或政府政策的结果,而是依靠日本国民的高储蓄率和勤劳精神以及日本企业家进取不已的努力来达到的。至于经济学家对日本经济奇迹的作用,小宫隆太郎认为学术界的学者对政府决策几乎没有什么影响,他们多数不愿离开大学里的职位,日本政府里的行政职位大部分是由接受过一般

---

 ① 这种文化使最有进取心和最有天赋的人致力于商业活动。
 ② 日本政府曾以汽车市场上生产者太多为由试图阻止本田公司(当时是摩托车制造商)进入汽车市场。
 ③ 汪同三、齐建国主编:《产业政策与经济增长》,社会科学文献出版社 1996 年版,第 269 页。

训练而非特殊训练的职业官僚占据着，这种制度很少能使经济学家有机会成为政府官员，经济学者对政策发生影响的重要途径是参与各种咨询委员会、研究机构以及准政府机构，而这些机构不过是些咨询机构而已，是否采纳它们的建议要依靠政府官僚和民间企业的自行判断。① 在国际贸易方面，产业政策并非是日本出口部门成功的主要原因，美国等强调自由贸易的国家一直抱怨，日本的各产业发展都受到了政府的扶持，使其竞争对手在国际竞争中处于不公平的地位，但日本多数学者认为，这种说法夸大了日本产业政策的作用，他们认为"从高速增长时期以及下一个时期，许多新兴产业得到了发展，其中多数作为出口产业取得了辉煌的成功，初期有缝纫机、照相机、自行车、摩托车、钢琴、拉锁、收音机等产品，20 世纪 60 年代中期以后则是彩色电视机、录音机、磁带、音响设备、渔具、钟表、电子计算机、电缆线、机床、纺织机械、农业机械、陶瓷、机器人等，这些产业都是在并未依赖政府的保护政策的条件下发展起来的，这些产业都是在战后从零或微不足道的小规模起步，从未享受过产业政策上的特别优待措施而靠自己的力量发展起来的，因此，对日本曾实行了强有力的、系统的、普遍的产业政策的说法持最强烈反对态度的，就是这一类企业的经营者们"。② 所以，大多数产业是在没有任何正式计划的情况下发展起来的，即使在存在通产省计划的情况下，这些计划也是自愿执行的。通产省也曾通过外汇分配来劝说私人企业在一些行动方面如合并和投资方面服从它的行政指导，大藏省也的确对私人银行的贷款项目进行过干预，但自 1970 年外汇和银行信用的短缺不复存在以后，通产省和大藏省的许多调控工具也随之消失了。许多产业虽然获得过研发补贴，但补贴的数额很小，并且这些补贴主要给了农业部门和环保部门，私人企业绝大部分资金都来源于私人企业和私人银行。

　　以钢铁业的发展为例。从 20 世纪 50 年代开始，日本政府把钢铁工业列为优先发展的目标，从 1963 年到 1970 年，日本的钢铁生产增长了三倍，

---

　　① 小宫隆太郎的观点请查阅《日本经济思想史》第五章"经济理论和和经济奇迹"第 155—160 页和第 182—184 页处的内容，见〔英〕泰萨·莫里斯—铃木：《日本经济思想史》，厉江译，商务印书馆 2000 年版。

　　② 汪同三、齐建国主编：《产业政策与经济增长》，社会科学文献出版社 1996 年版，第 269 页。

不仅满足了国内经济发展的需求还使日本成为世界上最大的钢铁出口国。大家都知道日本是一个资源稀缺的国家,钢铁工业所需的原料均需从其他国家进口,所以日本钢铁工业的发展非常引人注目。经济学家提出两个问题,一是政府政策是否是日本钢铁业迅速增长的原因? 政府将钢铁工业作为扶持的目标是否仅仅将该行业推进到市场力量最终也能推进到的地方? 因为日本的高储蓄率使钢铁业这类资本密集型的产业具有一种比较优势,加之海洋运输成本的下降使钢铁工业不必再坐落在煤田或矿场的附近,由此有充分理由认为即使政府不干预日本也可能拥有一个不断发展的钢铁工业,但考虑到日本钢铁业的发展是在其投资回报率大大低于制造业的平均回报率的情况下取得的,所以有理由认为日本政府的干预使钢铁工业的发展超过了单纯依靠市场的力量能将其推进到的地方。

第二个问题就是这种政府干预或钢铁业的这种非"自然"过快增长是否有利于作为一个整体的日本经济增长率的提高? 换句话说,如果把发展钢铁工业所用的资源用于其他地方,是否会对社会产生更高的回报? 事实是即使在钢铁工业最繁荣的 60 年代,日本钢铁工业的投资收益率也只有制造业的一半多一点,到了 70 年代,钢铁工业的投资回报率更低[1],因此,只有在存在着没有被包括在钢铁工业市场收益中的边际社会收益时,日本政府对钢铁工业的干预才算找到了存在的理由。然而研究这一问题的经济学家尚没有找到任何重要的边际社会收益,钢铁业不是一个能够期望产生技术外部性的高科技产业,也不存在超额利润,至于创造的就业岗位,如果将资源移转出资本密集型部门同样会创造出更多的就业机会,况且当时的日本已近充分就业,钢铁业就业的增加就意味着其他部门就业的减少。这个案例可以很好地说明尽管以钢铁工业为目标产业的政策发挥了一定作用,但这是一个错误的政策,这项政策使资源从高收益领域转移到低收益领域,因此在客观上起到了阻碍日本经济增长的作用,所以,一项战略性贸易政策在经济上是否成功不能简单地以目标产业的超常增长或市场份额的超常扩张为标准来进行衡量。

---

[1] 原始文献请参见 Paul R, Krugman, Targeted industrial Policies: Theory and Evidence, in Dominick Salvatore, ed., *The New Pretectionists Threat to World welfare*, Amsterdam: North-Holland, 1987. 中文文献见〔美〕保罗·克鲁格曼、茅瑞斯·奥伯斯法尔德:《国际经济学》(第五版),海闻等译,中国人民大学出版社 2002 年版,第 276 页的案例分析。

进入20世纪70年代中后期,日本的外汇和资本不再是稀缺资源,也就不必再进行配给了,关税和国内市场的进入管制也逐渐降低了,日本基本成为一个自由的市场经济国家。从70年代开始,日本的贸易战略采取了一种鼓励新兴产业①的政策,政策工具主要包括两方面:对研发活动进行适当补贴,或由政府和企业联合进行被认为具有良好市场前景的新技术项目的研发活动。② 这种新型干预政策产生了多大的影响呢?事实上1975年后日本政府确立的目标产业仅为日本经济中的一小部分,在日本的出口中获得巨大成功的汽车工业和电视机、录像机、立体音响等家用电器业均不属于联合研究的高技术领域,它们的发展并不反映日本政府的技术政策,但日本的新型战略贸易政策与日本在国际竞争中获得成功的领域确有重合之处,其中最著名、最有争议的领域就发生在半导体芯片生产行业。

直到20世纪70年代中期以前,制造此类芯片的技术一直被美国公司所垄断,日本政府为本国企业进入这一产业实行了主持联合研究项目等方式的支持。历史事实是日本企业在70年代末和80年代初的一种芯片(随机存储器)的市场中获得了大部分的市场份额,对这一结果的争论集中在日本的半导体工业实际上获得了多少支持?这种支持有多少决定性的意义?这种政策是否损害了其主要竞争对手——美国的整体利益?事实上,日本政府对日本企业的研发活动提供的财政支持非常少,而到了70年代中期以后,关税和配额等保护国内市场的措施也大部分被取消了,以至于许多人认为日本半导体工业的成功几乎没有依靠政府的支持;反对者认为日本政府暗中鼓励"购买日货"的政策,从而有效地关闭了日本国内市场,他们指出美国企业在日本的市场份额要比在欧洲和美国的市场份额小得多,但即使是这样我们也很难说基于产品产地和投资者国籍的购买决策是有利于日本作为一个整体的资源配置效率的,经济资源在半导体工业的回报率并不高,事实上多数经济学家认为是低于在其他领域的投资回报率的。到了20世纪90年代人们普遍认为由于规模经济效应和存储器生产技术对其他半导体产品生产的重要性③,日本将获得半导体市场的长期份

---

① 即"知识密集型产业"或"高技术产业"。
② 日本人似乎并不十分清楚为什么要选择高技术产业作为目标产业,是因为其研发投资所产生的外部性,还是因为其具有未来比较优势,或是因为其有广泛的产业关联性。
③ 这也是日本政府扶持高技术产业,抢占决定经济增长与否的"制高点"的根据之一。

额,这一优势将持续相当长的一段时间。然而几乎让所有人都感到不解的是,在20世纪90年代的前五年,日本在半导体市场的份额开始下降,存储器的生产被证明可以在发展中国家进行,韩国公司抢走了日本公司的许多市场份额,日本在存储器方面生产的成功也没有如人所料地演变为对整个半导体产业的统治,美国一些根本不生产存储器的公司,如英特尔公司大大扩大了它们在微处理器和集成电路等半导体产品上的技术优势和市场份额。

在今天,许多人一提起日本的政策,仍然把日本这个国家看成是"日本公司",看成是一个几乎完全以军事化方式组织起来的社会,认为日本政府通过通产省等部门对社会资源配置的集中控制来达到政府的经济目标。这种看法不仅夸大了日本政府现在所发挥的作用,而且即使在日本政府影响力最强大的时期也夸大了政府的作用。我们在讨论日本政府在促进新兴产业中的角色时很容易忘记日本经济是非常资本主义化的,国内竞争非常激烈,尽管政府经营着一些公司,但日本国有经济的比重低于大多数西欧主要国家,即使在政府介入程度比较高的产业,它们的投资、研究战略和产品开发等关键决策权,也是掌握在私人企业家手中的,政府的补贴数量很少,进口保护措施也和其他发达国家相类似。

其他国家的战略性贸易政策

除日本以外,其他发达国家也采取过一些事实上的战略性贸易政策,尽管没有明确地宣称实行这一政策。法国在西欧国家里被认为是政府干预程度较高的一个国家,尽管在人们的印象里比日本要温和得多。法国政府从20世纪60年代起就一直担心世界技术将被美国公司或日本公司所垄断,为了防止这一情况成为现实,法国政府确定了一些目标产业并进行扶植。法国人扶持目标产业的办法有:通过合并最强的几家国内企业创造一个"国家级冠军";采用贸易壁垒的办法如配额、健康和安全标准以及海关管理壁垒[①];鼓励本国的中小企业合并为大公司,并运用政府对市场需求的影响力如政府采购来为这些企业提供特许的、受保护的国内市场,如规定国营电话公司只能从本国企业那里购买电信和计算机设备;在另外一

---

① 如要求用法语填报单据或安排过少的海关检查员等。

些情况下,政府则运用广泛的补贴来扶持政府认为重要的产业如航空工业。① 那么实际效果如何呢？虽然法国的整体经济运行在 20 世纪六七十年代一直表现良好,但那些政府重点扶植部门的发展却一直不尽如人意,法国的计算机工业仍然依赖于受保护的国内市场,航空制造业虽然从技术的角度看获得了成功,但却付出了沉重的经济代价,没有得到任何商业利益,所以很少有人把法国的战略性贸易政策看做其经济发展的关键。

在美国,不论是在学术界、政界还是一般民众的思想中总体上一直信守自由市场经济的信念,特别反对针对特定目标产业、限制其他产业发展的产业政策,在美国很难观察到明显的政府对经济活动的具体干预②,受到特殊照顾的产业只有国防、农业、钢铁、服装、纺织、汽车等少数产业,在这些领域美国政府在国内政治压力下实行了一些政策,在事实上起到了战略性贸易政策作用。

在农业领域,因为该产业部门的技术创新存在着严重的外部性,一个农场主承担风险投入资本进行的技术或种子方面的开发成果可能会很快被数以千计的其他农场主所模仿,却不用承担开发的成本和风险。正因为外部性的存在,美国政府长期以来一直致力于农业技术的开发和农业技术的推广,而且在灌溉设施等需要多个经营单位或地方政府协同行动的大型项目方面,联邦政府一直发挥着主导作用,这种干预恰好与弥补市场失灵的理论相吻合,受到了包括自由主义经济学家在内的职业经济学家们的普遍赞许。

美国政府发挥作用的另一领域是国防工业。由于美国庞大的军费支出③,美国政府成为世界上最大的军事装备购买者,这导致美国在具有规模经济效应的军品生产中,如战斗机的生产领域非常富有竞争力。再加上美国政府作为美国企业所生产的军事产品的唯一购买者,军事产品研发项目的资金来源也就只能来源于政府预算了。但由于军事用品和与之相关

---

① 见本章附录。
② 美国在历史上也实行过一些产业促进政策,如政府划出免费土地以鼓励西部铁路的建设,大力补贴农业以提高该行业的利润,政府的国防预算在客观上帮助建立了军事工业。
③ 与其他国家的绝对规模进行比较是这样,但在相对规模的比较上则许多国家超过了美国。

的民用产品在技术上的关联性①,在一些特殊领域军事用品的开发活动确实能够起到促进民用产品的国际市场竞争力的作用,而且受政府购买支撑的军事工业的研发活动所生产的知识在民用产品制造部门也有广泛的应用机会。

在20世纪80年代,美国国内市场遭到了进口钢铁、服装、汽车、摩托车、照相机、手表、体育用品和电器设备的冲击,尤其是来自日本的冲击。②日本出口的成功使美国许多政治家、商界领袖和工会领导人③感到美国需要一个强有力的产业政策来维持美国企业的国际竞争力,应当运用低息贷款、贷款担保、税收优惠、研究和开发补贴、反托拉斯豁免甚至进口管制来加速高新技术产业的发展,恢复其传统制造业部门的竞争力,政府应在美国的产业结构的决定与演变中扮演更积极、更直接的角色。这种压力的确在一段时间内不太明显地影响到了美国政府的政策制定,尽管美国政府没有明确发布一个全面的产业政策,但在一些对外贸易政策和几个政府项目中体现了美国政府试图干预和促进某些行业发展的思想和尝试。

在对外贸易方面,美国政府在钢铁、服装、纺织、汽车产业等夕阳产业领域设立过一些保护性的贸易壁垒,实行过一些保护性的贸易政策。例如,面对日本汽车在20世纪七八十年代的进口浪潮,美国政府采取过一系列措施来促进美国国内汽车产业的发展,1979年美国政府出面担保为克莱斯勒公司筹集到了15亿美元的私人贷款。④ 到了20世纪80年代初期,

---

① 例如,在1960年推出的作为波音公司最成功的民用产品波音707就是在该公司以前开发的军用飞机B-52轰炸机的基础上研制出来的。

② 在这方面给人留下最深刻印象的要算是日美之间的汽车贸易摩擦了。美国汽车一直比日本和欧洲的汽车更大、更重,因为美国人的收入要高于欧洲、日本,他们可以支付更大的车和更多的油耗,而日本和欧洲的汽油税较重,从而鼓励了消费者购买更轻、更小的汽车,石油危机后,日本、欧洲厂商提供了美国消费者所需要的低油耗小型汽车产品,导致美国的进口汽车急剧增加。见斯蒂格利茨、阿诺德·赫特杰编:《政府为什么干预经济》,中国物资出版社1998年版,第6页的柱状图。

③ 但几乎没有职业经济学家。

④ 在20世纪70年代后期,美国克莱斯勒公司濒临破产,请求政府救助,引起激烈的争论。反对政府干预者认为破产公司的工人、机器和厂房并没有消失,他们可以被其他公司雇用或购买,一家企业濒临破产说明它的管理者不能有效率地利用资源,资源应该流到那些能够有效利用的企业中,让市场去发挥资源配置的作用;赞成者说不出什么经济学上的道理,更多的是充满感情的、富有煽动性的自称是保护失业者和保卫国家的民族主义和英雄主义言论。最后政府为克莱斯勒的新贷款提供了担保,如果克莱斯勒还不了贷款,政府将用税款来偿还,克莱斯勒因此从私人投资者和银行那里获得了低息贷款,最后获得了商业上的成功。不同的人对这个案例有不同的理解,该公司当时的总裁李·艾柯卡(Lee Iacocca)将功劳的大部分归于自己的个人努力。

鉴于美国国内汽车销售状况不好,里根政府出面通过谈判成功地促使日本政府"自愿"对向美国的汽车出口加以限制,实行自动出口限制,汽车部门因此而保住大量的工作机会,当然消费者不得不因此而支付更高的汽车价格,经济学家的估算认为通过这种自愿出口限制每保住一个3—4万美元的就业机会的成本是16万美元。① 总的来说,美国对钢铁、纺织、汽车等夕阳行业的有限保护应被视为是一种例外,它不是以扶植出口为目的,而是迫于政治压力,不情愿地暂时偏离了自由贸易的基本原则,在绝大部分领域,美国还是坚定地奉行了自由主义政策。

美国政府在直接干预方面也有过轻微的尝试并以失败而告终,"合成燃料项目"就是备受经济学家批评的一个典型的政府干预失败案例。在经历了20世纪70年代中期的石油危机以后,美国政府为从事替代性燃料项目开发的公司设立了一个补贴项目,大量资金被投入到从页岩中提炼石油和将煤炭转换成天然气的项目中,这个项目最终以13亿美元的成本而于1991年宣布终止,然而政府仍每年提供6亿美元补贴给乙醇产业,希望从玉米中提取燃料。

另一个失败的政府项目是参与平面液晶显示屏技术的开发。1993年克林顿政府提出一个建议,计划成立一个"政府—商界联盟",每年政府用0.12亿美元来扶植美国平面液晶显示屏技术的开发,原因有这样几个,一个是该产品生产方面的经验更多地依赖通过人际交往进行的非正式的知识传播渠道,如果美国不进行自主开发生产的话,就意味着美国在这一领域将长时期或永远处于劣势;另一个理由认为平面液晶显示屏的生产技术优势将会扩展为整个计算机市场的优势,因为平面显示屏必将取代传统的阴极射线显示器;此外还有一个政治上的理由认为液晶显示屏因在提高军事硬件性能方面的重要作用而有可能导致日本厂商②不愿为美国军方加工显示器。但进入这个市场比预计的要困难的得多,不但日本进一步加强了该领域的生产和研发能力,而且韩国的公司也大举进入这个行业,到了1997年,大多数具备技术潜力的美国制造商都不愿意与亚洲制造商正面

---

① 英文文献参见 Keith E. Maskus, Rising Protectionism and U.S. International Trade Policy, Federal Reserve Bank of Kansas City, *Economic Review*, July-August, 1984, pp. 3 – 19。
② 当时日本厂商在该领域已经占据了主导地位。

竞争了,美国的这一计划失败了。但如果这一计划成功的话则是另一种类型的失败,犹如赢得一场得不偿失的胜利,事实上随着生产能力的快速增长,价格一路猛跌,日本和韩国的制造商实际上已处于亏本生产状态①,再加上亚洲国家在显示器上的主导地位并没有在更广泛的层面上妨碍美国工业在计算机行业中的发展,加之1997年又爆发了亚洲金融危机,美国在高技术领域将失去竞争力的悲观观点并没有得到实践的验证,这种悲观论调也就很快被人们所遗忘,所以这一计划的失败在美国并未引起足够的关注。

产业政策②的支持者们也指出,美国政府进行的产业或企业层面上的干预并不全部是失败的教训,也存在成功的案例,尤其在军事工业领域,通过军费预算有力地促进了商用飞机、超级计算机、互联网的发展。但需要特别指出的是,美国维持多大规模的军事工业部门是服从于安全的需要而不是为了促进民用工业发展的需要,因为如果政府决定促进民用工业的发展就会或就应该选择直接进行干预的方式,而不会或不应该采取这种迂回的办法。

总之,我们并不想证明所有政府的战略性贸易政策毫无用处,我们只想说明该项政策的成功不能以目标产业的市场份额和产业层次上的增长率为判断依据,而应进行更为详细的综合的成本—收益分析来确定该项政策是否促进了一个国家作为整体来看而实现的经济增长。仅就目标产业而言,结果同样是不确定的,正如产业政策的批评者所指出的,日本通产省实行的产业政策与日本工业的成功之间的关系并不是像表面那样显而易见,某些得到保护和补贴的行业确实取得了成功,如半导体、钢铁、造船业、机械工业等行业,但另外一些产业政策确实失败了,主要在铝冶炼、石化和高分辨率电视③方面,还有一些行业如汽车、电子、摩托车是在没有政府帮

---

① 销售收入可以弥补流动成本,但无法抵消掉流动成本和固定成本之和,所以,与一般看法相反,不是生产得越多亏损得越多,而是在生产能力的范围内,生产得越多亏损得越少,因为生产得越多,单位产品包含的固定成本就越少,市场价格不变的话,亏损总额就越少。如果销售收入不能弥补流动成本的话,工厂就会关闭,停止生产。

② 产业政策就是政府为促进特定企业或行业的经济活动而采取的政策,有时也被冠以"技术政策"的名称。

③ 日本通产省鼓励日本厂商开发高分辨率模拟信号电视,而美国厂商在没有政府支持的情况下成功地开发出了数字电视技术,导致日本企业花费了83亿美元而一无所获。

助的情况下成功地发展起来的,事实上日本政府还曾试图阻止本田公司进入汽车行业,但本田公司最终却成为世界最成功、最有创新能力的汽车制造商。正如上文已经谈到的,欧洲的产业政策同样产生了不清晰的结果,欧洲对空客公司的补贴取得了成功,但对协和飞机的补贴却在商业上完全失败了。

有选择地促进某些技术和行业发展的"捷径"听起来对政治家、企业家和普通民众很有诱惑力,但经济学家一直提醒大家思考政府是否具备识别某些技术和行业市场前景的能力,尤其是先行国家,在一个充满不确定性的世界里谁能知道哪块云彩会下雨呢?在决定研发投资资金的流向上,使用自己的钱去投资的私人投资者是否比使用纳税人的钱去投资的政府官员有更高的积极性去搜集准确的技术和行业信息呢?政府关税或非关税贸易壁垒的保护是否会真正培养起国内企业的市场竞争力呢?政府的保护与补贴政策的维持是否仅仅是既得利益集团施加政治影响的结果,且不说设计这项政策的初衷是什么?在这种情况下政府保护和支持衰退行业中濒临倒闭的公司和低效率技术是否真的对一国的经济增长或就业有那么大的作用?一般认为除非某种干预政策有助于克服市场失灵,否则这种政策将不会加速经济总体的增长。

附录

协和项目

美国在飞机制造方面一直处于领先地位,这是美国科技实力的显著标志。欧洲各国政府长期以来一直希望发展本国的飞机制造业并使之能与美国竞争,在20世纪50—60年代,这些努力主要是由欧洲各个国家单独进行的,结果收效甚微,于是从20世纪60年代后期开始,欧洲国家开始了合作开发商用飞机的努力,这样的努力有两次,一次是英法两国共同开发协和型超音速飞机,另一次是欧洲国家合作开发空中客车飞机。在20世纪60年代后期建造超音速客机在技术已经可行,但私营飞机制造商不相信制造这种客机有商业利润,在美国,企图说服政府为开发这种客机提供资金的政治努力没有获得成功,然而英法两国的政治家却同意为开发这种客机提供财政支持。两国签署合作协议的基础很复杂,一方面是人们希望这个项目可以产生大规模的技术外溢,另一方面希望这个项目可以成为欧洲合作的标志,后一点也许更重要。

从商业角度看,这种合作是无利可图、完全失败的,协和飞机的飞行成本极高,由此导致了高昂的票价和狭小的市场,结果先后只生产了十几架①飞机,而且也是由英国和法国的国有航空公司购买的,专飞巴黎到纽约和伦敦到纽约的线路,两国政府不仅要为研发和生产提供补贴,还要为法航和英航的运营提供补贴。尽管预测一个尚不存在的产品的未来需求是困难的,但私人专家早在石油危机以前就已预见到对象"协和"这样的超音速客机的需求太低,对其进行投资是无利可图的②,事实也的确如此。这种飞机因连年的亏损已于2003年10月23日全部退出市场③,成为一个历史了,合作开发协和客机的最大贡献也许就是为第二次合作——生产空中客车飞机积累了经验。空中客车项目成为最无争议的战略贸易政策的典范,欧洲各国政府为这个由各国政府成立的联合公司提供巨额补贴,该公司虽然在巨型客机上还无法与波音公司机竞争,但在小型客机中,空中客车生产的客机在性能和运行成本上与波音公司的产品一样,但盈利能力却大不相同,空客公司的账目很不透明而且一直得到政府补贴,欧洲政府投入的资本很少得到偿还。所以,如果将欧洲经济作为一个整体来看,空中客车公司显然不是一个成功的项目,公司不但没有获得超额利润而且投资在这个项目上的资本的回报率比资本市场的回报率还要低,同时由于航空制造业的技术非常专业化,该项目研发活动所产生的外部性相当有限,对其他部门的成本影响不大。一些分析人员认为,正由于空客公司的存在才打破了波音公司的垄断,使民用航空器市场的竞争更激烈了,有利于价格的下降和产品质量的提高,而且由于飞机制造业支付的高工资,该项目

---

① 凭记忆不准确,大约在15—19架之间。
② 虽然私人专家也会犯错误,但与政府官员相比,前者更重视市场因素而不是过分强调国家声誉和其他非经济因素。
③ 据新华社报道,英国航空公司的最后一架飞往纽约的航班在2003年10月23日举行了告别飞行仪式后从希思罗机场起飞,见《每日新报》2003年10月24日。

提高了欧洲制造业部门总体的工资水平。① 但即使这样，与欧洲经济规模和政府的补贴和因此而导致的欧洲资源配置效率的下降所带来的损失相比，空中客车项目的收益是微不足道的。

---

① 由于航空工业是资本密集型工业，工人人均拥有资本量大大超过了一般的制造业部门，也许可以用效率工资理论解释该部门的高工资，资本流入航空工业则意味着其他部门拥有的资本量更少、更昂贵，这又会导致更多的失业、更低的工资水平，而且航空工业熟练工人的增加也会引起其他部门生产效率的下降。所以总体来说，仅在本国高工资岗位增多而别国高工资岗位相应减少的情况下政府的这种补贴才会产生一点提高本国平均工资水平的作用。

第八章

政府增长问题研究

> "我们可能已经注意到,一个文明国家的政府比一个野蛮国家的政府更费钱,……文明国家有许多必要开支,而野蛮国家则不必要。"①
>
> ——亚当·斯密(1762—1764)

第一节 政府增长的事实

政府

有几种不同的理论对政府的本质做了不同的理解与描述[②],一种理论认为政府是一个人格化的有机体,它具有独立于组成国家的个人之外的自己的价值观、动机和目标,政府为自身福利或自身效用最大化而行为;公共选择理论认为政府由具有经济人特征的政治家和官僚组成,政府是一台机器,政治家、官僚、选民、利益集团通过政府来实现自己的利益;马克思主义者认为政府是特定集团或阶层的代理人,政府的功能仅是保证统治阶级在法律、制度和意识形态上对附属阶层的领导权,政府追求的是统治阶层的收入最大化。

---

① 转引自 Arthur A. Goldsmith:《政府、市场及经济发展——对亚当·斯密思想的再思考》,作者系美国马萨诸塞州大学管理学教授,载胡鞍钢、王绍光:《政府与市场》,中国计划出版社2000年版,第57页。

② 林毅夫:《制度与经济发展》,载林毅夫:《再论制度、技术与中国农业发展》,北京大学出版社2002年版,第71—102页。

对政府所包含内容的理解主要可分为广义和狭义两种,广义的政府是指按照孟德斯鸠的三权分立原则组建而成的各类国家机关的合称,它包括国家的立法、司法和行政三个部分,因而它与国家属于同一范畴;按照一般社会学和法学的意义,狭义的政府仅指国家机构中执掌行政权力、履行行政职能的机构,即行政机构。本书是在广义的理解基础上展开讨论的。①就我国的现实情况而言,我国的政府不仅应包括上述广义政府包含的三个组成部分,还应包括中国共产党的各级党务机构,工会、妇联、共青团等群众组织在事实上也具有政府的某种职能,因而也应包括在广义的政府范畴内,此外,由于我国实行的多党合作和政治协商制度,各民主党派的活动经费也是由国家财政拨付的,所以各民主党派也应视为政府的一部分。

政府增长的衡量。政府的增长包括绝对规模的增长和相对规模的增长,分别用政府支出和政府雇员人数、基层政府的数量来衡量。

政府支出的结构与衡量

对于公共支出有广义和狭义两种理解,我们通常作狭义的理解,即仅包括政府部门用预算提供的物品和服务的成本;广义的理解还需加上由于政府颁布的法律和规章所引起的私人部门支出的增加部分,如消防条例的颁布所导致的旅馆在购买消防设备方面的支出等。政府支出大体分为四类:政府消费,政府投资,对私人部门的转移支付,公债利息支付。前两类构成政府购买,后两类构成转移支付。转移支付是政府向没有对当前产品和服务的生产作出贡献的人进行的支付,政府购买支出则是政府为购买当前生产出来的产品和服务所进行的支出。政府融资的类型取决于支出的类型,日常性支出如公债利息、医疗服务、福利服务、薪水支出等应通过征税来支付,投资方面的支出则应通过借债来解决。一般的规律是发达国家来自直接税②的收入在政府收入中所占的比例通常较大,如在美国,来自直接税的收入占财政收入的85%,而发展中国家的大部分收入却来自间接税,一个重要的原因是这类税收比较容易征收,但以间接税为基础的税

---

① 详细解释可参阅夏海:《中国政府架构》,清华大学出版社2001年版,第3页。
② 直接税通常指的是直接对个人和企业征收的那些税,间接税则是指对商品和服务征收的税。

制是累退的,穷人纳税额占其自身收入的比例比富人要高。公共部门的收入除了税收以外,另一个来源是出售商品和服务的政府企业和机构的利润,尤其在发展中国家,这一部分占有相当的比重。

在那些政府活动水平较高的国家中,大部分的政府开支发生在社会保障方面,这一点在北欧国家如瑞典、丹麦、芬兰中体现得最为明显,美国在战后也表现出同样的趋势,转移支付项目的增长要大大快于政府购买的增长,这是从绝对规模上看的;若从相对规模上看,政府购买占 GDP 的比重在缓慢下降,而转移支付占 GDP 的比重在快速上升,见图 8.1.1。

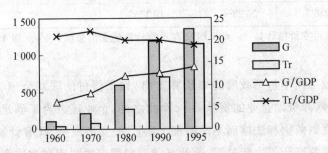

图 8.1.1　美国政府支出结构与变化

资料来源:A.M.夏普:《社会问题经济学》,中国人民大学出版社 2000 年版,第 333 页,图 14-2。原始资料来源: *Economic Report of the President*, February 1996, p.371。

政府规模的绝对增长可用按不变价格计算的政府支出总量来衡量,政府规模的相对增长可使用人均政府支出额或政府支出占 GDP 中所占的比重来衡量。通过统计资料我们发现,政府支出的增长远远快于政府数量的增长,让我们先观察美国的情况,用不变价格进行计算后,在一战前的 1913 年,美国政府部门支出不到 GDP 的 10%,到 1946 年也仅为 13%[①],而在二战后,美国联邦、州、地方三级政府的支出总额在 1960 年到 1996 年的 36 年间就增长了三倍多,人均政府支出增长了近两倍,政府支出占 GDP 的

---

① 见方福前:《公共选择理论——政治的经济学》,中国人民大学出版社 2000 年版,第 172 页;〔美〕保罗·A.萨缪尔森、威廉·O.诺德豪斯:《经济学》(第十四版),胡代光、吴珠华、余文武、汪洪、张军扩、母正育、何振华译,北京经济学院出版社 1996 年版,第 228 页。

比重由 23.1% 增长到 32.2%[①],详见表 8.1.1。

表 8.1.1　　　　　　　　　单位:10 亿美元

年份	支出总额*	支出总额**	人均政府支出***	政府支出占 GDP 的比重%
1960	51.3	694.4	3 622	23.1
1970	333.0	1 088.2	5 353	28.3
1980	958.7	1 587.3	7 008	30.2
1990	2 218.8	2 370.5	9 532	31.4
1996	2 993.3	2 728.6	10 375	32.2

注:* 以可变价格计算;** 以 1992 年价格计算的支出总额;*** 以 1992 年价格计算。[②]

上述数字还不包括政府的非预算支出,如未偿付的联邦公债、政府担保的债务、联邦资助企业的贷款等[③],除此之外,企业还需为了满足名目繁多的政府规制条例和法律而不断增加"企业"的支出规模,政府管制[④]使得部分经济资源离开了生产过程,企业必须花费很多的时间和物质资源来遵守或避开这些管制,这些支出实际上最终是由消费者支付的,如同一种税收一样,这部分费用实际上也应计入政府支出,因为它是受政府部门支配的。如果计入预算外和因政府规制而发生的支出,政府支出的实际规模和实际增长速度均要比上述统计数字所显示的要大。

政府支出国际比较

关于政府支出占 GDP 比重的国际比较可见下表。

[①] 〔美〕E. S. 萨瓦斯:《民营化与公私部门的伙伴关系》,周志忍等译,中国人民大学出版社 2002 年版,第 20—21 页。

[②] 资料原始来源,*Facts & Figures on Government Finance*, 31st ed., Washington, D. C.: Tax foundation, 1997, tables A_4、B_1、B_{25},作者转引自〔美〕E. S. 萨瓦斯:《民营化与公私部门的伙伴关系》,周志忍等译,中国人民大学出版社 2002 年版,第 21 页。

[③] 因为当企业不能如期履约时给政府造成的损失应记为政府的一种支出。

[④] 管制是政府机构对微观主体的活动所进行的某种限制,不同于政府运用经济政策对宏观经济活动所进行的"控制"(Control)和"调节"(Adjustment)。政府调控是政府通过它所掌握的某些经济变量如财政支出规模、税率、货币供给量等来影响市场经济中相关变量的取值,进而影响微观主体的经济决策;而政府管制则是直接对微观主体的经济决策(或活动)作出限制性规定。

表 8.1.2　政府支出占 GDP 比重的国际比较(%)

国家	1980	1996	国家	1980	1996
瑞典	60.1	65.4	美国	31.4	33.3
丹麦	56.2	61.6	日本	32.0	36.2
芬兰	38.1	57.2	澳大利亚	31.4	36.4
比利时	58.3	54.5	冰岛	32.5	38.0
法国	46.1	54.1	爱尔兰	49.2	39.7
意大利	42.1	53.4	英国	43.0	41.6
奥地利	48.1	52.2	西班牙	32.2	43.1
荷兰	55.8	50.0	葡萄牙	23.8	43.5
德国	47.9	49.6	挪威	43.3	44.8

注:左栏为 1996 年的数字在 50% 或以上的国家,按降序排列,右栏为 1996 的数字在 50% 以下的国家,按升序排列。上述不包括政府企业的支出。

原始资料出处:*Facts & Figures on Government Finance*, 31st ed., Washington, D.C.: Tax Foundation, 1997, Table G8. 转引整理自〔美〕E.S. 萨瓦斯:《民营化与公私部门的伙伴关系》,周志忍等译,中国人民大学出版社 2002 年版,第 22 页。

我们可以发现美国、日本、澳大利亚属于"小政府","福利国家"的桂冠使欧洲国家的政府支出占 GDP 的比重均在 50% 以上,巨额的转移支付使得向其人民签发支票成为这些国家政府的一项最主要的任务。[1]

中国的政府支出情况

中国政府的规模应该是多大,对这个问题的认识存在两个误区,一是将目前财政收入占 GDP 的比重与改革之前相比较,认为现在应该提高;二是把中国政府的这个比重与发达国家的相比较,也认为太低了,应该提高,这两个认识都是错误的。在中国改革的前后,政府职能已经发生了很大变化,资源的配置方式也发生了根本性的变化,政府财政收入占 GDP 的比例下降是自然的结果;与发达国家进行简单比较则忽略了不同国家所处的发展阶段不同和不同类型国家政府所承担职能的不同,我国还没有建立起一个完善的社会保障体系,大规模的收入再分配活动还不多,自然这个比例也要低一些。所以我们在考虑中国的政府规模时,不能简单地通过计算财政支出或财政收入占 GDP 的比重及变化趋势与幅度来观察政府规模,去

---

[1] 当然这些支票并非是无代价的,其人民需承受较高比例的税率。

和国外参照国(一般研究均选取欧美发达工业国)进行对比,进而得出某种结论。

另外一个原因是,与西方发达国家相比,我国的财政支出仅代表了中国政府实际支配的经济资源的一个部分。政府实际支配的资源大体应该包括三部分:一是沉淀下来的国有资产存量;二是政府凭借其行政权力取得的预算内、预算外、非预算收入、发行国债取得的收入、铸币收入等收入,以及部分其他收入;三是政府通过各种行政手段实际控制的非国有资源。

其中,国有资产的存量不仅包括沉淀在国有企业中的经营性资产,还包括沉淀在国家机关事业单位的非经营性国有资产,目前大约有10万亿元国有资产存量[1],但这尚且没有将国有自然资源包括进去,如城市土地、各种可开发的矿藏、森林资源、水资源等。国有自然资源已成为国有资产中最有价值的部分,如1999年的统计表明在全国668个城市中,国有企业近30万家,用地70万公顷,价值2.5万亿元,国有自然资源的升值使它们在国有资产结构中的地位将变得越来越重要。

政府预算内财政收入主要由税收收入构成,约占90%,除此之外,还包括税收附加、基金、专项收入、规费收入等内容,预算内收入具有法制化、规范化和可预见性特点。预算外收入是国家机关、事业单位和社会团体为履行或代行政府职能,依据国家法律、法规和具有法律效力的规章而收取、提取和安排使用的未纳入国家预算管理的各项财政性收入,包括行政事业性收费、基金附加,而电力建设基金、养路费等数额较大的政府性基金(收费)则纳入预算管理。预算外收入主要集中在地方政府,其特点是:结构复杂,据统计多达二千多项[2];随意性大,缺乏制度约束,各个部门、各级政府可以根据自身的需要随意增设预算外收费项目,再加上利益驱动,导致预算外收入急剧膨胀;预算外收入通常在名义上是专款专用,但在实际上难以对此形成有效的监督,造成预算外收入的滥用和流失。

以行政管理费用测量的政府规模扩张,见表8.1.3。

---

[1] 凭本文作者记忆,为大约数。
[2] 《经济日报》1998年6月10日。

表 8.1.3

年份	1979	1982	1985	1988	1991	1993	1994	1997	1998	1999	2000
行政管理费（亿元）	57.24	81.60	130.58	220.89	343.6	525.77	729.43	1 137.16	1 326.77	1 525.68	1 787.5
增长率（%）	16.6	15.1	4.3	23.2	13.4	26.2	36.1	9.3	16.7	15.0	17.4
占财政支出的比例（%）	4.5	6.6	6.5	8.9	10.1	11.5	12.6	12.3	12.3	11.6	11.2
占财政非生产性支出的比例（%）	13.2	17.1	19.5	22.8	23.7	26.9	27.5	28.5	28.9	29.4	

注：表中财政非生产性支出包括文教科学卫生事业费、抚恤和社会福利救济费、国防费、行政管理费等。1978年我国行政机关的行政管理费为49.1亿元。

原始资源来源：国家统计局：《2000年中国统计年鉴》，中国统计出版社2000年版，本书转引自胡家勇：《一只灵巧的手：论政府转型》，社会科学文献出版社2002年版，第120页。

与国外行政管理费支出占财政支出规模3%—6%的比重相比，我国的行政管理费比重明显偏高，说明我国的行政效率总体不高。[①]

根据国际货币基金组织(IMF)关于政府财政收入的定义，国内外债务不能计入财政收入，之所以这样是因为政府债务收入所对应的那一部分资源的所有权属于居民或企业，而不属于政府，债务到期政府还需偿还。我国也是这样进行财政收入的统计的，但在债务到期之前，这部分资源的实际支配权是掌握在政府手中的，所以应被视为实际支配的资源。近年来我国的国债发行大体上为财政收入的1/3和GDP的3.0%以上。

非预算收入又称非规范收入，是指政府部门及其所属机构凭借行政权力采取各种非税收方式形成的，即没有纳入预算内管理，也没有纳入预算外管理的各项收入，如各类集资、摊派、罚款收入、政府各部门私立收费项目创收形成的小金库资金、乡镇一级政府的自筹资金，还包括擅自扩大收费项目、将无偿服务变为有偿服务、扩大罚没范围和提高罚没标准形成的

[①] 付光明：《政府运行成本过高的深层原因与改革思路》，载《改革》2002年第4期，第75—78页。

收入,还有一些本应纳入财政预算内或预算外管理的资金却被地方政府和主管部门转换成非预算收入的资金,如国有土地出租、国有资产出售所得收入往往被纳入非预算账户管理。由于非预算收入极不规范,透明度很低,所以很难取得完整系统的统计数字,有人估计非预算收入占预算收入的比例平均为30%左右。① 同样由于非预算收入不透明、不规范,所以地方政府和企业主管部门便想方设法压缩预算内收入,特别是属于中央政府支配的预算内收入,表现为地方政府和主管部门对所辖企业出台了许多减免税政策,纵容、庇护所属企业偷、漏税,然后极力扩大属于自己支配的预算外收入和非预算收入。

铸币收入指中央银行通过发行货币而取得的收入,主要由中央银行占有和使用。

比较表8.1.3中的数据,我们可以看出,当政府规模扩大时,预算内的行政管理费难以保证行政性机构的日常运转和政府的正式或非正式工作人员的各种类型收入。1980年中国政府机构正式工作人员人均预算内行政经费为1 267.4元,1996年为9 522.4元,1999年为13 844.6元,仅够按社会平均收入水平支付的政府工作人员的工资②,使政府各部门产生了强烈的追求预算外收入的冲动,这是中国乱摊派、乱罚款、乱集资、乱干预、乱管理(乱收费)的重要原因之一,尤其是乱干预,导致行政垄断在国内漫延。

这样将上述各项政府实际支配的以收入形式体现的资源加总,占GNP的比例大体为四分之一左右。③

政府以行政手段支配的非国有资源。政府支配非国有资源的方式很多,如投资项目的审批,经营许可证审批,设置行政性进入障碍,国有银行信贷资金配给,股票、债券的发行审批,上市公司审批等,如股票市场至

---

① 樊纲:《论公共支出的新规范》,载《经济研究》1995年第6期。
② 本文中1996、1980年的数字可参见胡家勇:《一只灵巧的手:论政府转型》,社会科学文献出版社2002年版,第118、120页处,本文为了节约篇幅,仅引用其部分数字,以说明变化的趋势和大体幅度。
③ 读者可自行去查阅胡家勇:《一只灵巧的手:论政府转型》,社会科学文献出版社2002年版,第58页的1978—1999年的各年估算数字,为节省篇幅,本文不再一一引用,本文此处的这个比例没有计入企业主管部门的预算外收入,也没计入铸币收入。

1999年A股发行83.11亿股,筹资572.63亿元,市值26 168亿元[①]。国有企业的外部资金由传统体制下的财政和银行两个渠道,逐渐更多地通过股票和债券在资本市场上直接融资。至少在目前,国有银行在其贷款利率和信贷范围与方向上,政府仍拥有相当大的影响力,结果进入银行系统的居民消费剩余,其支配权在很大程度上实际掌握在政府手中,成为政府实际控制的资源,绝大部分进入了国有经济部门,约为金融资源的70%以上[②],其中很多形成银行不良贷款和企业不良资产。显然,如果按流动性、安全性、收益性的商业银行原则发放贷款,进入国有经济部门的金融资源不会这么多。

这样,如果把我们讨论过的政府实际支配的三大部分资源全部加在一起,则在资源流量中政府实际支配的份额约为三分之一,这尚不包括国有资产存量和国有自然资源。[③] 由此可见,在我国,政府实际直接支配的开支不仅包括预算内资金,而且包括大量的预算外资金或其所控制的企事业单位的资金的一部分(比方说有一部分政府支出是在其下属的企业、事业单位报销的),以及非预算外资金、非国有资源。[④]

从世界范围内看,政府支出项目的历史既是一部增长的历史,也是一部充斥着浪费和部分滥用的历史,人们对政府规模增长的担心并不是没有根据的。关于政府浪费和滥用支出的报告数不胜数,但政府为人们提供的产品和服务同样也满足了人们的各种需要。至于应加强哪些政府项目,应取消哪些政府项目,应如何提高政府效率,则需要针对具体项目做详细的考查。

政府雇员

政府雇员的规模及增长也是衡量政府规模变化的一个重要指标,我们先看一看西方七国的数字,见表8.1.4。

[①] 转引自胡家勇:《一只灵巧的手:论政府转型》,社会科学文献出版社2002年版,第63页。原始资料来源为中国证监委:《1998中国证券期统计年鉴》,中国财政经济出版社1998年版;《中国统计年鉴》,中国统计出版社1999年版。

[②] 见程晓农:《繁荣从何而来》,载《开发时代》2000年第9期。

[③] 详细估计数字读者可查阅胡家勇:《一只灵巧的手:论政府转型》,社会科学文献出版社2002年版,第66页的表2-12。

[④] 见胡家勇:《一只灵巧的手:论政府转型》,社会科学文献出版社2002年版,第124页,胡家勇的这个观点也可见于罗德明主编的《经济转型与经济发展》一书的第一章"资源动员与资本形成"中第3-31页的内容,中国社会科学文献出版社2002年版。

表 8.1.4

国家	总人口数（万人）	就业人数（万人）	公务员人数（万人）	公务员占总人口比率	公务员占就业人口比率
美国	27 537	20 400	2 057.20	7.47	10.08
加拿大	3 075	2 180	254.81	8.29	11.69
英国	5 976	4 320	544.30	9.11	12.60
法国	5 889	3 600	481.93	8.18	13.39
德国	8 221	5 450	436.41	5.31	8.01
意大利	5 719	3 080	227.59	4.00	7.40
日本	12 617	6 800	407.78	3.23	6.00

注：西方七国的数字为2000年。
资料来源：OECD Labour Statistics：1980—2000；OECD Public Management Service，2001；转引自娄胜华：《澳门政府规模的实证研究》，载《学术研究》2003年第3期，第64页。

美国1995年政府的全日制非军事雇员为1 952万人，占民用非组织性人口①的9.83%，占民用劳动力②的14.8%，在1950—1995年间政府雇员规模的年增长速度为2.8%，是同期人口增长率0.6%的四倍多，也高于同期民间部门雇员的增长幅度2.1%（而同期政府支出增长了400%）。③

中国的政府行政人员规模自1978年到20世纪末也一直在膨胀，见表8.1.5。

表 8.1.5

年份	绝对量*	增长率%	占国有单位职工比例%	社会劳动力增长率%
1978	505	8.14	6.6	2.17
1983	646	5.73	7.4	2.52
1988	971	4.97	9.7	2.94
1993	1 030	−10.28	9.4	1.32
1998	1 097	0.37	12.5	0.51
1999	1 102	0.46	12.9	0.90

注：* 单位：万人，仅包括行政机关正式在编人员。
因1978年的增长率和非政府部门劳动力增长率没有统计数字，故用1979年的统计数字代替。④

---

① 指16岁及以上有工作能力的非军事人员。
② 指非组织性人口中进入劳动力市场的人口。
③ 原始资料来源于：*Statistical Abstract of the United States*，1990 and 1997, Washington, O.C.：U.S. Department of Commerce, derived from tables 487 and 624 in 1990 edition, tables 507 and 619 in 1997 edition. 根据杨逢华、林桂军：《世界市场行情》，中国人民大学出版社1996年版，第146—147页做了统计指标中文名称的调整。
④ 本处数字转引自胡家勇：《一只灵巧的手：论政府转型》，社会科学文献出版社2002年版，第118页。

表 8.1.6　中国中央政府机构数量

年份	1978	1979	1980	1981	1982	1983	1984	1985	1986	1988	1993	1998	2003
数量	76	94	99	100	61	63	65	67	72	65	59	29	28

根据吴爱明等编:《中国政府管理百科全书》,经济日报出版社1992年版;刘智峰:《第七次革命》,经济日报出版社1998年版和新浪网公布的数字整理。

如果用政府工作人员占劳动力人口总数的比例来衡量政府规模的大小,应注意的一个问题是如果使用我国统计指标体系中"国家机关、党政机关和社会团体工作人员"这个指标来计算公务员占全国人口的比重,然后再用这个数字与国际上通行的用以衡量政府规模的公务员占全国人口的比重指标进行横向比较的话,就会得出我国政府规模偏小的结论。但实际上有两点应该考虑进去,一是对公务员的统计口径不一样,在西方发达国家的统计体系中,公务员是指由政府财政支出付薪的人员,包括政府机构的职员和公共企事业单位的职员,如教育、国有企业、医疗等部门的雇员,统计口径比我国的政府工作人员要宽泛的多,但在我国,我们的指标体系中定义的"广义的政府从业人口"中并不包括由政府财政供养的事业单位工作人员、不正式在编的干部和临时雇用的大量勤杂人员,仅包括正式在编的正式政府工作人员;第二点是我国同西方发达国家的经济结构差异很大,我国的绝大多数人口生活在农村地区,近一半的就业人口在农业部门,一般来说农业国家的政府管理人员占全国人口、劳动人口的比重要比工业国家小一些[①],这也是19世纪奥地利经济学家瓦格纳(Wagner)的一个重要思想,被人总结为"瓦格纳定律"。

表 8.1.7　中国政府机构正式人员工资水平统计

年份	政府正式工作人员平均工资水平	社会平均工资水平	在15大行业中的排序
1978	655	615	7
1980	800	762	7
1985	1 127	1 149	9
1986	1 356	1 329	6
1987	1 468	1 459	7
1988	1 707	1 747	13

[①] 见陈东琪:《新政府干预论》,首都经济贸易大学出版社2000年2月版,第63—65页。

(续表)

年份	政府正式工作人员平均工资水平	社会平均工资水平	在 15 大行业中的排序
1989	1 874	1 935	12
1990	2 113	2 140	11
1991	2 275	2 340	11
1992	2 768	2 709	11
1993	3 505	3 371	10
1994	4 962	4 538	9
1995	5 526	5 500	11
1996	6 340	6 210	10
1997	6 981	6 470	9
1998	7 773	7 379	9
1999	8 973	8 346	8

资料来源:国家统计局:《2000 中国统计年鉴》,中国统计出版社 2000 年版。

扩张的原因。我国政府雇员的较快增长是否是由于经济的快速增长所致？统计分析表明,1979—1999 年中国政府工作人员增长率与 GDP 增长率之间的相关系数只有 0.065,说明二者之间没有多大的相关性。[1] 那么,是否与收入因素有关呢？由于政府部门来自财政渠道的工资性质的收入比较容易受到监督和法律规章的约束,难以获得无节制的增长,我们看到虽然中国政府工作人员的财政性工资总体处于社会平均水平之上,但在 15 大行业工资水平的排序中,公务员的工资收入处于中等偏下的位置(见表 8.1.4),因此,仅从财政性工资收入角度看,政府部门并没有明显的优于其他部门的吸引力,但政府机构的财政性工资缺乏风险,而且由政府权力或特权派生出来的大量非工资和非货币利益如住房、医疗、在职消费、社会地位、灰色收入、福利等,使政府公务员的实际收入水平远高于一般职业的劳动者,所以,这是我国政府规模扩张的一个主要原因。在这种缺乏有效监督的利益驱动下,不仅常设的机构有膨胀的动力,许多临时性的机构也大量涌现,如在我国,政府经常使用许多非常规的和突击性的干预行为,为此设立了大量的过渡性的和临时性的政府机构,这些机构一旦设立,就

---

[1] 见胡家勇:《一只灵巧的手:论政府转型》,社会科学文献出版社 2002 年版,第 122 页。

会很难及时撤销,这就容易演化为永久性或准永久性的机构。

基层政府的数量[①]

中华人民共和国行政区划统计与变化情况,见表 8.1.8[②]。

[①] 由于美国是一个联邦制国家,所以在美国的官方统计中,把联邦政府、州政府和州以下各类地方政府均作为政府单位统计。根据美国统计局所确立的标准,一个单位被当作"政府"看待,必须具备三个条件,一是它应是"一个有组织的统一实体",拥有组织机构和某些最起码的权力;二是具有"作为公共机构的政府特征",它应是"向公众负责的",其官员和雇员"不是经普遍选举产生的就是由选举出来的官员任命的";第三,必须拥有管理其自己事务的充分的自由决定权,尤其是为提供经认可的服务而制定预算和征税的权力。美国的州不是由联邦创设的,在美国文献中,从不把州政府看做地方政府,只有州以下的行政单位才称为地方政府,州是联邦的成员或组成单位,州以下的地方政府由州设立或撤销,各州之间在地方政府的设立上有很大差异,没有全国统一建制,但一般都设有县、市、镇、乡、村以及校区。上述地方政府又可分为两类,一类是综合职能地方政府如县、市、乡、镇、村等,另一类是单一职能地方政府,如校区、特区,它们只管理本辖区内某一方面的事务。虽然各州的地方政府和行政区划体系很不相同,但除康涅狄格州和罗得岛州外,其余各州均设县(Country)[但在路易斯安那州,相当于县的地方政府被称为"教区"(Parish),在阿拉斯加州,被称为"行政区"(Borough)],县是美国州以下最普遍最稳定的地方政府,也是州以下最大的分治区,充当州政府的代理机构,对境内的市、镇、乡、村和居民行使州所委托的责任和权力。市在法律地位上与县同为州的分治区,区别在于它们创设的方式和自治的程度不同,县由州设立,市是为了向聚居的居民提供公共服务,根据居民自愿申请,经州特许成立的,是一种自治机构,市较县享有更多的权利处理自己的问题。除县、市以外,各州设有更小的行政单位,名称各州不统一,如乡、镇、村镇等,即使同一名称,各州设立的标准、法律地位、行政职能也不一样,但都由州创立,而非县或市,它们可能处于一个县或市的地域内,但并不意味着它们在行政上归某个县或市管辖,它们独立存在。乡主要是农村地区的政府单位,广泛存在于中西部地区的各州,镇(Town)的含义十分模糊,在美国官方统计中将其归入"乡"一类,在多数情况下,乡、镇可以互换。特别区是所谓单一职能的地方政府,即在其辖区内只行使某种特别的职能,而不进行普遍和全面的管理,特区种类繁多,如学校区、灌溉区、公园区、消防区、水管理区、土壤保护区、公墓管理区、卫生区等,特别区在美国的官方统计中被当作地方政府,享有政府的法律地位,是一种地方自治体,一般由管理委员会进行管理,委员会由区内选民选举或市、州、县政府官员任命。在特别区中校区占三分之一,并在官方统计中单独列项,与其他特别区分开统计,主要职能是提供小学和中学的教育,管理预算拨款和聘用教师、制定教学计划、校舍规划等。校区的财政收入几乎全部来源于州和联邦的拨款,除此之外还有捐款,向使用特区设施的居民收取服务费、发行债券、摊派、收税,但总的来说,特区的征税和借债均受到法律的严格限制。详细情况,读者可以参阅谭君久:《当代各国政治体制——美国》,兰州大学出版社 1998 年版,第九章"美国州和地方的政治体制",第 303—336 页。

[②] 数字来源于 http://www.xzqh.org.cn 中华人民共和国民政部主办的"中国行政区划网"。

表 8.1.8

年份	省级行政区划单位	地级行政区划单位	县级行政区划单位	乡级行政区划单位
2000	直辖市 4 省 23 自治区 5 特别行政区 2	地级市 259 地区 37 自治州 30 盟 7	直辖市 787 县级市 400 县 1 503 自治县 116 旗 49 自治旗 3 特区 2 林区 1	镇 20 312 乡 23 199 民族乡 1 356 街道 5 902
合计	34	333	2 861	50 769
2001	直辖市 4 省 23 自治区 5 特别行政区 2	地级市 265 地区 32 自治州 30 盟 5	直辖市 808 县级市 393 县 1 489 自治县 116 旗 49 自治旗 3 特区 2 林区 1	区公所 27 镇 20 358 乡 18 847 民族乡 1 165 街道 5 972
合计	34	332	2 861	46 369
2002①	直辖市 4 省 23 自治区 5 特别行政区 2	地级市 275 地区 22 自治州 30 盟 5	直辖市 830 县级市 381 县 1 478 自治县 116 旗 49 自治旗 3 特区 2 林区 1	区公所 66 镇 20 500 乡 17 187 民族乡 1 168 街道 5 516 苏木 282 民族苏木 2
合计	34	332	2 860	44 821

① 2000 年、2001 年、2002 年的数字分别截止到该年度的 12 月 31 日。

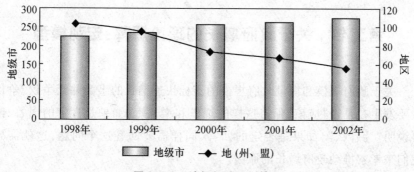

图 8.1.2 地级行政区划情况

从表 8.1.8 和图 8.1.2 中我们可以看出乡镇合并和城镇化进程进一步加快。

美国的政府单位数量在州(增加了 2 个)、县(减少了 7 个)[①]、镇(从 1942 年到 1997 年大约减少了 12% 左右)、市(同期大约增加了 18% 左右)一级变化尚小,主要是校区(由 108 579 个减少到 13 726 个)和特区[②](从 8 299 个增加到 34 683 个)一级变化巨大,主要反映了 50 多年来美国的城市化和人口集中的趋势。[③]

总之,我们在研究我国政府的规模时,不能与发达国家进行简单对比,因为双方所处的发展阶段不同,政府职能不同,有效运用公共资源的能力不同,社会保障系统的保障水平和保障内容、保障范围(完整系统的、覆盖城乡的)不同,收入再分配的规模也相距甚远;同时,更不能将现在的政府规模与改革开放前做简单对比,建立市场经济后,政府职能发生了很大变化,政府规模当然要相应缩小。

---

① 美国县体制的重大弊病是县的数量太多,规模太小,人口太少,美国人口大部分均集中在大城市,但大多数县为非都市县,人口多在 20 万以下,甚至有不少 2—3 万人的县,当初设立县的标准是应让该县居民能乘坐马车在一天内在居住地和县城之间打个来回,这个标准显然已不符合今天的实际情况了,但正如上文数字显示,从 1942 到 1997 年只合并了 7 个县。

② 美国特区增加的原因,从技术上讲是为了适应特定区域的特定需要,处理跨越和突破县、市、镇边界的特殊问题,处理这些问题往往需打破历史形成的地域边界的限制,如处理河流、道路交通、保护土壤、污水治理等问题。

③ 〔美〕E.S. 萨瓦斯:《民营化与公私部门的伙伴关系》,周志忍等译,中国人民大学出版社 2002 年版,第 19 页;谭君久:《当代各国政治体制——美国》,兰州大学出版社 1998 年版,第 296 页。

第二节　关于政府增长的理论解释：宏观模型

关于政府规模和衡量政府规模的指标快速增长的事实并无争议，争议主要发生在是否"应该"保持这样的规模和增长率，如果是肯定的回答，需要说明"为什么"，如果是否定的回答，同样需要回答这个问题，这就需要我们来考察推动政府增长的原因。

当我们一旦能够对政府存在的原因做出解释时，逻辑上也就解决了一个国家的政府应具备什么的规模和规模发生变动的原因了，因为这必定是决定政府存在的诸多因素中的某个或某些因素发生了变化，一个原因可以视为一个变量，或变量集，那么规模的增长就必然要通过这些变量来解释，这是我们考虑政府增长问题的一个总思路。

影响政府规模的因素很多，但直接起决定性作用的是政府职能。所以，研究政府规模首先应当考察政府的职能。

政府的经济职能

在经济学成为一门独立的学科之前，国家在一国经济活动中的作用就已成为学者们辩论的一大主题，政治思想家们提出了各种各样的统治方式和国家职能观，但除了少数例外情况，国家真正开始关注经济活动应该说是一个现代的现象，学者们开始系统地考虑国家或政府在经济事务中的作用则是重商主义时代以后的事情，或更确切地说，是从代议制政府出现以后才出现的一种现象，"在历史的大部分时间里，国家并没有为经济增长提供一个很好的架构，在过去，与其说国家是一个为公众利益服务的机构，还不如说它的性质更像黑手党"。①

那么什么是一个政府在现代混合经济中要履行的主要经济职能呢？

1. 弥补市场失灵，改善资源的配置效率。这是政府在微观经济层面干预的中心目的，所采用的微观经济政策也因各国政治、历史、文化因素的

---

① 查阅道格拉斯·C.诺斯：《国家经济角色的昨天、今天与明天》，见〔美〕斯蒂格利茨、〔荷〕阿诺德·赫特杰编：《政府为什么干预经济》，中国物资出版社1998年版，第161—162页。

不同而存在差别。"看不见的手"最引人注目的配置和利用经济资源的效率特征在现代经济环境中由于现实经济活动中的垄断、外部性、信息不完全、公共产品、宏观经济波动、收入分配等问题而遭到破坏,为了解决市场机制的这些缺陷,政府在保障市场发挥"看不见的手"的作用的同时,引入了政府干预这只"看得见的手"来干预企业或市场。如政府有时会直接投资建立或经营企业以取代市场,当经济激励存在效率太低或成本太高的问题时,政府会通过法律的手段强迫企业采取某种行动[1],政府提供公共产品[2],政府运用财政手段进行收入的再分配,政府运用财政和货币政策以促进经济增长和平抑经济波动等等。所以即使在一个完全竞争市场中,政府也有存在的必要,其依据就是市场失灵,市场失灵的存在使得政府这只看得见的手发挥作用在逻辑上获得了坚实的基础。

提供公共产品是国家最主要的职能。公共产品包括制度性基础设施,物质性基础设施,以及基于其上的司法、执法、国防、治安、教育、医疗卫生等公共服务。提供制度性基础设施以及由此产生的社会经济秩序是国家最主要的职能,"国家最重要的也是最困难的任务就是建立一系列的游戏规则,并将之付诸实施,以鼓励全体人民充满活力地加入到经济活动中来"[3]。为市场经济确立法律框架,建立一个有利于个人通过自愿交换以获取利益的制度环境和政府进行行政、司法、执法行动的制度性规则,并在这个法律框架内开展行政、司法、执法活动以降低交易成本,是政府的首要职能。这个法律体系包括产权的界定、合同法、公司法、破产法、反不正当竞争法、反垄断法、维持健全的货币制度的法律体系以及约束社会不同成员从事经济活动方式的法律和法规,这些服务通常拿税收来交换[4],由于使用强制力存在规模经济,政府可归入自然垄断一类。

提供物质性基础设施。在这方面政府的直接作用一直在变化,许多原

---

[1] 需要指出的是在这种情况下,政府的预算中并没有显示出这种管制对生产者、消费者所造成的成本或收益的变化情况,只反映了政府的直接干预成本。

[2] 政府直接提供市场不能有效提供的物品与服务,政府可以通过直接投资或对私人企业进行国有化的途径建立国有企业,并自己经营,也可以从私人部门购买这种商品或服务。

[3] 道格拉斯·C. 诺思,载〔美〕斯蒂格利茨、〔荷〕阿诺德·赫特杰编:《政府为什么干预经济》,中国物资出版社1998年版,第163页。

[4] 在很多国家尤其是发展中国家,政府往往安排预算建立大量提供私人产品的国有企业,通过获取市场利润来减少对税收的依赖。

来被认为是公共物品的实际上可以由私人部门来提供,或由政府预算提供资金或补贴而由私人部门进行生产。①

维持社会治安,组织军队防止外敌入侵。

提供立法、司法、执法等公共服务以界定和保护产权,保证自由契约的实施。

政府,当然包括各级政府,通过对个人和公司的收入、工资、消费品的销售和其他的项目进行征税,以支付其公共活动和生产公共物品的成本,每个人也因此而获得权力分享政府所提供的公共服务和公共产品。②

2. 促进社会平等。即使我们假设不存在市场失灵,或存在市场失灵但不存在政府失灵,即政府能够通过审慎的干预完美地弥补市场失灵,市场经济以完全有效率的方式运行,经济系统总是在其生产可能性边界上而不是在其内运行,并且选择了公共物品和私人物品的正确组合,经济系统仍然不一定能够产生一种被广泛认为是体现了社会公正或平等的收入分配格局。经济学家说市场是有效率的时候,指的是经济活动是帕累托有效③的,即如果不使其他人福利水平下降,就无法进一步改善自己的福利水平了。有效率比无效率好,但效率并不是一切,竞争可能导致一个资源分配极不平等的但却是有效率的经济系统,竞争性的市场在产生经济效率的同时,也可能产生至少在某些人看来在道德上无法容忍的收入分配格局。一个完全自由放任的市场经济对"为谁生产"的问题有时提供了令人难以接受的答案,可能产生令人难以接受的收入与消费上的不平等,许多人认为由自由竞争所导致的这种收入分配结果就如同森林中的动物间所进行的达尔文式的食物分配一样缺乏人道。

这是市场失灵吗?不是,市场根据货币选票而不是需要来分配产品或服务,把物品和服务提供给出价最高的人正是市场机制保证配置效率的原

---

① 参见本书公共部门的私有化一节。

② 在这里税收有点像公共产品或服务的"价格",但税收与价格存在一个重要的差别是税收并不是自愿支付的,个人通过一定的民主程序将税收负担加于纳税人自己身上,每个人都必须服从税法,即使你从不消费某类公共服务或公共产品也必须"购买"它,即支付你那份税额。

③ 如果有一个经济改革方案能在没有一个社会集团受损的前提下使某一社会集团受益,经济学称之为"帕累托改进"(Pareto Improvement)。如果一部分人受益,另一部分人受损,但受益大于受损,这时就有可能设计出一种机制来进行补修,经济学称这种过程为"卡尔多改进"(Kaldor Improvement)。

因之一。市场经济中的收入取决于多种因素,如努力程度、工作强度、工作时间、风险、偏好、天赋、人力资本拥有量、财富的拥有量等,收入的不平等也许符合市场经济的原则,但可能在政治上或道德上是不可接受的,一个国家的政府也没有必要因其没有违背市场机制的效率原则而将竞争性市场经济运行的收入分配的结果作为既定的和不可改变的事实接受下来,更不意味着应该抛弃自由竞争机制,所需要做的仅仅是对人们拥有的财富进行再分配,然后把其他事情都留给竞争性的市场去完成。利用不同的再分配形式,经济可以实现任何程度的不平等或平等,如果一个社会的多数人不喜欢竞争性的市场经济按货币选票分配的结果时,他们可以通过政治程序,通过政府采取的一些措施来改变收入分配格局以降低不平等程度,政府可以通过强制征税和转移支付来保证文明社会所能接受的最低的健康、营养和收入标准,如通过累进制的所得税和遗产税建立现金或实物转移支付制度,即对个人或家庭的货币支付,转移支付的对象包括老、弱、病、残、失业或处于某种长期或短期困难的人。

当然,对于什么是可接受的收入不平等或什么是可接受的绝对或相对贫困这类规范问题,经济学作为一门科学是无力回答的,这是一个政治问题,必须通过公共选择或领袖集团独裁的途径才能得到回答,但经济学能够为各种不同的政治方案提供成本—收益分析,有助于设计出或选择出增加穷人收入的、更有效率的收入再分配方案。不同的再分配政策,不仅会带来不同的受益者,产生不同的既得利益者,而且给受益者带来的收益和给受损者带来的损失并不相同,也就是说再分配政策并不是如它的许多支持者们所认为的只是一个再分配政策,它同时还存在着许多对分配格局以外的其他影响,这些影响往往会降低经济效率,因此,对于促进平等的政府干预必须小心谨慎,政府在这方面的行为应受到严格的节制。

设计合理的再分配方案是个极其复杂的问题,为什么慈善机构等自愿形成的私人再分配制度不能承担起再分配的责任呢?一般认为私人再分配制度进行的再分配难以在足够大的规模上存在,而且因为允许私人机构自由选择退出使这种再分配具有很大的不确定性,此外在不存在一个协调机构的情况下,私人慈善机构之间的措施有可能产生冲突或重复,所以,私人再分配制度虽然可以进行再分配,但难以从根本上解决问题。而政府在寻求协调和全面的再分配政策方面处于有利的地位,政府具有强制性的税收来源,在大规模的收入再分配方面更具有有利地位,况且引起收入差距的原因很多,对于那些因市场运行的制度性基础设施不完善所引起的收入分配问题,也只有政府才能够解决。

3. 促进宏观经济的增长和减轻宏观经济运行的波动。市场经济制度自产生以来,就不断受到停滞、通货膨胀、失业、对外贸易失衡的反复困扰,自20世纪30年代宏观经济学产生以来,得益于凯恩斯及其追随者们的思想贡献,我们逐渐极其有限地知道了如何通过谨慎地运用财政和货币政策来促进经济增长和生产率的提高,平抑失业率和通货膨胀率等宏观经济指标的大幅度波动,尽管20世纪70年代美国的滞胀让许多人开始怀疑货币政策和财政政策稳定经济的能力。

关于政府在主要依赖市场组织经济活动的社会中应起什么作用的问题,确立一些抽象的原则或进行抽象的论述可以是较为完整而彻底的,事实上,关于这个问题的争论很少发生在这些抽象原则的方面,我们每天都要产生新问题和新情况,这些抽象原则的具体应用永远不会是确定无疑的,我们永远无法列出一个现代政府具体该干什么、不该干什么的清单,它必须不断地修改以适应人口数量、年龄结构、财富与技术水平的变化,这就是为什么关于政府发挥作用的具体形式永远不可能在一次论述中加以彻底说明而无需再加以补充的原因,这也是为什么关于政府的作用问题总是理论界和政治家们争论的一个核心问题的原因,因此我们需要经常结合当前的实际经济问题不断审查我们在这个问题上所遵从的抽象原则的现实意义,从而使我们对这些抽象原则的认识不断得到了深化。①

公共支出的宏观模型

政府增长的宏观分析模型用经济总量如GNP、通胀率、收入水平等指标来分析和解释公共支出的长期变化规律,是用来分析政府规模的时间模型。本书我们将重点考察三种重要的宏观模型:瓦格纳模型、政府增长的

---

① 我的这个思想深深地受到了弗里德曼在他的著作《资本主义与自由》一书所表达的思想的影响,但很难以具体地说明是受哪一个具体段落的影响,因为这样一种思想贯穿该书的几乎全部内容。

发展模型与皮科克—怀斯曼模型。

公共支出的宏观模型
——市场失灵、专业化分工、收入弹性与政府增长

德国经济学家阿道夫·瓦格纳(Adolf Wagner)提出一种理论,认为随着经济中人均收入的增长,公共部门的相对规模也将增加,后来的西方学者将这种思想用瓦格纳定律(Wagner's Law)的形式加以概括和表述,瓦格纳模型是一种公共支出的宏观分析模型。瓦格纳从市场失灵和收入弹性两个方面来解释政府增长的事实,瓦格纳指出随着工业化和专业化分工的发展,不断扩张的市场和市场主体之间的关系会变得越来越复杂,使得商业法律和契约变得非常重要,这就需要建立一套司法制度来执行这些法律;城市化和生活密度的提高所导致的外部性也需政府进行干预和管理,人口的集中会创造出对政府服务和公共产品的需求,如争端的增加会导致对警察和法官更多的需要,人们生活和商业活动外部性的增加需要更多的政府介入以消除外部性,如控制污染、减少噪音、管制交通等;随着经济的发展,政府还需提供货币和金融方面的供给制度,保证币值的稳定和金融系统的安全性,以便将剩余资金与最佳投资机会联成一体。

随着经济活动的日趋复杂,微观层面上的市场失灵如不完全竞争、外部性、交易成本的增加、信息不对称等现象的加剧,以及宏观层面上的市场失灵如收入分配差距过大、非自愿失业增加、通货膨胀,对外贸易失衡等[①]都对政府干预私人经济部门的活动提出了更高的需求,这构成了政府增长的一个重要原因。但我们应注意到许多市场失灵正是由于政府干预造成的,例如,针对市场失灵的政府管制问题,在西方代议制民主政府里,虽然管制常常带给消费者的是低劣的服务、高昂的价格和短缺,但立法人员却往往是出于一种真诚的信念投票通过各种管制条例,相信这些管制有利于公众利益,这种信念往往是建立在赞成管制的利益集团所提供的种种虚幻

---

① 西方经济学的理论文献一般不把宏观经济层次上的这几个问题归到市场失灵里,本文倾向于采用斯蒂格利茨(1988)的思路,扩展市场失灵的范围,见Stiglitz, J. E., *Economics of the Public Sector*, 2nd ed, New York: Norton & Co. 中文版见斯蒂格利茨:《公共部门经济学》,上海三联出版社1994年版。

宣传的基础上,"但浪费之路就是用这种良好的意图铺就的"①,这些管制计划经常是损害了而不是帮助了消费者。

收入分配的扭曲程度。在既定的法律制度下,如果若干法律上的条件得到满足,个人通常可以获得一笔转移支付,如生病、失业、年龄超过一定界限或个人、家庭收入低于某一界限等等。如果法律制度是既定的,则在转移支付项目上的公共支出将取决于符合法律条件的人数,这类群体的增加会造成公共支出的增加;如果法律制度发生变化,如提高了保障水平,则无疑也会引起公共支出的增加。不同的个人和利益集团及其他团体对什么是合适的保障水平或什么是公平合理的获得转移支付的法律条件的回答是不同的,在分权制衡的代议制政治制度下,追求选票最大化的政治家会选择那些保证他能得到中位选票的转移支付政策。

专业化分工与政府增长之间的关系是与交易成本和利益集团的数量增加密切相关的,诺思和沃利斯②的研究认为市场经济的发展所带来的职业和区域的专业化分工与协调有两个后果,一个后果是交易数量和交易成本呈现指数化增加,表现为私人部门中的白领和管理人员所占比例的增长和经济管理类政府部门的扩张;另一个后果是专业化分工的发展导致以专业化为基础的利益集团数量的增加,这些集团对政府施加越来越大的压力,要求政府采取行动对经济活动进行再分配导向的政府干预和降低交易成本以提高私人部门的效率。二战以后,西方发达国家政府总支出中的非国防、非转移支付方面的支出增长要快于 GNP 或 GDP 的增长速度,这为降低交易成本的观点提供了统计支持。从理论上讲,提供公共物品和消除外部性,并不是政府存在的充分条件,也不是必要条件,政府仅仅是作为以最低交易成本提供公共物品和消除外部性的机构而存在的,这样,从逻辑上讲,专业化分工的发展带来的交易成本的增加必然导致政府支出的增加,在实证检验上遇到的最大困难就是对它进行精确计量非常困难。

---

① 这是记忆中的一句话,出处已经忘记。
② 原始文献请参阅 D. C. North and J. J. Wallis, American government expenditures: a historical perspective, *American Economic Review*, May, 1982, 72, pp. 336 - 340; D. C. North, The growth of government in the United States: an Economic Historican's Perspective, *Journal of Public Economics*, December, 1985, 28, pp. 383 - 399。中文文献见方福前:《公共选择理论——政治的经济学》,中国人民大学出版社 2000 年版,第 190 页;〔美〕丹尼斯·C. 缪勒:《公共选择理论》,杨春学等译,中国社会科学出版社 1999 年版,第 404 页。

对于公共支出在教育、娱乐和文化、医疗和福利方面的支出增长,瓦格纳使用需求收入弹性来进行解释,认为随着实际收入(即实际 GDP)的提高,政府在这些服务方面的公共支出也会提高,因为公共部门提供的产品和服务一般具有较高的需求收入弹性(income-elastic wants)。需求收入弹性通常大于 1,而需求价格弹性通常小于 1,所以,公共支出的收入弹性通常大于 1,即随收入的提高,公共支出将以更大的幅度增加,结果是对这些产品和服务的需求增长快于收入的增长速度,这必然导致政府支出在 GDP 中的比重不断上升,如果是这样的话,就部分解释了政府规模相对增长的事实。

不同类型国家的统计资料显示,随着人均实际收入水平的提高,由于人们对政府提供的许多服务或产品的需求增加了或对这些产品和服务的质量要求提高了,从而推动政府规模或开支的绝对增长,如随着人们实际收入的增加,往往要求更高质量的教育设施和教育水平,更高质量和更大规模的图书馆、博物馆等文化设施,更好的公共交通系统和公共娱乐设施,更好的城市或自然环境,愿意在太空探索上给予更多的预算等,并愿为这一切承受负担。此外,一些公共部门供应的产品和私人部门提供的产品之间存在着密切的互补关系,如汽车和高速公路之间,当随着收入的增加汽车消费量增加以后,对高速公路服务的需求也将随之增加,公共部门支出结构中这部分的公共支出将相应增加。①

当然,我们上面只谈到了问题的一个方面,另一方面是,随着收入的增加,人们往往也会减少对政府提供的某类服务或产品的需求。许多西方学者的实证研究表明对政府提供的某些产品或服务的需求收入弹性有减小的倾向,如与贫穷地区相比较而言,富裕地区达到同样的治安水平需要更少的安全支出,如果整个国家的政府安全服务价格保持不变,则富裕地区

---

① 在对公共部门产品和服务的需求价格或收入弹性进行实证研究时常会遇到许多困难,许多公共部门的产出是难以衡量的,因为在大多数情况下,它们都是无形的,如教育,既具有当前消费品的特点,又具有可持续消费品即耐用品的性质,它对一个人一生的收入都可能具有影响。这样,对公共部门提供的产品或服务的需求收入或价格弹性进行实证研究时,往往只能衡量与收入或价格变化相关的某种具体的产品或服务或进一步简化为只具有某种特点的某类产品或服务的弹性。而且公共支出的支出收入弹性的含义很模糊,我们往往难以判断是由于收入变化影响到了需求函数而使公共支出发生改变呢,还是收入变化使公共部门的产出成本发生变化即影响到了产品或服务的成本函数从而使公共支出发生变化,或是两者兼而有之。

的安全方面的支出将减少,从而在其他地区的治安水平不变的情况下将导致总公共支出减少,因此,收入增长在有些情况下可以降低政府服务的成本,部分抵消"鲍莫尔价格效应"。再如随着收入的增加,将有更多的人购买或修建家庭体育、娱乐设施,而不是利用公共体育设施,如私人游泳池的修建,更多的人购买家庭影院而不是去公共电影院,加入网球俱乐部而非到公共网球场,购买私人藏书而不是依赖公共图书馆,安装家庭安全系统或雇用私人保安而非更多地依赖警察,饮用桶装水而减少对自来水的消费等等,但总体来说,收入增长会使政府绝对规模扩大。①

理论经济学家们对瓦格纳模型的批评主要是认为该模型难以得到实证研究的支持。

现在我们假设投票采用多数通过原则,公民直接对政府支出问题进行投票,并且决定的唯一问题是政府的支出水平,我们就可利用中位数选民定理,把政府支出写成中位数选民特征的函数,我们用对数形式写出的就中位数选民而言的政府支出方程式为:

$$\ln G = a + \alpha \ln P_g + \beta \ln Y_m + \gamma \ln Z + \mu$$

G 为对公共部门提供的产出的需求,P_g 为公共部门产出的价格,Y_m 为中位数选民的收入水平,Z 代表外部性程度。②

如果 Y_m 的变化能够解释政府支出水平的相对增长,则 $\beta > 1$,但从目前的文献看,只有少数的文献认为 β 明显大于1。多数的实证研究表明,在国家层次上,西方发达国家政府支出规模的大规模扩张是发生在二战之后(战争期间除外),而在此之前,在资本主义经济飞速发展的19世纪下半叶和20世纪前三十年,在收入大幅提高的同时,政府支出水平却保持在一个相对稳定的水平,同时,城市化加速发展也几乎持续了一个世纪,人口密度的增加,导致外部性和对基础设施等公共产品需求的急剧增加,但政府规模却没有同步增加,γ 没有像通常预测的那样大于1,$\gamma > 1$ 和 $\beta > 1$ 均没

---

① Borcherding 的研究认为,在美国 1/4 的公共开支增长可用收入因素加以解释,读者可参阅 Thomas E. Borcherding, ed., *Budgets and Bureaucrats: The Sources of Government Growth*, Purham, NC: Duke University Press, 1997, p.50,也可参阅〔美〕E.S.萨瓦斯:《民营化与公私部门的伙伴关系》,周志忍等译,中国人民大学出版社 2002 年版,第 19—38 页的内容。

② 转引自〔美〕丹尼斯·C.缪勒:《公共选择理论》,杨春学等译,中国社会科学出版社 1999 年版,第 392 页。

有得到历史数据的支持。① 剩余的解释变量就剩下 α 了,多数经济学文献认为 α 明显地大于 -1,即 $|\alpha|$ 明显小于 $1$②,这意味着如果政府提供的产出价格相对于私人部门的产出价格是上升的,即使政府部门的产出将以较小的规模减少,政府支出也将增加,至于政府部门的产出价格为什么会上升,我们将在鲍莫尔模型一节中详细讨论。

理论经济学家们对瓦格纳模型的另一个批评是该模型认为收入增长不可避免地会导致政府增长,对此缺乏一个表达清晰的公共选择理论,因此该模型有意避开了公共选择问题。而运用国家有机论,将国家视为一个人,将它的存在和决策视为独立于社会其他成员之外的,这就事实上否定了公共选择的存在。实际上,如果做出减小公共支出绝对或相对规模的公共决策,收入增长和政府停滞甚至缩小是有可能同时存在的,由此看来,瓦格纳将将要发生的和他认为应该发生的混淆了,将规范和实证混淆了。③此外,该模型是建立在工业化时期这一背景下的,对一个国家进入成熟期或停滞期后的政府增长缺乏解释力。

公共支出的宏观模型
——心理因素、时间变量与政府增长:关于皮科克和怀斯曼模型

皮科克和怀斯曼(Peacock and Wiseman)④的理论是建立在"政府愿意支配更多的预算,公众喜欢消费政府提供的产品和服务但不喜欢缴纳更多的税赋,以及政府的公共决策受纳税人的影响,并假定存在某种对政府行为构成约束的、社会可容忍的税收水平上限"的前提之上的⑤,这样,当税率确定在社会可容忍的水平上限时,公共支出的绝对规模会随 GDP 同步

---

① 由施瓦布与曾佩利所度量的收入变化对公共支出的总效应甚至接近于零,参见〔美〕丹尼斯·C. 缪勒:《公共选择理论》,杨春学等译,中国社会科学出版社 1999 年版,第 419 页。
② 博赫丁的研究认为是 -0.5,迪肯的研究表明大约为 -0.4,见〔美〕丹尼斯·C. 缪勒:《公共选择理论》,杨春学等译,中国社会科学出版社 1999 年版,第 419 页。
③ 见〔英〕C. V. 布朗、P. M. 杰克逊:《公共部门经济学》(第四版),张馨译,中国人民大学出版社 2000 年版,第 104 页。
④ 原始文献参见 A. T. Peacock and J. Wiseman, 1961,中文文献见方福前:《公共选择理论——政治的经济学》,中国人民大学出版社 2000 年版,第 175 页;〔英〕C. V. 布朗、P. M. 杰克逊:《公共部门经济学》(第四版),张馨译,中国人民大学出版社 2000 年版,第 105 页。
⑤ 这实际上是克拉克税收灾难学派的变体,原始文献见 C. Clark, Public finance and changes in the value of money, Economic Journal, December, 1945,他认为每种成功的经济都有一种能容忍的税收水平,约占 GNP 的 25%,超过这一水平,将会使经济状态变差。

增长,相对规模基本保持不变。① 但在社会大变动时期,如在战争、灾荒或社会瘟疫流行时期,纳税人可以容忍的税收水平上限将高于正常时期,纳税人将增加对公共服务和产品的需求,外部动荡(如战争)也会使政治家具有了某种相机决策权,这时,政府将提高税收水平直至新的可容忍水平。由于在危机期间增加的公共支出将替代部分私人支出,皮科克和怀斯曼将这种变化称为"替换效应"(Displacement Effect)。在危机阶段过后,公共支出由于各种原因不会降到原来的水平,如由于偿付战争债务需保持较高的税率以增加税收,或纳税人已经可以在正常时期"容忍"这种税收水平了,表现为可容忍水平永久上移了,或出现了"检验效应"(Inspection Affect),这种效应指纳税人通过经历社会变动时期使其认识到增加政府支出的必要性,从而使可容忍水平上移和政府提供服务和产品的规模和范围得以扩大,这样,政府增长就具备了一种棘轮效应,临时性的政府支出增加就会演变为一种永久性的规模增加。

对皮科克和怀斯曼模型的批评主要来自对战争支出与战后政府公共支出的长期影响的实证研究,研究表明除皮科克和怀斯曼所描述的情况外,还有一种可能,即公共支出相对规模(占 GNP 的比例)在短期或长期将下降到战争前的水平,在长期公共支出并没有替代私人支出。② 尽管对于战后公共支出的增长趋势存在着上述分歧,但他们的研究对于分析政府增长的长期趋势仍具有开拓性的意义。③

公共支出的宏观模型
——支出结构与政府增长:政府增长的发展模型

在马斯格雷夫和罗斯托的发展模型中,我们认识到了公共支出的增长

---

① 由于通胀或累进税制的因素,政府实际规模会缓慢上升。
② 〔英〕C. V. 布朗、P. M. 杰克逊:《公共部门经济学》(第四版),张馨译,中国人民大学出版社 2000 年版,第 107 页。
③ 该处评论源来 Musgrave, Fiscal systems and R. M. Bird, *The Growth of Government Spending in Canada*, Toronto: Canadian Tax Foundation, 1970, 中译本见〔英〕C. V. 布朗、P. M. 杰克逊:《公共部门经济学》(第四版),张馨译,中国人民大学出版社 2000 年版,第 128 页,本文作者同意这种看法。

与政府在经济发展过程中的各个阶段中的不同作用之间的关系。① 在经济增长和发展的早期,公共部门的投资在整个经济的总投资中所占的比例较高,因为在这一阶段,需要公共部门提供交通系统、卫生医疗系统、法律体系、司法警察系统和公共教育系统等社会基础设施,这些基础设施对于一个国家的经济起飞具有重大作用,而私人投资又因经济处于起步阶段而严重不足,所以公共投资对于促进经济和社会向中等发达阶段发展是必不可少的。在经济发展的中等发达阶段,政府的公共投资作为私人投资的补充,其相对比例在逐步下降,与此同时,政府的公共支出结构将发生变化,从以对基础设施的支出为主逐步转向以教育、医疗和福利方面的支出为主。进入经济成熟阶段后,转移支付方面的支出相对于公共支出的其他项目和 GNP 的增长而言都将大幅增长。

正是基于这样的理论基础,许多学者批评性地认为仅仅将处于成熟阶段的政府描述为公共物品的提供者和为消除外部性而存在的看法基本上是一种不完全的规范性的描述,而不是对政府实际作了什么的实证性的描述。在政府的实际公共支出项目中,转移支付已成为最大的一个项目,甚至有一些经济学家认为政府所有的支出项目都具有再分配的性质,政府预算的分配、基础设施的选址、政府合同的签订都具有再分配的效果,所以要真正理解现代发达国家政府支出的增长,就必须分析政府的再分配活动。

上述宏观模型很难解释战后世界上绝大多数国家出现的政府规模增长的情况,要解释这些变化,我们还需考察公共支出的微观基础,即从供给和需求两个方面考察导致政府增长的(即公共支出或政府提供的产品或服务的增长)那些力量。公共支出的变化可以通过以下方式发生:对政府部门最后产出的需求发生变化;政府部门生产产品和提供服务的方式发生变化以及由此引起的在生产过程中要素组合的改变;政府部门产出的质量发生改变;要素价格的改变等。

我们将以个人主义的方法论作为分析的基础,即作出如下假定:个人对其自身的福利能作出最好的判断,且假设存在规定人们投票权、当选代

---

① 原始英文文献见 R. A. Musgrave, Expenditure policy development, in D. T. Geithman ed., *Fiscal Policy for Industrialization and Development in Latin America*, Gainsville: University of Florida Press, 1974; R. A. Musgrave, *Fiscal Systems*, New Haven: Yale University Press, 1969; W. W. Rostow, *Politics and the Stages of Growth*, Cambridge: Cambridge University Press, 1971。

表的权力范围、政府行政职责和投票方法和程序的宪法;投票人了解各种政策方案的实际影响和成本收益;投票人为政策而非政治家人格投票;存在一个官僚机构,服务于政治制度并生产公共部门提供的产品和服务,并且这个官僚机构是中性的,不直接参与公共决策过程;假设公共部门都是成本最小化的非营利机构,并能以当前技术条件下的最低成本提供公共产出;消费者(选民)通过投票、游说或组成利益(压力)集团等多种方式表达其对公共部门提供的物品和服务的需求,每个家庭都对公共物品有一组确定的偏好并在预算约束下追求效用函数最大化;追求选票最大化的政治家将努力发现选民的偏好及其对公共政策的反应,尽量满足中间选民对公共部门提供的产品和服务的偏好,从而保证当选;公共部门的预算是平衡的。在以上假设前提下我们将展开我们对公共支出增长的微观层次的分析。

第三节 关于政府增长的理论解释:需求模型

人口因素

从直觉上,人们一般倾向于认为随着人口的增多,公共部门的开支也会不断增加,以服务于更大的人口规模,但凭直觉作出的粗略估计常常并不可靠,因此有必要对人口规模与公共支出总量之间的关系进行深入的研究。

人口规模和公共支出规模之间关系的实质,取决于所供应的产品和服务的性质。对于纯公共产品,由于增加消费的边际社会成本为零,因此,人口规模的扩大并不引起这部分公共支出的增加①;对政府预算支出提供的准公共物品或私人物品来说,可以预测,如果人口增加且保证每个人的消费水平不变的话,人口规模的增加将导致公共支出以等于或小于人口规模

---

① 在这里我们是在假设服务水平和产品数量保持不变的条件下进行的,现在我们放松这些假设,对于纯公共物品而言,人口增加以后,由于用于这些项目的公共支出在更大的纳税人口当中分配,这样每个纳税人承担的成本就会降低,从而使对这一公共物品的需求函数发生变化,使需求水平提高,导致了公共支出以低于人口增长率的速度增长,而不是一般认为的纯公共物品方面的支出不变。

增长速度的速度增长,对于准公共物品来说,人口的增加将导致公共支出按较低比例增加,对于政府提供的私人物品来说,人口增加将导致公共支出按相同比例增加。由于政府提供的产品和服务绝大多数为准公共物品或私人物品,所以,人口的自然增长本身就会造成政府支出绝对规模的增长。

对公共部门支出结构和支出总量更具有分析意义的是人口的结构因素,如公共教育项目方面的公共支出就直接与学龄人口的比例、老龄化程度等因素有直接的关系,人口结构因素无疑会使政府支出在人口总规模保持不变的情况下也会增加。[①]

人口的增长除了上述影响以外,还使服务环境发生变化,如随着人口的增加,人口密度将增大,结果会产生社会拥挤成本,使个人效用水平下降,为保持同样的效应水平就需增加公共支出水平,使人口增加前后的产出水平和服务质量保持一致。所以,如果假设存在拥挤的外在成本,同时假设产出水平和服务质量保持不变,人口增长将导致公共支出以快于人口增长的速度增长。

对于那些存在过剩生产能力的产品或服务,人口规模的增长将会导致公共支出以低于人口增长的速度增长,如有空余座位和教师的学校,学生的增加仅会导致某类可变成本的变化。

所以,因人口总量和结构的变化而导致的对政府服务和产品的需求增加,或因产生拥挤成本而导致公共产品质量下降,从而为保持原有质量而增加的支出为政府规模的增长提供了部分解释。

服务环境

公共部门提供的产品或服务的数量,即使满足同样不变的需求水平也会因生产该产品或提供该服务的环境发生变化而变化。这里使用的环境概念,是指影响生产某种数量的产出所需资源的一组社会、经济和地理的变量,例如,提供某一确定水平的警察保护服务的数量将会随着这一地区拥有财富的水平、收入水平、治安环境或人口总量及构成等因素的变化而

---

① 因为老龄化意味着更多的居民依靠政府提供的福利生活,因此与福利相关的政府支出肯定会增加。

变化①,如果这些因素发生某种变化,就意味着想维持原有的保护水平,就必须部署更多的警察。

这一结论的一个重要含义在于当提供的服务水平不变时,公共支出的增加不是一定意味着服务或产品供给的效率的下降,甚至可能出现公共支出增加了,服务水平却下降了,但供给效率甚至有所提高,只不过是因为服务条件变差了,所以不能不加分析地随意采用公共支出的数据来论证公共部门效率的变化。

特殊利益集团数量的增加

在西方发达的工业化民主国家,利益集团,也被称为压力集团和院外集团②,是一种合法的社会团体,也是其公民参与政治的一种重要形式和渠道,在吸纳公民参与政治、沟通公民与政府之间的联系方面起着重要作用,尤其在20世纪60年代至80年代,利益集团数量、类型及院外活动都以前所未有的速度膨胀起来。利益集团数量的增加一般认为与专业化分工和民主化的政治制度有关。③

利益集团的存在导致了政府规模增长的理论通常认为是由塔洛克④开创性的公共选择分析发展而来的,在这篇经典性的论文中,塔洛克提出一个著名的农民修路的案例来说明在多数票规则下,利益集团的存在将导致政府的增长。

【一个案例】

在由100个农民组成的社区中就修筑道路的不同方案进行投票,每一种修路方案都无法使全体农民受益,在多数票原则下,将必然会产生51人联盟,使那个服务于这51人的道路修筑方案被通过,由于这51个农民只

---

① 例如,该地区拥有财富的水平决定了对小偷吸引力的大小。
② 企业游说政府的方式有打电话、写信、拜访等,也可以参加参众两院的委员会会议,但除非前任参众议员,原则上他们是不允许进入议会大厅的,但允许他们在走廊中与立法者进行交流,他们往往起草好了辩论的要点和立法措辞,并在走廊上递给立法者,但由于立法者很忙,所以,游说者多是和国会的工作人员而不是立法者建立私人关系。
③ 当然,不仅专业化分工会产生大量新的利益集团,稳定的政治和社会经济环境也有利于利益集团的形成和成长,见 M, Jr. Olson, *The Rise and Decline of Nations*, New Haven: Yale University Press, 1982。
④ 读者请参阅 G. Tullock, Some Problem of Majority Voting, *Journal of Political Economy*, December, 1959, 67, pp.571–579。

承担修路成本的51%而享受全部的便利,这就会导致他们赞同的方案所提供的公共产出要高于他们必须支付全部成本时他们所愿意接受的产出水平。所以,相对于一致通过规则下将产生的帕累托最优水平,多数规则导致了政府支出规模的过度扩张,本书将在讨论政府失灵的部分详细讨论这个问题。

利益集团数量的增长一般认为与政府支出的扩张具有正的和显著的影响①,经济利益集团的游说活动,大大增加了政府规制的复杂程度,推动了政府规模和政府干预范围的扩张。政策的制定者往往不是依据社会效用最大化或社会总产量最大化而是依据利益集团的效用最大化来制定政策②,如为使涉及各自利益集团收入的税率降低而制定了更为复杂和更具有特殊针对性的税法;为使某行业免于外国产品的竞争而对对外贸易活动进行管制,制定出与单一税率或零关税相比异常复杂的对外贸易规则;为避免商业风险提供了过多的保障③;为使某些利益集团受益而特意安排的政府项目④;为了某利益集团的利益而支付的补贴⑤,这些均会导致政府管制部门人员膨胀和政府支出增长。

美国农业部与农业集团之间的关系就可以很好地说明政府的增长与利益集团之间关系,受雇于农业部的官员无疑支持农业价格支持与补贴计划,该计划将纳税人和消费者的数十亿美元转移到那些最大和最富有的农场主手中,通过这些计划农业部门可以要求更多的预算和雇员。1920年美国的农业人口约为3 100万,农业部雇员为1.95万,到了1975年,农业

---

① 英文文献见 M, Jr. Olson, *The Rise and Decline of Nations*, New Haven: Yale University Press, 1982; D. C. Mueller and P. Murrell, Interest Groups and the Political Economy of Government Size in Francesco forte and Alan Peacock, eds., *Public Expenditure and Government Growth*, Oxford: Basil Blackwell, 1985, pp. 13 – 36。

② 这也是斯蒂格勒提出的管制的俘虏理论(Captured Theory of Regulation)所表达的主要思想。

③ 实际上一个没有风险的世界是不存在的,生活本身就充满了风险和不确定性。

④ 公共支出项目的受益者往往只由某些利益集团所享受,而成本要由全体纳税人所负担,利用发行债券来扩大公共支出同样具有将成本推给未来纳税人而将收益留给现在的利益团体的问题,这将导致公共支出规模的扩张,而且许多政府项目一旦开始便很难停止,因为每一个政府项目都会创造出一个既得利益集团。

⑤ 征税与补贴相比较总是相对分散而隐蔽的,税收由所有纳税人来分担,而补贴的获得则相对集中,即使征税并补贴给所有的人也比不征税不补贴从政治角度看要可得多,尽管这样做人民的生活不但不会提高反而会降低,因为政府从事征税和转移支付活动需要付出成本。

人口降为900万,而农业部的雇员却上升到12.1万人。①

在中国因受法律环境的制约,真正意义上的自愿结成的、有组织的、合法注册的、明确申明其自身性质的、纯经济性质的利益集团并不存在,实际存在的、松散的利益集团常常是以政府行政垄断行业或同行业中企业间尤其是大企业间在某些关系到共同利益的问题上的默契为基础的,利用其对舆论的控制力和在政治决策上的影响力来发挥作用的。

在发展中国家尤其是非民主的发展中国家,官僚统治集团可以视为一个特殊的利益集团,这个集团具有开放性差和自我繁殖的特点,他们主要通过直接使用垄断性占有的政治权力来谋求经济利益和维持政治权力,对经济的管制可以使统治者们牢牢地控制住该国人民,并使他们更有效地追求本利益集团的经济和政治目标,并使其统治长久化,所以,这些统治者对各种各样的经济管制都大加赞赏,并尽其所能地推行这些管制,这正是我们在南部非洲最容易观察到的现象。

在非洲南部的许多国家,政府的市场管理委员会是造成饥荒的一个重要原因,市场管理委员会被授予购买和出售特定农产品的排他性权利,而政府的其他机构则同时垄断了向农民出售种子、化肥、农机等投入品的权利,为了赢得来自居住集中的城市居民的政治支持,政府在强行压低农产品收购价以维持食品价格低水平的同时,高价销售农业生产资料,农民在亏损的情况下被迫转向了自给自足的农业经济,生产粮食是为了自己消费而不再是为了到市场上出售。

建立一个"美好"社会的理念

无论在西方发达的民主国家,还是在广大发展中国家,不论是资本主义国家,还是社会主义国家,民众都有要求政府采取行动矫正或缓解社会弊病的呼声,这种要求实际上是基于三个根本不存在的假设前提基础之上的,即社会已就或可就"什么是一个理想社会"的问题达成一致;政府已经知道用什么办法来达到这一目标;政府有足够的能力来实施这一办法。对

---

① 数字来源于德威特·R. 李:《美国宪法的政治经济学意义》,载〔美〕詹姆斯·L. 多蒂、德威特·R. 李编著:《市场经济大师们的思考》,林季江、薛涛、王洒、江路佳译,江苏人民出版社2000年版,第260—263页。

于政治家来说,渲染某些社会问题①并倡议解决这些问题往往会(至少在暂时)赢得民众的支持,民众往往并不清楚这些问题有多难解决和问题的根源也许就正在于政府自身,或公众将为此付出多大的代价或哪个阶层才是这些项目的真正受益者,如消灭贫困、消灭失业、区域开发、美化城市环境、提高教育水平等方面的政府项目,于是大量成本高昂、缺乏效率的、仅仅具有象征性意义或有效果但机会成本②极为高昂的政府项目得以实施③,造成了政府开支的快速增加和宏观层次的经济资源配置效率下降的后果。这种原因造成的对政府服务需求增加的情况在发展中国家更易于被观察到,且经常造成一种恶性的循环,加强政府干预会成为要求进一步加强政府干预的基础,政府不当干预的不良后果又派生出要求政府进一步采取行动以清除这种不良后果的需求,政府干预不断强化了公众对政府进一步干预的依赖,而针对多数的问题的政府干预的结果从世界范围来观察非常令人失望。

财政幻觉

尼斯卡宁模型提出官僚机构可能会利用其拥有的公共产出的成本函数信息,并利用这种在官僚部门和委托人(立法机构)之间的信息不对称来欺骗立法机构,追求预算最大化从而使政府增长的假说。"财政幻觉"理论则提出立法机构可以利用纳税人对真实的赋税方案、债券和货币创造的全部影响的"理性的无知"而在政府的真实规模上欺骗选民的假说。④

所谓财政幻觉,是指由于人民并不十分了解政府提供的服务或产品的成本和价格,纳税人一般会过低估计政府服务和产品的成本,造成了对政府服务的过度需求,例如,纳税人常常会认为由于政府部门是非营利部门所以由政府部门来提供服务或产品必定便宜的幻觉,在财政幻觉的支配下

---

① 并不是每一种存在的社会问题都可用来为政治家服务,有些是导致毁灭自身的地雷,需要政治家忽视或掩盖它的存在,如对待腐败和对政治上反对派的压制问题。
② 将一种资源用于最优用途的机会成本就是将其用于次优用途的收益,经济学家认为理性的厂商和个人是基于全部成本,即包括直接支出成本和机会成本作出决策的。
③ 有些项目根本就是寻租活动的产物。
④ 财政幻觉假说最初是由意大利经济学家阿米长尔·普维亚尼(Amilcare Puviani)在他的两本著作《论公共收入的幻觉》(1897 年)和《论财政幻觉》(1903)中提出来的,后来由法西尼亚(Mauro Fasiani)和瓦格纳和布坎南等人加以发展的。

人们常常要求政府扩大其规模和服务范围,导致政府支出规模的增加。财政幻觉假设纳税人是通过他们的纳税规模来衡量政府的规模的,这样如果政治家要想使政府规模增加,而纳税人又不愿意(为这种政府规模的增长)进一步提高税赋水平,在这种情况下,政治家(立法机构)就必须给纳税人制造一种财政幻觉,也就是说对纳税负担加以某种形式的伪装,使纳税人实际的税收负担大于他们所认为的税负,这样就会使他们产生政府比它实际的规模更小的幻觉,从而使政府的规模可以超越纳税人的真实偏好水平获得增长。

造成公共支出中的财政幻觉最为重要的一个原因是由于居民是采取交纳税收而非直接付费的方式来购买政府服务的,同时政府部门是通过垄断而非竞争的方式来提供产品和服务的,这样一方面就使居民低估其纳税额①,另一方面非竞争的方式也使政府所提供服务的成本难以估算与比较,导致服务和产品的过度供给和过度需求,即供给的数量和质量超过了纳税人在了解实际成本并拥有选择权的情况下愿意选择的数量和质量,消费者直接付费购买的形式往往较采用纳税收入购买的形式更易于作出符合消费者效用最大化原则的选择。例如,在美国当由居民直接付费给私营公司来购买收集运送垃圾的服务时,居民选择的收集频率明显低于由预算来提供这项服务时居民满意的频率,居民们在他们明确知道服务成本的时候明显作出了节约的选择。

造成公共支出中财政幻觉的另一个原因是政府预算方案的高度复杂性使纳税人很难真正了解预算资金的分配情况,政府官员可以很容易地操纵预算项目,这样,在财政幻觉下,纳税人只看到公共支出带来的收益而没有发觉税收负担的加重,"这种幻觉会使纳税人觉得所承受的负担比实际的负担要轻,使受益人觉得提供给他们的公共物品和服务的价值比实际价值要大"。②

其实,在人民谈论"免费医疗"的时候或其他"免费午餐"的时候,一定

---

① 如零售税由零售商代征,对企业的税收转移到其产品中,再如在西方国家广泛实行的部分个人所得税通过雇主从雇员薪金或工资中扣除的办法,这种预扣税款制度往往使纳税人看不清公共服务的实际成本。

② 〔美〕J. M. 布坎南:《民主财政论》,穆怀朋译,商务印书馆1993年版,第139—140页的内容;方福前:《公共选择理论——政治的经济学》,中国人民大学出版社2000年版,第191页。

要明白"天下没有免费的午餐",区别仅在于你是用税款购买还是直接付费购买,你是亲自纳税还是代缴代扣而已。

政治权力的扩散

投票权(参与或从事政治活动的权力)的扩大也会带来公共支出中转移支付项目的增长。① 对世界上大多数国家而言,在过去的两个世纪中,低收入者获得投票权或对公共政策的选择具有更大的影响力是一个确定的事实。低收入者获得投票权(或影响力扩大)意味着中位数选民的平均收入下降了,收入不平等的扩大和投票权的扩大可以理解为政府支出增长的一个基本原因,低收入者更倾向于通过政治手段获得收入②,所以,仅将政府的再分配活动作为解释政府支出增长的一种(而不是唯一)因素毫无疑问是有重要意义的,基本上说明了政府支出中转移支付这一部分(而不是全部)增长的原因。

佩尔茨曼、梅尔译和理查德将中间投票人定理和政府的福利再分配函数结合起来解释政府的增长③,他们认为收入分配越被扭曲,实现再分配的潜力就越大,中间投票人的收入越低于平均收入,就会产生越大范围的再分配。④ 在收入分配严重扭曲的情况下,中位收入低于平均收入,这意味着多数人的收入在平均收入水平以下。低收入者不论在民主国家(通过选票、利益集团、抗议活动等形式)还是在非民主国家(通过暴乱、制造混乱)都会给政府施加压力并通过政治过程获得收入,如要求扩大在收入保

---

① 投票权的扩大和公共支出扩张之间的关系早在 19 世纪就由艾历克希斯·德·托克维尔在《美国式民主》一书中提出来了,英文版参见 A. de Tocqueville, *Democracy in America* (1935), World Classics Edition, Oxford, 1965,根据这一理论,收入分配的扭曲程度和政府规模之间有着密切的关系。

② 一般认为,再分配的过程将是财富从富人流向穷人的过程,但统计资料并不支持这种结论,一些分配从穷人流向富人,而更多的再分配很难以富人或穷人来归类,如果全部的政府活动都可在某种意义上被看做是有某种再分配含义的话,那么这个再分配过程的最大特点恐怕就是杂乱无序的,这样,那种认为再分配是政府活动的唯一目的的观点就难以生存了,因为多维的再分配特征将难以使某一集团稳定地成为净受益者,理性的投票人不会维持这种沉重无比的零和(实际为负数和)再分配游戏的。

③ 原始英文文献请参阅 S. Peltzman, Growth of government, *Journal of Law and Economics*, October 1980; A. H. Meltzer and S. F. Richard, Tests of a Rational Theory of the Size of Government, *Public Choice*, No.41, 1981。

④ 尽管在这些项目上增加开支的效果是否达到了其倡导者声称的原始目标并不是很清楚,如多项研究表明在许多国家存在的在贫困救济方面的支出并未到达真正值得资助的人手中。

障、医疗卫生、住房、教育和其他福利项目上的开支。

第四节 关于政府增长的理论解释：供给模型

从供给方面来研究，有下列因素导致政府服务供给的增加。

政治官僚体制与政府增长

我们在这里谈到的官僚(Bureaucracy)，可以理解为提供政府服务或产品的各个部门，或指负责实施公共选择的部门，而不是指通常意义上的具体的政府公务员，实际上称为官僚机构更为恰当，是一个被人格化了的机构，就如同微观经济学中的厂商虽不是指某个企业主，但却可以被视为具有最大化动机的经济主体一样。

政府的官僚部门不是仅仅被动地执行多数规则下通过的反映利益集团和选民意愿的公共支出计划，官僚部门自身就能创造出对公共支出的需求来，所以政府的官僚机构在一定程度上可以被理解成一种具有相对独立性的力量，完全可能成为政府增长的一个独立来源。

过去人们常常认为官僚集团首先是保证为政治家提供信息以便作出决定，然后是不带偏见地遵循一套既定的行政制度并且毫不迟疑地执行，以确保公共部门的产品和服务有效地生产出来并分配给选民或消费者，这就是韦伯在19世纪时对理性官僚的看法，但此后被尼斯卡宁所修改。现在公共选择文献的一个重要假设就是选民和政治家、官僚一样都有其自身的利益，也是追求效用最大化的，具体表现为追求各种非经济目标。由于官僚效用函数中的许多项目都与预算规模直接相关，所以，一般认为官僚机构的效用最大化是通过追求预算规模最大化来实现的。

企业家追求利润，利润之所以存在是因为市场存在着不确定性，利润之所以会被某个人获得，是因为他占有了信息，并承担了不确定性所带来的风险；官僚追求权力，政治权力可以被定义为通过一定的政治过程来实现一定目的的权力或运用强制的权力，只有在存在不确定性的条件下，信息才具有价值，不确定性会创造出行使权力的可能性，信息则提供了行使权力的机会,政治权力因不确定性的存在而存在,因信息的占有而使行使权力成为可能。

在商业机构中,经理人员因占有信息而拥有权力,因为从法律上说公司的剩余索取权归属于股东,因而经理人员被迫采取较之工资和津贴等更不引人注目的方式获得一部分利润,如豪华公务旅行、高级的办公条件等非货币目标,这些非货币目标极可能与公司的规模有关,原因是公司规模越庞大,越容易使经理人员证明直接支付给他们自己更多薪金的合理性,同时,公司越大、越复杂,股东就越难以监控经理的活动,经理就会因信息的更大程度不对称而拥有更多的权力,所以规模就成为经理人员合乎情理的追求目标。

预算最大化的官僚体制模型和上述公司经理人模型有某种共同之处,对于官僚来说,要将他们拥有的权力转化为收入会遇到法律上的约束,因而非金钱目标就成为官僚部门合乎逻辑的追求目标,同时官僚机构的另外三个显著特征也使官僚追求这些非金钱目标成为可能。

一个特征是公共部门的产出中有很大一部分具有不可计量性,导致消费者即选民及其代理人(政治家)难以监控其生产效率。另一个特征是公共部门在绝大多数情况下被授予了提供某一服务的独家垄断权,这种独家垄断性质使公共部门的成本函数仅由公共部门的成员所掌握,这有效地使它们能够免除促使其提高效率的竞争压力,这种独家垄断性质同时也使选民及其代理人失去对其效率进行比较和评价的信息来源。选民代理人虽然拥有立法权和法律赋予的其他职权,但只能看到总预算和总产出,无法确定这一产出是否是以满足帕累托效率条件的方式即是否以边际公共利益等于边际公共成本的方式提供的,政治家对公共部门的监督在很大程度上要依靠官僚向其提供有关成本函数及公共需求趋势预测方面的信息。所以,尽管在形式上政治家具有立法权和权威,但是在实际的生活中,如果没有专家的忠告,政治家很难提出异议,这种信息的不对称使公共部门享有了在一定程度上扩大其预算规模的自由度,用比在竞争存在的条件下所需的更大规模的预算来提供相同规模的产出。这样在政治家和官僚的博弈中,政治家为赢得多数选票追求以最小的预算规模实现选民满意的产出水平,官僚则追求预算最大化来实现其效用最大化目标,正如大多数讨价还价模型一样,最可能的结果是达成一种妥协,小于官僚的目标值但大于政治家提出的预算值。此外,正如某种私人物品的独家垄断者可以通过把它并未垄断的其他物品搭在已垄断的产品上一起出售以增加它的利润一样,公共部门也可能会将私人物品或准公共物品与纯公共物品或法律所赋予的垄断产品搭配在一起整体推出①,这也会使政府规模较引入竞争时为大。信息不对称和垄断,成为官僚行使权力的基础。关于如何打破垄断,提高预算的产出效率,我们将在政府失灵的矫正一节中详细讨论。官僚机构的第三个特点是公共部门效率的提高所带来的预算节约在一些情况下会使官僚的收入呈反向变动,即效率的提高会带来预算规模的缩小,因此,公共部门追求效率的内部激励也很微弱。

如果公共部门既没有追求效率的外部激励,也没有追求效率的内部激励,那么,公共部门追求的目标只能是非金钱目标。尼斯卡宁②在其1971年出版的《官僚与代议制政府》一书中列举出一系列可能的目标,"薪金、津贴、公共声誉、更多的雇员(即更多的闲暇和更大的影响力)③、权力④、庇护人的身份(任免权)、机构的产出、作出改变的自由自在之感和管理该部门的自豪感"。⑤ 政府官僚工资的增加、社会地位的提高、特权和接受贿赂机会的增加、更好的办公条件、更多的助手和商务旅行、更多的赞美、更多的权力感、当支配更多的预算时那种决策权所带的兴奋感和权力感以及受益者和非受益者的赞美、更多会见政治领袖的机会以及其他显示地位的标

---

① 只要消费者从一组搭售产品中所获得的消费者剩余超过从其他产品上可获得的消费者剩余,消费者就会为了取得垄断性产品而购买一组产品。

② 原始文献请参阅 William. A. Niskanen, Jr., *Bureaucracy and Representative Government*, Chicago: Aldine-Atherton, lnc., 1971, p.38。中文文献请参阅方福前:《公共选择理论——政治的经济学》,中国人民大学出版社2000年版,第148页;〔美〕丹尼斯·C. 缪勒:《公共选择理论》,杨春学等译,中国社会科学出版社1999年版,第309页。

③ 官僚通过扩大本部门的雇员规模来扩大自己的王国,同时,为了取得雇员的支持和尊敬,他还可能保证最大化他们的工资和特权。

④ 在一个迅速增长的政府部门工作比在一个萎缩的政府部门工作获得晋升的机会肯定要大,因此,官僚们有一种财政激励,追求他们所在部门的迅速膨胀,以增加得到晋升的可能性,尤其对于中层官僚来说,他们不像其短期流动性很强的上级(他们在政府某一特定的岗位一般只呆一届政府的时间),他们可能呆在政府机构中的时间长得足以使他们享受到该机构扩张的长期利益,虽然他们的上级没有得到这种长期利益。但由于委托—代理中的信息不对称现象的存在,监督者对成本函数并不十分清楚,使这种扩张具有了某种现实性。

⑤ 〔美〕丹尼斯·C. 缪勒:《公共选择理论》,杨春学等译,中国社会科学出版社1999年版,第309页。

志[①]均与更大规模的机构和更大范围的权力有关,换言之,这些潜在目标均与预算规模有正向的、单调的关系。詹姆斯·布坎南指出追求效用最大化是政府官僚的行为准则,具体体现为追求预算规模的最大化。

当然,官僚追求预算最大化并不仅仅服务于追求个人利益的动机,同样服务于追求公共利益的动机,当一个官员计划提高该部门的效率时,设立新的机构或部门、雇用新的雇员要比解雇或激励低效率的雇员要容易得多,而这同样需要增加预算来实现。

在最大化原则的支配下,政府部门具有一种"自我繁殖"效应,由于管理工作的分工与协作关系,当一个部门扩张后,往往会对其他部门的工作产生新的需求,创造出新的工作岗位。一般情况下,政府机构一旦设立,新增加的官僚总是要通过自身的活动来显示自身存在的价值和实现自身的利益,因此,官僚机构一般都有强烈的行使权力的内在冲动,他们会人为地创造出许多活动来使自己发挥作用,如召开过多的会议,所以,从这一角度看,政府增长的后果之一就是推动政府增长的力量的增长。预算的增加往往将导致任命更多的官员和录用更多的雇员,这些人一旦进入这个利益团体,就会进一步扩大预算、减少工作量、雇用更多的人、争取更大的管辖权和生产规模,并与受其控制的媒体所控制的选民与政府增长的受益者一道为政府增长而努力,从而有可能形成一个增长循环。

有利于证明官僚体制力量增加政府规模假说的最直接的证据是大量证据所显示的当公共部门的产出具有可比性时所显示出的比私人部门提供同样产出显著的高单位成本[②],这意味着公共部门提供同样的产出规模需要比私人部门更大的预算规模。

我们用官僚体制模型来解释政府规模及其增长时,一方面正如我们刚刚讨论过的,更大的预算规模总是与更高的收入和津贴、更多的闲暇(即更多的雇员)、更多的权力和更高的社会地位相联系,官僚具有追求预算规模

[①] 政府官员一般更愿意从事那些"能见度"较高的工作,如剪彩、演讲、接受媒体采访等。
[②] 读者可参见〔美〕丹尼斯·C. 缪勒:《公共选择理论》,杨春学等译,中国社会科学出版社1999年版,第409页和第321页的表14.1所列出的指标以及〔美〕E. S. 萨瓦斯:《民营化与公私部门的伙伴关系》,周志忍等译,中国人民大学出版社2002年版,第六章中第151—183页的内容,我们可以想象在存在私人部门竞争的情况下尚且如此,若是不存在私人部门或公共部门的竞争时,公共部门的成本会更高。

最大化的强烈动机;另一方面,我们也应注意到官僚体制获得预算的能力不应被过分夸大,增加工资过于容易被观察和度量,商务旅行和奢侈的办公条件也较容易被监督,而且尽管存在上述的信息不对称,但由于在西方式的民主制度下政治家们要在一个竞争性的环境中履行职责,他们必须参加周期性的竞选竞争,因此他们总是处于要尽其能力控制住官僚部门过度预算扩张行为的压力之下,另外,对税收源泉、债务规模和货币创造的宪法限制在根本上也约束了政府规模的增长,在长期中,能够对政府构成真正有效制约的,主要体现在宪法中限制政府征税、发行债券和印刷货币的权力的规则上。所以,把官僚理解为追求效用最大化的经济人并不是愤世嫉俗的反应,认为官僚也是关心自身利益、是通过追求预算最大化来实现自身效用最大化的仅是一个分析的前提假设,意义在于如果出现这样情况,资源配置会出现什么结果,至于在现实的政治生活中官僚们追求自身利益的实际空间有多大,那要看他们所面临的制度环境的实际约束力了。

意识形态与历史因素

许多发展中国家都具有殖民地经历,这些国家中的政治精英,或为了安全感①或为了管理上的便捷以适应不熟练的管理技巧,或出于意识形态上的信仰,或听从了发展经济学家的理论和建议②而(或曾经)建立起强有力的集中控制,市场常被视为混乱的、周期性剧烈波动的、严重失业的、通货膨胀和紧缩的交替的、生产资源巨大浪费的代名词,同样重要的是市场不会有意识地对政治领袖的宏伟计划主动配合,故而难以赋予其资源配置和赶超先进国家的重任,计划与控制便被视为"赶超"的唯一路径。实际上,控制与计划只对控制者具有无比的优越性,历史已对此作出检验,本书不再对此加以评论。

有时政府之所以介入经济活动,不仅是因为市场未能促成有效率的结

---

① 这种安全感往往是一种幻觉,对安全感的追求往往导致排外、封闭、垄断、低效率、低增长、高成本、高污染,很难将安全感和经济停滞与倒退联系在一起。

② 这一点很令人怀疑,政治领袖们对经济学的理论和经济学家的建议选择是有其"自己"的标准的,经济学家往往是被动地发挥作用的,他们的理论仅仅是政治家们选择的对象而已。

果,而且也因为政府总是怀疑"消费者主权"①,即个人能够对自身的福利作出最好的判断②这一基本前提,总是认为至少在某些领域政府需要发挥一种父爱主义(Paternalism)的作用,即在某些物品或服务上,政府可作出比个人更好的选择,某些由个人偏好所反映的价值应由某些更崇高的价值所取代,所以政府强制消费某些物品如义务教育,这些物品被称为"公益品"(Merit Goods),政府强制禁止某些物品的消费,如毒品、不良书刊或烈性酒,这些物品被称为"公害品"(Merit Bads)③。政府的此类行为有时是以存在外部性为理由的,如在美国的1920—1933年间就规定生产和销售酒精饮品是非法的,尽管饮酒存在诸如交通事故这样的外部性,但这只是其中一个次要原因,道德上的理由可能更为重要。

要素价格与政府增长:鲍莫尔模型

鲍莫尔模型用不平衡的生产率增长假说解释了公共部门由于雇员工资增长所导致的相对扩张。

鲍莫尔模型④认为,可将经济部门划分为累进部门和非累进部门,累进部门以生产效率的不断提高为特征,主要源于创新的发生,如技术创新、管理创新导致的规模经济的发生等;非累积部门以低生产效率增长为特征。鲍莫尔认为生产率在有些行业是不能提高或很难提高的,如在餐馆、工艺品生产、艺术表演等服务性部门,这些部门很难通过以资本取代人工的方式来提高生产率或直接提高劳动生产率的途径来抵消成本的增加⑤,

---

① 个人是他们自己的利益最好的评判者以及个人偏好应得到尊重的原则被称为"消费者主权原则"(Principle of Consumer Sovereignty)。

② 见〔美〕斯蒂格利茨:《经济学》(第二版),梁小民、黄险峰译,中国人民大学出版社2002年版,第475页。

③ "公害品"不同于公共"劣品"或坏的公共物品(Public "bads"),前者是一种能够产生外部性的私人产品,后者是指带给人们负效用的公共物品,这类公共物品不是通过预算有意生产出来的,而是生产或消费活动中的副产品,是强加给一个群体的有代价的公共物品,如过多的温室气体、酸雨。

④ 参见W. J. Baumol: The Macroeconomics of Unbalanced Growth, *The American Economics Review*, 57, June, 1967, pp.415 - 426,中文文献见方福前:《公共选择理论——政治的经济学》,中国人民大学出版社2000年版,第183—186页。

⑤ 当然,我们并不是说生产率的提高在这些部门完全不可能,而是说速度非常缓慢,如改进消防技术和刑侦技术的进步都会使消防和刑警部门的服务效率、质量得以提高,但这些活动的劳动生产率的改进范围非常有限。

钢琴师不能通过加快节奏的办法来演奏更多的乐曲,也无法将半个小时的四重奏用两个人演奏一个小时来进完成。

累进部门与非累进部门的生产率存在差异的一个原因是,在累进部门,劳动力主要是一种工具,是生产最终产品必不可少的条件,资本可以替代劳动力而不影响产品的性质;而在非累进部门,劳动本身就是最终产品,劳动力含量或质量的减少与降低就意味着改变了所提供服务的产品性质。

非累进部门主要是指服务性行业,而公共部门的一个重要组成部分或主要部门就是服务性部门,尤其在发达国家,政府拥有的生产性部门非常有限,规模也非常小,除此之外,服务业部门内的竞争强度也比较弱,服务业一般缺乏来自国外的竞争,消费者对服务提供者的忠诚度一般也要高于对某种产品品牌的忠诚度,并且随收入的提高,消费者通常需要更高质量的服务,这又需要更多的人员。

尽管非累进部门的劳动生产率提高非常缓慢,但是,该部门的工资水平却是由累进部门决定的,这是因为我们假设累进部门的工资水平会随生产率的提高同步提高,即累进部门的成本保持不变,这样,为了防止劳动力由非累进部门流向累进部门以寻求更高工资,非累进部门必须将工资水平提高到与累进部门相同的水平,从而导致非累进部门的成本提高。消费者对非累进部门因成本增加而提高的服务价格的反应取决于这种服务的需求价格弹性,如果需求收入弹性大于需求价格弹性的话,非累进部门的总成本将上升,而公共部门的服务均由政府部门通过税收来垄断性供给,需求价格弹性接近于零,所以,即使其他条件不变,公共服务部门的规模或服务数量也不变,政府支出也将因为公共服务部门的成本随着私人累进部门生产效率的提高而增加,从而导致在工资方面的公共支出增加,并且由于私人累进部门效率提高,导致其剩余劳动力由累进部门向非累进性质的服务部门转移。我们在任何类型的国家都可以看到这种变化趋势,英国经济学家配第早在17世纪就发现了这种劳动力的转移规律,后由克拉克重新发现并进一步论证,经济理论史上称之为配第—克拉克定律。

鲍莫尔模型的批评者认为鲍莫尔的理论凭直觉无疑是有合理性的,正如钢琴师不能通过加快节奏来提高效率这样精妙的比喻所显示的,但到底有多大程度的解释力并不十分清楚。一些经济学家认为目前的计量方法无法正确地反映出服务业部门生产率的提高,因为服务很难被计量,服务业生产率的提高往往是以服务质量提高的方式表现出来的,这些改善并不总是在价格上反映出来,所以,一个国家平均劳动生产率的增长率往往会因此被低估;另外服务业部门的效率并不总是像乐师的例子所显示的那样难以提高,国防部门过去被认为是劳动密集型的,现在已经成为典型的资本密集型部门了,尤其是最具战斗力的部门,同样,计算机、网络、复印技术、扫描技术已大大提高了非累进部门的劳动效率,因此政府部门生产效率的提高无法与累进部门保持同样步伐的结论,并不像艺术表演的比喻那么显而易见。

尽管存在这些批评,但在关于政府部门生产效率的实证研究中有相当一致的观点认为政府生产效率的改进滞后于私人非累进部门,甚至是零或负的增长。也许鲍莫尔的解释没有足够的说服力,但"鲍莫尔效应"却被许多国家的统计数据所证明[1],如利贝克在他对九个OECD国家的时间系列数据的分析中全部发现了对"鲍莫尔效应"的支持证据。[2] 我们先将引起政府产出的相对价格水平提高的原因放在一边,我们再来看一下"鲍莫尔效应"能在多大程度上解释政府支出的增长。一般认为,"鲍莫尔效应"能够较好地说明政府支出项目中被用来提供满足最终消费的服务产品的那一部分支出的变化,而难以用来描述转移支付和利息支付的部分。缪勒的研究表明,"鲍莫尔效应"在最好的情况下可以解释OECD国家政府支出增长平均数的1/4。[3]

质量因素

我们在前文的讨论中一直假定公共部门产出的质量是保持不变的,现在我们放松这一假定来讨论公共部门提供的产品的质量变化与公共部门的支出之间的关系。质量是一个很难明确定义的概念,我们可大致表述为:那些生产(在其他条件不变时)需要有效使用较多要素的产品,其质量

---

[1] 许多经济学家从公共企业难以建立起有效的激励—约束机制和行政垄断性供给入手,来解释公共企业的效率低下问题。
[2] 见〔美〕丹尼斯·C.缪勒:《公共选择理论》,杨春学等译,中国社会科学出版社1999年版,第394页。
[3] 同上书,第394页。

必然会高于那些需要有效使用较少要素的产品,例如,人们通常认为更多使用劳动力要素的产品质量要优于使用较少劳动力要素的,如手工西服要优于机器缝制的西服,罗尔斯—罗伊斯轿车要优于流水线轿车,师生比例高的教育效果要优于师生比例低的教育效果,医疗器械少的医院提供的服务要差于医疗器械多的医院。公共部门提供的物品和服务的质量提高会导致公共支出的增加。

垄断因素

为了提高效率和避免浪费,政府服务一般以行政垄断的方式提供,职能重叠的机构均会合并,这样,由于缺乏竞争与比较,必然会造成高成本、低效率、低质量、过度供给等公共部门的通病,造成政府增长。大量证据显示,当政府部门的产出具有可比性时显示出比私人部门提供同样产出水平显著的高单位成本。① 我们可以想象在存在私人部门竞争的情况下尚且如此,若是不存在私人部门或公共部门的竞争时,公共部门的成本会更高,公共部门提供同样的产出规模会需要更大的预算规模。

预算软约束

公共部门面对的预算和支出约束不同于私人部门面对的预算和支出约束,一是公共企业在无法履行契约时会得到政府预算上的援助,即存在软预算约束的问题,这类软预算约束削弱了行政官僚进行有效公共管理的积极性,公共企业的管理者不会把破产威胁放在管理的中心位置上,而私人企业遇到这种情况只有破产;二是西方公共企业所面对的年度拨款程序中往往会产生一种极为不幸的副产品,即缺乏投资灵活性;三是为了严格地对公共部门进行成本控制,避免浪费和腐败,管理机构往往制定了详细的采购程序,但有可能出现这种情况,在这些程序上的花费会超过因此而节省的成本。

---

① 见〔美〕丹尼斯·C. 缪勒:《公共选择理论》,杨春学等译,中国社会科学出版社 1999 年版,第 409 页和第 321 页的表 14.1 所列出的指标以及〔美〕E. S. 萨瓦斯:《民营化与公私部门的伙伴关系》,周志忍等译,中国人民大学出版社 2002 年版,第六章第 151—183 页的内容。

财政制度的自动机制

由于累进制的税制和通货膨胀因素,即使在不去人为地调整财政体制的情况下,政府的财政收入在"自动驾驶"的位置上也能保持增长,政府规模依赖这种自动增长机制就可获得消极增长。根本性的税制改革和按通胀指数征税是解决这一问题的一种可供选择的对策。

经济理论的影响

政府干预理论是不是政府增长的一个原因呢?很难确定。我们难以确定政治家宣称自己奉行某种经济理论是由于受了理论的启发与影响,还是这种理论迎合了政治家喜欢的政策。一般认为经济理论发挥的作用越来越大了,但各种经济政策主要不是基于经济理论而是基于政治考虑,如经济学家不断地忠告政治家收取关税是错误的,但政治家对经济学家的建议往往不屑一顾,因为一个好的经济方案并不一定是一个好的政治方案,政治家的行为标准与经济学家们的效率标准是不一样的,政治家们常常不是要在公平和效率之间而主要是要在利益集团之间进行权衡。但不论什么样的政策都需要寻找理论上的合理性,能够为错误的政策提供理论支持的只能是错误的理论,这就是为什么许多早已被职业经济学家抛弃的理论能够仍然在政策制定领域保持长久生命力的原因。从这个角度出发,我们也许能够说理论的作用是巨大的,而不是仅仅承认正确理论的影响是巨大的,正如凯恩斯在《通论》中被经常引用的那段话,"……经济学家以及政治哲学家之思想,其力量之大,往往出乎常人意料,事实上统治世界者,就只是这些思想而已。许多实行家自以为不受任何学理之影响,却往往当了某个已故经济学家之奴隶。狂人执政,自以为得天启事,实则其狂想之来,乃得自若干年以前的某个学人"。① 经济学家常常喜欢夸大其思想的影响,例如,在上面我们引用的那一段文章中,凯恩斯紧接着说:"我很确信,既得利益之势力,未免被人过分夸大,实在远不如思想之逐渐侵蚀力大。这当然不是在即刻,而是在经过一段时间以后,然而早些晚些,不论是好是

---

① 〔英〕凯恩斯:《就业、利息和货币通论》,徐毓丹译,商务印书馆1983年版,第330页。

坏,危险的倒不是既得利益,而是思想。"①但如果真是这样的话,世界各国享受自由贸易的好处至少有一百年了,经济学家的思想影响确实广泛,但不应自欺欺人,高估他们的影响,无论是短期的还是长期的,当然这并不意味着我们可以忽视经济学学术时尚的影响力,一些杰出的实践者常常发现自己难以抵挡流行的奇思异想和时尚之风,即使这些时尚是稍纵即逝的。

第五节 财政赤字问题

经济学家们的争论还围绕着另一个核心问题,即如何理解财政赤字问题,政府是否应减少预算赤字的规模。预算赤字就是政府支出超过政府通过税收、收费、国有企业、彩票、个人或组织向政府的自愿捐献等途径取得的收入的部分。一个国家的赤字或公债②产生的原因可以从以下四个主要方面分析:

战争。在战争期间一国政府的主要任务是对经济资源进行重新配置,由生产民用物品转向生产战争物资,战争物资均实行政府采购。为了应付政府在军用物资和人员开支上的急剧增加,有三种融资方案可供选择,增税、发行货币③或借债,战争期间增税不仅会损害一国人民的凝聚力而且容易使工人失去工作动力,发行货币则会引起通货膨胀,向公众出售债券则可以减少家庭可支配收入,使经济资源能够从民用生产中解放出来投入到国防工业中去。

经济衰退。经济衰退使财政制度的内在稳定器发挥作用并产生财政赤字,政府在衰退期间的扩张性财政政策也会使赤字增加。

税率调整。减税如果不配合政府开支的相应削减必然会带来赤字问题,减税后即使经济系统在充分就业水平上运行,较低的税率也可能使税

---

① 〔英〕凯恩斯:《就业、利息和货币通论》,徐毓丹译,商务印书馆1983年版,第607页。
② 赤字指的是在某一特定的年度政府支出超过其税收收入的数额,是一个流量;政府为了财政赤字所借款项累积的总和称为政府债务或公债,严格地说公债是指一国政府以往的赤字与盈余差额的累积数额,是一个存量概念。
③ 当中央银行通过公开市场购买财政部销售的政府债券时,基础货币存量就增加了,货币就被印刷出来了,预算赤字 = 债券的销售额 + 基本货币的增加额。

收收入的增加不足以弥补累积的财政赤字。

政治压力。尽管政治家和人民都表示反对赤字,但削减开支尤其是转移支付方面的支出和提高税率的具体建议同样会遭到反对而不是得到支持,只有笼统地谈论增税或开辟新的税源以减少赤字的建议才可能被公众接受,但一到具体方案,这些建议就不受人民欢迎,赞成削减财政赤字是有苛刻的前提条件的。

对公债①绝对规模的简单描述忽略了一国经济活动的规模问题,一个富裕的国家有能力承担起绝对规模更大的公债,一国公债与GDP的比较是衡量公债相对规模的一个重要指标。多数经济学家认为政府债务的主要负担是每年的应付利息,利息支出在公债规模庞大的国家已成为政府的一个重要支出项目,所以,我们也可用利息支出占GDP的比重来衡量公债的利息负担水平。在一些情况下,预算赤字和公债的数据可能并不反映政府预算赤字和公债的实际规模,比如在存在通货膨胀的情况下,价格水平的提高降低了政府归还货币的实际购买力,赤字和公债的实际规模比名义规模要小一些。

公债的经济内涵

持续增长的公债是否会使一个政府破产,使它无力偿还债务呢?不会。虽然每个月都会有部分公债到期,但政府并不一定需要削减开支或增税来为偿还到期的债券筹资,相反,政府可以对债务进行再融资,可以出售新的债券以获得收入来偿还到期债券,政府也可以运用宪法所赋予的征税权来提高税收水平以支付到期的利息和本金,这是私人家庭和企业会因债务破产而政府却不会的原因之一。除了征税融资以外,政府还可以通过发行货币的方式来偿还到期本息,中央银行可以通过公开市场赎回到期的财政部发行的政府债券和支付利息。

公债会给一国人民的后代造成严重的负担吗?不会。一国绝大部分公债的债权人是本国机构或本国公民,为了偿还债务,政府实际上进行的是一项从国内一部分人到另一部分人的转移支付。纳税人需要因公债负

---

① 想了解美国政府公债情况的读者可访问 http://www.publicdebt.treas.gov/opd/opd。

担而支付更高的税款,政府将这笔税收收入再分配给那些总体上相同的纳税义务人,赎回他们手中持有的政府债券,所以整个经济的总财富和人们的生活水平不会发生下降,新出生人口在继承了人均持有量的公债的同时,也继承了相同数量的以政府债券形式存在的资产。[1]

公债的一部分是外债,一国政府借外国政府、外国经济机构或外国人的钱,支付这部分债务的利息和本金确实需要将一国国内的一部分产出转移到国外,但很难说这构成一种负担,没有这部分外债,本国的一部分人力资本、自然资源、劳动力、企业家才能就无法得到利用。

虽然公债不会让一国政府破产和在大多数情况下不会增加后代的负担,但公债规模并不是无关紧要的问题。首先是在收入分配上的影响,政府债券并不是平均持有的,一般来说债券的所有权主要集中在富有阶层手中,公债利息的支付有可能会加剧收入的不平等程度,收入有可能通过征税从低收入者手中转移到高收入者手中。[2]

公债规模的增加所带来的利息增加往往需要通过增税来支付,增加的税收可能会降低人们承担风险、从事创新、投资和工作的动力,阻碍经济的增长,利息支付占GDP的比例代表了支付债务利息所需的税收水平。

规模巨大的政府债务也可能使一国政府难以在经济衰退期间在政治上实施财政政策,减税或增加政府支出的刺激政策都会造成公债规模的进一步扩张,因此强大的政治压力可能使财政政策难以付诸实施,从而失去了财政政策这个有力的工具。而在经济衰退期利息已经很低,进一步降息的刺激作用是很有限的,而且见效缓慢,所以,巨额的公债规模可能会对使用反经济衰退的财政政策造成政治障碍。

公债的增加还可能造成利率升高,产生挤出效应,降低私人投资支出,使资本存量增速降低,降低私人产品的生产能力。在以公共产品为一轴,以私人产品为另一轴的一国生产可能性曲线上,在充分就业状态下,政府

---

[1] 在一些情况下,如因战争因素引起的公债增加,所造成的主要负担由生活在战争年代的人承担而不是由其后代承担,他们放弃了大量的消费品以便生产军用物资,少部分负担由于经济资源从资本品的生产转向战争物资的生产而导致资本存量增长的减缓,这意味着后代所能继承的资本品存量会少一些。

[2] 虽然高收入者纳的税也多于低收入者,但不同收入等级的人在税收中所占的比例和在利息中所占的比例未必相同。

支出的增加意味着经济沿生产可能性曲线向公共产品轴的方向移动。当然还有一种情况是私人产品的减少全部由消费品的减少构成,资本品并未受影响,这种情况下,公共产品的增加完全以消费品的减少为代价,公债增加引起的后果完全由当代人承担,当前的生活水平会下降,但当前的投资水平没有变化,后代拥有的资本存量也没有变化;但如果公债的增加引起的公共物品的增加减少了资本品的生产而不是消费品的生产,则当代人的消费水平不变,而后代由于资本存量的减少其收入水平要比不发生这种情况时低。正如公共物品包括投资品和消费品一样,公共支出也包括消费性开支和投资性开支(包括在人力资本上的投资),公共投资的增加可能不会使资本存量减少,只是构成发生了变化而已,公共资本更多,私人资本更少了。

我们上述的讨论是处于假定政府支出初始增加是发生在充分就业状态下的前提假设之下的,如果政府支出增加发生在经济衰退时,一方面会因利率升高产生挤出效应,另一方面会使政府支出增加通过乘数效应刺激经济增长,提高预期利润率,使私人投资需求增加,抵消掉由于利率上升而带来的私人投资需求的减少,使总需求增加,使经济向生产可能性曲线移动,当然也有这样一种可能,即挤出效应只是部分被抵消。如果在接近于充分就业的状态下,赤字增加可能引起需求拉动型通货膨胀,为了避免这种情况的发生,中央银行往往要辅之以紧缩型货币政策,使利率升高,使私人部门投资支出减少,所以,在经济接近于充分就业状态时,预算赤字产生挤出效应的后果要强烈一些。

预算赤字也使一国国际贸易的平衡目标更难以实现,预算赤字和贸易赤字之间存在因果关系,预算赤字意味着政府必须进入货币市场与私人部门竞争资金,这将使市场利率上升,这一方面会抑制私人投资,产生挤出效应,尤其在经济接近于充分就业状态时,挤出效应更为明显,再加上公共支出的增加若是主要发生在消费性公共产品和转移支付项目上,而不是公共投资项目时更是通过资本存量的减少而损害了一国经济的长期发展潜力;另一方面,实际利率的提高会使国外投资者到本国从事金融投资,导致国外金融资本流入,从而有助于赤字融资和私人投资,国外金融资本的流入会带来本国货币的升值,从而会抑制出口,增加进口,会使本国净出口下降,甚至出现贸易赤字。

在开放条件下,一国预算赤字所产生的后果十分复杂,赤字引起的利率升高有助于增大国内资金规模,抑制利率的进一步上升,降低挤出效应的程度,资本流出国的投资水平将会因此而降低。赤字引起的高利息还会加重向本国借债的其他国家的负担,这些国家必须向本国出口更多的物品和服务才能偿还欠本国的本金和利息。本国的贸易赤字意味着本国政府需要通过向国外借款或出售在国外拥有的金融或实物资产,还可以向外国投资者出售本国的实物资产如油田、工厂、建筑物、农场等来弥补。若要偿还债务或回购这些实物资产或金融资产,必须在未来使本国的出口大于进口,也就是说必须增加生产,减少消费和投资。

对赤字的可能政策反应

1. 提高所得税的税率水平,同时减少政府的支出规模,尤其是那些只给少部分人带来较小好处而给所有人造成沉重负担的项目。

2. 有人提议通过预算平衡法来消灭赤字,因为政治压力或政治家实现其政治抱负的理想使政府支出的扩张具有强大的动力,但如下所述,多数经济学家认为平衡预算不是反周期的而是亲周期的,会加剧经济波动。

总之,债务,不论是公债还是私债,都有利于经济的繁荣与增长,储蓄必须转化为投资,也就是说储蓄必须被花掉,储蓄转移到投资者手中的过程也称作债务创造的过程。正常情况下,消费者或企业借用并花掉这些储蓄,但有时企业和消费者并不愿意借债,使私人债务的增长不足以吸收储蓄的增长,这种情况下,就需要政府扩大其债务,以吸引过剩的储蓄,否则经济将离开生产可能性边界从而无法实现其增长潜力。但由政府来组织经济活动会遇到效率问题,所以我们真正应该认真考虑的是究竟是什么因素阻碍了企业家和消费者作出投资和消费决策、政府应该采取什么样的政策才能消除这些因素,在此基础上再考虑由政府扩大债务、吸收储蓄的政策,之所以这么做原因很简单:公共部门的资源利用效率较之私人部门要低。

如何理解公共财政的年度平衡预算

从亚当·斯密时代到20世纪30年代的经济大萧条,有关公共财政的经济思想几乎没有什么变化,经济学家之间、政治家之间几乎不存在什么明显的分歧,都主张执行年度平衡预算原则。年度平衡预算一直被看做是公共财政的理想目标,均认为政府的债务是子孙后代的负担,公共财政的赤字会让一个政府破产。大萧条给人们的重要启示之一就是年度平衡预算不仅与将政府的财政活动视为抑制经济周期、稳定经济的手段不相容,而且还会加剧经济周期带来的影响,如经济面临严重衰退时,税收收入会自动减少,财政支出会自动增加,这种情况下为了平衡预算,政府必须提高税率或削减支出,或二者同时采用,所有这些政策都属于紧缩性的财政政策,都会抑制总需求。同样,在通货膨胀期间,随着名义收入的增加,税收收入将自动增加,转移支付自动减少,为了避免发生财政盈余,政府必须降低税率或增加政府支出,这些政策都会加剧通货膨胀压力。所以,年度平衡预算方案在经济上不是中性的,是亲周期的而不是反周期的财政政策。历史发展到今天,已经很少有具有实践经验的公共财政专家再坚持上述的原则了。

尽管如此,最近二十年又有一些经济学家重新提出平衡年度预算的主张,但不是出于对财政赤字和公债增加的担心,而是因为他们认为年度平衡预算在限制公共部门的增长上可以起到重要作用。如果政府增长是通过赤字而非税收来融资时,很少会遭到公众的反对,这种情况下就会有许多浪费性的政府支出或过多的公共项目进入预算方案,所以许多西方保守的经济学家希望通过强制实施年度平衡预算的办法来减缓政府部门的扩张,减少政府部门对私人部门的侵蚀。但许多经济学家批评平衡预算方面的法律限制了累进制的税收政策和社会保障制度所发挥的减轻宏观经济波动的"自动稳定器"的作用,削弱了财政政策作为稳定经济的一种工具的作用,将所有责任都放在了货币政策上面,但在开放条件下,货币政策的作用是相当有限的。

另一种预算哲学认为不应追求年度的预算平衡,而应追求周期性的预算平衡,即在整个经济周期内实现预算平衡,而不是以12个月为一个会计周期去追求预算平衡,这意味着政府应该用通货膨胀期间产生的财政盈余去补偿在经济衰退时因为采取反周期措施而增加的财政赤字,这样政府的财政活动不仅施加了反周期力量,而且还能在一个周期内实现总的预算平衡,尽管不是每个财政年度都实现了平衡。虽然周期性预算平衡所包含的道理简明、合理,但在实际执行时会遇到一个问题,就是在一个周期内经济衰退和经济过热的幅度和持续的时间并不相同,这时稳定经济的目标有可能与在整个经济周期内实现均衡预算的目标发生冲突。例如,在一个周期内,一个经历时间长而严重的经济衰退之后是一个短而温和的经济繁荣,这意味着产生周期性的财政赤字而不是周期性的财政平衡。

职能性财政思想的支持者认为财政安排的最主要目标应该是在不引发通货膨胀的条件下实现充分就业,真正需要均衡的是实际经济活动而不是预算,预算平衡并不重要,赤字和盈余问题与经济衰退或通货膨胀相比微不足道,如果实现宏观经济稳定和增长需要发生赤字或盈余,政府不应犹豫不决。

哈佛大学的罗伯特·巴罗(Robert Barro)发展了19世纪伟大经济学家李嘉图提出的一种观点,认为人们是如此关心自己的子女,以至于在了解到自己的子女未来会面临政府赤字引起的债务时就会增加遗产,这样私人储蓄的增加完全抵消了政府的负储蓄,这种观点被称为李嘉图等价(Ricardian Equivalence),因为税收(征税)和赤字(借债)被认为是筹资的相同手段。但统计数字并不支持李嘉图等价的理论观点,政府赤字的增加在美国并没有引起居民储蓄的相同比例的增加,如在20世纪80年代末90年代初,当赤字超过GDP的5%时,居民储蓄只有3%—4%,按巴罗的理论当预算平衡时,居民储蓄应在-1%至-2%的水平上。

第六节 小 结

上述这些理论模型都具有一定的解释力,但到底那一种模型能最好地解释政府增长的事实,也许取决于你试图去解释的对象(如不同国家的政府的扩张)和你试图得出的结论。至于政府的增长有多少是由于公民的约束失效所致,有多少是公民偏好通过政治过程的反映,仍然是一个悬而未决的问题。

尽管存在上述导致政府增长的因素,但政府规模的增长并不是畅通无阻的单行道,其制约力量的存在使其增长并未失控,纳税人财政幻觉的破灭、法律的约束①、政治领袖有时也通过削减预算来追求选票最大化、纳税人通过选择居住地形成的对高税收地区的约束、理论家的分析使纳税人不再错误地将政府视为公共利益的化身等因素均给政府的增长装上了减速器。

  对政府增长的部分担心不是具体的而是意识形态上的,人们担心政府活动范围的扩大会缩小他们进行个人选择的范围并削弱他们个人的权利,人们普遍假定在绝大多数情况下市场能够公正、有效地解决问题,而政府则让人不太放心,所以,他们认为应鼓励人们进行个人选择和通过市场解决问题,政府最主要的职责应是为市场的正常运行创造制度环境,提供制度性基础设施。

  一国政府应具有多大的规模呢？这是一个所有社会都会提出并需要通过政治程序去解决的问题。在西方式的民主国家中,政府活动的水平通过投票、立法部门内的政治力量的竞争和政治领导人之间的谈判来确定;在非西方式民主国家中,政府活动的水平往往由掌握政治权力的政治领袖或一个委员会来决定,如在前苏联,在大部分时间里一个僵化的政府控制了大部分的生产工具和绝大部分经济活动,政治上的考虑成为资源配置决策的主要原则,政府偏好生产军事产品、提供军事服务和发展重工业。

  我们前面对公共支出增长的分析,依赖了许多简化的、不切实际的假设,即使这些严格的假设条件不影响模型的分析或预测结果,换言之,即使模型的分析或预测结果不依赖于前提假设的现实性,也可能妨碍我们充分发现和理解导致公共支出规模变化的各种因素。如我们假定中间投票人充分了解各项公共支出政策的成本、收益、机会成本,但实际上这是不可能的,不仅不能完全了解,而且与同样不能充分了解的政治家相比,也处于劣势,政治家经常扮演政治企业家的角色,为了选票而在选民中激发起很难满足的期望,过分夸大公共项目的收益,而同时人为压低公共支出项目的

---

① 如美国的加州在1978年通过的13号提案就在法律上为财产税的增长设置了最高限额。

成本，利用信息不对称向选民提供经过过滤和修正后的信息。①

也许读者会批评本项研究是在代议制民主制度的假设前提下进行的，而在历史上或在现实世界中绝大多数政府是不民主的或是事实上的独裁政府，最高权力由非民主选举方式产生的一个人或一个委员会来垄断，缺乏执政的合法性，这样的分析是否适用于一个独裁的世界呢？我认为，不论是一个独裁者还是一个民选的政治家或其任命的官僚（包括直接任命的和间接任命的），他们之间的差异并不在于目标的不同，而在于受到的约束不同，能够采取的手段和实现目标的程度不同，独裁者同样追求获得权力、保持权力以及拥有权力所带来的一系列好处。

---

① 当然，由于信息不充分的原因所导致的另外一种可能是由于许多公共项目的全部收益不能在短期内取得，而这些公共开支却要全部由当前选民全部承担，由于投票人的短视有可能导致他们支持较小的预算规模，实际的情况要看唐斯模型和政治企业家的扩张模型相互权衡了。原始文献见 A. downs, Why the Government Budget is Too Small, *World Politics*, July, 1960, 中文文献见〔英〕C. V. 布朗、P. M. 杰克逊：《公共部门经济学》（第四版），张馨译，中国人民大学出版社 2000 年版，第 127 页。

第九章

政府失灵问题研究

人们对政府的期望往往高于政府所能做的,政府许诺的也往往比它们能够做到的要多。

在20世纪,经济学家的知名度和声望是同他们把经济理论转变为经济政策的能力成正比的。①

尽管经济学家对"政府失灵"有不同的理解,但一般都认为它是一种客观存在的现象。如萨缪尔森就认为,"当政府政策或集体行动所采取的手段不能改善经济效率或道德上可接受的收入分配时,政府失灵便产生了"。② 概括来讲,政府失灵是指由于行为能力和其他客观因素制约,政府干预没有达到预定目标或虽然达到预定目标,但效率低下,成本高昂或带来未曾预料到的副作用,所以,政府失灵不是表现为政府难以发生作用,而是表现为政府不能正确地发生作用,表现为政府治理质量(Quality of Governance)的下降。政府治理的主要内容包括法律和秩序的维持、宏观经济的稳定、基础设施的有效提供,以及公开公平的税收、金融制度和管制制度,所以,用于测量政府治理质量的指标就是观察政府能否提供这些服务,并公平地对待所有的企业③,一个社会寻租活动的泛滥程度也可以被看做是政府失灵的一个集中体现。

---

① 出处不详。
② 见〔美〕保罗·A. 萨缪尔森、威廉·O. 诺德豪斯:《经济学》(第十四版),胡代光、吴珠华、余文武、汪洪、张军扩、母正育、何振华译,北京经济学院出版社1996年版,第1173页。
③ 对发展中国家的研究表明,企业一般将税收制度、通货膨胀、汇率政策及其政策的多变作为企业经营的主要障碍,而把执法力度造成的障碍放在较次要的位置,这可能与企业对司法部门执法作用的期望值比较低有关系,发展中国家的企业对政府维护财产安全和契约权利普遍缺乏信心。

第一节　政府干预与寻租竞争

在政治竞争模型中,政治家提出各种政策和立法方案以赢得选票,而选民和利益集团则提供竞选基金和选票,政府可以帮助创设、提高或保护某个集团的垄断地位,在这种情况下,政府会使既得利益集团的垄断租金增加,但同时损害了这个集团的产品和服务的购买者的利益,政府能够提供的垄断租金是一笔值得追逐的奖金,对这种角逐行为学者们称之为寻租活动。戈登·图洛克在 1967 年第一次系统地讨论了寻租行为①,安娜·克鲁格第一次用寻租这一术语来描述所探讨的这种活动。②

"租"在经济学中是指超过资源所有者的机会成本的报酬,即指某种要素所得到的高于该要素用于其他用途所获得的收益,也可以理解为实际利润或实际收入超过竞争性利润和收入的那部分。这种租金可以是政府管制创造出来的,也可以由不完全竞争所导致,通常将对自然产生的租金的追求称作寻利(Profit Seeking)活动,把对人为产生的租金的追求称为寻租活动。寻利活动是一种生产性的活动,这种活动会通过生产新产品或重新配置资源来创造价值;寻租则是一种非生产性活动,只能在消耗经济资源的基础上重新分配财富。寻租活动往往表现为利益集团通过游说政府以获得某种垄断、限制或特权的形式,另外一些利益集团为了避免这种限制损害到自己的利益,会展开反对这种限制实施的活动,这种活动被称为避租,避租活动也需要耗费资源,因而也会造成浪费。厂商或利益集团的寻租活动或避租活动还会引起官僚之间为竞争管制部门的职位而展开的竞争,如过多的培训、过长的教育年限或贿赂。管制在产生寻租、避租活动的同时,还会造成巨大的反腐败成本,包括事前的防范成本,事中的监督、制约成本和事后的处理成本。为了防范管制中的腐败,政府事先一般都会制定若干规章制度,为避免有人滥用权力,政府往往要多个部门分权制衡,

---

① 原始文献请参阅 Gordon Tullock, The Welfare Costs of Tarriffs, Monopolies, and Theft, *Western Economic Journal*, No. 5, 1967。

② A. O. Krueger, The Political Economy of the Rent-seeking Society, *The American Economic Review*, Vol. 64, No. 3, June 1974, pp. 291 – 301。

这些都需花费大量成本。

寻租活动的规模和政府干预的范围、途径和程度存在着直接的关系，政府干预的普遍性会诱使有关利益集团争相采取各类寻租活动或避租活动去影响政府的决策。如果在一种制度中政府的活动主要限于保护个人产权和权利，监督执行自愿达成的私人契约，由市场主导经济行为，则任何经济租金都必将由于竞争性的进入力量所耗散，寻租活动就没有存在的余地了。如果政府的活动极大地超出了保护性国家所限定的范围，广泛介入市场进行资源配置的过程，政府广泛的干预活动就会使政府部门具备产生政治租金的机会和能力，寻租活动就难以避免。如在某种制度中，政府的管制人为地限制供给，使市场价格提高到市场出清价格水平之上，那么获得从事这种经济活动权利的人就可以获得租金，政府颁发的许可证、配额、执照、授权书、批文、特许经营证书等都可创造出人为的稀缺，引起租金和寻租活动，在这种制度中，个人、企业家和集团将更多地通过政治活动去寻租而不是通过市场活动去寻利。

在上面讨论过的管制模型和寻租模型中，政治家是处于一种被动的地位，按利益集团的偏好进行立法或制定政策，政治家本身并没有对租金有主动的独立需求，但许多学者认为政府在寻租活动中并不是扮演一个被动的、被利用的角色。1987 年麦克切斯内[①]提出政治家不仅仅是面对私人竞争性的需求被动地进行财富再分配的经纪人，政治家也有自己独立的需求。政治家为了满足自己的需求，一方面会进行创租（Political Rent Creation）活动，另一方面会向利益集团抽租（Rent Extraction），即政治家不但会为了获得选票或金钱而故意地制定和实施一些能给企业带来非生产性利润政策和措施，人为地创造租，以此来诱使企业的寻租活动以便在此活动中获益，进行创租活动，而且还会通过加强或增加管制及威胁取消管制进行政治敲诈的形式向私人提出种种分享租金的方案，迫使企业拿出一部分既得利益来开展避租活动，即将这部分既得利益转移到行政部门归其支配，进行抽租。创租最常见的办法是以加强或放松管制相威胁，或以拖延

---

① 见 Fred S. Mcchesney, Rent Extraction and Rent Creation in the Economic Theory of Regulation, *Journal of Legal Studies*, vol. XVI, January, 1987, pp. 101 – 118, 中文文献见陆力：《寻租理论》，载《现代经济学前言专集》第二集，商务印书馆 1993 年版。

相威胁,在这种情况下行贿者往往并不要求官员有什么违法的行动,只不过是想加快政府机构的文件传递和作出决定的速度而已。① 政治创租和抽租现象的普遍存在是减少政府干预的有力理由之一。

寻租活动对资源的浪费不仅表现为寻租活动本身所耗费的经济资源,更表现为对寻租者自身时间、精力的消耗与浪费。图洛克②曾以中国古代科举考试制度为案例来说明寻租活动对资源的浪费,由于中国古代作家(职业官僚)的地位和收入是其他职业所难以比拟的,而科考又几乎成为进入(文官)官僚阶层的唯一途径,应试就成为一种寻租活动,这种寻租活动使社会精英和优秀人才将毕生的精力花费在钻研对社会生产力进步意义不大的古典哲学、古典文学和历史文献的学问上,使中国的社会随科举制度的完善而日渐陷于停滞境地。

寻租活动本身以及这种活动所引起的不同层次的寻租、避租、创租活动和防止滥用权力所耗费的资源远不是寻租活动的全部后果,寻租活动严重地破坏了一个国家的市场秩序和政治秩序,导致一国的宏观经济效率下降。缪尔达尔在分析一些南亚国家的腐败问题时曾说过:"当人们逐渐认识到贪污腐化在不断蔓延,政府对此又不会采取什么行之有效的措施来加以防范时,贪污腐化便成为一种异乎寻常的力量,在深谙世故的人们看来,贪污腐化如同通货膨胀一样,是发展中国家不可避免的副产品,其结果是那种愤世嫉俗的态度发展了,对行贿受贿的抵抗力大大降低了。"③图洛克在 1975 年发表论文提出的"短暂收益陷阱理论"就说明了管制与产业层次的资源配置效率之间的关系,图洛克发现那些受到保护的组织的利润水平并未与经济中未受到保护部门的利润水平有显著的差异,当政府给某一团体以特权时,该团体只能获得短暂的收益,随后这些额外的利润就会因内部经营效率的下降而消失,但这些受保护组织的利润水平却会因特权的取消而降低,这就提出了寻租理论中的"棘轮效应",即租一旦被创造就

---

① 读者可阅读冈纳·缪尔达尔:《亚洲的戏剧》第 14 章"腐败——原因和影响"第 160—167 页的内容,见〔瑞典〕冈纳·缪尔达尔著,塞思·金缩写,方福前译:《亚洲的戏剧——南亚国家贫困问题研究》,首都经济贸易大学出版社 2002 年版。
② 陆力:《寻租理论》,载《现代经济学前言专集》第二集,商务印书馆 1993 年版。
③ 见〔瑞典〕冈纳·缪尔达尔著,塞思·金缩写,方福前译:《亚洲的戏剧——南亚国家贫困问题研究》,首都经济贸易大学出版社 2002 年版,第 147 页。

很难通过解除管制而取消,不论在民主还是在专制独裁的情况下都是如此。①

在企业层面上政府干预规模与强度②与企业行贿规模与频率之间存在着显著的正相关性。乔尔·赫尔曼、马克·施克曼③根据世界银行和欧洲发展银行1999年对25个转轨国家的三千多家企业的调查资料考察了转轨国家政府与企业的交易关系,他们的研究说明了政府的干预程度、企业对政府机构的控制程度与腐败之间的关系。资料显示,企业向政府官员的行贿支出量与政府干预的减少具有直接相关性,而且,尽管政府对民营企业和新创办的决策干预比较少,但企业付出的"贿赂负担"却比国有企业重许多,与此相反,尽管国有企业受到政府干预比较多,但国有企业则为此付出的贿赂负担要小得多,而从政府补贴中捞到的实惠则要多得多,这些好处一般是政府通过转移支付和税收减免的方式暗中补贴给企业的。在企业与政府官员讨价还价的交易过程中,企业从政府转移支付和补贴中获得的实惠可以被看做是企业为阻止干预付出的"时间税"和"贿赂税"④所交换到的由政府部门提供的一种"私人"产品,政府部门之所以能够生产这种"私人"产品,是因为基于现行规则政府官员拥有某种程度的"自由裁量权",从而为他们干预企业提供了一定的机会,使他们在与企业的讨价还价中处于有利地位。这些证据表明,某些转轨国家的政府治理质量受到了双重危害,一方面是强势企业对政府的控制将会因其狭隘私利而扭曲改革政策;另一方面,政府官员利用"贪婪的黑手"竭力设立过分复杂的管制系统以期从中攫取受贿的收入。研究表明,市场化改革必须与有效遏制政府被控结合起来。

---

① 原始文献参阅 Tullock, Gordon, The transitional gains hypothesis, *Bell Journal of Economic and Management Science*, 6 Autumn, 1975, pp.671–678。也可参阅 Gorden Tullock, *Rent Seeking*, Alder Shot, U.K.: Edward Elgar, 1993。中文文献参见查尔斯·K.罗莱:《制度选择和公共选择》,载〔英〕阿兰·A.瓦尔特斯编著:《发展经济学的革命》,黄祖辉、蒋文华主译,上海三联出版社、上海人民出版社2000年版,第145—151页。

② 如政府优惠政策的使用范围与幅度。

③ 见乔尔·赫尔曼、马克·施克曼:《转轨国家的政府干预、腐败与政府被控——转型国家中企业与政府交易关系研究》,载《经济社会体制比较》2002年第5期,第26—34页。

④ 我们将企业向政府官员行贿以获取直接的私人收益的行为称为"行贿税"。

第二节 政府失灵的原因

政府的行为目标与社会公共利益之间的差异

在学术传统上,政治科学和经济科学一直是两个独立的学术研究领域,这种独立性在很大程度上源于它们对个人动机的假设和它们所运用的研究方法,经济学研究经济市场活动主体的行为,如消费者和厂商等;政治学研究人在政治舞台上的行为,如政治家、官僚①、政党、利益集团、选民等。经济学通常假设人都是自利的、理性的,新古典经济学的一个基本假定就是厂商和消费者都是追求自身利益最大化的理性的经济人,对自身利益最大化的追求,构成了个人从事经济活动的内在动力,那么在政治市场上政治家的活动受什么动机支配呢?政治学一般假设政治人是利他的,但是经济人和政治人能是同一个人吗?

在1957年以前,经济学家的研究在面对政治市场时停了下来,放弃了经济人假设,回到了政府是公正、仁慈、无所不知、无所不能、为众公谋福利的观念上来,这种理解今天看起来很幼稚,但在公共选择革命以前,却是经济学家们所持有的主流观点。1957年 A.唐斯指出了在政治市场上同样存在着无所不在的私欲,引发了一场公共选择革命。②

经济学中的公共选择理论认为,在经济市场和政治舞台上活动的是同一样的人,没有理由认为同一个人会根据两种完全不同的行为动机进行活动。公共选择理论把市场制度中的人类行为与政治制度中的人类行为纳入同一分析轨道,修正了传统经济理论把政治制度置于经济分析之外的理

---

① 此处政治家指由选举产生的决策者,官僚则指把政治家的蓝图付诸实施的政府雇员,官僚的权利直接或间接地来源于政治家。

② 公共选择,是指非市场的集体选择,即政府选择,公共选择与市场选择的思想基础和出发点是相同的,决策者都以个人的成本—收益分析为基础,根据自己的偏好和最有利于自己的方式进行活动,极力追求自身利益最大化。公共选择理论的思想可以追溯到19世纪在欧洲大陆流行的托马斯·霍布斯(T. Hobbes)和詹姆斯·洛克(J. Locks)等人的政治学说,尤其是社会契约理论构成公共选择理论的思想源泉之一,他们都认为政治家是自利的效用最大化者,他们的研究和现代文献的区别在于没有运用现代经济学的分析工具。

论缺陷。公共选择理论的根本目的,就是要通过对政府选择行为的研究,使政治制度的缺陷降到尽可能低的限度,以使其能承担起弥补市场缺陷的任务。1957年唐斯在《民主的经济理论》一书中提出这样的假说,政治家也是理性的经济人,他们和消费者、生产者具有同样的行为动机,为了达到他们个人的目的,他们制定自信能获得最多选票的政策。正像企业家生产能提供最多利润的产品一样,政党从事政治活动是为了使政治支持最大化,这种政治支持最大化具体体现为获得选票的最大化,认为"政党是为了赢得选举而制定政策,而不是为了推行自己偏爱的政策而谋求赢得选举"。[1] 过去人们主张政府实行积极倾向干预的前提假设,即政府作为社会公共利益的代表,其行为目标与社会公共利益是一致的,在现实中并不成立,政府并不是超脱于现实社会经济利益关系的、没有自身独立利益的超利益组织,无论是政府官员还是政府机构,都有自己的行为目标。政府的行为目标与社会公共利益之间存在着巨大的差异,不仅政府官僚是追求自身利益最大化的经济人,尤其在没有完善的监督约束机制的不成熟的市场经济环境下,政府官员往往更有条件去追逐私利。而且政府机构也不是一个大公无私的、代表社会公共利益的组织,政府机构有自己独立的利益要求,这种利益是政府官员个人利益的内在化或"集合",政府机构在社会生活和经济生活中的特殊地位,又为其实现自身的利益目标提供了可能性。

政府的过分干预

由于寻租活动具有一种恶性循环的趋势,即寻租活动使市场机制遭到破坏,而市场机制失效又会使人们要求政府进一步的干预来弥补市场失效,这样反而使政府干预的副作用即政府失灵进一步加剧,使市场机制进一步失效。政府失灵的众多原因之一就是政府干预的增强提供了更多的寻租机会,产生了更多的寻租或避租、政治创租和抽租的活动,从而导致政府干预政策措施对市场机制的扭曲进一步加剧,所以,如果政府在意识到因政府不恰当的干预所诱发的各类寻租、避租或政治创租活动对市场机制

---

[1] 原始文献见 A. Downs, *An Economic Theory of Democracy*, New York: Harper & Row, 1957, pp. 28,295。

的扭曲问题时,应该做的不是制止寻租竞争(因为这样做会阻止"租"的消散,使"租"的既得者长享其利),而是应消除导致寻租活动的制度因素。同样的企业家,同样追求利益的最大化,在一种制度环境中会成为寻利者从事生产性的活动而增进社会福利,在另一种制度条件下又会成为寻租者,从事非生产性的活动而造成社会资源的浪费。①

公共部门的垄断特性

政府机构自身的低效率也是政府失灵的一个重要表现,政府机构低效率的原因是多方面的,归根到底是由于其所具有的行政垄断特性。提供公共服务的政府和政府各部门一般具有行政垄断性,缺乏竞争,即使在民主政体中,由选民直选的政府官员在政府工作人员中也只占极小的比例,这就很难保证政府工作的高效率。由于其产出的垄断性,政府没有动力去降低成本,政府的许多活动是不计成本的,这样政府部门往往利用这种垄断性,提供的公共产品和服务质量低,成本高,生产能力大(机构庞大),产出水平低(人浮于事),无端增加了社会的负担。由于政府部门对其提供公共服务和物品的活动有垄断性,它可凭借这种垄断地位来封锁一部分公共物品及服务所涉及的相关资源和成本的信息,这样监督部门依据被监督者提供的信息去实施监督,极易被其操纵。由于缺乏有效的激励和相应的约束,由于政府机构的低效率,特别是由于广泛的私人利益的存在,再加上获取信息的成本因素,政府要获得全面准确的信息是十分困难的,这样,政府在绝大多数情况下是在不完全信息状态下进行决策的,导致经济政策往往难以达到预期的效果。

政治程序

市场失灵的存在,提供了政府为什么存在的一种自然的解释,提供了一种国家起源的理论,假如政府作为一种类似于市场的制度而存在是为了提供公共物品和减少外部性的话,就必须完成显示公民对公共物品的偏好

---

① 当然,在同样的制度条件下,各种各样的经济人可能会因其他非经济的因素(如道德的、文化的、习惯的因素等)而产生经济行为上的差异,但在决定一个社会大多数成员经济行为方式的众多因素中,经济体制因素往往起着决定性的作用,而其他非制度性因素一般仅仅起着次要的辅助作用。

的工作,但阿罗不可能定理(Arrow's Impossibility Theorem)告诉我们不可能存在一种能够把个人对N种备选方案的偏好次序转变成社会偏好次序的社会选择机制,那种能保证效率、尊重个人偏好且不依赖于议事日程的、多数规则的投票方法是不存在的,同一群人对一组公共物品随不同的表决顺序会产生不同的偏好顺序,这个顺序缺乏一致性。阿罗不可能定理又被称为阿罗悖论(Arrow Paradox)。

理性的无知

安东尼·唐斯最重要的贡献就是提出了"理性的无知"这一概念,理性的无知就是指由于获取信息所支付的边际成本超过该行为所带来的边际收益,从而导致了一种公共事务信息的匮乏状态。唐斯认为选民是理性的,选民追求个人利益最大化,他参与投票的目的是为了通过参与政治活动获得预期效用最大化,理性的选民在决定是否参加投票时,会进行成本收益分析。决定选民是否投票的主要因素主要有下列几种,选票对选举结果影响力的大小、对不同政策效用的预期、投票成本等①。选民会对两个方案或两个候选人提供的预期效用作一比较,投票的收益就是两个方案或候选人产生的预期效用的差额,但是一张选票并不能决定选举结果,一个人不去参加投票,他所偏爱的方案或候选人就会因一票之差落选的概率很小,只有在这个概率乘以预期效用之差的数值必须大于参加投票的成本时,理性的选民才会参加投票,当个人的选票对选举结果的影响微不足道时,理性的选民不会花费时间和金钱去收集信息,他们对有待选择的方案或候选人的立场和观点会保持一种"理性的无知"状态。理性无知的存在使许多选民投票选择实际上并不符合他们自己利益的候选人或方案,如那些没有充分收集信息或接收到政府精心挑选过滤后的不完全信息的选民(在非民主国家)往往投票赞成扩大公共服务范围的提案或政策,而对于具体的数量则不加考虑,结果是公共产品或服务的数量超过边际成本与边际收益相等时所对应的数量,从而使选民所获得的实际收益下降。在选举中如果大多数的选民都对候选人的立场、观点保持理性的无知状态,同样

---

① 选民从私人利益最大化出发,总是倾向于投票给与自己立场最接近的政党,如果两党立场愈接近,选民的选择余地愈小,投票的积极性愈低,这被称为"无差别效应。"

很难相信候选人在当选后还会忠实地信守承诺。

研究人员发现选民去投票站往返途中发生车祸的概率要大于出现决定性选票的概率，那么应该是没有任何自利的个人去投票，但事实上并不是这样，如何解释这一现象呢？一个解释认为，理性投票者的收益有部分来源于投票活动本身，而不是仅仅取决于行为的结果，即不是仅仅取决于选票是否是决定性的，人们可能有某种爱国的意识或强烈的公民意识，参与投票有助于实现这种愿望，在这种情况下只要这种收益再加上前文提到的政策预期收益差额和出现决定性选票的概率的乘积大于投票成本，选民就可能去参加投票。另一种解释认为，人们之所以去投票是不知道其他选民是否会参加投票，因为如果每个理性选民都因为其选票影响投票结果的机会太小而决定不参加投票，那么就没有一个人去参加投票，这种情况下，任何一个选民的投票都可能决定选举的结果，所以某个人弃权是否是理性的取决于其他选民是否弃权，一个人预期理性的选民弃权的数量越大，对他来说选择投票就越理性。

搭便车问题

许多理智的选民认为不仅他们所投出的选票对于选举的最终结果并不会产生什么影响（尤其在选民人数足够多的情况下，他们所投的那张选票对于选举结果的影响概率几乎为零，而参加投票的成本却明显存在），而且自己去参加投票的收益是由全体选民分享的，成本却要由自己来承担，所以选民的理性选择是不参加投票，他们这时就成为实际参加投票表决的选举人为此付出的时间、精力、金钱的免费搭车者。之所以还有人参加选举活动，是因为选民从参加选举活动中获得的收益不只是来自于对选举结果的影响。由于没有一个公民能对政府结构产生一种显著的影响，因而一种可能的情况是，几乎没有人尝试着去改变它，民主制和独裁制之所以都能长期生存下去，在很大程度上就是由于人民的冷漠所培养起来的惯性，而不是因为这些制度系统具有先天的优越性。例如，尽管独裁政府在满足人民的偏好方面效率很低，但多数独裁国家人民即使在向往一种可作比较的、现实中已经存在的民主制度时，也选择默认某个独裁者的统治，这是因为没有一个单独的公民可对政治制度产生一种可观察到的显著影响，因而产生了"搭便车"现象。因此,我们从历史研究中可以发现,从一种制度形式向另一种制度形式转变最常见的原因是被一种外部力量所强制改变,这种力量会强制性地改变一个国家的政府结构。①

路径依赖

许多经济学家认为一种有效率的或交易费用较低的经济组织或制度安排必将取代无效率的经济组织或制度安排,就像生物界的物竞天择、适者生存的规律一样,但一些明显无效的组织或制度却可能会因路径依赖等因素长期存在下来,这说明仅用进化论的观点来解释组织或制度的演变是不充分的。我们观察到在一个社会中,如果缺乏能够保证政府权力的分立与制衡的宪法秩序,如果政府的权力没有制约的话,这个社会将会堕落成一个寻租社会,而一旦成为这样的一个社会就很难被制止,随着既得利益集团的不断成熟与成长,其组织性会日益提高,这种社会制度便具有了一种自我延续能力。

利益集团

在西方政治学中,利益集团(Interest Group)又称压力集团(Pressure Group),通常被定义为"那些有某种共同的目标并试图对公共政策施加影响的、个人的、有组织的实体"。② 不同的利益集团在其成员规模、所支配的资源规模、影响力和政治倾向等方面存在着明显的差别,特殊利益集团与政党的区别是该集团的领袖并不真正角逐行政职位。

利益集团会出现在各种制度形式之中,具有各种不同的规模,一些利益集团寻求促使其成员成为生产者或生产要素提供者的目标,如工会、专业人员协会等,有些利益集团则试图就特殊的公共物品或外部性问题影响公共政策或公共信息,如环保组织、和平运动组织。通常组织一个集团的初衷都是为了追求某个单一目标,但一旦这些集团组织起来后,这个集团就往往会转向追求有利于其成员的其他目标,如在西方国家中的工会组

---

① 〔美〕丹尼斯·C. 缪勒:《公共选择理论》,杨春学等译,中国社会科学出版社 1999 年版,第 333—334 页。

② 方福前:《公共选择理论——政治的经济学》,中国人民大学出版社 2000 年版,第 98 页。

织,成立的初衷是为了增强工人与资方的薪资谈判力量,但一旦成立以后,工会就会为其成员的利益而从事其他的活动如从事改善工人地位的立法游说活动。

形成一个利益集团的动力就是深信其成员有共同的目标和利益,实现这些目标就成为这个特定集团的公共利益,任何一个发现借助于政府管制可使他们所面临的这个世界的不确定性变得较为确定的集团都会通过影响立法活动或操纵现行法律来为自己的利益服务,使其①为强大的利益集团回避正常的市场竞争而存在。② 按照斯蒂格勒的分析,一个特殊利益集团谋求政府管制的具体动机有四个,一是谋求政府直接的货币补贴;二是要求政府帮助控制新竞争者的进入;三是谋求国家对那些能够影响它的替代物和补充物进行干预;四是谋求国家对价格的管制(如工资管制等)。③

【英国的"红旗法则"】

在19世纪90年代,汽车工业在欧洲开始发展,法国最早,德国次之,而英国的汽车工业在一开始就因为受到"红旗法则"的制约而受到重创。该法律规定,靠自力驱动的车辆在公路上行驶的时速不能超过4英里,而且必须有人拿着红旗在前面开道。这条受铁路公司和公共马车公司怂恿被议会通过的、旨在排斥公共汽车加入竞争行列的法规于1896年被议会废除。④

受制于少数既得利益集团的政府,一般不会采取积极的措施去推动改善治理质量的改革,因为治理质量的提高和改善,将会减少政策扭曲的程度,限制政府官员和既得利益集团成员对私利的获取,所以我们可以比较清楚地观察到政府被既得利益集团高度控制的国家,其改革进程往往推进缓慢,政府治理质量一般比较低,政府部门很少关注改善或提高总体上的治理质量。

---

① 指法律文件。
② 但这绝不是利益集团的错误,他们只不过是企图使他们的私人利益最大化而已,这是市场经济制度下经济发展的首要推动力,真正错在那些有权力但不必要地增加政府职能的人。
③ 见斯蒂格勒:《产业组织和政府管制》,潘振民译,上海人民出版社、上海三联出版社1996年版,第212—215页。
④ 见〔美〕托马斯·K.麦格劳:《现代资本主义——三次工业革命的成功者》(第二版),赵文书译,江苏人民出版社2000年版,第294页。

利益集团数量的多少并不能成为政府被控程度的一个指标,事实上政府被控程度与是否可以自由、公开地形成利益集团和利益的分散程度有关。许多西方公共选择理论家就积极评价西方民主政治的多元性质,认为在某种意义上数量众多的压力集团的相互作用可以产生一种满意的社会效果,没有哪一个单独的集团有足够的力量来影响所有的政策和选举活动,最终通过的方案和候选人代表了一种代表全社会利益的、在众多压力集团中间形成的一种均衡,也就是说如果对政府机构的影响能力在所有企业或利益集团之间平均分布的话,则寻租行为的后果就可能与资源的有效配置相一致,反之,政策扭曲就与寻租行为相一致。

政府机构被少数利益集团控制需要有两个基本条件,一是企业或私人利益代理者能够通过贿赂或游说政府官员对决策过程产生影响;二是这种影响力集中在非常少的企业手中。成功的利益集团在人口数量上都是相当小的,这一结果可能出乎一般人的意料,但却是合乎逻辑的,因为人数越少,组织成本越低,越容易克服搭便车问题,每个成员从集体行动中获益就越多;反之,人数越多,在这些利益集团内部就存在着越强的搭便车激励,"与2万钢铁工人相比,24个钢铁生产商更容易组织起一个强有力的利益集团"①,这就是为什么潜在共同利益者的数量大的群体更不容易形成一个利益集团的原因。在现实中我们常常可以观察到那些完全依赖于其成员自愿参加和自愿捐款的利益集团,在开始的时候会有大量的成员参加,随后参加的人数会逐渐减少,直到该集团萎缩为只有献身于该项活动目标的活动家组成的"硬核"或完全失败。再如在美国和日本,农业部门是一个非常小的部门但却可以获得高额的补贴和政府在关税、非关税贸易壁垒方面的保护,然而在非洲和亚洲的许多国家,农业部门虽然拥有全国最大部分的就业人口却承受着高额税收。

农业利益集团被广泛认为是在西方国家经济生活中组织得最好、影响最大的利益集团,如在英国,超过80%的农场主属于全国农民联合会(NFU),这个组织在英国的农业政策讨论中具有特殊的地位,NFU的工作人员和理事会几乎都是从大而富有的农场主中挑选出来的。在美国,可能

---

① 缪勒语,见〔美〕丹尼斯·C. 缪勒:《公共选择理论》,杨春学等译,中国社会科学出版社1999年版,第374页。

是由于在更大的国家内不同类型的农场主之间存在着不同的利益差异的原因,农业利益集团主要是由代表农业部门中特定行业利益的组织形式存在的,这些利益集团的游说活动主要是通过提供信息和立法草案来进行的,也通过政治广告、舆论宣传和公开的政治资助去进行。①

集中在美国东南部的纺织品工业和服装制品行业也可以看做是一个特殊的利益集团,自 1930 年以来,该集团就成功地促使政府通过关税和进口配额来限制外国同行的竞争,有效地保护了其成员的利益。这些行业都是劳动密集型产业,尽管他们的工资水平低于全国平均水平,但仍大大高于国外尤其是发展中国家的劳动力工资水平,美国对进口纺织品所定的配额相当于制定了 21.8% 的关税,服装制品配额相当于制定了 28.3% 的关税,如果将关税和配额对纺织品及服装制品价格所产生的影响相加,可以发现这相当于向纺织品征收了税率为 32% 的税款,向服装制品征收了 46% 的税款。这项研究同时表明,如果美国对纺织品和服装制品的所有关税及配额全部同时取消,那么美国的就业人口将减少 6 万人,这些失业工人最终会在其他行业找到工作,同为保护这些行业而制定关税及进口配额所引起的成本相比,为弥补这些行业失业工人的工资损失(在寻找新工作的过程中所发生的工资支出)而支出的成本要低得多。在美国,为了保住纺织品行业及服装制品这类行业中的一个就业机会需要每年支出 52 000 美元,而该就业机会所能带来的收入每年仅 2 万美元,需要指出的是目前在美国已全面取消了配额,关税水平也大大降低了。②

第三节 经济政策的不确定性

政府的广泛干预常常引起政府失灵和市场机制自发的配置效率下降。主张减少政府政策性干预的一个主要理由就是政策的制定者常常忽视了

---

① 在 Guither, H. O., *The Food lobbyists Lexington*, Mass.: Lexington Books, 1980, 一书中,有对美国不同农业利益集团的详细记载,感兴趣的读者可去查阅。

② 见〔美〕大卫·N. 海曼:《公共财政:现代理论在政策中的应用》(第六版),章彤译,中国财政经济出版社 2001 年版,第 188—189 页。但在本月(2003 年 11 月)中国和美国正就美国对来自中国的女性内衣制品征收反倾销税而争吵。

经济政策的不确定性,虽然市场失灵和宏观经济运行中存在的不合意现象导致了对政府干预的潜在需求,但市场失灵及宏观经济运行中存在的不合意现象仅仅提供了政府干预的必要条件,而不构成充分条件。经济学家有时就像治疗癌症的医生一样,他们对癌症了解了很多,但仍然有许多东西不了解,经济活动远比最为复杂的经济理论复杂,现有的经济学理论不过是对于纷繁复杂的现实世界的简单而肤浅的、似是而非的、充满不确定性的探索,在这种局部无知基础上制定出来的调控政策其效果具有很大的不确定性。政策效果的不确定性还来源于预测造成经济波动的偶然性短期因素的不可能性,如石油禁运、战争等,这种不确定性提醒政策的制定者要小心谨慎,少用积极政策,积极的政策有造成经济不必要波动的巨大危险。经济政策的主要目标应该是避免长期衰退、减缓经济过热和消除通胀压力①,尽量不使用微调(Fine-tuning)政策。② 政府采用的各种干预工具会把其经济扭曲效果带到经济活动中来,所以我们在设计政策时,在政府对其将要采取的行动所带来的成本和收益没有一个确定的结果之前,最好选择不干预。任何认为政府干预一定能够弥补市场缺陷的思想都是无知的产物,斯蒂格勒将具有这种态度的人比较罗马皇帝,他在评判一场由两个人举行的音乐比赛时,只听完第一个人的演奏就把奖杯颁发给第二个演员。③

如果我们计划明天到黄山度假,但 CCTV 的天气预报说明天那里有雨,我们是否应该取消计划呢?我们肯定会对天气预报深信不疑,在今天(2004年),两天内的天气预报的准确率可达到95%以上,德国气象学会在20年前就宣称:"如果经济预测能够达到天气预报的水平,那世界就繁荣了。"

---

① 当然失业、通胀越严重,所制定的政策积极色彩就应越浓,但在总体上还是要慎用积极的干预政策。
② 在20世纪70年代,在美国有两派经济学家对此展开论战。以米尔顿·弗里德曼为首的一派经济学家认为,由于对经济活动认识的有限性和经济政策时滞的不确定性(而且不同政策的时滞是长短不一的),积极的干预政策害处可能比好处要多得多;以MIT的弗兰科·莫迪利安尼(Franco Modigliani)为首的另一派经济学家当时刚刚建立起第一代大型宏观经济计量模型,他们认为经济学家对经济活动的了解已经足够多了,可以制定出对经济活动微调的经济政策了。现在,大多数经济学家都意识到了经济政策的不确定性,而且应尽可能地少地采取积极的经济政策。
③ 见 G. J. Stigler, *The Citizen and the State*, Chicago: Chicago University Press, 1975。中文文献见〔英〕C. V. 布朗、P. M. 杰克逊:《公共部门经济学》(第四版),张馨译,中国人民大学出版社2000年版,第44页。

正如天气预报的准确性依赖于巨型的气象方程组和原始数据的质量和数量一样,经济预测的准确性也取决于我们对经济活动规律的理解和经济数据的质量与数量。每个国家都有成千上万个地面气象站,每隔3小时发布一次信息,但这是远远不够的,因为地球的2/3被水覆盖,所以还有一些船舶和浮标在具体的地点每隔三小时向气象中心发布一次信息,除这些表层信息外,还需要各个高度的信息,这个工作由气象气球和无线电高空测试仪完成,装有专门仪器的飞机也经常被用来测试风暴的位置、气压和风速。今天,气象雷达和气象卫星的使用使人类不接触物体获取信息的能力的大为增加,卫星每天要对大气层进行两万多次的探测。但尽管如此,我们在气象预报中还是经常出错,尤其在中长期,如我们现在还难以预测三周以后一个云系的运动方向。

天气预测所面临的巨大障碍可以通过"蝴蝶效应"来了解。1962年MIT的研究员爱德华·洛伦兹在用计算机模拟大气运动时发现了一个罕见的现象,在他漫不经心地将相互之间差距不足千分之一的数据输入计算机中的气象方程中以后,他发现产生的天气预报结果截然不同,这就是著名的"蝴蝶效应"。一只蝴蝶在东京轻轻拍动翅膀,最终会在纽约引起一场风暴,这一切都是由于原始数据的微小变化造成的。这之所以成为出乎意料的事情,是因为科学家们过去通常认为如果初始数据出现微小变化,结果的变化通常也很小,但并非所有的事情都如此。"蝴蝶效应"的存在使我们也许永远做不到可以预报未来任何期限内的天气,否则的话,未来就会同过去一样展现在我们面前。

经济政策的不确定性还与时滞和预期问题有关,我们将在下面专门讨论。

时滞问题

时滞存在于宏观经济指标的统计、政策决策人员认识到问题、制定出政策、政策执行、政策发挥作用等一系列环节之中,分别被称为数据时滞、认识时滞、决策时滞、行动时滞(执行时滞)或显效时滞。

从宏观经济活动中出现问题到在宏观经济指标中体现出来需要一段时间,这就是所谓的数据时滞;在决策时滞之前还存在一个认识时滞,即从实际经济活动中出现问题到决策者决定采取行动之间的时间①;在认识到经济系统中出现问题之后决策者首先遇到的一个问题就是经济运行出现的失衡是暂时性的还是永久性的,或至少要持续较长一段时间,这决定了政府是否需要做出反应的问题。如果经济波动是短暂的,总需求很快就会自动回到原来的水平,最好的政策就是什么也别做,政策的运作存在的时滞可能会使原本能恢复的平衡不平衡,在这种情况下稳定政策可能会使经济系统变得不稳定。如果决策者能够确定经济失衡将持续较长一段时间,那么他就要考虑如何干预的问题了。在决定采取行动之后的每一个环节都存在时滞问题,包括决策时滞和行动时滞。

决策时滞是认识到应对经济扰动做出反应到政策决定之间的时间。由于中央银行的相对独立性,又由于货币政策的主要政策工具是公开市场业务,货币政策一旦确定,这些政策几乎可以立即实施,所以货币政策的决策时滞是相对较短的;与货币政策的决策时滞不同,财政政策产生时滞的主要原因是由于复杂的政治过程,财政政策的时滞在民主国家中更长,因为改变预算规模是个漫长的政治过程而不是政治寡头们的一次会议就可以确定的,提出、通过一项财政政策往往需要很长的一段时间,较长的内部时滞使财政政策对稳定经济的短期波动用处较小。

行动(外部)时滞指政策对经济活动产生实际影响的时间。货币政策和财政政策发生作用的速度不一样,货币政策虽然具有较短的内部时滞,但却有较长的外部时滞,往往存在15个月以上的外部时滞②,货币政策通过改变利率而影响总需求,利率能够影响投资和消费水平,利率改变总需求需要时间,企业在利率下调之后下新订单,到资本品行业开始生产需要一段时间,随利率的下调,对住房需求的增加到房地产商开始建设之前也需一段时间,按西方发达国家的经验,货币政策实施以后,要显著发挥作用至少需要半年以上;与之相比,财政政策虽然具有较长的内部时滞,但却有

---

① 卡雷肯和索洛对美国政策史的研究表明,认识时滞平均为5个月,其中扩张性政策的认识时滞较短,紧缩型政策的时滞较长,英文文献可参阅:John Kareken and Robert Solow, Lags in Monetary Policy, in *Stabilization Policies*, prepared for the Commission on Money and Credit Englewood cliffs, N.J.: Prentice-Hall, 1963.

② 与其说货币政策需要15个月才能影响到收入水平,不如说货币政策在4个月后实现30%的效应,一年后达到60%,两年后100%地实现它的效应。

相对较短的外部时滞,增加政府支出的财政政策对总需求一般可以产生直接而迅速的影响。当然有些财政政策的执行时滞也不容忽视,一个公共项目往往要花费几年、十几年甚至几十年的时间才能完成,而我们很难预料未来的经济发展趋势,也许反衰退的公共项目在经济复苏或通货膨胀上升时才完成制订计划、绘制蓝图、购买土地、拆迁等一系列工作。

如果政策决策人员可以准确地预测到经济活动的未来走势和政策的实际效果,政策时滞也许不是什么大问题,那些想稳定短期经济波动的决策者如果能够提前知道经济运行在一段时间以后是一个什么样的状况,能够对经济运行状况做出准确的预测,就可以提前采取措施。然而经济预测是极不准确的,"每一个人——包括政府在内——都是用一个模糊的水晶球来观察未来的"①,结果政府干预就具有了巨大的不确定性。在实际经济运行中,衰退和萧条都是在没有任何警告的情况下来临的,最好的决策者也只能是在衰退和萧条发生时对经济变动做出反应而已,这部分是因为宏观经济学目前仍是一门极为原始的科学,部分是因为引起经济波动的因素在本质上是无法预期的,有经济因素、政治因素、心理因素、自然因素、长期因素、短期因素等等,因此,政府的干预就不得不建立在对未来经济状况进行猜测的基础上。这一切虽然不总是使但却往往使本想稳定经济波动的决策者的政策正好起了相反的作用,而且这些政策的影响一旦发生,就会持续很长时间,如几年的时间,正是由于这个原因,决策者可能在无形中扩大了而不是缩小了经济波动的程度。一些经济学家认为历史上许多重大的经济波动都可以至少部分地归因于政策因素,因此,差不多所有的经济学家都认为经济决策者应该避免经常用货币和财政政策来干预短期经济波动,这些政策工具应该被主要用来实现长期目标,如稳定的、较高的经济增长和较低的通货膨胀率和失业率,而不是进行微调。在短期内更重要的是建立一种减少企业或家庭运用市场机制配置资源的成本的经济制度,以便更多地依赖经济系统的自身力量去克服短期经济波动,并建立不需要决策者采取行动就能自动发挥稳定作用的经济制度,这种自动发挥类似于财政政策和货币政策作用的制度被称为"自动稳定器"(Automatic Stabiliz-

---

① 见〔美〕斯蒂格利茨:《经济学》(第二版),梁小民、黄险峰译,中国人大学出版社2002年版,第772页。

ers)。最重要的自动稳定器就是累进制的税收制度和社会保障制度,它们能够随着经济的增长和衰退自动地扩大或减少政府支出规模,从而有效地消灭经济政策的决策时滞,这也是为什么多数经济学家一直反对西方政治家们提出的要求政府实现预算平衡宪法法案的原因。当经济进入衰退时,税收自动减少,政府支出自动增加,政府预算向赤字方向发展,如果一国政府面临着严格的平衡预算方面的法律约束,政府就将被迫在衰退中增税或削减支出,这会使衰退更加严重,严格的平衡预算规则会使自动稳定器失灵。但需要明白的一点是即使是在经济制度最为成熟和完备的西方发达国家中,自动稳定器的作用也远远没有大到能完全防止衰退和过热的程度,自动稳定器的作用充其量只能减弱经济波动的幅度。

预期

　　经济政策效果的不确定性也源于政策和预期的相互作用。一项政策的实际效果在某种程度上取决于经济活动主体对该项政策效果的预期,政策效果的不确定性在很大程度上是由于消费者或厂商对政府的政策所做出的预期的不确定性所带来的,一项政策的设计也在某种程度上依赖于决策者对经济活动主体行为的预期。例如,政府为了刺激经济而减税,在减税幅度的选择上,政府必须了解公众的反应,如果公众认为减税仅仅是暂时性的,对持久性收入的影响不大,因此而增加的支出就会非常少,这意味着政府必须加大减税幅度才能使减税政策发挥作用;如果公众认为减税会持续很长一段时间,因为公众知道增税非常困难,这样较少的减税幅度就足以增加较多的支出。如果政府对公众反应的判断是错误的,稳定的政策就会造成经济的进一步不稳定或不起什么作用;扩张性的货币政策也可能因为私人部门的理性预期而只会影响到一般价格水平,使实际货币供给水平不变,完全抵消掉货币供给增加的扩张效应,使货币政策没有实际影响;同样政府赤字增加也会使私人部门预期到未来的高税率,从而增加储蓄,使扩张性的财政政策无效。总之,预期的因素很可能使政府干预充其量只能在极短的时期中有效,并没有长期的好处。

　　直到20世纪70年代,宏观经济政策仍被认为可以用来控制一部复杂的经济机器,现在每一个职业经济学家都明白,经济系统与即使是最复杂的一部机器相比也存在根本的不同之处。与机器不同,经济系统由人和企业组成,他们会预测政策的制定者将会做什么,他们不仅会对目前的政策做出反应①,而且还会对将来的政策调整做出预测并据此改变自己的行为。因此,经济政策应该视为政策制定者和经济系统之间的一种博弈,更确切一点是政策制定者和经济系统中的人与厂商之间的博弈,后者的行为依赖于他们对政策制定者行为和政策效果的预期,而前者的行为同样依赖于对经济主体实际行为的预期。

理性预期假设的引入是过去30年中宏观经济学最重要的发展之一,理性预期理论的提出使经济学家意识到考虑宏观经济政策的影响不能忽略它们对预期的影响,理性预期学派甚至认为关键要看对预期的影响。

预期的重要性是宏观经济学的一个古老的主题,由于经济当事人无法确知未来,因而不得不根据他们对未来的预测或预期来制定计划或进行决策,但直到20世纪70年代早期,宏观经济学都是以下面两种方法之一来考虑预期的,一个是基于动物精神(Animal Spirits)的预期②;另一个是服从"向后看"规则的适应性预期,在这种情况下人们会认为未来是过去的简单延续,市场参与者的预期是被动地基于实际发生的变化,例如如果上年度实际的通货膨胀率为4%,则下一年度的通货膨胀率也预期为4%,并将其写入商业契约中,以这种公式形成的预期叫适应性预期(Adaptive Expectation)。20世纪70年代早期,在罗伯特·卢卡斯(Robert Lucas)③和托马斯·萨金特(Thomas Sargent)的领导下,一些宏观经济学家认为这些假定并没有很好地描述人们形成预期的方法,他们认为在设计政策时,人们会面向未来尽可能准确地做出理性的预期④,例如,市场参与者没有必要等到通货膨胀实际发生才用它去建立自己对未来的预期,他们可以通过对经济政策和经济结构的理解去理性地预期通货膨胀,并将这种预期加入到经济决策之中去。这并不是假定人们能够预知未来,企业家和消费者都会犯错误,但这更多的是一种意外而不是一种规律,人们不会发生系统性的失

---

① 这足以使经济政策的效果大打折扣,如果这项政策原本还能发挥一点作用的话。
② 来自于凯恩斯的《通论》中的表述,指无法解释的预期的变动。
③ 卢卡斯因他在理性预期方面的贡献获得了1995年的诺贝尔经济学奖。
④ 那么为什么直到20世纪70年代理性预期才成为宏观经济学中一种标准的假设呢?更多的是因为技术上的困难。

误，他们会以可以采取的最好方式去利用他们所得到的信息，得出可能是最好的预测。人们能够做出理性预期并不意味着每个人都会按经济学的方法去思考，只是说他们的结论平均起来接近于经济家依据模型所得出的结论，鸟儿无需学习空气动力学也能飞翔，大多数作出经济决策的企业家并不需要掌握经济学理论，他们会详细地考虑未来可能发生的状况，估计未来宏观经济政策的取向以及这些变化对未来经济活动的意义，他们即使不会去建立宏观经济模型，也会通过看电视、读报纸、听电台来做到这一点，而这些新闻报道或时事通讯本身就是主要反映公众预期或私人预测人员的预期的。如果私人部门无法做到这一点，往往是因为私人部门没有掌握政府部门掌握的全部信息，如果私人部门和政府部门拥有同样信息的话，他们就会做出理性预期使干预政策无效，并且会自动调整价格，使供给和需求在新的水平上达到平衡，所以政府决策部门应该做的是直接公开这些信息，而不是实施反周期政策。

在今天，大多数经济学家都会在理性预期的假定下构建他们的模型，理性预期理论在大多数经济学家思考问题的方式上引起了一场革命，他们现在思考货币和财政政策的制定、实施及这些政策对经济活动的影响时，更为清醒地意识到预期对于经济决策以及各项具体政策行为后果的重要性。理性预期革命的一项重要成果是经济学家不再像过去那样确信主动干预的经济政策一定能够产生预定的政策效果了。

理性预期包含的一种非常重要的政策含义就是预料之中的稳定政策是无效的，假设政府公开宣布其即将实行的经济政策，如果市场参与者能够完全预期到经济政策的实际影响，则会采取相应行动以抵消政策的实质影响，从而使经济政策对经济活动的实际水平没有影响。如在存在理性预期的情况下扩张型的货币政策会使金融投资者、企业家和消费者改变他们对未来利率和产出的预期，那么货币扩张对产出的影响就比较小，可能更多的是导致通货膨胀率上升而不是使失业率有实质性的变动，在这种情况下，垂直的长期菲利普斯曲线甚至适用于比较短的时期。

多数经济学家对于理性预期采取中间立场，认为预料之内和预料之外的政策效果是有差别的，一方面承认主动干预的稳定政策具有产生积极效果的可能性，另一方面也承认制定这样的政策是困难的。理性预期革命使我们不得不接受这样的观点,政策能为我们所起的作用是有限的,我们不应试图对经济进行微调以求消除产出的一切波动,而应选定实施那些具有较小不确定性的政策。

加入预期的消费函数、投资函数与财政政策的有效性

凯恩斯主义的消费函数认为,居民对物品和劳务的需求由当年的可支配收入水平决定,在凯恩斯时代以后的数十年中,许多经济学家对凯恩斯所主张的现期消费主要取决于现期收入的观点提出质疑,他们认为消费和储蓄还依赖于对未来的预期,个人的消费决策是基于一生的总收入即不同年份收入的平均值做出的,这种加入了预期的消费理论是在20世纪50年代由 MIT 的弗兰克·莫迪利阿尼(Franco Modigliani)和芝加哥大学的米尔顿·弗里德曼(Milton Friedman)各自独立地发展起来的。弗兰克·莫迪利阿尼提出了生命周期储蓄假说,认为人们会在工作年份进行储蓄从而使他们不必减少自己退休后的消费。米尔顿·弗里德曼则强调了持久收入,即一个人一生的平均收入对这个人消费水平的影响,认为消费与人们的长期收入(或正常收入)有关,这种收入被称为持久性收入,人们会在高收入时进行储蓄以便在低收入的年份支出,他的观点被称为持久收入假说。① 莫迪利阿尼强调了储蓄使工作期和退休期之间消费平衡的作用,而弗里德曼则强调了储蓄在高收入年份和低收入年份之间平衡消费支出的作用。

面向未来的消费理论还提出一些被凯恩斯忽略的变量,如财富对消费的影响可能是重要的②,一个人的现期支出不仅与现期收入、平均收入有关,还与其财富拥有量有关,资产价值的变动会改变一个人的财富,进而会改变一个人的消费水平,尽管这时这个人的收入水平并无任何改变,例如如果股票价格上升或房地产涨价并且人们预期这种变化将长期持续时,拥

---

① 斯坦福大学的经济学家罗伯特·霍尔(Robert Hall)指出弗里德曼的持久性假说隐含了一个不确定的后果,如果一个人的消费水平取决于持久收入,而持久收入又取决于对未来收入水平的预期,那么消费水平的变化就只与未预期到的收入变动有关(否则一个人会按平均收入水平保持一种不变的消费水平),由于未预期到的收入变动是随机的,所以,消费水平的变动也是随机的,不可预期的。

② 收入和财富作为消费的决定因素,它们之间的区别相当于流量和存量之间的区别,流量(flow)用一定的时间长度与一定数量之间的比率来衡量,它可以表示成单位时间变量,如元/年,元/月,元/天,元/小时,存量用一种资产的总价值来衡量。

有这些资产的人将会提高自己的消费水平[①]。

一个人的总财富(Total Wealth)可以理解为人力财富(资产)(Human Wealth)[②]、非人力财富(资产)(Non-human Wealth)即金融财富(资产)(Financial Wealth)与实物财富(资产)之和。金融财富指所有金融资产减去金融负债的价值,是一个存量,等于股票、债券[③]的价值加上支票、信用卡和储蓄的价值,再加上抵押贷款中的抵押品价值减去未到期部分的剩余价值这三部分价值之和减去金融负债。一个合理的假设是一个人会按总财富的一定比例决定他的消费支出,以使他在一生中的每一年都保持一个大致相同的消费水平,如果消费水平高于他的当期收入,差额部分就依靠贷款解决,反之,他就会将差额部分储蓄起来。

消费对预期的依赖有两个重要意义,一是消费的波动往往比当期收入的波动幅度要小,如在经济衰退或经济繁荣的时候,人们知道收入的波动仅仅会持续几个季度,经济最终会恢复到自然产出水平,所以,消费水平会保持在一个大体相同的水平;二是在当期收入不变的情况,消费水平也可能因为预期的变化而变化,当人们变得对未来充满乐观情绪时,可能会增加支出,如领导人发表了一个重要谈话,当人们对未来的看法变得比较悲观时,将会减少支出。

这些面向未来的消费和储蓄理论的政策含义是投资乘数会因此而变小,暂时性的税收变动刺激消费的效果远远没有凯恩斯主义模型所预言的

---

① 美国20世纪30年代的股市崩盘引起消费曲线向下移动并引发了大萧条,1987年美国的股市一天下跌了22%,但消费函数并没有急剧向下移动,原因在于财富的变动对消费的影响比较缓慢,但长期而持续的下降会对消费有明显的影响。

② 指整个职业生涯的预期税后劳动收入估计值的现值。

③ 债券可能是由政府发行,为其赤字融资,也可能由公司发行,为其投资活动融资,分别被称为政府债券和公司债券(Government Bonds, Corporate Bonds)。债券之间的区别主要表现在两个方面,违约风险和期限(Default Risk, Maturity),债券的利率与二者相关,相同期限的债券常常会有不同的利率,可能由下面几个因素所导致:违约风险、流动性和税收优惠等因素。在美国有两家私人公司按债券的违约风险(不能偿还的风险)为债券评级,标准普尔公司(S&P)和穆迪(Moody)投资服务公司,穆迪的评级从Aaa级(如政府债券)到C级(指违约风险极高的债券),级别越低意味着该债券必须支付更高的利率,违约风险很高的债券常被称为垃圾债券(Junk Bonds),垃圾债券的利率通常很高(但违约概率同样很高),所以在20世纪80年代时很受金融投资者欢迎。一个债券支付的利率与等级最高(最好)的债券所支付的利率之间的差额叫风险升水(Risk Premium)。承诺到期一次性支付债券票面价值(Face Value)的债券叫贴现债券(Discount Bonds),承诺在到期前多次支付利息并在到期日一次性支付债券的面值的债券叫息票债券(Coupon Bonds),到期日前每次的支付额叫息票的支付(Coupon Payments),息票支付与面值的比率叫息票利率(Coupon Rate),当期收益率(Current Yield)为息票支付额与债券价格的比率。

那么有效,这对经济运行即是好消息又是坏消息,投资水平下降所引起的收入水平下降会因此而减小,另一方面,政府通过减税来刺激经济或通过增税来抑制过热的经济将不会像乘数较大时那么有效。如果政府减税一年,按照面向未来的消费理论,纳税人将不会急剧地增加该年度的消费规模,而会将意外的所得分散于一生中。消费规模对现期可支配收入并不十分敏感,这意味着投资增加所带来的总产出的增加只是略大于投资本身而已,投资乘数是很小的。

对这个假说的批评意见认为:

持久收入假说和生命周期假说都包含了大量的真实内容,但实际的家庭消费支出表现出比这两种理论所描述的更多的对现期收入的依赖。经济学家认为主要原因有:

1. 一个人也许并不希望在他的整个生命周期中规划一个固定不变的消费水平,也许更倾向于把高额消费推迟到以后,另外,人生的不同阶段会面临不完全相同的问题,如结婚、生育、保健、子女上大学等,所以,不应在生命周期内规划一个固定不变的消费水平。

2. 事实上有时我们难以将当期收入与未来收入对消费的影响分开,在许多时候二者是同步变化的,如获得升迁或加薪二者都会提高。

3. 人们会对未来做预期,但只是一个粗略的预期,未来充满了太多的不确定性,所以,消费水平可能不仅依靠一个人一生的总财富而且同样依赖于其当期收入。

4. 当一个人的现期收入下降而不计划相应降低消费水平的话,他就会要么卖掉一部分资产,要么提取储蓄,要么能借到钱,也许没有银行愿意在这种情况下向你提供贷款,银行最不愿意借钱给缺钱的人①,这时也许除了削减消费支出外别无选择了(如果人们不受信贷配额的限制,短期失业就没有那么严重了),所以说即使你打算超出当前收入去消费,事实上也不一定能做到。

5. 耐用品方面的消费支出对现期收入依赖较大,在收入暂时减少时,人们往往会选择推迟购买而不是去贷款,因为不购买一件新的耐用品并不

---

① 正如西方人所说的,"银行只把钱借给那些最不需要钱的人"。

意味着你不能享受到耐用品提供的服务,仅仅意味着你不得不消费旧的耐用品给你提供的服务。另一个原因是信贷配额问题,

那么下一个问题就是消费多大比例上依赖于总财富即依赖于对未来收入的预期,多大程度上依赖于当期收入?财富和当前收入对消费的相对重要性的问题只能靠经验数据来解决,总的来说,消费是总财富与当前税后劳动收入的递增函数,总财富是非人力财富和预期税后劳动收入的现值之和。

投资同样是取决于当期的利润率和预期利润率。理论上讲,投资应与未来预期利润的现值而不是与当期利润相关,如果预期未来利润的现值大于投资额,该项投资就是合算的,但实际情况不完全是这样的,经济学家的研究发现,当期利润对投资的影响比我们认为的要强得多,一个当期利润比较低的公司,要进行一个预期利润率很高的投资,只能依靠贷款来解决,但银行并不总是和企业家对同一个项目的风险与收益有相同的看法,如果公司当期利润比较高的话,公司就可以通过多保留一部分利润来筹资,所以,更高的当期利润会使公司更多地投资,所以,我们说投资同时依赖于预期利润的现值和利润的当期水平。至于投资在多大程度上依赖于预期利润的现值,又在多大程度上依赖于当期利润,经济学家经常把这个问题叫做投资决策中获利能力(预期利润的贴现值)与现金流量(当期利润,公司获得的净现金流量)的相对重要性,回答这个问题的困难在于在大多数情况下,现金流量与获利能力是同步变动的,业绩好的公司的现金流量与未来前景往往都很好,而亏损公司的未来前景一样也很差。

经济学家们还从其他几个方面提醒决策者谨慎从事。

政治问题

反对积极干预者认为虽然在理论上决策者能够对短期经济波动产生影响,但这并不意味着决策者能够做到所执行政策的实际效果与预定目标相一致,在实践中运用宏观经济稳定政策面临着许多来自政治因素方面的重大障碍。

一个障碍就是由政治程序所导致的时滞问题,如反周期的财政政策特别是税制的变动常常面临着复杂而耗时的政治程序,与财政政策相比,货

币政策由于中央银行的独立性而勿需经历复杂的政治程度就可改变利率和信贷条件,货币政策的实施具有速度快和灵活性的优点,如公开市场业务可以每天进行,以影响货币供给量和利率水平。

另一个障碍是由民主制度和政策的决策程序所导致的政治压力,表现为平衡预算的政治压力和反对增税的政治压力。不论出于何种原因的增税均会面临政治上的巨大压力,在西方民主国家中尤其如此,使反周期税率变化的作用大大降低。财政赤字比财政盈余往往更具有政治上的吸引力,减税或增加财政支出比增税或减少财政支出在政治上也更为可行,这种政治压力常常使财政政策不是反周期的而是亲周期的。在繁荣时期由于没有减税的政治压力预算规模会随着经济规模的增加而增加,在衰退时期可能会在政治压力下削减预算规模,并增加税收以抵消由于产出下降而引起的因收入和消费减少而造成的税收收入的下降,在这种情况下,财政政策可能具有扩张的倾向(即通货膨胀倾向),而不是反通货膨胀的。

还有一些经济学家认为进行经济政策选择的政治家的目标也许根本不在于国家经济利益而在于政治目标即选票最大化,从而财政政策可能主要是为政治目标服务,政治家可能会采取满足选民短期利益的策略而忽视社会长远的公共利益,从而不利于社会的长远发展。这实际上是以牺牲社会长远公共利益来换取自身的既得利益,结果不是减轻了经济波动而是引起了或加剧了经济波动。西方民主国家的一些经济学家甚至提出了"政治性经济周期"的概念,认为在西方民主社会中,选民对经济状况非常敏感,而且目光短浅,政治家和政策经济学家就利用选民的这一心理,在临近选举时,会减税或增加政府支出,把经济指标推向积极的方向,为在位政治官员的连任营造一个良好的经济环境,而扩张性经济政策的按通货膨胀率来衡量的代价在选举结束之后才能反映出来,当扩张性财政政策的负面效果逐渐显露出来以后,公众对通货膨胀的关注又迫使政治家启用紧缩型的财政政策,带来一次温和的衰退,为下次竞选期间的经济扩张提供了基础,所以在选举活动和经济波动之间存在着密切的关系,政治因素是西方民主国家波动的主要根源之一。对政治性经济周期理论持批评观点的经济学家所进行的以美国为研究对象的研究表明,对政治性经济周期的经验证据是混乱的[1],因为在一个成熟的市场经济国家中,政府微调经济的能力是相当有限的,而且配合政治选举的经济微调一旦被察觉,就会对选举产生致命的影响,政府并不控制所有的政策工具,中央银行具有相当的独立性[2],加之如果预期是理性的,为竞选而实行的扩张政策其实际效果就应是相当微弱的。

宏观经济稳定政策的多目标协调问题

例如稳定经济仅仅是财政政策众多目标之中的一个,政府还要通过财政政策执行提供公共物品和服务、对收入进行再分配的政府职能,这些目标之间在许多情况下存在着冲突,这会影响财政政策作为一种稳定政策的有效性。

公共项目的效率问题

一国政府常常依靠公共投资工程项目来解决失业问题,这种政策工具有一个效率问题,有些公共工程项目的投资能高效率地形成公共资本,并且这些公共资本能够被充分利用而不是闲置在那里;有些公共项目则浪费严重,效率很低,形成大量无法利用的闲置公共资本;还有一些公共项目则根本就是"制造工作"的无效率项目,基本没有形成公共资本,生产了大量不能提高生活水平和产出水平的公共物品,如各类纪念碑式的工程。

---

[1] 有兴趣了解详细情况的读者可阅读 Ray Fair, Econometrics and Presidential Elections, *Journal of Economic Perspectives*, Summer, 1996。

[2] 中央银行是否应当具有独立性呢?支持中央银行应该具有独立性的观点认为,如果中央银行受到较多的政治压力,可能导致偏向通货膨胀的货币政策,政治家总是目光短浅地追求选票最大化而不会关注长期经济目标,从而容易产生政治性的经济周期,而且中央银行可能被用来通过购买财政部债券来弥补财政赤字,这无疑会导致通货膨胀,一个独立的中央银行能更好地抵制来自财政部的这种压力,再加上政治家缺乏专业知识,而一个独立的中央银行却可以执行在政治上不受欢迎但却符合公众长期利益的货币政策,这是政治家所做不到的。对各国中央银行的独立性与该国通货膨胀率平均值的实证研究也表明,央行独立性越强,该国的平均通货膨胀率就越低,而且不是依靠牺牲经济增长率换得的。查阅米什金,第 391 页的专栏 18-3,原始文献出自 Journal of Money, *Credit and Banking*, 25, 1993, pp. 151 – 162。反对央行独立性的人认为,政治领袖要对宏观经济运行的状态负责,但却无法控制可能是决定经济健康运行状况的最重要的机构(即央行),况且财政政策也需要货币政策配合,只有将货币政策置于控制财政政策的政治家手中才会防止两种政策相互冲突,将政治家理解为只追求短期目标的目光短浅者是不恰当的,政治家同样可能追求长期目标就像在外交政策上表现的一样,把货币政策交给一群不对任何人负责的社会精英是不民主的体现。

货币政策效果的不对称性

货币政策可能在对付通货膨胀和经济衰退时的效果具有不对称的作用,货币政策可能在抑制通货膨胀方面非常有效,但在推动经济从衰退走向充分就业方面则很难奏效。宽松的货币政策只能够使银行拥有了可供发放贷款的超额准备金,货币政策并不能保证银行会发放贷款,增加货币供给,如果银行为了增强流动性而不愿发放贷款,货币政策就没有效果,如果公众对未来预期恶化不向银行贷款,货币政策同样也会失效,政府通过公开市场业务从公众手中购买债券注入的货币可能仅仅是被用于偿还贷款。

挤出效应

政府有两种方法去为财政赤字融资,向公众出售带息债券(向公众借款)和通过货币管理部门发行新货币为赤字融资。如果政府进入货币市场借款,它将和私人企业借款者竞争,对资金的额外需求可能会驱使利率上升,挤掉一部分私人投资支出和对利率比较敏感的消费支出,私人支出的减少会降低赤字支出的扩张性作用。[①]

非干预主义者倾向于相信市场,相信经济活动可以在市场机制的作用下迅速恢复平衡,如果没有做到这一点的话,很可能是由于存在着阻碍市场机制发挥作用的因素,这些因素很可能是由于政府不恰当的干预造成的,所以政府应将注意力放在为市场机制发挥作用创造条件的保护性干预活动上,而不是试图进行矫正性干预。政府干预是有成本的,不是免费的午餐,降低通货膨胀率和失业率的干预成本可能比高失业率、高通货膨胀率本身造成的经济代价还要大,这种情况下,即使如干预主义者所说的市场调整是长期的和缓慢的,也不能说明政策干预能比市场自身更快地恢复充分就业,再加上政策时滞很长且不确定,政府很可能在需要抑制经济过

---

① 尽管很少有人对扩张性财政政策的挤出效应的逻辑提出疑问,但对是否在所有的情况下都会存在挤出效应存在不同的意见,一些经济学家认为在经济处于衰退状态时,政府支出可能更多的是改善了私人企业的利润预期,鼓励了私人投资,即使这时利率上升了,私人投资也并不一定会降低,而且,货币管理部门也可以通过增加货币供给量以抵消扩张性财政政策所产生的对货币需求的增加,保持利率稳定。

热时刺激了经济,或相反,在需要刺激经济时却运用了紧缩政策,这种情况下政府的政策不是稳定了经济运行,而是成为经济波动的根源之一。这部分经济学家被人称为自由市场经济学家(Free-market Economists),他们普遍认为尽管现实世界不完全满足充分竞争模型,但竞争模型在大部分时间里为大部分市场提供了很好的描述,不加干预的市场是实现经济效率的途径,政府在经济活动中的作用相当有限,政府除了提供制度性基础设施如确定并执行保证市场交易能够以低交易成本进行的法律体系和社会保障与收入分配制度外,没有多大作用,代表人物如佛里德曼和斯蒂格勒。

近几十年来,世界各国政府的干预实践也证明了这一点,这些干预行动要么没有效果,要么成本过高,得不偿失,甚至达到了与其声称的目标相反的目标,总之,寻找政府干预失败的例子要远比寻找政府成功干预的例子要容易得多。从这些政府干预的实践中,我们逐渐理解了政府失灵的存在与原因,认识到政府干预并非是免费产品,政府是由管理成本很高的官僚机构运作的,这些交易成本必须和市场配置资源的交易成本放在一起权衡比较,所以在主张政府弥补市场失灵的同时,我们必须提防政府失灵。在许多情况下,政府医治市场失灵的努力却使市场失灵更严重或带来比市场失灵更严重的后果。关于政府失灵的文献使人们抛弃了传统的政府是仁慈的、万能的、服务于公众利益的、理想的经济策划者这一观念,需谨慎对待政府的干预政策。

但当一个国家遇到重大的经济冲击时,显然不能主张不应积极运用财政、货币政策,当经济远未达到充分就业时,我们不必为扩张性政策效果的不确定性过分担忧,经济不会在短时期内转为充分就业、经济过热的,同样在战争时期也应毫不犹豫地对私人需求采取紧缩性的政策,只有在经济接近于充分就业时,企图稳定经济的政策才容易犯错误。至于对较小的经济波动进行微调的问题,财政政策由于较长的内部时滞使其充当相机抉择的微调措施成为不可能了,在短期仅仅可以作为自动稳定器在发挥作用,货币政策的公开市场业务天天进行,运用货币政策进行微调是可能的,小的经济波动应该对应小的货币政策变化。问题是政府总是倾向于实现充分就业的目标,而不甘心于仅仅是抵消掉小的失业率的上升,政府政策目标总是过于雄心勃勃,这种充分就业偏好有制造通货膨胀的危机,所以应该慎重对待微调政策。

对上述这些学派的观点加以总结,我们可以说在短期内,经济表现出凯恩斯学派的特征,而在长期内则表现出古典学派的特征,在这个意义上,当代古典学派和当代凯恩斯学派之间的争论主要是关于时间长度的选择。二派都认为在长期经济有恢复到充分就业均衡的倾向,问题是这种恢复有多快,凯恩斯学派认为经济的自我调节缓慢到可以采取积极干预政策;古典学派则认为经济的自我调节并没有缓慢到可以忽略干预政策制定与实施过程中的不确定性而求助于积极的稳定政策的程度,在短期经济波动所带来的危害和存在巨大不确定性的稳定政策所带来的风险之间,应该选择前者。

相机抉择与固定规则

有关固定规则和相机抉择问题的争论是经济学中最古老的争论之一,不同的国家和不同的时代流行的观点也不相同,从未有过(正确)达成共识的答案。主张使用固定规则的货币主义者认为,私人经济是相对稳定的,尽管固定规则的货币政策是一个次优的而不是最优的政策,但在固定规则下的经济波动要比相机抉择政策下的波动要小得多,政府主动干预很可能是起到动摇而不是稳定经济活动的作用,而且稳定的规则还有助于提高预期的稳定性,这些经济学家提出应给经济政策装上自动驾驶仪。货币主义者则认为,根据现阶段我们对经济政策的认识,我们至少应将固定规则的经济政策当成一种暂时的政策原则,而不是依赖于决策者的相机处置,表现在货币政策上就是政府应按一个不变的比率扩大货币供给量,而不应根据具体情况来相机决定货币供给的变动率,例如中央银行应当按照一种事先宣布的规则来实施政策,如规定中央银行以固定不变的增长率增加货币供给量,或在自然失业率基础上,失业率每上升1%,年货币供给量增长2%,$\Delta M/M = 4.0 + 2(u - 5.5)$,$u$为失业率。有规律可循的经济政策可消除经济运行中的不确定性,政府政策的不确定性是经济运行不稳定的一个主要根源,也许随着我们对稳定经济所需要的技术知识的积累,我们最终会重新回到相机抉择的货币政策上来。

主张使用固定规则的经济学家认为,除了技术知识的缺乏以外,政治压力也很容易使相机抉择的货币政策引起或加剧经济的波动,在相机抉择原则下很难限制决策权的滥用,当政府赋予中央银行领导人维护经济秩序的权威时,必须给予他们必要的约束,以防止他们随心所欲地行使权力,或服从、屈从于政治权力的压力而与政治家结盟,用稳定政策为政治势力服务,人为地引起经济波动,形成政治性经济周期。

主张实行相机抉择的经济(货币)政策的人则认为,虽然相机抉择的确存在上述缺点,但它也有一个重要的优点就是灵活性,例如在面临20世纪30年代大萧条、70年代石油危机、80年代股票市场崩溃这样的出乎意料的经济冲击时,中央银行不应墨守成规,而应见机行事。此外,主张实行固定规则的经济学家夸大了经济政策时滞的影响,人们都同意时滞会降低反周期政策的有效性,但是否会使这种有效性降为零呢?这是一个复杂的技术性问题,答案并不是显而易见的。另外,货币需求在长期也是不稳定的,货币流通速度是频繁变动的,幅度在3%—4%之间,货币流通速度的波动起因于产出、利率的变化以及金融制度的创新①,由于货币周转率无法事先估计出来,应该允许中央银行调整货币政策,以适应周转率的变化或其他经济波动,那种固定的规则怎么可能在任何条件下都是正确的、从而是值得坚持的呢?是否存在一个适应任何情况的永久性或相对固定的政策规则呢?改变规则的权力应放在哪里呢?这涉及到政策的灵活性和未来政策的确定性之间的权衡问题。任何一种以规则代替相机抉择的企图都必然遇到确定正确规则的艰巨任务,在经济学家没有对什么是好规则达成共识之前,社会除了让中央银行相机抉择地采用它们认为合适的货币政策之外别无选择。

对于参与这些争论的各方,要确定哪一方的观点更接近于正确是一件非常困难的事。实际上,学习经济学的理论知识有时不但不能使某些政策设计和选择变得轻而易举,反而会由于选择者变得更加谨慎而使选择变得更加困难。很少有哪种政策只有好处而没有成本,凡是有人声称某项政策好的难以置信时,其所宣称的理由很可能是不可信的,"如果他们说要给你

---

① 更详细的分析请阅读多恩布什:《宏观经济学》,中国人民大学出版社1999年版,第435—436页的内容。

提供免费的午餐时,你一定要找一找隐藏着的价格标签"①。

第四节　政府失灵的矫正

揭示政府失灵的根源,目的在于对症下药,采取有效的措施来消除或减轻政府失灵的现象,这是公共选择理论的最高目标。那么,应当如何纠正和防范政府失灵现象呢?公共选择学者主要围绕改革公共决策体制和政治制度,以及放松管制、引进竞争机制两个方面来加以研究的。

竞争与规则

在公共部门之间引入或恢复竞争,让若干公共机构就完成某些工作或某些服务提出相互竞争的预算,预算主管部门按照"招标—投标"的方法选取"报价"最低的机构,就可以让公共部门按最有效率的办法进行生产。同一种服务由若干机构来竞争势必会造成机构设置和职务责任的重叠,但这些消费将由于引入竞争所节约的成本而得到补偿,竞争的引入能够打破某些机构对某些服务供给以及对这些服务的成本信息所拥有的垄断地位,从而有可能以此来限制预算规模的扩大,关于这一部分的讨论读者可以阅读本书公共产品政策的那一部分。

当然政府企业改革的成功,或由于政府企业所带来的政府失灵问题的解决不仅取决于国有企业民营化进程、民营企业的发展和对外开放程度的提高,而且取决于一国政府行政制度现代化水平和行政能力的极大提高,因为在任何市场经济国家中,作为弥补市场失灵的一种手段,国有企业都会在一定的领域内存在,不可能完全消失。

任何一项政策都是在一定的决策规则下做出的②,不同的决策规则会带来不同的决策结果和性质不同的政策。对于一个国家和一个社会而言,

---

① 参见〔美〕格里高利·曼昆:《经济学原理》,梁小民译,三联书店、北京大学出版社1999年版,第423页。

② 关于这方面的研究,向读者推荐一篇中文文献,陈振明:《非市场缺陷的政治经济学分析——公共选择和政策分析学者的政府失败论》,载《中国社会科学》1998年第6期,第89—105页,该文对此问题有较为详细的介绍与研究。

比选择优秀的领导人和经济政策更重要的是要建立一套开放、透明、高效、科学的决策规则,政府失灵在许多情况下就是由于公共选择或公共决策体制上的缺陷所造成的,实质上是决策规则或政治制度的失败。实际上,不仅政治决策而且所有的政治活动和经济活动都是在一定的规则下进行的,所以政府失灵应从制度规则上去找原因,改革的努力应放在进行决策的规则上。由于宪法制度是根本性规则,是影响政治决策的方式和行为的根本制度,因此改革的最高阶段应是宪法改革,形成新的宪法秩序,只有通过改革宪法制度才能有效约束政府权力和政府活动的无效率扩张,为自由交易和个人自由提供保证。因此,要减轻政府失灵的现象,必须改善现有的政治制度,进行一种新的政治技术和表达民主的方式的创新。所以解决政府失灵的另一种思路就是进行宪法改革,重新确立制定经济政策所需依赖的规则和程序,减少或避免公共决策的失误,对政府权力施加宪法约束,这被公共选择学派尤其是弗吉尼亚学派看做是解决政府失灵问题的关键,这个思路的内容构成了宪法经济学(Constitutional Economics)。

宪法经济学关注的对象是决策规则,这个宪法规则必须是较为简单并能够为公众所领会的,必须具有区分遵循或违反这个规则的标准界线,无论政治家还是一般公众都能比较容易地对此加以辨别,最重要的是这种宪法规则必须反映出和表达出全体公民的价值观,并且在某种意义上被看做是神圣不可侵犯的。选择规则应遵从一致同意原则,只有一致同意才能防止一部分人对另一部分人的强制和掠夺,而且也存在所有人都一致同意的决策规则,因为在宪法规则选择阶段,每个人都处在对未来无知的状态,每个人并不清楚他在未来的某项具体的决策中处于什么位置,扮演什么角色,因此每个人都希望创造一套公正的博弈规则,虽然当事人的目标和利益是不可调和的,但是他们在不能准确地知道自己未来状况的情况下,从其自身利益出发,都会按照某种公正的标准来评价和选择博弈规则,一旦规则确立下来,个人只能在这些规则的约束范围内做出选择。

主张宪法改革的人强烈地反对凯恩斯主义式的国家干预政策,主张尽可能缩小政府活动的范围,但他们并不一概反对政府行动,他们反对的是过多的和不恰当的政府干预,反对的是超出宪法允许范围的或不受宪法约束的政府干预。一旦经济政策的制定能够受到宪法规则的约束,就可以消除政策制定者出于利己主义动机或集团利益目的对政策制定所施加的不利影响,也可以提高政策制定过程的透明度和政策走向、政策效果的可预见性。

本书将重点讨论在法律和政策的制订过程中要坚持的成本—收益分析原则。

成本—收益分析规则的引入
——管制政策的演变:以美国为例

石油危机以后,1973 年福特当选美国总统,上任后不久就签署了《11821 号行政命令——关于通货膨胀影响的声明》(Executive Order 11821: Inflation Impact Statements),阐述了政府管制对经济的可能影响,尤其是对生产率和竞争的影响,要求管制部门改革管制程序,考虑和衡量管制的成本与收益,在管制过程中,保证消费者利益优先。

由于经济停滞和通货膨胀的压力,福特总统改革管制的计划并没有得到实施,但管制的成本与收益经济分析方法为以后各届政府的改革提供了一条思路。

在卡特执政的 1977 年至 1981 年期间,政府成功地实施了放松管制的政策。卡特上任后,成立了一个管制审核分析机构,授权该机构对重要的管制规章履行审核程序。1978 年 3 月卡特签发了《12044 号行政命令:管制分析》(Executive Order 12044: Regulatory Analysis)。该行政命令规定:用成本与收益衡量管制的效率,唯一的选择就是最少负担的管制。放松政府管制,重点放开航空、铁路运输、公路运输的进入控制、执照颁发和价格方面的管制。

可以说,卡特的 12044 号行政命令是美国实施放松管制政策的指导大纲,在 1977 年卡特政府废除了民用航空机票统一定价的规则,1980 年放开了公路运输的进入控制,允许私营中小企业进入州际长途运输领域。

1981 年里根入主白宫以后,发布了《12291 号行政命令:管制解除的工作魄力》(Executive Order 12291: Task Force on Regulatory Relief),该行政命令规定:"除非管制对社会的潜在收益超过社会的潜在成本,否则,将不实施管制。任何机构提出的对经济影响有着或超过 1 亿美元成本支出的主要规章(Major Rule),必须同时提交该规章对经济影响的成本收益分析报告。"新成立的信息管制事务办公室(Office of Information Regulatory Affairs,以下简称 OIRA)负责审核各个机构所提交的新规则,主要审核收益是否大于成本,如果达不到要求,OIRA 或延迟、或推翻、或撤销行政管理机构所提交的新规则,因此各行政管理机构提交的管制新规则只有大约一半能被 OIRA 通过,里根执政期间新规则的增加数量是最少的,OIRA 否决了行政机构提交的大约 46% 的规则草案,平均每年发布大约 4 500 个规则。

在里根执政期间,副总统布什主持实施管制的改革,布什接任总统后,仍然坚持和执行里根的 12291 号行政命令,撤销了 13 000 多个管制规则,为州政府、地区政府和小企业减轻了许多管制的负担。

克林顿政府:构建政府市场化管制的制度框架

美国研究政府政策的独立机构以及专家学者们普遍认为,克林顿在任八年,基本构建了一个市场化管制的框架。克林顿在 1993 年上任后,成立了一个临时机构——国家绩效审核委员会,由副总统戈尔主持工作,委员会的主要任务是对现存的政府行政管理体制进行一次全面、系统的评估,提出改革的方案和步骤,这被美国政界和学界称之为"重塑政府"的重大改革。重塑政府的理念是:减少管制,实行市场化导向的改革;顾客至上,提高服务质量;权力下放,减少经费开支;市场激励,建立绩效考核制度。

在开展重塑政府工作的基础上,克林顿于 1993 年 9 月 30 日签发了《12866 号行政命令:管制的计划与审核》(Executive Order 12866: Regulatory Planning and Review),该行政命令开头就讲到:"美国人民需要一种为他们工作的管制制度;这种管制制度的理念是保护和改善美国人的健康、安全、环境和生存质量,又在没有强加于社会不可接受的或不切实际的成本下促进了经济增长;这种管制制度承认私有部门和市场经济是促进经济增长的最好发动机;这种管制制度的方法充分发挥州政府、地区政府和种族区域政府的作用;这种管制制度是有效率的、协调的、灵活的和易于理解的,我们现在还没有这样一种管制制度。"

《12866 号行政命令:管制的计划与审核》试图构建政府管制制度的框架,与以前几个行政命令相比较,12866 号行政命令体现了这么几个特点:

第一,管制理念的改革。12866号行政命令把管制改革的哲学理念定义为:更集中、更有灵活性、更有力度、更有效率、个人和企业更少负担的市场化管制。具体强调三个要点:(1) 行政机构要准确地确定由市场失灵造成的问题和风险,是重大市场失灵还是轻微市场失灵。(2) 行政结构提出的每一个规则,必须提交实证性的管制成本与收益的经济分析报告,管制必须符合成本与收益的比较和适当(Justify)成本下获得最大收益的原则。① (3) 要重点监控重大的管制行为②会给生产力、竞争、工作、公共健康与安全、州政府、种族区域政府和私有部门带来哪些影响。

第二,管制方法的改革。12866号行政命令要求,行政机构要选择具有灵活性的管制方法,改革传统管制方式的"命令与控制"的方法。在12866号行政命令之前,联邦政府执行的是设计标准,设计标准通常是告诉被管制者必须执行的僵化的规则,实际上限制了个人和企业的创造性,而灵活的方法分为三种类型:绩效标准、市场激励和信息战略。行政机构要将工作的成本与收益设计为一种可以量化的绩效标准,通过绩效标准提高工作效率。

第三,实施管制改革的操作方法。作为新的联邦管制框架体系基础的指导性文件——《执行12866号行政命令:联邦政府管制的经济分析》,在它的前言中就指出:"这个文件根据12866号行政命令的理念,是指导联邦行政机构对管制进行经济分析的最好文件。"文件在"市场失灵"一节中首先区分了重大的市场失灵与潜在的市场失灵,如果是潜在的市场失灵,市场当事人可以通过协商谈判,以相对较低的成本有效地解决给另一方造成的损害;一旦界定为重大的市场失灵,就要充分分析市场失灵的原因和如何管制。文件把市场失灵分为四个主要类型:外部性、自然垄断、市场势力和不充分与不对称信息。这个文件成为政府行政机构调查市场失灵、制订规章前和规章生效实施后进行成本与收益分析的操作性大纲。

《12866号行政命令:管制的计划与审核》较好地反映了市场经济制度的灵魂和体现了新的管制理念,布什总统上任后提名并经参议院批准,由密切尔·E. 丹尼斯(Mitchell E. Dsniels, Jr)任OMB主任,他在2001年1

---

① 前者是决定要不要采取管制的基础,后者是在不同的管制方案进行选择的基础。
② 即一年有或超过1亿美元($100 million or more)管制成本的管制条例。

月26日签发的文件《M-01-09;有效的监管审核》中的第3条规定,行政机构继续执行12866号行政命令的理念、程序和惯例,将在具体管制项目与操作方案上作些调整或改革。

从上述分析我们看到,从20世纪20年代至今,美国历届总统都在探索、改革和实施了管制成本—收益分析方法,签署了大量的行政命令[①],要求行政管制机构实行基于成本—收益分析的管制改革。

至于美国国会,其在基于成本—收益分析基础之上的管制改革的立法方面,直到20世纪90年代初期,基本上持否定的态度。如当职业安全和健康委员会(OSHA)根据管制成本—收益分析进行管制时,国会和最高法院做出决定,职业安全和健康委员会不能使用成本—收益的分析方法来计算人的生命、安全和健康的价值。但在1995年以后却表现出极大的热情,通过了十几个关于管制成本与收益分析的法案,如在《1996年小企业管制实施公平法》、《1996年国会审核法》(The Congressional Review Act of 1996)和《2000年管制改进法》(The Government Improvement Act of 2000)中,做出了关于成本与收益分析的具体规定,管制制度发生了根本性改革。

1. 关于主要规章(Major Rule)的规定。如果一个规章在一年中对经济系统产生超过1亿美元的成本($100 million or more a year),这项规章就属于主要规章,是否属于主要规章,要由OIRA做最终决定。

2. 成本与收益分析(Cost-Benefit Analysis)。一个规章生效后,对资源配置将会产生重要影响,因此在规章发布前,行政机构首先要科学地对规章进行成本与收益的经济可行性分析,包括对资源利用的方式、竞争环境和就业的影响;对环境保护、公共健康和卫生的影响;对州、地区、种族区域政府和私人部门的影响。通过成本与收益的分析,而且只有收益超过成本,联邦行政机构认为该规章将促进市场竞争和扩大公共福利,才会将规章草案和成本—收益分析报告一并提交给OIRA审核。

3. 成本评估(Estimates Costs)。要计算实际支出和估算直接成本,实际支出是联邦负有监管责任的行政机构、各级政府执行联邦规章条例所引起的预算内支出,即根据联邦预算拨款计算出联邦政府行政机构的支出总

---

① 总统行政命令(President Executive Order)指总统在宪法或法律的授权下,对联邦行政机构的运行发出的指示,目的在于通过管制改革提高经济效率。

额和拨款给州、地区政府的支出总额;直接成本是指在没有联邦政府拨款下强加给执行和服从联邦规章的支出,包括州、地区、种族区域政府的支出、小企业和私人部门(个人、公司、非盈利组织)的支出,是一种没有得到联邦政府补偿的遵从成本。直接成本支出的数量相当大,如果没有联邦政府这些规章条例,这部分支出可以用作其他用途,因此,法律强调的重点是对直接成本进行的估算。

4. 收益评估(Estimates Benefits)。量化执行和服从联邦规章条例后产生的收益,有些收益可能要等到数年以后才能体现出来,有些收益可能难以量化(如生命的价值),联邦行政机构根据管制的具体对象和计划达到的目标,通过贴现将未来收益折算成现值的方法估算收益。

5. 由国会审核主要规章。在《1946 年行政程序法》中,国会赋予了行政机构制定规章的权力,不再审核联邦行政规章,国会于 1981 年批准在白宫的管理和预算办公室(OMB)中,设立管制事务信息办公室(OIRA),负责审核行政规章。伴随着规章条例种类繁多、管制成本越来越大,引起了各阶层的强烈不满,所以在《1996 年国会审核法》中建立了国会审核主要规则的程序,该法规定,信息管制事务办公室(OIRA)审核通过后的主要规则,提交国会审核;国会可能通过也可能否决;对于国会通过的主要规则,国会将考虑给由州、地区和种族区域政府执行规章提供一定的资金;国会审核的时间期限在 60 天以内。国会审核主要规章的实质是通过立法,能够控制行政机构滥用权力制定规章和控制行政经费的膨胀。在《2000 年监管真实法》中又规定,行政机构的主要规章要提交给美国总审计署审核,总审计署审核的时间为 180 天,并向国会提交报告。

实际上,上述的法律规定,只不过是联邦各个行政机构对各自管制成本与收益的一种微观经济的分析,是管制对某一行业或某一具体项目的影响的分析,如环境保护局 2001 年发布的《水质量计划与管理条例》,仅局限于饮用水的质量上,并不涉及如劳动、产品和空气等方面的管制。因此,微观成本与收益的经济分析,仅仅反映出管制在某一个方面的成本支出和收益增进,并不能从整体上把握管制成本与收益对宏观经济的影响,所以国会于 1997 年通过立法规定,由 OMB 和 OIRA 向国会提交联邦层次的管制成本与收益分析报告。

6. 确定由管理和预算局(OMB)和信息管制事务办公室(OIRA)向国会提交联邦层次的管制成本与收益分析报告。《1997年管制责任规定法》第一次规定,OMB和OIRA在1997、1998和2000财政年度,向国会提交联邦管制成本与收益的报告,报告提交的时间在每年的9月30日之前。在《2000年管制知情权法》中规定,美国公众有权知道联邦政府行政机构管制的成本与收益。《2001年财政、邮电业和政府总拨款法》的第624条规定了管制成本与收益包括的范围与内容:

(1)在切实可行的范围内对年度联邦管制规则和文牍(Paperwork)的总成本与总收益进行评估(包括可以量化的与不能量化的部分),评估范围包括:A. 成本与收益的总量评估(Aggregate);B. 机构和机构项目的成本与收益的总量评估;C. 执行主要规则(Major Rule)对经济影响的成本与收益的总量评估。

(2)分析联邦管制对州、地区政府、小企业、工资和经济增长的影响。对州、地区和种族区域政府来讲,在联邦政府没有拨款的情况下,执行联邦政府的管制就相应增加了他们的财政负担。对小企业来讲,即使政府管制的项目和范围对任何企业都实行统一的标准,但由于企业规模和雇员数量的限制,小企业一般会承担更高的管制成本,这就会增加企业正常经营的负担,就工资和经济增长来讲,任何一项管制的成本最终都会通过价格和税收转嫁到雇员、消费者和企业头上,可能产生降低实际工资和阻碍经济增长的副作用。

(3)提出改革联邦政府管制的建议(Recommendation for Reform)。

第624条的规定,一是从制度上建立了进行管制对宏观经济影响的成本与收益分析的框架,包含了在一个财政年度内,联邦所有行政机构的规则对经济影响的总成本与总收益的分析。二是从制度上建立了实施管制后,评估管制对经济产生的实际结果,通过总成本与总收益衡量管制的经济绩效。三是从制度上建立了改革管制的建议,每年对5年以内的所有规章进行一次全面的检查和审核,包括确定现有规章中哪些正在发挥积极作用、哪些需要修改和哪些已经过时需要废除。

根据这个法律的规定,OMB和OIRA要求联邦行政机构提交他们各自年度的管制成本与收益分析的经济报告,在各个行政机构年度报告的基础上,分析、综合和整理出向国会汇报的一个联邦管制的总成本与总收益的年度报告。到 2002 年,OMB 和 OIRA 已向国会提交了 5 个年度报告。①

表 9.4.1 行政管理预算局对管制成本与收益的评估

单位:10 亿美元

年份	社会管制		经济管制		文牍管制	总成本	总收益
	成本	收益	成本	收益	成本		
1997	198	1 799	71	0	101	370	1 799
1998	230	3 500	140	0	130	500	3 500
2000	229	2 630	173	0	190	552	2 630
2001	271	2 009	190	0	150	617	2 009

资料来源: Office of Management and Budget, Draft Report to Congress on the Costs and Bendfits of Federal Regulations, *Federal Register*, Vol. 67, No. 60, Thursday, March 28, 2002, FR 15014—15045。转引自席涛:《美国政府管制成本与收益分析的制度演变》,载《中国社会科学院研究生院学报》2003 年 1 月。

OMB 和 OIRA 的年度报告将联邦控制分为三种类型:经济管制、社会管制和文牍管制,并分别分析这三种管制对经济和社会的影响,包括对州、地区和种族区域政府、小企业、工资和经济增长的影响。根据《2002 年向国会的联邦管制的成本与收益报告》分析,在 2001 年,联邦行政机构共发布规章 4 132 个,管制的总成本为 6 170 亿美元②,美国 2001 年 GDP 是 102 837 亿美元,财政收入是 20 480 亿美元③。通过进一步分析管制总成本占 GDP 和财政收入的比例,不难得出这样一个结论,在美国市场经济的发展过程中,存在着广泛、系统和深入的管制。

通过对美国政府管制制度的分析,我们看到,美国政府经过一百多年的努力,才构建成比较成熟的规范政府管制的制度框架:首先,市场失灵理论明确界定了政府与市场的行为边界,为政府管制提供了坚实的理论基础;其次,从总统行政命令到国会立法经过了几十年的权力博弈,才从法律程序上改变了传统的命令与控制的管制方法,建立了成本—收益分析的市

---

① 见 Office of Management and Budget, *Report to Congress on the Costs and Benefits of Federal Regulations*, United States Government Printing Office, Washington, December 1997, 1998, 2000, 2001, 2002.

② 布鲁金斯管制研究中心报告管制总成本是 8 540 亿美元,它们的差别另文分析。

③ Office of White House, *Economic Report of the President*, February 2002, U.S. Government Printing Office, Washington, 2002, p.448.

场化管制制度;第三,任何一种管制规章,生效前均要进行成本与收益的经济分析,只有收益超过成本的规章才能被通过,生效后每年都要进行一次成本—收益评估,评估规章对经济产生的实际影响;第四,行政管制从以经济管制为主逐渐演变为以社会管制为主,大量的行政管制集中在公民的安全、健康和社会保险、信息披露、环境保护和生态平衡上,它们所起的作用更多的是规范市场秩序和提供具有公共产品性质的服务。[1]

关于"重塑政府"改革运动的简短评论

克林顿政府上台后提出了"重塑政府"的政治主张,"重塑政府"的改革运动,即有"政治说辞"的含义,又有"实质性改革"的内容。一般而言,"政治说辞"服务于政治家寻求合法性和支持力量、转移公众关注焦点的需要,服务于新政府力图与旧政府相区别的政治需要,它往往只代表形式上的改革而非实质性的改革,在有可能推动实质性改革的同时,"政治说辞"所包含的实质性改革意图会由于实施中的诸种困难而难以达到预期目的,或者仅停留在"说辞"的层次上而没有付诸实际行动;而"实质性改革"则一般意味着已经制度化了的改革,它既可能符合也可能偏离"政治说辞",或者在"政治说辞"的掩护下向完全相反的方向发展。一般认为政治议程的变化是以政治需要尤其是以继任者与前任相区别的政治需要为基础的,而不是以对特定改革措施的绩效评估为基础的,政治需要有时会与绩效评估的方向相一致,但并不总是一样。[2]

作为"政治说辞"的"重塑政府"运动,其对实践的实质性影响会因缺乏事实根据而打折扣。作为"制度化改革"的"重塑政府"运动尽管会因政府的更替而在形式上结束,但其具体措施既可能被改头换面以新的形式继续得以实施,也可能由于效果不佳或效果模糊被部分地或全部地抛弃。

从美国克林顿政府"重塑政府"运动的实质性内容来看,我们可以看出"重塑政府"运动就是新公共管理的一个重要组成部分,甚至可以将其相提并论,它们在改革工具、改革策略、价值取向等方面都有极大的相似

---

[1] 见席涛:《美国政府管制成本与收益分析的制度演变》,载《中国社会科学院研究生院学报》2003年1月,第90—96页。

[2] 见张庆东:《"重塑政府"改革去向何方——兼评对新公共管理的定位》,载《中国行政管理》2002年第4期,第37—39页。

性。二者的区别也许在于"重塑政府"是"新公共管理"在特定时期或特定国家里的一种政策形态,而"新公共管理"是一个全球性的范式,它包含着多个国家非常相似的改革模式或象征着这种相似改革的总体框架,这些改革均以市场化、私有化为改革策略,以合同谈判、竞争性投标为手段,以构建新型公私合作伙伴关系、联合提供公共服务为具体措施,以借鉴私营部门的管理方法为重塑政府的工具,以顾客取向和效果(而不是动机)取向作为基本的价值理念。

在成本收益分析中应该注意的几个问题

在我们对政府的干预政策进行成本收益分析时,经常遇到的问题是某些项目的成本或收益难以被量化或对它们的量化难以取得共识,另外一个问题是我们常常或是由于分析技术的局限,或是由于我们为了得到我们想要的分析结果,预测人员在计算成本或收益时,常常并不或并没有将全部的成本或收益计算进去。[①] 例如在对发展中国家的许多基础设施如大坝进行成本—收益分析时,常常忽略了居民的重新安置成本和对环境的损害,这导致对这些项目进行成本收益分析计算时所得到的投资回报率往往大大高于这些国家的平均投资回报率。

农业灌溉项目是关于成本—收益分析过程中的陷阱的另外一个例子。在大多数国家中,农产品尤其是粮食的价格都是受政府保护的,人们在进行成本—收益分析时一般都将因该项目的实施所导致的粮食增加量的按市场价格计算的总值作为该项目的收益,但是这种计算忘记了农业支持计划使得农产品的价格高于正常价格,因此,农产品价格中有一部分是政府通过转移支付向农民提供的补贴,而不是来自灌溉项目的收益,此外,实施该项目的过程中,许多投入品也是接受政府补贴的,剔除上述因素后,该项目的回报率就会大大降低。

涉及人力资源的政府项目最难运用成本—收益分析,如各类健康或安全项目,包括免疫计划、研究计划、各种预防性医疗计划、安全设施的修建、

---

① 正如在2001年被捕的中国辽宁省副省长幕绥新对为他主张的一个政府项目进行可行性分析的工作人员所说的:"我花钱请你们来是作可行性报告要你们证明它可行的,不是要你们证明不可行的。"

安全标准的强制实施等。在这些计划中,收益是以死亡率的降低或由于伤、病人数减少而导致的人类福利损失减少的形式表现的,对这类计划进行成本—收益分析所遇到的基本问题是如何计算生命的价值,通常的方法是根据未来收入的现值对被救的生命定价,这种方法的问题是在计算时通常假定获救人员的闲暇时间价值为零,而且通常认为高收入者的生命价值高于低收入者的生命价值。

对生命定价的另一种方法认为此类计划的收益应以纳税人为该项目愿意支付的税额来表示。由于我们熟知的搭便车问题,我们难以获得上述意愿的真实信息,在西方一般采取随机抽样匿名调查的方法来计算纳税人愿意支付的税款的平均值,将该平均值粗略地作为每位纳税人从该项目中获得的收益。

一个有争议的问题是在经济中存在失业时应该如何正确计算劳动力的成本,一些经济学家认为在失业期间使用劳动力的社会成本应设为零,因为该项目提供了本来不存在的就业机会。这一论点至少在两方面是值得商榷的,一是为该项目融资所需的收入削弱了私人部门的有效需求,进而削弱了提供就业岗位的能力,除非采取发行货币的办法来为赤字融资;二是当前失业的工人也许并不具备某项政府项目所需的劳动技能,从而导致就业人数的净增长小于该项目所创造出来的岗位数,出于上述两个原因,即便在非充分就业期间计算项目成本时,劳动力成本也应计为正值。

当然也需注意的另外一个倾向是在经济理论和经济政策的研究过程中我们过分依赖于定量研究技术的运用,在定量分析技术不断完善的过程中对那些现在的定量分析技术尚无法处理的因素不假思索地加以忽略,或对观察和了解现实经济活动缺乏热情。人们在读经济类杂志的时候一个共同的印象是经济学好像变成了应用数学的一个分支,无需联系现实生活就能成功地从事研究。数学工具的广泛应用导致的一个后果就是经济学家或被认为是经济学家的人对现实经济活动的忽视,尤其是对难以量化、从而难以被数学工具处理的影响因素的忽视,使他们不负责任地专心于经济学中易于进行定量分析的变量上面,忽视了对与问题有关的背景条件和历史过程的理解。在国际上的学术成果评价活动中,那些建立在直接观察或对历史片断详细考察之上的研究成果即使含有丰富的信息,也往往被当作轶闻趣事,被认为不具学术性而被轻率地拒之门外。总之,过分推崇数学工具的运用会压抑人们详细的观察和朴素的思考,会扼杀掉那些富有价值的经济学思想的萌芽,也会使经济学家和他们著作的读者游离于现实之外。

第五节 小 结

市场失灵导致政府干预,但政府干预时也会出现效率问题,市场失灵本身并非政府干预的充分条件,正如波斯纳 1977 年[①]指出的,对于市场失灵,政府失灵的存在可能导致政府干预成为市场失灵的一种成本高昂的替代的结果。由政府介入所导致的资源更低效率的配置的例子不胜枚举,更不用说许多政府干预本来就源于某些政治目的,如许多收入再分配政策或对特殊产业的鼓励政策往往就是在消费者或企业集团追求自我利益的政治压力下做出的。当然,对政府失灵研究的目的并不是在一般原则上取消干预,而是试图使我们能够对实际的具体干预方案做出更好的分析和理解,所以,我们不是在完美的市场和不完美的政府之间进行选择,也不是在市场失灵和无所不知、无所不能的政府之间进行选择,而是在不完美的市场与不完美的政府之间进行选择。现实中的市场和政府都有其自身难以避免的缺陷,一方有缺陷在逻辑上并不必然保证来自另一方的替代将一定是合理的选择,政府和市场不是非此即彼的选择,正如市场有缺陷我们仍需主要依赖它去配置资源一样,尽管存在政府失灵,我们也需要依赖它来维持社会的生存,重要的是如何改造现行的政治和行政制度来纠正和缓解市场失灵与政府失灵,然后进行政府干预与市场调节之间的"两害相权取其轻"的选择,正如布坎南所声称的,他们并不是要向政府干预原则提出挑战,而只是想说明如果说市场是一种极不完善的财富分配机构的话,那么政府干预也并非没有缺点,人们应当增加一点理智,只有当市场解决办法确实比公共干预解决办法的代价更高时,才应选择政府干预。对于有些活

[①] 见 Posner, R. A., *Economic Analysis of Law*, Boston: Little, Brown, 1977,转引自〔美〕丹尼尔·F. 史普博:《管制与市场》,余晖等译,上海人民出版社、上海三联书店 1999 年版,第 26 页。

动很容易达成共识是应该由市场还是由政府来从事,但有些活动则不容易达成共识,如提供公园、消防服务、垃圾处理、住房、教育服务的活动,事实上在现实中,私人企业和政府机构都在提供这些产品或服务,所以市场与政府合理边界的确定必须建立在对不同行业和不同情况的、具体的政府干预方案的分析和比较的基础上。

  对于发展中国家而言,虽然同样也同时存在市场失灵和政府失灵,但真正的困境在于因基本民主制度的缺乏所引起的政府失灵和因市场发育不全与政府的不当干预而产生的市场失灵同时发生,交织在一起,这就是为什么世界各国的贫富差距那样悬殊的一个主要原因。[①] 发展中国家政府普遍在保护产权、实施合约和避免政府广泛干预市场方面做得不好,某些传统的观念根深蒂固,人们对政府过于信任而对市场过于缺乏信心,政府利用这种观念约束了市场的发展使市场失灵加剧,这进一步巩固了人们对市场的怀疑和对政府能力的崇拜,企图通过政府权力的扩张去替代市场或发展市场,逻辑和现实都已证明这是一个不可能实现的目标。随着经济生活政治化、自由的缺乏、经济活动计划化对经济发展的损害被人们广泛认识到以后,人们开始重新反思政府和制度对于经济发展的意义,正如1997年世界银行报告中指出的那样:"国家主导型干预,强调市场失灵和政府纠正这种失灵的中心作用,但从整个世界来看,这种想法过于简单化了。"[②]

---

  ① 如果市场失灵的同时政府也失灵了,结果就很可怕了,最富裕的国家与最贫穷的国家的人均收入在1870年差11倍,1960年为38倍,1985年为52倍。见世界银行:《1995年世界发展报告》。
  ② 见 World Bank, *World Development Report 1997*: *The State In a Changing World*, New York: Oxford University Press for the World Bank, 1997, p.1。

参考文献

中文著作

陈淮:《日本产业政策研究》,中国人民大学出版社 1991 年版。
陈东琪:《新政府干预论》,首都经济贸易大学出版社 2000 年版。
陈实:《政府之迷》,(北京)学苑出版社 1989 年版。
陈建:《政府与市场——美、英、法、德、日市场经济模式》,经济管理出版社 1995 年版。
陈国富:《契约的演进与制度变迁》,经济科学出版社 2002 年版。
成思危主编:《政治如何管理企业》,民主与建设出版社 1998 年版。
陈庆云:《公共政策分析》,中国经济出版社 1996 年版。
陈振明编著:《公共政策分析》,中国人民大学出版社 2002 年版。
樊纲等:《公有制宏观经济理论大纲》,上海三联书店 1990 年版。
方福前:《公共选择理论——政治的经济学》,中国人民大学出版社 2000 年版。
傅殷才、颜鹏飞:《自由经营还是国家干预——西方两大经济思潮概论》,经济科学出版社 1995 年版。
胡家勇:《一只灵巧的手:论政府转型》,社会科学文献出版社 2002 年版。
华民等著:《不均衡的经济与国家—国家干预经济的目的和方法》,上海远东出版社 1998 年版。
华民:《西方混合经济体制研究》,复旦大学出版社 1995 年版。
胡鞍钢、王绍光:《政府与市场》,中国计划出版社 2000 年版。
胡代光主编:《西方经济学说的演变及其影响》,北京大学出版社 1998 年版。
江小涓:《经济转轨时期的产业政策》,上海三联书店 1996 年版。
蒋泽中:《企业兼并与反垄断问题》,经济科学出版社 2001 年版。
剧锦文:《国有企业:产业分布与产业重组》,社会科学文献出版社 1999 年版。
蒋自强等:《当代西方经济学流派》,复旦大学出版社 1996 年版。
刘靖华:《政府创新》,中国社会科学出版社 2002 年版。
罗德明主编:《经济转型与经济发展》,社会科学文献出版社 2002 年版。
林毅夫、蔡昉、李园:《中国的奇迹:发展战略与经济改革》(增订版),上海三联书店、上海人民出版社 1999 年版。

李明德、江时学主编:《现代化:拉美和东亚的发展模式》,社会科学文献出版社2000年版。

李晓:《东亚奇迹与"强政府"——东亚模式的制度分析》,经济科学出版社1996年版。

李世安:《一只看得见的手——美国政府对国家经济的干预》,当代中国出版社1996年版。

陆力:《寻租理论》,载《现代经济学前言专集》(第二集),商务印书馆1993年版。

卢现祥:《寻租经济学导论》,中国财政经济出版社2000年版。

尚明主编:《当代中国的货币制度与货币政策》,中国金融出版社1998年版。

谭君久:《当代各国政治体制——美国》,兰州大学出版社1998年版。

盛斌、冯仓:《中国国情报告》,辽宁人民出版社1991年版。

卫兴华主编:《市场功能与政府功能组合论》,经济科学出版社1999年版。

汪同三、齐建国主编:《产业政策与经济增长》,社会科学文献出版社1996年版。

王述英:《第三产业:历史·理论·发展》,南开大学出版社1994年版。

王述英主编:《现代产业经济理论与政策》,山西经济出版社1999年版。

吴敬琏:《现代公司与企业改革》,天津人民出版社1994年版。

吴仪主编:《世界各国贸易和投资指南——新加坡分册》,经济管理出版社1994年版。

王广谦主编:《中央银行学》,高等教育出版社1999年版。

王叔文主编:《市场经济与宪政建设》,中国社会科学出版社2001年版。

吴易风、王健、方松英:《政府干预和市场经济——新古典宏观经济学和新凯恩斯主义经济学研究》,商务印书馆1998年版。

徐滇庆、李端:《政府在经济发展中的作用》,上海人民出版社1999年版。

夏海:《中国政府架构》,清华大学出版社2001年版。

杨沐:《产业政策研究》,上海三联书店1989年版。

晏智杰主编:《西方市场经济下的政府干预》,中国计划出版社1997年版。

中国社会科学院工业经济研究所:《中国工业发展报告(2002)——WTO规则下的企业和政府行为》,经济管理出版社2002年版。

庄小琴:《农业政策学》,气象出版社2000年版。

郑长德:《世界不发达地区开发史鉴》,民族出版社2000年版。

周振华:《产业政策的经济理论系统分析》,中国人民大学出版社1991年版。

周叔莲、杨沐主编:《国外产业政策研究》,经济管理出版社1988年版。

朱光华主编:《政府经济职能和体制改革》,天津人民出版社1995年版。

张军主笔:《比较经济模式——关于计划与市场的经济理论》,复旦大学出版社 1999 年版。

赵守日:《西方国有经济体制革命》,广东经济出版社 2000 年版。

周其仁:《真实世界的经济学》,中国发展出版社 2002 年版。

张维迎:《企业理论与中国企业改革》,北京大学出版社 1999 年版。

朱光华、段文斌等:《过渡经济中的混合所有制——公有制与其他经济成分关系研究》,天津人民出版社 1999 年版。

中文译著

〔美〕A. 爱伦·斯密德:《财产、权力和公共选择——对法和经济学的进一步思考》,黄祖辉、蒋文华、郭红东、宝贡敏译,上海三联书店、上海人民出版社 1999 年版。

〔英〕阿兰·A. 瓦尔特斯编著:《发展经济学的革命》,黄祖辉,蒋文华主译,上海三联出版社、上海人民出版社 2000 年版。

〔美〕A. M. 夏普、C. A. 雷吉斯特、P. W. 格里米斯:《社会问题经济学》(第十三版),郭庆旺、应惟伟译,中国人民大学出版社 2000 年版。

〔美〕阿瑟·奥肯:《平等与效率》(第二版),五奔洲等译,华夏出版社 1999 年版。

〔英〕阿瑟·刘易斯:《经济增长理论》,周师铭、沈丙杰、沈伯根译,商务印书馆 1996 年版。

〔法〕阿兰·佩雷菲特:《论经济"奇迹"》,朱秋卓、杨祖功译,中国发展出版社 2001 年版。

〔美〕奥利弗·E. 威廉姆森:《反托拉斯经济学》,张群群、黄涛泽,经济科学出版社 1999 年版。

〔美〕埃德温·曼斯费尔德:《微观经济学》(第九版),黄险峰译,中国人民大学出版社 1999 年版。

〔美〕奥利维尔·布兰查德:《宏观经济学》(第二版),钟笑寒等译,清华大学出版社 2003 年版。

〔美〕艾德加·法伊格主编:《地下经济学》,郑介甫等译,上海三联书店、上海人民出版社 1994 年版。

〔美〕博多·巴托恰等:《发展高技术产业政策之比较》(论文集),中国友谊出版公司 1989 年版。

〔美〕Y. 巴泽尔:《产权的经济学分析》,费方域、段毅才译,上海三联书店 1997 年版。

〔法〕保尔·芒图:《十八世纪产业革命——英国近代大工业初期的概况》,商务印书馆1991年版。

〔美〕保罗·克鲁格曼:《萧条经济学的回归》,朱文晖、王玉清译,中国人民大学出版社1999年版。

〔美〕保罗·克鲁格曼主编:《战略性贸易政策与新国际经济学》,海闻等译,中国人民大学出版社、北京大学出版社2000年版。

〔美〕保罗·克鲁格曼:《流行的国际主义》,张兆杰、张曦、钟凯锋译,中国人民大学出版社、北京大学出版社2000年版。

〔英〕布赖恩·斯诺登、霍华德·文:《与经济学大师对话——阐释现代宏观经济学》,王曙光、来有为等译,北京大学出版社。

〔智利〕芭芭拉·斯托林斯、威尔逊·佩雷斯:《经济增长、就业与公正——拉美国家改革开放的影响及其经验教训》(第一版),江时学等译,中国社会科学出版社2002年版。

〔美〕保罗·A.萨缪尔森、威廉·O.诺德豪斯:《经济学》(第十四版),胡代光、吴珠华、余文武、汪洪、张军扩、母正育、何振华译,北京经济学院出版社1996年版。

〔美〕保罗·克鲁格曼、茅瑞斯·奥伯斯法尔德:《国际经济学》(第五版),海闻等译,中国人民大学出版社2002年版。

〔英〕C.V.布朗、P.M.杰克逊:《公共部门经济学》(第四版),张馨译,中国人民大学出版社2000年版。

〔美〕查尔斯·林德布洛姆:《政治与市场 世界的政治——经济制度》,王逸舟译,上海人民出版社、上海三联书店1995年版。

〔美〕查尔斯·沃尔夫:《政府或市场——权衡两种不完善的选择》,中国发展出版社1994年版。

〔美〕大卫、N.海曼:《公共财政:现代理论在政策中的应用》(第六版),章彤译,中国财政经济出版社2001年版。

〔美〕丹尼尔·F.史普博:《管制与市场》,余晖等译,上海人民出版社、上海三联书店1999年版。

〔美〕丹尼斯·C.缪勒:《公共选择理论》,杨春学等译,中国社会科学出版社1999年版。

〔美〕戴维·奥斯本、特德·盖布勒:《改革政府——企业精神如何改革着公营部门》(第一版),上海市政协编译组、东方编译所编译,上海译文出版社1996年版。

〔美〕戴维·S.兰德斯:《国富国穷》,门洪华等译,新华出版社2001年版。

〔美〕道格拉斯·诺思、罗伯斯·托马斯:《西方世界的兴起》(第二版),厉以平、蔡磊译,华夏出版社1999年版。

〔美〕道格拉斯·诺思:《经济史中的结构与变迁》,陈郁、罗华平等译,上海三联出版社、上海人民出版社1994年版。

〔美〕丹尼·罗德瑞克:《让开放发挥作用——新的全球经济与发展中国家》(第一版),熊贤良、张琦、彭龙、何蓉译,中国发展出版社2000年版。

〔美〕E. S. 萨瓦斯:《民营化与公私部门的伙伴关系》,周志忍等译,中国人民大学出版社2002年版。

〔英〕F. A. 哈耶克:《致命的自负》,冯克利、胡晋华等译,中国社会科学出版社2000年版。

〔德〕弗里德里希·李斯特:《政治经济学的国民体系》,陈万煦译,商务印书馆1961年版。

〔德〕弗兰茨·奥本海:《论国家》,沈蕴芳、王燕生译,商务印书馆1994年版。

〔英〕弗里德里希·奥古斯特·哈耶克:《通往奴役之路》,王明毅、冯兴元等译,中国社会科学出版社1997年版。

〔瑞典〕冈纳·缪尔达尔著、塞思·金缩写:《亚洲的戏剧——南亚国家贫困问题研究》,方福前译,首都经济贸易大学出版社2002年版。

〔澳大利亚〕海因茨·沃尔夫冈·阿恩特:《经济发展思想史》,唐宇华、吴良健译,商务印书馆1999年版。

〔德〕海茵茨·笛特·哈德斯等著:《市场经济与经济理论——针对现实问题的经济学》,刘军译,中国经济出版社1997年版。

〔美〕詹姆斯·布坎南:《财产与自由》,韩旭译,中国社会科学出版社2002年版。

〔美〕弗雷德里克·L. 普瑞尔:《东西方经济体制比较——研究指南》,中国经济出版社1989年版。

〔美〕詹姆斯·M. 布坎南:《自由、市场与国家——80年代的自治经济学》,平新乔、莫扶民译,上海三联书店1989年版。

〔美〕杰拉尔德·冈德森:《美国经济史新编》,商务印书馆1994年版。

〔美〕杰拉尔德·M. 迈耶主编:《发展经济学的先驱理论》,云南人民出版社1995年版。

〔美〕乔治·斯蒂格勒:《知识分子与市场》,何宝玉译,首都经济贸易大学出版社2001年版。

〔英〕J. M. 凯恩斯:《凯恩斯文集:预言与劝说》,赵波、包晓闻译,江苏人民出版社1997年版。

〔美〕格里高利·曼昆:《经济学原理》,梁小民译,三联书店、北京大学出版社1999年版。

〔英〕J.长布尔主编:《产业经济学前沿问题》(第一版),于立、张曼、王小兰译,中国税务出版社、北京腾图电子出版社2000年版。

〔美〕吉利斯、波金斯、罗默、斯诺德格拉斯著:《发展经济学》(第四版),彭刚、杨瑞龙等译,中国人民大学出版社1998年版。

〔美〕坎贝尔·麦克康耐尔、斯坦利·布鲁伊:《经济学——原理、问题和政策》(第十四版),陈晓等译,北京大学出版社、科文(香港)出版有限公司2000年版。

〔美〕库尔特·勒布、托马斯·盖尔·穆尔编:《施蒂格勒论文精粹》,吴珠华译,商务印书馆1999年版。

〔英〕凯恩斯:《就业、利息和货币通货》(第二版),徐毓丹译,商务印书馆1983年版。

〔法〕拉尔斯·马格努松主编:《重商主义经济学》,王根蓓译,上海财经大学出版社2001年版。

〔奥〕路德维希·冯·米瑟斯:《自由与繁荣的国度》,韩光明译,中国社会科学出版社1995年版。

〔德〕李斯特:《政治经济学的国民体系》,商务印书馆1983年版。

〔美〕詹姆斯·L.多蒂、德威特·R.李编著:《市场经济大师们的思考》,林季江、薛涛、王洒、江路佳译,江苏人民出版社2000年版。

〔美〕默里·L.韦登鲍姆:《全球市场中的企业与政府》(第六版),张兆安译,上海三联书店、上海人民出版社2002年版。

〔美〕莫里斯·博恩斯坦编:《东西方的经济计划》,朱泱、周叔俊等合译,商务印书馆1980年版。

〔美〕米尔顿·弗里德曼:《资本主义与自由》,张瑞玉译,商务印书馆1986年版。

〔美〕米尔顿·弗里德曼、罗斯·弗里德曼:《自由选择:个人声明》,胡骑译,商务印书馆1982年版。

美洲开发银行:《经济发展与社会公正》,林晶、宋林峰等译,中国社会科学出版社2002年版。

〔美〕曼库尔·奥尔森:《国家兴衰探源》,吕应中、陈槐庆、呈栋等译,商务印书馆1993年版。

〔德〕马克斯·韦伯著:《民族国家与经济政策》,甘阳、李强、文一郡、十永坚译,三联出版社、牛津大学出版社1997年版。

〔英〕马克·威廉姆斯:《国际经济组织与第三世界》,张汉林、屠新泉等译,经济科学出版社2001年版。

〔英〕马尔科姆·卢瑟福:《经济学中的制度:老制度主义和新制度主义》,陈建波、郁仲莉译,中国社会科学出版社1999年版。

〔美〕曼斯费尔德:《微观经济学》(第九版),黄险峰等译,中国人民大学出版社1999年版。

〔意〕尼古拉·阿克塞拉:《经济政策原理:价值与技术》,郭庆旺、刘茜译,中国人民大学出版社2001年版。

〔美〕保罗·克鲁格曼、茅瑞斯·奥伯斯法尔德:《国际经济学》(第五版),海闻、蔡荣、郭海秋等译,中国人民大学出版社2002年版。

〔美〕平狄克、鲁宾费尔德:《微观经济学》(第四版),张军等译,中国人民大学出版社2000年版。

〔美〕乔·B. 史蒂文斯:《集体选择经济学》,杨晓维等译,上海三联书店1999年版。

〔日〕青木昌彦等主编:《政府在东亚经济发展中的作用》,中国经济出版社1998年版。

〔日〕青木昌彦、奥野正宽编著:《经济体制的比较制度分析》,中国发展出版社1999年版。

〔日〕青木昌彦、奥野正宽、冈崎哲二编著:《市场的作用 国家的作用》,林汉彬、吴继民、张云方等译,中国发展出版社2002年版。

〔美〕乔治·斯蒂纳、约翰·斯蒂纳:《企业、政府与社会》,张志强、王春香译,华夏出版社、麦克劳—希尔教育出版集团2002年版。

〔美〕乔治·索罗斯:《开放社会:改革全球资本主义》,王宇译,商务印书馆2001年版。

〔美〕R. 科斯、A. 阿尔钦、D. 诺斯等著:《财产权利与制度变迁——产权学派与新制度学派译文集》,胡庄君等译,上海人民出版社2000年版。

〔美〕R. 科斯、威廉姆森:《制度、契约与组织》,经济科学出版社2003年版。

〔美〕R. 科斯:《论生产的制度结构》,上海三联书店1994年版。

〔美〕斯蒂格利茨、〔荷〕阿诺德·赫特杰编:《政府为什么干预经济》,中国物资出版社1998年版。

〔美〕斯蒂格利茨:《经济学》(第二版),梁小民、黄险峰译,中国人大学出版社2002年版。

〔美〕斯科特·戈登:《控制国家——西方宪政的历史》,应奇、陈丽微译,江苏人民出版社2001年版。

〔美〕斯塔夫里阿诺斯:《全球通史》,吴象婴、梁赤民译,上海社会科学学院出版社1999年版。

〔美〕史蒂文·普雷斯曼:《思想者的足迹:五十位重要的西方经济学家》,陈海燕、李倩、陈亮泽,江苏人民出版社 2001 年版。

世界银行:《1997 世界发展报告:变革世界中的政府》,中译本,中国财政经济出版社 1997 年版。

〔美〕托马斯·K.麦格劳:《现代资本主义二三次工业革命中的成功者》,赵文书、肖锁章译,江苏人民出版社 2000 年版。

〔英〕泰萨·莫里斯—铃木:《日本经济思想史》,厉江译,商务印书馆 2000 年版。

〔美〕V.奥斯特罗姆、D.菲尼、H.皮希特编:《制度分析与发展的反思——问题与抉择》,王诚等译,商务印书馆 1992 年 9 月版。

〔德〕瓦尔特·欧根:《经济政策的原则》,李道斌译,上海人民出版社 2001 年版。

〔美〕维托·坦兹:《体制转轨与政府角色的转变》,载《经济社会体制比较》1999 年第 4 期。

〔波〕W.布鲁斯、K.拉斯基:《从马克思到市场:社会主义对经济体制的求索》,银温泉译,上海三联书店、上海人民出版社 1998 年 12 月版。

〔德〕威廉·冯·洪堡:《论国家的作用》,林荣远、冯兴元译,中国社会科学文献出版社 1998 年版。

〔澳〕休·史卓顿、茅昂内尔·奥查德:《公共物品、公共企业和公共选择——对政府功能的批评与反批评的理论纷争》,费昭辉、徐济旺、易定红译,经济科学出版社 2000 年版。

〔美〕小艾尔弗雷德·D.钱得勒:《看得见的手——美国企业的管理革命》,商务印书馆 1987 年版。

〔日〕小宫隆太郎等:《日本的产业政策》,国际文化出版社公司 1988 年版。

〔美〕西奥多·舒尔茨:《对人进行投资——人口质量经济学》,首都经贸大学出版社 2002 年版。

〔英〕亚当·斯密:《国民财富的性质和原因的研究》,商务印书馆 1991 年版。

〔匈〕亚诺什·科尔内:《短缺经济学》,经济科学出版社 1986 年版。

〔美〕约翰·H.杰克逊:《世界贸易体制》,张乃根译,复旦大学出版社 2001 年版。

中文译文

〔美〕艾琳·卡马可:《全球化和公共行政改革》,载《经济社会体制比较》2002 年第 3 期。

〔英〕大卫·沃尔:《政府的作用:宪法和法律框架》,载《当代经济科学》2002 年第 1 期。

〔日〕大野健一:《通向市场经济的路径选择与政府的作用》,载《经济社会体制比较》1999年第4期。

〔美〕戈登·图洛克:《关税、垄断和偷窃的福利成本》,载《经济社会体制比较》2001年第1期。

〔英〕乔尔·赫尔曼、马克·施克曼:《转轨国家的政府干预、腐败与政府被控》,载《经济社会体制比较》2002年第5期。

〔美〕杰夫里·弗兰克尔、彼得·欧尔萨格:《90年代美国经济政策》,载《经济社会体制比较》2002年第2期。

〔英〕凯文·摩根:《制度、创新与欠优势地区的经济复兴》,载《经济社会体制比较》2003年第2期。

〔英〕彼得·范胡塞:《政治中的效率:挑战经济学方法》,载《经济社会体制比较》2003年第2期。

〔日〕青木昌彦:《为什么多样性制度继续在演进》,载《经济社会体制比较》2001年第6期。

〔日〕青木昌彦、凯文·穆尔多克、奥野正宽:《东亚经济发展中政府作用的新诠释:市场增进论》,载《经济社会体制比较》1999年第8期。

〔美〕托尼·塞奇:《中国改革中变化的政府角色》,载《经济社会体制比较》2002年第2期。

〔美〕约瑟夫·费尔德:《科斯定理1—2—3》,载《经济社会体制比较》2002年第5期。

〔美〕约瑟夫·斯蒂格利茨:《知识经济中的公共政策》,载《经济社会体制比较》1999年第5期。

中文论文

陈德华:《社会生产力、市场经济、共同富裕与公有制》,载《经济学动态》1998年第1期。

陈振明:《非市场缺陷的政治经济学分析——公共选择和政策分析学者的政府失败论》,载《中国社会科学》1998年第6期。

陈振明:《评西方的"新公共管理"范式》,载《中国社会科学》2000年第6期。

陈宝森:《克林顿经济政策第六年回眸——1999年美国总统经济报告解析》,载《世界经济》1999年第7期。

程簌兰、李东梅:《转变政府职能,重建激励机制——〈1997年世界发展报告〉评介》,载《管理世界》1998年第2期。

曹建海:《自然垄断行业的竞争与管制问题研究——以中国民航运输业为例》,载《中国工业经济》2002年第11期。

段文斌:《产权变革与政府经济职能》,载《南开经济研究》1995年第6期。

樊纲:《市场秩序与政府行为》,载 http//www.china-review.com。

付光明:《政府运行成本过高的深层原因与改革思路》,载《改革》2002年第4期。

国家计委经济研究所:《韩国政府主导型经济的利弊得失分析》,载《中国工业经济》1999年第9期。

过勇、胡鞍钢:《行政垄断、寻租与腐败》,载《经济社会体制比较》2003年第2期。

桁林:《政府与市场关系理论及其发展》,载《求是学刊》2003年第2期。

洪银兴:《政府干预市场的效率与规则》,载《山西大学学报》(哲社版)2002年第2期。

胡家勇:《我国政府实际支配的资源》,载《管理世界》1998年第2期。

胡敬新:《透视欧美对华反倾销中的"非市场经济国家问题"》,载《理论月刊》2002年第7期。

扈文秀:《从韩国企业集团倒闭论政府行为》,载《西安理工大学学报》1999年第2期。

黄泰岩:《论市场与政府的组合关系》,载《教学与研究》1997年第7期。

黄泰岩:《美国政府的职能结构》,载《宏观经济研究》1997年第7期。

景维民:《论政府干预和管理经济的发展趋势》,载《理论与现代化》1995年第5期。

娄胜华:《澳门政府规模的实证研究》,载《学术研究》2003年第3期。

刘尚希:《公共支出范围:分析与界定》,载《经济研究》2002年第6期。

罗必良:《市场、企业和政府:功能边界与作用范围》,载《学术研究》2000年第7期。

李家祥、彭金荣:《关于我国经济增长方式转型比较研究的思考》,载《经济学动态》2000年第8期。

李怀:《制度生命周期与制度效率递减——一个从制度经济学文献中读出来的故事》,载《管理世界》1999年3月。

江小涓:《中国推行产业政策中的公共选择问题》,载《经济研究》1993年第6期。

钱颖一:《法治与市场》,载《经济社会体制比较》2000年第3期。

钱颖一:《激励与约束》,载《经济社会体制比较》1999年第5期。

文贯中:《政府定位与法治——对市场失灵和政府失灵的匡正之法的回顾与发展》,载《经济社会体制比较》2002年第2期。

魏尚进:《经济中的贿赂:是润滑剂还是沙子》,载《经济社会比较》2001年第1期。

吴敬琏:《政府应担当什么样的角色——为〈政府在东亚经济发展中的作用〉一书所做的序》,中国经济出版社1998年版。

吴敬琏:《"东亚奇迹"的政策根源和克鲁格曼的挑战》,载《改革》1995年第2期。

吴汉洪:《美国政府在产业结构调整中的作用》,载《经济理论与经济管理》2002年第6期。

王廷惠:《自然垄断行业的边界变化与政府管制的调整》,载《中国工业经济》2002年第11期。

王名、贾西津:《两岸NGO发展与现状比较》,载清华大学网站。

王述英:《论产业结构优化和政府政策选择》,载《南开经济研究》1996年第2期。

王述英:《加快高技术产业化的政策选择》,载《理论与现代化》2000年第2期。

王欧:《后发优势的实现与后起国家的作用》,载《中国社会科学院研究生院学报》2000年第1期。

杨蕙馨、李洪龙:《国有资本如何从基础领域中退出》,载《工会论坛》2002年第2期。

杨团:《关于NGO部门》,载中国扶贫开发服务中心网站。

席涛:《美国政府管制成本与收益分析的制度演变》,载《中国社会科学院研究生院学报》2003年1月。

席涛:《美国政府管制成本与收益的实证分析》,载《经济理论与经济管理》2002年11期。

杨瑞龙:《阶梯式的渐进制度变迁模型——再论地方政府在我国制度变迁中的作用》,载《经济研究》2000年第3期。

杨之刚:《中国政府资金分析》,载《经济社会体制比较》1998年第5期。

杨开忠:《解除管制、分权与中国经济转轨》,载《中国社会科学》2003年第3期。

杨励、刘美旬:《国营企业的特殊性与我国国营企业的布局定位》,载《清华大学学报(哲社版)》2003年第2期。

朱光华、刘大可:《对产权制度与经济增长关系的辨证思考》,载《南开学报》2002年第6期。

朱光华、王森、齐莲英:《政府与企业关系:一种说明》,载《南开经济研究》1998年第1期。

周勤:《管制与寻租的控制理论模型与应用》,载《经济评论》2002年第3期。

张庆东:《"重塑政府"改革去向何方?——兼评对新公共管理的定位》,载《中国行政管理》2002年第4期。

张杰:《国家意愿、能力与区域发展政策选择》,载《经济研究》2001 年第 3 期。

臧旭恒、曲创:《公共产品供给效率与地方政府经济职能》,载《求是学刊》2002 年第 9 期。

英文著作

David Halberstam, *The Reckoning*, New York: William Morrow, 1986.

Angus Maddison, *Dynamic Force in Capitalist Development*, New York: Oxford University Press, 1977.

G. J. Stigler, *The Citizen and the State*, Chicago: Chicago University Press, 1975.

Paul R. Krugman, Targeted Industrial Policies: Theory and Evidence, in Dominick Salvator, ed., *The New Pretectionists Threat to World Welfare*, Amsterdam: Northholland, 1987.

R. J. Barroo and X. Sala-I-Martin, *Economic Growth*, New York: McGraw-Hill, 1995.

Vickers, J. and G. yarrow, *Privatization: An economic Analysis*, Cambridge, Mass: MIT Press, 1988.

Hayek, F. A. Von., *The Constitution of Liberty*, Chicago; University of Chicago Press, 1960.

W. Comanor and T. Wilson, *Advertising and Monopoly Power*, Cambridge, Mass: Harvard University Press, 1974.

J. Griffin and H. Steele, *Energy, Economics and Policy* (2ed.), New York: Academic Press, 1985.

A. T. Peacock and J. Wiseman, *The Growth of Public Expenditure in the United Kingdom*, Princeton, N. J.: Princeton University Press 1961.

Michael Spence, *Market Signaling*, Cambridge, Mass: Harvard University Press, 1974.

英文论文

Alesina, A and Wacziareg, R, Openness, Country Size and Government, *Journal of Public Economics*, 69, 1998, pp. 305 – 321.

Alan. J. Auerbach, Fiscal Policy, Past and Present, *Brookings Paper on Economic Activity*, January, 2003.

A. Annett, Social Fractionalization, *Political Instability and the Size of Government*, IMF Working Paper, 2000, pp. 305 – 321.

参考文献

W. J. Baumol, The Macroeconomics of unbalanced Growth, *The American Economics Review*, 57 (June), pp. 415 – 426.

D. Rodrik: Why do more open economies have bigger governments? *Journal of Political Economy*, 106, 1998, pp. 997 – 1032.

Sebastian Edwards, Openness, Trade Liberalization, and Growth in Developing Countries, *Journal of Economic Literature*, September, 1993.

Sanjeev Gupta, Luc Leruth, Transition Economies: How Appropriate As the Size and Scope of Government? *Brookings Paper on Economic Activity*, September, 2001.

IMF, *World Economic Outlook*, Washington, 1988.

Martin Lieberman, The Learning Curve and Pricing in the Chemcal Processing Industries, *Journal of Economics*, 15, 1984.

D. A. Irwin and P. J. Klenow, Learning-by-Doing Spillovers in the Semiconductor Industry, *Graduate School of Business*, University of Chicago, 1993.

N. K. Womer and J. W. Patterson, Estimation and Testing of Learning Curves, *Journal of Business and Economics Statistics*, Oct. , 1983.

David G. Tarr, *A Generral Equilibrium Analysis of the Welfare and Employment Effects of U. S. Quotas in Textiles, Autos, and Steel*, Washington, D. C. : Federal Trade Commission, 1989.

A. Dixit And J. Stiglitz, Monopolistic Competition and Optimum Product Diversity, *American Economic Review*, June, 1977.

M. Spence, Product Selection: Fixed Costs, and Monopolistic Competition, *Review of Economic Studies*, June, 1976.

G. Stigler, The Economics of Information, *Journal of Political Economy*, June, 1961.

P. J. Grossman, Government and Economic Growth: A Non-liner Relationship, *Public Choice*, 56, 1998, pp. 193 – 200.

P. Nelson, The Economic Consequences of Advertising, *Journal of Business*, April, 1975.

John Hassler, The survival of the Welfare State, *The American Economic Reviews*. Match, 2003.

J. Bain, Relation of Profit Rate to Industry Concentration: American Manufacturing 1936 – 1940, *Quarterly Journal of Economics*, August, 1951.

Kneller, R. , Bleaney, M. and Gemmell, N. , Fiscal Policy and Growth: Evidence from OECD Countries, *Journal of Public Economics*, 74, 1999, pp. 171 – 190.

H. Demsetz, Industry Structure, Market Rivalry, and Public Policy, *Journal of Law and Economics*, April, 1973.

George A. Akerlof, The Market for "Lemons": Quality Uncertainty and the Market Mechanism, *Quarterly Journal of Economics*, Aug., 1970.

M. G. Daniel and Lawrence H. Summers, Did Henry Ford Pay Efficiency Wages?, *Journal of Labor Economics*, 1987.

R. S. Eckaus: Some Consequences of Fiscal Reliance on Extrabudgetary Revenues in China, *China Economic Review*, January, 2003.

后 记

此时此刻,我的心中充满了感激之情,首先我要感谢那些名字出现在本书的注解和参考文献中的经济学前辈和先行者们,没有他们创造性的研究工作,我的研究工作将难以进行到现在这个位置,我是沿着他们所开创的道路前进的,能够成为你们中的一员并使我的研究结果能够对同行在该领域进一步的研究工作有所帮助是我最大的心愿,我希望我能够做到这一点。

在我学习和工作的过程中我曾经遇到了许多的良师与益友,他们曾经或正在给予我许许多多的帮助、指导、批评与启示,使我在取得哪怕在别人看来微不足道的进步的时候,都首先想到和他们一起分享我的喜悦,他们是朱光华教授、李子猷教授、王章维教授、李家祥教授、杨世文教授、高峰教授、张立成教授、许精德教授、夏静波博士、王述英教授、魏埙教授、陈德华教授、邹至庄教授、林毅夫教授、李晓西教授、景维民教授、朱光磊教授、熊性美教授、谷书堂教授、刘伟教授、杨国昌教授、田国强教授、张静如教授、胡培兆教授、杨小凯教授、李维安教授、杨瑞龙教授、钱颖一教授、陈光巨教授、朱解放教授、张毅教授、张崇康教授、宋文周教授、许军教授、杨秋宝教授、白暴力教授、唐任伍教授、沈越教授、伍伯麟教授、易纲教授、藏旭恒教授、杨惠馨教授、黄泰岩教授、唐寿宁博士、海闻教授、吴易风教授、张五常教授、周其仁教授、陈振明教授、刘美旬教授、汤在新教授、刘永佶教授、刘凤歧教授、惠延德先生、白新生教授、曹树人教授、卫爱民先生、张连成教授、陈弘副教授、赵文军博士、黄恒学教授、樊纲教授、朱天飙副教授、胡均教授、张大军教授、逄锦聚教授、周立群教授、何自力教授、柳欣教授、段文斌教授、刘大可副教授、陈国富副教授、卫艾兰女士、刘建和副教授、屈文燕副教授、何广亮副教授、熊晓琳副教授、张胜军教授、王瑞华教授、王炳林教授、刘小林教授、姜威教授、马捷莎教授、朱志敏教授、孙秀民教授、朱光明教授、张润枝副教授、文晓灵教授、李兴教授、张发岭教授、周作宇教授、范立双研究员、张其颖教授、高明华教授、丁为民教授、彭金荣教授、孙世仪先生、许德岭教授、孙慧敏教授、张奇伟教授、周青松教授、王力军教授、边巴次仁先生、王春焕副教授、张慧卉女士、央珍女士、尼玛次仁先生、顿珠副教授、舒敏勤副教授、吉律先生、杨华女士、巴桑女士、楮小山先生、魏莉女士、李纯远先生、李爽女士、朱秀琴教授、唐斌尧博士、陈祥博士、阮加博士、杨鹏先生、张明杰先生、卫曙民先生、崔永祥先生、崔小钟先生、霍聂鹏先生、陈红喜先生、郝占朋先生、毛良河先生、刘彦平博士、姜琰博士、毕荣博士、魏凤春博士、李海伟博士、刘华光博士、陈旭东博士、董林辉博士、张良博士、倪学志博士、陈瑞香女士、方慧博士、刘成昆博士、孔照胜博士、韩杰先生、任新生先生、刘秀兰女士、王艳霞女士、沈友军博士、游祥斌博士、严波博士、王天民博士、许斌博士、李毅博士、杨凤禄副教授、王正虎先生、陈继莛女士、周晓旭小姐、马友梅小姐、韦尉女士、刘丽丽女士、王怡德先生、卫青同学。

我特别要感谢北京理工大学图书馆的崔红伟老师,她为本项研究承担了文献检索、资料的搜集整理和文字处理等大量的工作,是我最重要的合作者之一,如果没有崔红伟女士的协助,这项研究工作是难以顺利完成的。

再一次向我的人生导师朱光华教授、李子猷教授致以最崇高的敬意。